CNB
522
출애굽기에 관한 구속사 강해
성경신학 관점의 체계적 해설

출애굽기

이 광 호

2013년

교회와성경

지은이 | 이광호

영남대학교와 경북대학교대학원에서 법학과 서양사학을 공부했으며, 고려신학대학원
(M.Div.)과 ACTS(Th.M.)에서 신학일반 및 조직신학을 공부한 후 대구 가톨릭대학교
(Ph.D.)에서 선교학을 위한 비교종교학을 연구하였다.
'홍은개혁신학연구원'에서 성경신학 담당교수를 비롯해 고신대학교, 고려신학대학원, 영
남신학대학교, 브니엘신학교, 대구가톨릭대학교, 숭실대학교 등에서 학생들을 가르쳤으
며, 이슬람 전문선교단체인 국제 WIN선교회 한국대표를 지냈다.
현재는 실로암교회에서 담임목회를 하며 조에성경신학연구원, 부경신학연구원 등에서 강
의하며, 달구벌기독학술연구회 회장으로 봉사하고 있다.

저서
- 성경에 나타난 성도의 사회참여(1990)
- 갈라디아서 강해(1990)
- 더불어 나누는 즐거움(1995)
- 기독교관점에서 본 세계문화사(1998)
- 세계 선교의 새로운 과제들(1998)
- 이슬람과 한국의 민간신앙(1998)
- 아빠, 교회 그만하고 슈퍼하자요(1995)
- 교회와 신앙(2002)
- 한국교회 무엇을 개혁할 것인가(2004)
- CNB 501 에세이 산상수훈(2005)
- CNB 502 예수님 생애 마지막 7일(2006)
- CNB 503 구약신학의 구속사적 이해(2006)
- CNB 504 신약신학의 구속사적 이해(2006)
- CNB 505 창세기(2007)
- CNB 506 바울의 생애와 바울서신(2007)
- CNB 507 손에 잡히는 신앙생활(2007)
- CNB 508 아름다운 신앙생활(2007)
- CNB 509 열매 맺는 신앙생활(2007)
- CNB 510 웨스트민스터 신앙고백(2008)
- CNB 511 사무엘서(2010)
- CNB 512 요한복음(2009)
- CNB 513 요한계시록(2009)
- CNB 514 로마서(2010)
- CNB 515 야고보서(2010)
- CNB 516 다니엘서(2011)
- CNB 517 열왕기상하(2011)
- CNB 518 고린도전후서(2012)
- CNB 519 개혁조직신학(2012)
- CNB 520 마태복음(2013)
- CNB 521 히브리서(2013)

역서
- 모슬렘 세계에 예수 그리스도를 심자(Charles R. Marsh, 1985년, CLC)
- 예수님의 수제자들(F. F. Bruce, 1988년, CLC)
- 치유함을 받으라(Colin Urquhart, 1988년, CLC)

홈페이지 http://siloam-church.org

출애굽기

CNB 522

출애굽기

A Study on the Exodus
by Kwangho Lee
Copyright ⓒ 2013 by Kwangho Lee

Published by the Church & Bible Publishing House

초판 인쇄 ㅣ 2013년 8월 12일
초판 발행 ㅣ 2013년 8월 15일

발행처 ㅣ 교회와성경
주소 ㅣ 평택시 특구로 43번길 90 (서정동)
전화 ㅣ 031-662-4742
등록번호 ㅣ 제2012-03호
등록일자 ㅣ 2012년 7월 12일

발행인 ㅣ 문민규
지은이 ㅣ 이광호
편집주간 ㅣ 송영찬
편집 ㅣ 신명기
디자인 ㅣ 조혜진

─────────────────

총판 ㅣ (주) 비전북출판유통
주소 ㅣ 경기도 고양시 일산구 장항동 568-17호 (우) 411-834
전화 ㅣ 031-907-3927(대)   팩스 031-905-3927

─────────────────

저작권자 ⓒ 2013 이광호

ISBN 89-98322-04-5 93230

Printed in Seoul of Korea

CNB카페 ㅣ http://cafe.daum.net/C.N.B.(교회와 성경)

출애굽기

A Study on the Exodus

2013년

교회와성경

CNB 시리즈
서 문

CNB The Church and The Bible 시리즈는 개혁신앙의 교회관과 성경신학적 구속사 해석에 근거한 신·구약 성경 연구 시리즈이다.

이 시리즈는 보다 정확한 성경 본문 해석을 바탕으로 역사적 개혁 교회의 면모를 조명하고 우리 시대의 교회가 마땅히 추구해야 할 방향을 제시함으로써 교회의 삶과 문화를 창달하는 것을 그 목적으로 하고 있다.

따라서 이 시리즈는 진지하게 성경을 연구하며 본문이 제시하는 메시지에 충실하고 있다. 그렇다고 이 시리즈가 다분히 학문적이거나 또는 적용이라는 의미에 국한되지 않는다. 학구적인 자세는 변함 없지만 궁극적으로 하나님의 나라를 지향함에 있어 개혁주의 교회관을 분명히 하기 위해 보다 더 관심을 가진다는 의미이다.

본 시리즈의 집필자들은 이미 신·구약 계시로써 말씀하셨던 하나님께서 지금도 말씀하고 계시며, 몸된 교회의 머리이자 영원한 왕이신 그리스도께서 지금도 통치하시며, 태초부터 모든 성도들을 부르시어 복음으로 성장하게 하시는 성령께서 지금도 구원 사역을 성취하심으로써 창세로부터 종말에 이르기까지 거룩한 나라로서 교회가 여전히 존재하고 있음을 그 무엇보다도 중요하게 여기고 있다.

아무쪼록 이 시리즈를 통해 계시에 근거한 바른 교회관과 성경관을 가지고 이 땅에 진정한 그리스도인의 삶과 문화가 확장되기를 바라는 바이다.

시리즈 편집인

김영철 목사, 미문(美聞)교회 목사, Th.M.
송영찬 목사, 기독교개혁신보 편집국장, M.Div.
오광만 목사, 대한신학대학원대학교 교수, Ph.D.
이광호 목사, 실로암교회 목사, Ph.D.

머리말

하나님께서는 아브라함과 이삭의 혈통을 이어받은 야곱의 자손 칠십여명을 가나안 땅으로부터 불러내 애굽의 태중胎中에 심으셨다. 그것은 이스라엘의 집안을 큰 민족으로 키우시고자 한 하나님의 섭리와 경륜에 따른 것이었다. 그것을 위해 요셉을 먼저 인간들이 상상하기 힘든 방법으로 애굽 땅으로 먼저 인도하셨다.

애굽에 정착한 야곱은 죽기 전에 자신의 시체를 아브라함과 이삭 부부와 자신의 아내 레아가 묻혀있는 가나안 땅의 헤브론에 장사지내도록 유언했다. 아비의 침상을 더럽힌 르우벤 대신 이스라엘의 장자가 된 요셉은 그에 순종했다.

그리고 요셉은 자기가 죽게 되면 애굽 땅에 임시로 매장해 두었다가 나중 하나님께서 이스라엘 민족을 가나안 땅으로 인도하실 때 자신의 시신을 매고 나가 약속의 땅에 옮겨 묻도록 유언했다. 따라서 이방의 나그네가 된 이스라엘 민족은 가나안 땅에 묻힌 야곱의 시체와 애굽 땅에 가매장 된 요셉의 시체를 기억하는 가운데 살아갔다.

이스라엘 민족의 몸은 애굽에 살아가고 있었지만 저들의 마음은 항상 가나안의 본향을 향하고 있었다. 때가 되어 하나님께서는 저들을 불러내 가나안으로 인도하셨다. 그것은 이방의 태중에서 자라난 아기의 분만과도 같은 의미를 지니고 있다. 그 과정중에는 산고産苦와 같은 많은 일들이 발생했다.

우리는 이스라엘 백성의 애굽에서의 삶 가운데 가장 중요한 역할을 했던 두 인물을 기억한다. 그들은 야곱의 가족을 애굽으로 불러오는데 절대적인 사명을 감당했던 요셉과, 이스라엘 민족을 애굽으로부터 인도해낸 모세이다. 요셉과 모세 두 사람은 이방 여인과 결혼해서 자녀들을 낳았다.

이스라엘 민족의 애굽 생활의 처음과 마지막의 가장 중요한 두 인물이 이방결혼을 했다는 사실은 무엇을 의미하는가? 이는 이스라엘을 통해 세상의 모든 사람들에게 하나님의 복음이 선포되어야 한다는 점을 시사해주고 있다. 그것을 위해 하나님께서는 출애굽한 이스라엘 백성들에게 율법과 성막 건립을 허락하셨다.

출애굽한 이스라엘 민족은 그것들을 소유한 채 약속의 가나안 땅으로 들어가게 된다. 그들이 가나안 땅에 들어가 그곳을 얻게 되며 아브라함에게 약속한 언약의 왕국이 세워지게 된다. 그것을 통해 사탄에 의해 타락한 세상을 응징하고 자신의 나라를 회복하는 기틀을 마련하게 된다.

출애굽기에는 그에 연관된 하나님의 놀라운 사역들이 기록되어 있다. 이 책을 읽게 되는 독자들이 출애굽기의 내용에 대한 분명한 깨달음을 가지게 되기 바란다. 이는 모세오경, 나아가서는 전체 구약성경과 신약성경을 올바르게 이해하는 지혜를 허락한다. 부족하지만 필자의 작은 노력이 악한 세상 가운데서 투쟁하는 참된 교회들을 위해 약간의 도움이 되기를 바랄 따름이다.

2012, 가을
금호강이 내려다보이는 실로암교회 서재에서
이 광 호 목사

차 례

제1부

이스라엘 백성을 위한 하나님의 특별한 섭리

(출 1:1-4:31)

제1장

애굽의 태중에 잉태된 이스라엘 민족
(출 1:1-7)

1. 이스라엘 자손들의 애굽 행行

　하나님께서는 갈대아 우르에 살고 있던 아브라함을 불러 '땅'과 '자손'을 주시겠다는 약속을 하셨다(창12:1,2). 거기에는 처음부터 가나안 땅이 아브라함의 자손들에게 주어질 것이라는 하나님의 뜻이 담겨 있었다. 그런데 하나님께서는 이스라엘 자손들에게 그 땅을 곧바로 주시지 않았다.

　이스라엘 백성은 가나안 땅을 완전히 소유하기 전에 사백삼십여 년 동안 애굽 땅으로 가서 살아야만 했다. 그것은 세상의 일반적인 역사 정치적인 변동으로 말미암아 우연히 발생하게 된 것이 아니었다. 즉 이는 이스라엘 자손들이 일시동안 애굽에서 거주해야만 할 분명한 하나님의 뜻이 존재했음을 의미하고 있다. 구약의 시편에는 그에 관한 구속사적인 기록이 나타난다.

　　"이것은 아브라함에게 하신 언약이며 이삭에게 하신 맹세며 야곱에게 세우신 율례 곧 이스라엘에게 하신 영영한 언약이라 이르시기를 내가 가나안 땅을 네게 주어 너희 기업의 지경이 되게 하리라 하셨도다 … 그가 또 기근을 불러 그 땅에 임하게 하여 그 의뢰하는 양식을 다 끊으셨도다 한 사람을 앞서 보내셨음이여 요셉이 종으로 팔렸도다"(시105:9-17)

요셉이 종으로 팔려가 애굽의 총리대신이 되어 있을 때 가나안 땅에 살고 있던 야곱의 가족은 엄청난 기근에 시달려야만 했다.[1] 그것은 이스라엘 민족을 조성하고자 하셨던 하나님의 경륜과 밀접하게 연관되어 있었다. 일반적인 경우라면 누군가 기근을 비롯한 심한 어려움을 당할 때 가까운 친척을 찾아가서 도움을 구하는 것이 보통이다. 그러나 야곱의 가정의 경우에는 전혀 그렇지 않았다. 가까운 지역에 여러 친족들이 살고 있었지만 신뢰관계가 완전히 차단되어 있었다.

북쪽 지역에 위치한 밧단 아람에는 야곱의 외가外家이자 처가妻家인 동시에 야곱 자식들의 외가外家가 있었다. 그러나 야곱과 그의 자식들은 심한 기근 중에도 양식을 구하기 위해 그곳으로 가지 못했다. 오래 전에 이미 야곱의 가족은 밧단 아람의 외가와 원수가 되어 관계를 단절한 상태에 놓여 있었기 때문이다.

그리고 야곱의 쌍둥이 형제인 에서와 그의 자식들은 가나안 지역에서 성공한 삶을 살고 있었다(창36장 참조). 에서의 아들들은 야곱의 자식들과 사촌 형제간이었다. 또한 그 지역에는 야곱의 백부伯父인 이스마엘의 자손들이 상당한 세력을 형성한 채 살아갔다(창25:12-16). 그들의 자녀들 역시 여유로운 삶을 이어갔을 것이 분명하다. 야곱의 자식들과 그들은 촌수로 따져 육촌 이내의 관계가 된다.

그럼에도 불구하고 야곱과 그의 자식들은 가까운 인척인 저들에게 아무런 도움을 요청하지 않았다. 그리고 그들도 굶주리는 야곱의 가족을 도와주려고 하지 않았던 것으로 보인다. 이는 저들의 혈연관계가 서로간 아무

---

1) 다수의 학자들은, 요셉이 애굽으로 팔려가 감옥에 투옥될 당시의 바로 왕은 세누스레트 2세(Senusret Ⅱ, BC 1897-1878)로 보며, 그가 총리대신으로 발탁되어 정치활동을 하던 시기의 바로 왕은 세누스레트 3세(Senusret Ⅲ, BC 1878-1843)였던 것으로 본다(G. Posenor; Eugene H. Merrill). 그 시기가 이집트의 중 왕국(Middle Kingdom) 제12왕조 시대의 황금기로 보고 있다(장인수, 기독교개혁신보, 2011.9.20 참조).

런 도움이 되지 못했음을 의미하고 있다. 그들 사이에는 이미 오래전부터 원수처럼 관계가 끊어져 있었던 것이다.

물론 일반 윤리적인 관점에서 본다면 그에 대한 모든 잘못은 전적으로 야곱의 집안에 있었다. 에서와 이스마엘 자손들이 성실하게 노력하여 성공적인 삶을 일구어 나갔다면 야곱 집안 자식들은 전혀 그렇지 못했다. 에서의 자손들과 이스마엘 자손들의 관점에서 본다면, 야곱의 집안에 속한 자들은 하나님에 대한 참된 신앙은커녕 인간답지 못한 형편없는 삶을 살아가고 있었다.

야곱의 장남 르우벤은 상상하기조차 부끄러운 서모(庶母, concubine)와 간통을 저질렀으며, 시므온과 레위는 누이 디나(Dinah)가 이방 족속의 남성에게 겁탈당한 일로 인해 잔인한 집단살해를 자행했다. 유다는 자신의 며느리 다말과의 사이에서 쌍둥이 아들을 낳았다. 그리고 동생 요셉은 바깥에서 동물에 찢겨 죽었다는 소문이 나돌았다.

이런 여러 정황들을 볼 때 야곱의 가정은 에서와 이스마엘 집안의 눈에 구제불능인 것처럼 비쳐졌을 것이 틀림없다. 그런 형편없는 자들을 친척으로 두고 있다는 사실 자체가 부끄러웠을 수도 있다. 그러므로 야곱의 집안은 남쪽 애굽을 제외하고는 어디에서도 살 길을 찾을 수가 없었다. 그런 가운데서 하나님의 놀라운 경륜이 드러난 것으로 보인다. 하나님께서는 그렇게 함으로써 야곱의 집안을 주변의 이방 족속과 무분별하게 뒤섞이는 것을 막으셨던 것이다.

2. 애굽으로 이주한 야곱의 집안

하나님께서는 '아브라함의 씨'인 야곱의 집안을 이방 왕국인 애굽의 태중(胎中)에 옮겨 심으셨다. 세월이 흐르게 되면 그 자손이 마치 태아가 산모의 태중에서 자라듯이 무럭무럭 자라나 큰 민족을 이루게 될 것이다. 그러므로 야곱의 열두 아들과 그 자손들은 애굽으로 내려가 거기서 살아가게 되었다. 이는 하나님의 놀라운 경륜과 인도하심 가운데 일어나게 된 일이었다.

그렇지만 야곱은 자신의 집안이 애굽으로 이주하기 위해 온 가족을 이끌고 낯선 땅으로 내려가는 것을 두려워했다. 나아가 그는 하나님께서 약속하신 땅이 애굽이 아니라 가나안 땅이라는 사실을 잘 알고 있었다. 야곱의 그런 생각을 꿰뚫어 보고 계신 하나님은 야곱에게 두려워하지 말고 가족을 데리고 애굽으로 내려가라고 말씀하셨다.

> "하나님이 이르시되 나는 하나님이라 네 아버지의 하나님이니 애굽으로
> 내려가기를 두려워하지 말라 내가 거기서 너로 큰 민족을 이루게 하리라"
> (창46:3)

성경은 하나님께서 이스라엘 자손을 애굽으로 인도하신 근본적인 목적이 '큰 민족'을 이루기 위한 것임을 증거하고 있다. 야곱의 자손들이 애굽에 내려갈 당시에는 그다지 큰 규모가 아닌 한 가족에 지나지 않았다. 그런데 세월이 흘러가면서 그 수가 점차 불어났다. 그렇게 하여 커다란 민족의 기틀을 잡아갔던 것이다.

하나님께서는 아브라함과 이삭과 야곱의 자손을 특별한 방편을 통해 언약의 민족으로 키워가고자 하셨다. 가나안 땅에 살던 야곱의 가족이 요셉이 총리대신으로 있던 애굽 땅으로 내려갔을 때, 처음부터 이방 족속으로부터 종족을 보존하기 위한 중요한 장치들이 예비되었다. 그것들로 말미암아 이스라엘 자손과 애굽 사람들 사이에는 혼인을 통한 무분별한 혼혈이 방지될 수 있었다.

그 가운데 우리가 기억할 수 있는 중요한 장치들은 야곱의 집안이 애굽의 신흥 귀족가문이 된 사실과 여전히 천민출신의 배경을 지니고 있었다

는 상반된 두 가지 사실이다. 야곱의 집안이 외부에서 이주해왔지만 애굽의 총리대신 요셉의 가문이었으므로 최고 귀족의 신분을 소유하게 되었다. 따라서 애굽의 보통 사람들은 그 집안에 속한 사람과 쉽게 혼인할 수 없었다.

또한 야곱의 집안은 조상대대로 목축을 해왔다. 애굽 사람들에게 있어서 목축은 천민들의 직업이었다. 따라서 애굽인들은 천민의 배경을 지닌 저들과 혼인하기를 원하지 않았다. 그것을 분명히 알고 있던 요셉은 자기 아버지 야곱을 비롯한 형제들이 바로 왕을 알현할 때 반드시 그 사실을 밝히도록 당부했다.

> "바로가 당신들을 불러서 너희의 업이 무엇이냐 묻거든 당신들은 고하기를 주의 종들은 어렸을 때부터 지금까지 목축하는 자이온데 우리와 우리 선조가 다 그러하니이다 하소서 애굽 사람은 다 목축을 가증히 여기나니 당신들이 고센 땅에 거하게 되리이다"(창46:33,34)

일반적인 경우라면 자신의 좋은 배경만 남에게 드러내 이야기하고 그렇지 않은 것은 감추기를 원한다. 그러나 요셉은 자기 아버지와 형제들에게 그와 정반대의 요구를 했다. 그가 굳이 선뜻 이해하기 어려운 그런 입장을 취했던 까닭은 언약의 정체성을 소유한 이스라엘 민족을 확립하고자 하는 하나님의 뜻에 기인한 것이었다.

최고 권력자를 배출한 귀족가문에 속한 집안이자 유목민으로서 천민의 배경을 지닌 두 가지 상이한 현실적 형편이, 아브라함과 이삭과 야곱을 통한 언약의 집안으로서 정체성을 유지할 수 있도록 했다. 거기다가 야곱의 집안이 나일강 하류 삼각주에 위치한 고센 땅을 거주지로 얻게 된 것은 바로 왕의 특별한 배려였지만 다른 애굽 사람들과 분리되어 살게 되었음을 말해주고 있다. 우리는 여기서 하나님의 놀라운 경륜을 보지 않을 수 없다.

3. 세대世代가 바뀜

칠십여 명의 야곱의 자손들은 사백삼십여 년이 흐른 뒤에는 이백만 명 정도가 되는 큰 민족이 되어 있었다. 야곱으로 말미암은 한 집안이 세대를 거듭하면서 큰 민족民族을 이루었던 것이다.

맨 처음 야곱의 가족이 애굽에 내려와 고센 땅에 정책해 생활하는 동안 야곱이 죽었다. 그때 그는 자신의 시신이 애굽이 아니라 가나안 땅에 묻혀야 할 것을 이야기했다. 따라서 아브라함과 사라, 이삭과 리브가, 그리고 자기의 아내 레아가 묻혀있는 가나안 땅 헤브론에 장사지내도록 유언했다.

"아브라함과 그 아내 사라가 거기 장사되었고 이삭과 그 아내 리브가도 거기 장사되었으며 나도 레아를 그곳에 장사하였노라"(창49:31); "야곱의 아들들이 부명을 좇아 행하여 그를 가나안 땅으로 메어다가 마므레 앞 막벨라 밭 굴에 장사하였으니 이는 아브라함이 헷 족속 에브론에게 밭과 함께 사서 소유 매장지를 삼은 곳이더라"(창50:12,13)

야곱이 그 유언을 했던 이유는 애굽에서 나그네로 살아갈 이스라엘 자손들이 장래 돌아가야만 할 저들의 본향이 가나안 땅에 있음을 기억하도록 하기 위해서였다. 그가 세상에서의 수명을 다하고 죽게 되자 요셉은 유언에 따라 부친의 시신을 헤브론에 있는 조상의 무덤에 장사지냈다. 이스라엘 열두 지파의 조상들은 야곱을 가나안 땅에 장사지낸 후 애굽으로 돌아왔다. 그들은 이방의 애굽에 살다가 죽어야 할 자들이었지만 가나안 땅 본향을 바라보며 살도록 되어 있었던 것이다.

그런 중 아버지의 침상을 더럽힌 르우벤 대신에 이스라엘의 장자가 된 요셉(대상5:1)은 죽기 전에 매우 중요한 유언을 하고 다짐을 받았다. 그 내용은 자기가 죽으면 애굽에 임시로 매장해 두었다가 하나님께서 이스라엘 자손을 가나안 본토로 이끌어 가실 때 자기의 유골을 함께 가지고 나가라는 것이었다. 창세기 맨 마지막 부분에는 그에 관한 내용이 분명하게 나타나고 있다.

> "요셉이 또 이스라엘 자손에게 맹세시켜 이르기를 하나님이 정녕 너희를 권고하시리니 너희는 여기서 내 해골을 메고 올라가겠다 하라 하였더라"(창 50:25)

애굽에 살고 있던 이스라엘 자손은 항상 요셉의 유언을 기억하고 있었다. 애굽의 이스라엘 자손들은 헤브론에 묻혀있는 조상들의 무덤과 애굽에 임시로 매장되어 있는 요셉의 유골을 보며 본향으로 돌아갈 날을 손꼽아 기다렸다. 그것이 저들에게 하나님의 언약을 기억하는 중요한 수단이 되었던 것이다.

이제 오랜 세월이 흘러가면서 옛날 이스라엘 조상들은 모두 죽고 새로운 자손들이 애굽에서 출생했다. 사람들은 바뀌었지만 언약을 소유한 저들의 민족적 소망은 변하지 않았다. 역사는 흘러가도 젖과 꿀이 흐르는 가나안 땅으로 인도하시고자 하는 하나님의 약속은 이스라엘 백성들의 가슴에 그대로 상속되어 갔던 것이다.

4. 애굽에서 번성하여 강한 민족이 된 이스라엘 민족

이스라엘 백성은 애굽 땅에서 무려 사백삼십여 년 동안 나그네 생활을 했다. 애굽에서 살았던 이스라엘 자손들의 삶의 양상은 각 시대에 따라 엄청난 차이가 났다. 귀족적인 생활을 할 때도 있었으며 애굽의 정치적인 권력을 장악했던 시대도 있었던 것으로 보인다. 그리고 노예 신분이 되어 고통스런 삶을 살기도 했다. 이 모든 경우에 이스라엘 민족을 인도하는 하나님의 섭리와 경륜이 따랐다.

애굽으로 이주했던 초기初期 야곱의 집안은 최고 권력자를 배출한 귀족 가문으로 대우받았을 것이 틀림없다. 총리대신인 요셉의 집안이 귀족이 아닐 수 없었다. 그러한 배경을 가진 이스라엘 백성들은 힘을 축적해 후일 애굽에서 정치적 권력을 장악했던 것으로 보인다. 그리하여 중기中期에는 막강한 정치적인 세력을 형성하게 된다.

애굽의 역사 가운데 나타나는 힉소스(Hyksos)족은 이스라엘 민족의 다른 이름으로 보인다. 그들은 애굽 민족이 아닌 외부로부터 들어온 족속으로 BC1720년경에서 1570년경까지 약 150년 간 애굽을 지배했다.2) 우리는 이스라엘 민족과 힉소스족이 동일한 민족의 다른 이름일 것이라는 가능성에 대해 별 의문 없이 받아들일 수 있다. 또한 분명한 점은 이스라엘 백성이 애굽에 군림하는 막강한 세력을 가진 적이 있었다는 사실이다. 시편에는 그에 연관된 기록이 나타난다.

"이에 이스라엘이 애굽에 들어감이여 야곱이 함 땅에 객이 되었도다 여호와께서 그 백성을 크게 번성케 하사 그들의 대적보다 강하게 하셨으며"(시 105:23,24)

AD 1세기경의 유대 역사가 요세푸스(Josephus)는, BC 3세기경 이집트의 역사가 마네토(Manetho)가 '힉소스'의 어원 가운데는 '목자' 牧者라는 의미가 내포되어 있음을 언급한 적이 있다. 이는 사실 우리가 매우 주의 깊게 생각해 볼 만한 내용이다. 왜냐하면 야곱과 그의 가족이 처음 애굽으로 내

---

2) 야곱의 집안이 가나안 땅에서 애굽으로 내려간 연대는 BC 1876년경으로 보인다. 이스라엘 민족이 출애굽한 연대로부터 430년 전이면 오차(誤差)를 염두에 둔다 할지라도 그런 추정이 가능하다. 그러므로 1876년 이후 이스라엘 민족이 애굽의 정권을 장악하기 전까지는 귀족 가문으로 생활했을 것이다.

려갔을 때 저들의 직업이 '목자'라는 사실을 바로 왕에게 고했으며 그것은 곧 애국 전역에 알려져 사람들로부터 그렇게 인식되었을 것이기 때문이다.

당시 목축을 하는 유목민을 천박하게 인식하던 애굽인들에게는 총리대신이 천민출신이라는 사실에 매우 놀랐을 것이다. 즉 애굽 최고 권력자의 집안이 천박한 유목민의 배경을 지니고 있었던 사실만으로 충격적이었을 것이 틀림없다. 하지만 당시 바로 왕이 저들을 환대했으며 애굽의 정권을 잡고 선정을 펼치는 요셉에 대해 큰 반감을 가졌던 것으로 보이지는 않는다.

그렇지만 요셉이 죽고 세월이 흘러가면서 애굽인들의 생각이 점차 달라져 갔을 것으로 보인다. 그래서 저들은 유목민 출신인 야곱의 자손들을 '힉소스'로 불렀을 가능성은 얼마든지 있다. 만일 힉소스족이 이스라엘 민족과 동일하다면 크게 번성한 저들이 막강한 세력을 떨쳤을 것이란 사실에 대해 충분히 짐작할 수 있다.

그러나 애굽인들은 힉소스족 즉 야곱의 자손으로 여겨지는 민족에게 빼앗긴 국권 회복을 위해 많은 투쟁을 했을 것이다. 결국 BC 1560년 경 애굽의 18왕조를 건설한 아흐모세1세(Ah-Mose1, BC 1584-1560)가 일어나 세력이 기울어져가는 힉소스족을 물리치고 전 애굽의 영토를 통일했다.[3] 이로써 애굽은 자주적인 국권회복을 하게 된 것이다. 이후 투트모세 III세(Thutmose III) 시대에 와서 애굽은 막강한 군사력을 보유하게 되었다.

그렇게 되어 애굽인들은 상실했던 국권을 회복하고 힉소스라 불리는 이

---

3) 이후 본서에 언급되는 세속 역사로서 애굽 왕조의 역사적 연대는 학자들에 따라 상당한 차이가 난다는 사실을 밝혀둔다. 즉 그 연대를 정확하게 규명하기 어렵다. 그럼에도 불구하고 본서에서 애굽의 연대를 체계적으로 언급하는 까닭은, 모세와 이스라엘 민족에 관한 모든 내용이 실제 역사적인 사건이었음을 강조하기 위해서이다. 비록 연대 자체에 약간의 차이가 날지라도 우리는 당시의 역사적 상황을 염두에 두고 애굽에 있던 이스라엘 민족을 기억할 수 있다.

스라엘 민족을 권좌權座로부터 축출하게 되었다. 따라서 이스라엘 백성은
애굽 생활의 말기末期에 노예 신분을 가지고 심한 압제를 받는 삶을 살아야
만 했다. 출애굽이 실행될 당시는 투트모세 Ⅲ세의 아들 아멘호텝 Ⅱ세가
통치하던 시기였던 것으로 이해된다. 그후 이스라엘 민족은 가나안 땅에
들어가 정복운동을 일으키지만 그전까지는 주변국들이 볼 때 한 영토에
정착되지 않은 상태의 떠돌이 민족에 불과했다.[4]

---

4) 고대 이집트 제18왕조의 아멘호텝 3세와 4세 어간의 시대를 아마르나 시대
(Amarna Age)라 한다. 그때 이스라엘 백성들은 광야 40년을 마치고 가나안 땅
에 진입해 들어갔다. 그에 대한 증거를 보여주는 텔 엘 아마르나 서신(書信)은
우리에게 매우 흥미로운 사실을 보여준다. 역사학자들은 텔 엘 아마르나 서신
의 명칭을 따라 BC 1400년 경(애굽 18왕조)의 한 어간에 특별히 존재했던 약
70여년의 시기를 '아마르나(Amarna) 시대' 라 칭한다. 그것은 이집트의 텔 엘
아마르나 지역에서 발견된 서신들 가운데 반영되어 있는 국제적 서신 연락의 시
대를 의미하고 있다. 1886년, 농사를 짓던 한 이집트 여인이 텔 엘 아마르나 지
역에서 약 400개 정도의 진흙으로 된 서판(書板)들을 발견하게 되었다. 그 서판
들은 팔레스틴에 있던 여러 통치자들이 이집트의 파라오(Pharaoh)에게 보낸
외교적 서신들이었다. 그 가운데는 '아피루(하비루)' 라고 불리는 사람들의 침입
에 대한 언급을 많이 나타나고 있다. 그 중에 '압디-히바(Abdi-Hiba)' 라는 예
루살렘의 지배자가 이집트의 바로 왕에게 서신을 보내 지원군을 보내달라고 요
청한 내용은 다음과 같다: "아피루(하비루)들이 왕의 땅 전부를 약탈하고 있습
니다. 만일 금년에 활 쏘는 사람들이 있다면, 나의 주시여! 왕의 땅은 보존될 것
입니다. 그러나 만일 이곳에 활 쏘는 사람들이 없다면, 나의 주시여! 왕의 땅들
을 잃어버리게 될 것입니다. 강력한 왕의 군대가 나하라임 땅과 구스 땅을 정복
하고 있습니다. 그러나 지금 아피루(하비루)들이 왕의 도시를 점령하고 있습니
다. 왕에게 남아 있는 지배자는 한 사람도 없습니다. 나의 주시여! 모두가 죽고
말았습니다. 짐레다(Zimreda)를 보십시오. 라기스의 사람들이 쳐부수었으며,
종들이 아피루(하비루)가 되었습니다." 이 문서(文書)들에 나오는 아피루(하비
루)가 과연 누구를 가리키고 있는가 하는 문제에 대해 적잖은 논쟁을 불러 일으
켰다. 학자들 가운데는 하비루인을 히브리인과 동일한 민족으로 보지 않는 자
들도 있다. 하지만 우리는 그 당시의 역사적 정황이나 히브리 민족 이외에 하비
루족이라 일컬을 만한 사람들에 대한 증거를 전혀 찾을 수 없으므로 하비루족을
히브리족으로 보아도 무방할 것이다(이광호, 『손에 잡히는 세계사』, 서울: 예영
커뮤니케이션, 2005. pp. 75,76 참조).

제2장

이스라엘 백성의 고통: 분만을 위한 준비

(출 1:8-22)

1. 요셉을 알지 못하는 '새 왕'의 이스라엘 민족 압제

이스라엘 민족이 강성하게 되었다가 약화될 무렵 요셉을 알지 못하는 새로운 왕이 일어나 애굽을 통치했다. 이 왕은 애굽 18왕조의 첫 왕이었던 아흐모세 1세(Ah-Mose I)였을 것으로 보인다. 여기서 그 왕이 요셉을 알지 못했다고 말하는 것은, 과거 위기에 처한 애굽을 부강하게 만들었던 이민족 출신의 총리대신을 영웅화하던 시대가 끝났음을 의미하고 있다. 그는 외지에서 들어온 민족으로부터 빼앗겼던 애굽 왕국의 통치권을 자기 민족에게로 돌렸던 것이다.

그러므로 그 왕은 이스라엘 자손을 권력의 자리에서 축출하고 도리어 저들을 압제해 다스렸다. 그는 정치가로서 여간 지혜롭게 처신하지 않으면 안 된다는 사실을 잘 알고 있었다. 이는 자칫 잘못하면 이스라엘 민족으로 말미암아 또 다시 예기치 않은 정변政變이 일어날 수 있으므로 미리 분명한 대책을 강구해야 한다는 판단을 하고 있었음을 의미한다. 만일 애굽과 외국 사이에 전쟁이 일어나게 되면 이스라엘 백성들은 내부의 적이 되어 애굽을 공격하고 분리되어 나갈 수 있다고 판단했던 것이다.

애굽의 바로 왕은 그런 사태를 미연에 방지하기 위해서는 강압정책을 펴는 것이 상책이라고 생각했다. 그러므로 이스라엘 민족을 각종 부역에 동원했으며 특히 국고성 비돔5)과 라암셋6)을 건축하는 고된 일을 시켰다. 하지만 야곱의 자손들은 심한 학대를 받으면서도 수적으로 더욱 번성해갔다. 그러자 애굽 정부의 입장에서는 그것이 여간 크게 신경 쓰이지 않을 수 없었다. 그래서 애굽은 저들에게 흙 이기기, 벽돌 굽기, 농사일 등 더욱 힘들고 고된 일들을 맡겨 옭아매고자 했다.

2. 남아 살해정책

애굽 18왕조로 알려진 새로운 왕조를 열고 애굽의 통치권을 장악한 왕들 가운데 어떤 왕은 이스라엘 민족을 압제하기 위한 더욱 경악할 만한 정책을 내놓았다.7) 그것은 특별한 산아정책産兒政策을 통해 이스라엘 민족의 수적 증가를 억제하는 것이었다. 즉 이스라엘 여성들이 자녀를 분만할 때 애굽 산파가 옆에 있다가 남자아기면 죽이고 여자아기면 살려두는 정책이었다.

바로 왕은 그 일을 히브리인들의 산아정책을 관장하고 있던 산파 십브라(Shiphrah)와 부아(Puah)에게 위임해 맡겼다. 아마도 그 사람들은 오늘날 우리의 행정체제에 비추어 말한다면 보건사회부 산하 히브리민족 출산정

---

5) 비돔은 이집트 동편 삼각주에 위치해 있으며 라암셋에서는 남동쪽으로 불과 12km 정도밖에 떨어지지 않은 성읍이다.
6) 라암셋은 나일강 어귀 삼각주에 있으며 애굽의 동북부 고센 지방에 위치해 있다.
7) 히브리인 가정에 출생하는 남아살해 정책을 펼친 왕이 누구였는가에 대해서는 잘 알 수 없다. 18왕조의 첫 왕인 아흐모세 1세(Ah-Mose I, BC 1584-1560)이거나 두 번째 왕인 아멘호텝 1세(Amenhotep I, BC 1560-1539로 추정하기도 하지만 그 다음 왕위를 이은 투트모세 1세(Thutmose I, BC 1539-1514)일 가능성이 짙다.

책에 관여하던 자들이었을 것이다. 그러나 하나님을 두려워하던 그들은 바로 왕이 시키는 대로 복종할 수 없었다.

나중 애굽의 왕이 출산을 담당하는 저들을 불러 그 경과를 확인했다. 그 때 그들은 히브리 여인들은 애굽 여성들과 달리 건장하여 산파가 집에 도착하기 전에 벌써 아기를 낳는 것이 보통이기 때문에 출산하는 순간에 옆에 있다가 남아를 구별해 죽이는 것이 쉽지 않다는 보고를 했다. 물론 저들의 답변은 핑계였을 뿐 정직한 말이라 할 수는 없다.

그렇지만 하나님께서는 그 산파들에게 은혜를 베풀어 저들의 집을 지켜 보셨다. 이는 저들로 하여금 이스라엘 민족이 믿는 여호와 하나님이 살아 계시다는 사실을 보여주시기 위함이었다. 따라서 이스라엘 백성은 애굽 왕의 잔인한 정책으로 말미암은 고통스런 압제에도 불구하고 여전히 하나님의 은혜로 말미암아 흥왕했다.

그것을 본 애굽의 왕은 점점 더 잔혹해져 갔다. 산파들로 하여금 출산 과정에서 이스라엘 자손의 남자아기를 죽이라고 명령했던 정책에서 한걸음 더 나아갔던 것이다. 그것은 일단 출생한 아기들이라 할지라도 여아는 살려두고 남아는 나일강에 던져 죽이라는 것이었다. 이는 인간으로서는 도저히 저질러서는 안 될 악한 범죄행위였다. 나중 스데반은 산헤드린 공회 앞에서 그에 관한 증언을 하고 있다.

> "하나님이 아브라함에게 약속하신 때가 가까우매 이스라엘 백성이 애굽에서 번성하여 많아졌더니 요셉을 알지 못하는 새 임금이 애굽 왕위에 오르매 그가 우리 족속에게 궤계를 써서 조상들을 괴롭게 하여 그 어린 아이들을 내어버려 살지 못하게 하려 할쌔"(행7:17-19)

애굽의 그 잔인한 남아살해 정책은 장기간 동안 실행된 것으로 보이지 않는다. 아마도 비교적 짧은 기간에 일시적으로 행해졌던 것 같다. 즉 모세

의 출생을 전후로 한 몇 년간 그 정책이 시행되었던 것으로 보이는 것이
다.[8] 이는 갓 태어난 남자아기를 나일강에 빠뜨려 살해하는 정책 가운데
는 하나님의 특별한 경륜이 작용하고 있었음을 말해주고 있다.

　우리는 여기서 이스라엘 민족과 애굽 왕국을 분리시키려는 하나님의 뜻
이 작용하고 있었음을 기억할 수 있어야 한다. 하나님께서는 그 과정을 통
해 이스라엘 민족이 애굽에서 견디지 못해 그곳을 떠나 약속의 땅 가나안
으로 가고자 하는 절실한 마음을 가지도록 하셨다. 동시에 나일강에 버려
진 모세를 애굽 왕궁에서 특별히 훈련시킴으로써 이스라엘 민족의 영도자
로 세우고자 하셨던 것이다.

---

8) 모세의 형 아론은 나이가 세 살 위이다. 아론이 출생할 당시는 아직 남아살해 정
　책이 시행되지 않았다. 또한 나중 모세가 애굽인과 히브리인들의 다툼에 관여할
　때의 정황을 보면 모세보다 몇 살 위 아래 나이의 히브리인들이 상당수 있었던
　것으로 보이기 때문이다.

제3장

모세의 출생
(출 2:1-10)

1. 레위 지파 집안을 통해 출생한 모세

하나님께서는 자신의 구속사역을 진행시키시기 위해 레위 지파에 속한 아므람(Amram)과 요게벳(Jochebed) 부부(출 6:20)를 통해 한 특별한 사람을 이스라엘 민족 가운데 보내고자 하셨다. 레위 지파의 조상인 레위는 일반적으로 생각하듯이 훌륭한 인물이 아니었다. 야곱은 자기 자식들 가운데 레위를 가장 보잘것없는 자들 가운데 하나로 간주했다.

그래서 야곱은 레위에게 특별한 복을 빌어주지 않았다. 그는 죽기 전에 모든 자식들을 위한 예언을 하면서 여러 자식들에게 축복의 말을 해주었다. 하지만 레위와 시므온에 대해서는 축복이 아니라 도리어 저주에 연관된 예언을 했다.

"시므온과 레위는 형제요 그들의 칼은 잔해하는 기계로다 내 혼아 그들의 모의에 상관하지 말찌어다 내 영광아 그들의 집회에 참예하지 말찌어다 그들이 그 분노대로 사람을 죽이고 그 혈기대로 소의 발목 힘줄을 끊었음이로다 그 노염이 혹독하니 저주를 받을 것이요 분기가 맹렬하니 저주를 받을 것

이라 내가 그들을 야곱 중에서 나누며 이스라엘 중에서 흩으리로다"(창 49:5-7)

야곱의 이 예언은 레위의 누이 디나(Dinah)가 세겜(Shechem)에 의해 강간 당한 사건에 연관되어 있었다. 시므온과 레위는 누이가 당한 성적인 모욕을 참지 못하고 집단 살해의 복수를 감행했다(창34:1-31). 야곱은 자기의 소 중한 딸이 겁탈을 당했지만 시므온과 레위가 그런 식으로 행동하는 것은 잘못된 것이라 판단했다. 야곱은 한 평생 그 점을 염두에 두고 있었다. 그 러므로 죽기 전에 저들에게 저주에 연관된 예언을 했던 것이다.

이와 같은 상황은 레위의 후손들이 이스라엘 민족 가운데 자랑스러운 집안이 아니었음을 말해준다. 그럼에도 불구하고 하나님께서는 출애굽을 앞두고 문제가 많았던 레위의 후손을 통해 특별한 사역을 하시고자 했다. 이는 사람들의 일반적인 상식과는 크게 어긋나는 것이라 할 수 있다. 하나 님께서는 인간들의 눈에 비쳐지는 훌륭하고 잘 난 사람이나 성품이 신실 한 집안의 후손들을 선택해 사용하신 것이 아니었다.

하나님께서는 또한 레위 지파에 속한 아므람과 요게벳의 가정을 택하실 때 그들의 자손을 통해 이스라엘 민족의 제사장을 삼으려는 계획을 가지 고 계셨다. 즉 그것은 모세뿐 아니라 그의 집안 전체에 연관되는 선택이었 던 것이다. 그러므로 나중 레위 지파 자손들 가운데 아론의 계보에 속한 자 들이 제사장 직무를 감당했던 것은 하나님의 특별한 계획과 은혜로 말미 암은 것이었다.

2. 아기 모세가 직면한 문제

레위 지파에 속한 아므람의 아내 요게벳이 세 번째 아기를 잉태하여 출 산했다. 그때는 BC1526년경으로 투트모세1세(Thutmose I, BC1539-1514)가 왕

위에 있던 시기로 보인다. 당시는 애굽이 힉소스족을 몰아내고 국권을
회복한 지 20여 년 정도밖에 지나지 않았으므로 국가 기반이 안정되지
못했다.

아므람 부부는 모세를 낳기 전에 슬하에 이미 미리암과 아론 두 남매를
두고 있었다. 그런 중에 태어나게 된 아기의 준수한 모습을 보고 쉽게 포기
할 수 없었다. 하지만 안타깝게도 당시는 히브리인의 집에 태어난 남자아
기는 나일강에 갖다 버리도록 되어 있었다. 그것은 왕명王命에 의한 법이었
다. 만일 그 명령을 어기게 되면 범법행위가 되어 처벌받을 수밖에 없었다.

그럼에도 불구하고 아므람 부부는 출생한 갓난아기를 석 달 동안 집 안
에 몰래 숨겨서 키웠다. 우리는 본문 가운데 '그 준수함을 보고 숨겼다' 고
기록된 말은 상당한 주의를 기울여 해석해야 한다. 즉 그 아기가 준수하지
않았다면 부모가 그냥 버릴 셈이었다고 말하기 어렵기 때문이다. 그 표현
가운데는 그 아기에게 하나님의 특별한 경륜이 작용하고 있었음이 나타나
고 있다.

그 아기는 태어날 때부터 죽음의 위기를 피할 수 없는 형편에 처해 있었
다. 애굽 정부는 히브리인의 자녀로 출생한 남자아기가 건강하게 성장하
는 것을 허락하지 않았다. 특히 사탄은 그의 생존과 성장을 방해하기 위해
온갖 방법을 다 동원하게 된다. 그래서 그 아기의 부모는 석 달 동안 집 안
에서 키우다가 하는 수 없이 그를 나일강에 내다버렸다. 그 부모는 갈대상
자에 역청과 나무로부터 난 진纏을 칠하고 아기를 거기 담아 나일강 갈대
밭 사이에 버릴 수밖에 없었다.

우리는 아므람 부부가 취한 행동에 대해 냉철한 생각을 하지 않으면 안
된다. 그들은 아기를 나일강에 버리면 하나님께서 살려주시리라고 기대했
던 것이 아니다. 사실 그들은 애굽의 정책에 굴복해 아기를 죽음에 내어주
었을 따름이다. 그 부모는 자신들의 생존을 위해 갓난아기를 희생시키기
로 작정했던 것이다.[9] 이는 나머지 모든 가족이 살아남기 위한 궁여지책窮

餘之策으로서 어떻게 할 도리가 없었던 것으로 이해할 수 있다.

우리는 여기서 모세가 나중에 오시게 될 예수 그리스도에 대한 예언적 모형이 된다는 사실을 기억해야 한다.[10] 전체적인 역사적 흐름을 볼 때, 당시 애굽 정부가 히브리인의 모든 남자아기를 죽인 것은 저들의 수적 증가를 방지하기 위한 목적을 가지고 있었지만, '모세'와 밀접하게 연관된다. 즉 애굽에서 영아살해정책을 편 중심에는 어린 아기 모세가 존재해 있었다. 사탄의 입장에서는 모세와 같은 인물이 태어나 건강하게 성장해서는 안 되었다. 이는 애굽을 심판하고 이스라엘 백성을 구원하고자 하시는 하나님의 특별한 경륜으로 말미암는 것이었다.

이 사건은 나중 예수님께서 베들레헴에서 출생하셨을 때 헤롯왕이 베들레헴 인근의 두 살 아래 영아들을 살해하도록 명령한 것과 더불어 생각해 볼 수 있다. 그런 관점에서 이해한다면, 아기 모세 때문에 이스라엘 민족의 많은 남자아기들이 희생되어 죽었다. 비록 악행을 저지르는 애굽인들이 그 구체적인 실상을 전혀 인식하지 못하고 있었을지라도 그렇게 이해되는 것이 자연스럽다. 이는 아기 예수님 때문에 베들레헴의 많은 남자아기들이 희생당해 죽은 것과 같다.

그렇지만 애굽에서 노예로 살며 억압받던 이스라엘 민족은 모세가 출생한 후 80년 가까이 지나 그로 인해 구출받아 애굽을 탈출하게 된다. 이와 같이 예수 그리스도로 인해 세상에서 신음하던 그의 백성들이 구원받아 영원한 천국으로 인도받게 된다. 신구약 성경에는 모세가, 하나님께서 장

---

9) 히브리서 11:23에는, "믿음으로 모세가 났을 때에 그 부모가 아름다운 아이임을 보고 석 달 동안 숨겨 임금의 명령을 무서워 아니하였으며"라는 기록이 나온다. 아므람 부부는 모세가 출생했을 때 믿음으로 석 달을 숨겼다는 것이다. 하지만 그 말은 모세를 즉시 죽음에 내어주지 않으면 당하게 될 무서운 형벌문제에 대한 기술로 받아들여야 한다. 즉 모세를 나일강에 버릴 때 그가 죽지 않고 보호받게 되리라는 믿음을 가진 것으로 이해할 수 없다.

10) 이는 아브라함의 독자 이삭이 예수님에 대한 예언적 모형이 된 것과 동일한 관점에서 이해할 수 있다.

래 자기와 같은 하나님의 선지자 곧 그리스도를 보내실 것에 대해 분명한
증거를 하고 있다.

> "네 하나님 여호와께서 너의 중 네 형제 중에서 나와 같은 선지자 하나를
> 너를 위하여 일으키시리니 너희는 그를 들을찌니라"(신18:15); "모세가 말
> 하되 주 하나님이 너희를 위하여 너희 형제 가운데서 나 같은 선지자 하나를
> 세울 것이니 너희가 무엇이든지 그 모든 말씀을 들을 것이라 누구든지 그 선
> 지자의 말을 듣지 아니하는 자는 백성 중에서 멸망 받으리라 하였고"(행
> 3:22,23)

위의 신구약 성경의 본문에 기록된 것처럼, 모세가 이스라엘 백성을 향
해 '하나님께서 나와 같은 선지자 하나를 일으키리라' 고 예언한 것은 예
수 그리스도를 일컫고 있다. 이 말씀은 모세의 생애 전체에 연관되지만 그
의 출생에서부터 적용될 수 있다. 이는 이방인들로부터 살해대상이 되고
사탄의 공격대상이 되었던 모세가 이스라엘 백성을 위해 진행했던 모든
사역은, 나중 예수님께서 창세전에 택하신 자기 백성을 영원한 삶의 터전
으로 인도하시는 것과 비견된다는 사실을 보여주고 있는 것이다.

3. 하나님의 경륜

아므람과 요게벳은 저들의 몸에서 난 갓난아기를 죽음에 내어주었지만
하나님께서는 그의 생명을 살리기로 작정하고 계셨다. 이는 단순히 한 아
기의 생명을 보존할 뿐 아니라 이스라엘 민족의 구출에 연관되어 있었다.
아기의 부모가 그를 갈대상자에 담아 나일강가에 버렸을 때 그의 누이 미
리암이 멀리서 그 광경을 지켜보고 있었다.

어린 미리암이 그렇게 했던 것은 부모가 시켜서 한 일이라 말할 수 없
다. 아직 철이 덜 든 조그만 여자아이였지만 갓 태어난 자기 동생이 강기에

버려지는 것을 보며 슬픈 마음으로 멀리서 지켜보았다. 사랑하는 자식을 내다버린 부모의 슬퍼하는 모습을 보며 그 아픔을 충분히 이해하고 있었던 것이다. 갓난아기를 나일강에 버리고 집으로 돌아온 부모들은 그 시간에 고통스런 마음으로 울고 있었을 것이 틀림없다.

마침 그때 애굽의 공주가 시녀들을 데리고 목욕하기 위해 나일강변으로 나왔다. 다수의 학자들은 그 공주가 수 십년 후 여성으로서 애굽을 통치하는 바로 왕의 재위에 오르게 되는 핫트셉수트(Hatshepsut, BC1504-1482 재위)였을 가능성이 높은 것으로 본다.[11] 그녀는 강가를 거니는 동안 우연히 강가의 갈대밭 사이에 놓인 조그만 갈 상자를 보게 되었다. 시녀들로 하여금 그 상자를 가져오게 해서 열어보니 그 안에는 한 남자아기가 울음을 터뜨리고 있었다.

그것을 본 애굽의 공주는 그 갓난아기가 히브리인의 아들이라는 사실을 금방 알아차릴 수 있었다. 그녀는 갓난아기를 보고 불쌍한 마음이 들어 그냥 죽도록 놔둘 수 없다는 생각을 했다. 그러므로 그 아기를 살려주어야겠다는 판단을 하게 되었다. 하지만 그것은 애굽의 국법을 어기는 것과 마찬가지 행위였다.

애굽의 바로 왕이 히브리인의 가정에 출생하는 모든 남자아기를 죽이도록 명령한 상태였으며, 그 아기의 부모들도 왕명에 따라 자기 자식을 죽음에 내어주었다. 그런데 이스라엘 민족의 영아살해 명령을 내린 바로 왕의 딸인 애굽의 공주가 그를 살려주려고 했다. 즉 이스라엘 민족의 원수이자 아므람 부부의 원수인 바로 왕의 공주가 도리어 그 아기의 목숨을 살리게 되는 복잡한 상황이 전개된 것이다. 이는 단순한 인간의 의도가 아니라 하나님의 경륜에 따라 일어난 사건으로 볼 수밖에 없다.

---

11) 김영철, 『출애굽기』, 서울: 도서출판 깔뱅, 2007, p.19 참조.

4. 모세를 위한 하나님의 특별한 간섭

바로 왕의 공주가 나일강가에 버려진 히브리인의 아기를 목격한 후 그를 불쌍히 여겨 살려주어야겠다는 생각을 하고 있을 때 그 아기의 누이인 미리암이 공주 앞으로 나아갔다. 애굽의 공주가 볼 때는 그 상황이 매우 자연스럽게 전개되었다. 즉 그 여자아이가 그 아기의 누이일 것이라고는 미처 생각하지 못했던 것이다.

그 꼬마 여자아이가 당돌하게도 '공주를 위하여' (7) 히브리 여인 중에 유모를 불러와 그 아기에게 젖을 먹이게 하면 어떨지 묻자 공주는 '자기를 위하여' (9) 그렇게 하도록 허락했다. 공주가 히브리 여인을 데려오도록 했던 것은, 당시 저들 가운데 남자아기를 출산한 후 자식을 버렸기 때문에 젖이 나는 여인들이 상당수 있었기 때문이었다. 따라서 모세의 누이 미리암은 애굽 공주의 요청에 따라 자기의 어머니 요게벳을 데리고 왔다. 하지만 애굽의 공주는 그 히브리 여인이 그 아기의 친 어머니라는 사실을 전혀 알지 못했다.

하나님께서는 그런 식으로 미리암을 통해 모세의 어머니를 애굽의 공주 앞으로 인도하셨다. 그것은 하나님의 특별하신 경륜이 아니면 불가능한 일이었다. 그렇게 되어 모세의 친 어머니 요게벳이 자기 아들에게 젖을 먹이며 양육하게 되었다. 모세의 어머니는 그 대가로 공주로부터 아기 양육의 대가로 적절한 삯까지 받았다. 그것은 아마 모세가 아주 어릴 때 젖을 떼기 전까지 지속되었을 것으로 보이며, 완전히 성장할 때까지 그를 양육했는지에 대해서는 단언하기 어렵다.

5. 레위인의 자식, 애굽 공주의 아들

이떤 경우라 할지라도 모세의 혈통 자체가 바뀌어질 수는 없다. 모세는 이스라엘 민족의 혈통을 지닌 레위 지파의 자손이었다. 그는 애굽의 공주에 의해 구출되었지만 하나님의 경륜 가운데 자기의 친 어머니의 젖을 먹고 자랐다. 이는 애굽의 공주가 그 아기에게 젖을 먹이며 양육해 주도록 당부를 했기 때문이기도 하지만, 하나님의 특별한 경륜에 의한 것이었다.[12]

그는 비록 젖을 먹는 어린아기였으나 '젖어머니'의 품에 안겨 여호와 하나님을 향한 '친어머니'의 기도소리를 들으며 자라났을 것이 분명하다. 아기 모세는 나일강에 버림을 받기 전과 후에 동일한 어머니의 젖을 먹었다. 그러나 그는 성장한 후에도 자신에게 젖을 먹인 친어머니를 유모로 생각했을 것이 틀림없다.

모세에게 젖을 먹인 어머니는 이스라엘 민족이 당하는 고통을 호소하며 저들을 출애굽시켜 약속의 땅으로 인도해주시도록 간구했을 것이다. 그리고 품안에 있는 아기가 잘 성장해 하나님의 뜻에 온전히 순종하는 자녀로 자라가기를 기도했을 것이다. 물론 아기 모세가 어머니의 기도 내용을 어느 정도 이해했느냐 하는 것은 별개의 문제이다.

요게벳은 그 아기가 자기의 친 자식이라는 사실을 감히 겉으로 드러낼 수 없었다. 만일 그것이 발각되는 날에는 모두의 생명이 위태롭게 될지 모를 일이었기 때문이다. 우리는 그 어머니의 애틋한 마음을 떠올릴 수 있다. 그 젖어머니는 아기가 젖을 떼고 좀 더 자라게 되었을 때 그를 바로의 딸 공주에게 데려갔다.

공주는 그 아기를 자기의 양아들로 받아들이고 '모세'라는 이름을 지어주었다.[13] 그 뜻은 '그가 나일강에서 건져진 것'에 연관되어 있었다(10).

---

12) 모세가 몇 살까지 어머니 요게벳에 의해 양육되었는가 하는 점은 잘 알 수 없다. 아마도 그가 젖 뗄 무렵까지 아니었을까 여겨진다. 애굽의 공주가 아기 때 '모세'라는 이름을 지어준 사실에서 그점을 추정할 수 있다. 그리고 요게벳이 모세를 왕궁 밖으로 데려나가 자기 집에서 키운 것은 아니었다. 히브리인의 가정에서 남자 아기를 키운다는 것은 불법이었기 때문이다. 아마도 요게벳은 애굽 왕궁의 한 방에서 일시동안 모세를 양육했을 것으로 보인다.

모세가 애굽의 왕궁에 호적을 올렸다는 사실은 매우 중요한 의미를 지니고 있다. 이는 그가 왕위를 계승할 수 있는 자들 가운데 한 사람으로 이름이 올라갔음을 의미하기 때문이다. 당시에도 왕의 아들이 없을 경우 방계 가족의 자식들 가운데 한 사람이 왕위를 계승했다.

만일 그가 애굽의 최고 통치권자인 바로가 된다면, 이스라엘 민족이 과거의 위세를 다시금 회복할 수 있는 기회를 얻게 될지도 모른다. 과거 힉소스족이 이스라엘 민족이었다면 역사의 바퀴를 되돌릴 수 있는 기회가 될 수 있었던 것이다. 그러나 모세를 통한 하나님의 뜻은 그런 것이 아니라 그와는 정반대였다. 어쨌거나 모세는 할례를 받은 이스라엘 민족의 혈통을 지니고 있었으나 애굽 왕가의 아들로서 궁중교육을 받게 되었다.

모세가 애굽 왕궁에서 성장해 가고 있을 때 아므람과 요게벳을 비롯한 그의 가족은 오랜 세월동안 멀리서 가만히 지켜보고만 있었을 것이 틀림없다. 그들은 어느 누구에게도 왕궁에 있는 모세에 대해 말할 수 없었을 것이 분명하다. 나아가 모세는 자라나면서 자기의 친부모가 누구인지 몰랐을 것이 틀림없다. 만일 그에 대해 알았다면 중간에 다른 문제들이 발생하지 않을 수 없었을 것이다. 나중 모세가 형 아론과 누이 미리암을 만나게 되지만 그것은 그후에 일어난 하나님의 특별한 섭리에 의한 것으로 이해해야 한다.

우리는 여기서 왜 하나님께서 모세를 애굽의 왕궁으로 들여보냈을까 하는 점을 주의 깊게 생각해 보아야 한다. 이스라엘 민족의 조상인 야곱이 가나안 땅에서 70여 명의 가족을 이끌고 애굽으로 내려왔을 때 그들은 총리대신이 되어 있던 요셉으로 말미암아 바로 왕의 궁전을 방문했었다.

---

13) 모세 시대의 애굽의 바로들 가운데는 '모세'(Mose)라는 단어를 포함한 이름을 가진 왕들이 많았다. 대표적으로 '아흐모세'(Ah-Mose), '투트모세'(Thutmose) 등이 있다.

이제 수백 년이 지난 후 하나님께서는 이스라엘 민족을 구출해 내기 위해 또 다른 특별한 방법으로 모세를 애굽의 왕궁 안으로 들여보내셨다. 그는 애굽의 왕실에서 궁중교육을 받으면서 외형상 애굽인으로 성장해갔다. 하나님께서 그렇게 역사하신 것은 결국 모세로 하여금 애굽의 왕궁을 배신케 하려는 목적이 있었기 때문이었다. 즉 이스라엘 자손으로서 공주의 아들이 된 모세를 애굽의 배신자로 만듦으로써 서로간 원수가 되도록 했던 것이다. 따라서 모세는 애굽의 왕실을 배신하지 않으면 안 되었다.

사실 당시에는 이미 애굽과 이스라엘 민족은 돌이킬 수 없는 철천지원수徹天之怨讐가 되어 있는 상태였다. 애굽 왕국의 정부가 이스라엘 민족의 모든 남자아기를 살해하는 정책을 펼친다는 것은 서로간 적대적 원수가 되어 있음을 의미하고 있다. 그런데 모세가 애굽을 배신함으로써 애굽과 이스라엘 사이에 구체적인 변화가 시작되었다.

그러므로 모세는 나중 자신이 애굽 공주의 아들로서 성장했던 그 왕궁으로 들어가 바로 왕과 직접 대결할 수 있었다. 보통 사람들 같았으면 으리으리한 애굽의 왕궁에 위축되었을지 모르지만 모세에게는 그런 것들로 인한 어떤 심리적인 부담도 가지지 않았다. 그래서 애굽을 배신한 모세는 바로 왕과 정당하게 맞설 수 있었다. 오늘날 우리도 모세처럼 세상을 배신하고 저를 대항해 싸우는 자들이다. 자연인으로서 세상에 태어난 우리가 세상을 배신함으로써 세상은 우리와 원수가 될 수밖에 없다.

우리가 여기서 주의 깊게 생각해 보아야 할 점은, 이스라엘 민족의 출애굽을 위해 특별히 예비된 모세가, 야곱의 집안을 애굽으로 인도하기 위해 특별히 예비된 요셉과 구속사적으로 유사한 점을 가지고 있다는 사실이다. 하나님께서는 야곱의 집안을 애굽으로 인도하시기 위해 요셉을 미리 애굽의 왕궁으로 보내셨다. 그리고 지금은 이스라엘 민족을 약속의 땅 가나안으로 구출해 내기 위해 모세를 애굽의 왕궁으로 들여보내셨다.

요셉이 애굽으로 팔려갔을 때 그에 대한 원천적인 이유를 알고 있던 사람은 아무도 없었다. 그가 애굽의 총리대신이 되었을 때도 요셉 자신은 그 이유를 몰랐다. 이처럼 모세가 애굽 공주의 양아들이 되어 왕궁에 살게 되었을 때 그 이유를 깨닫고 있는 자는 아무도 없었다. 모세 자신도 왜 자기가 왕궁에서 살게 되었는지 근본적인 이유를 알지 못했다. 단지 하나님 한 분만이 그 모든 계획을 세우고 역사를 진척시켜 나가셨다.

이와 같이 이스라엘 민족의 애굽에서의 수백 년에 걸친 나그네 생활 가운데, 바로 왕의 측근에서 살았던 요셉과 왕궁에서 살았던 모세 사이에는 분명한 공통점이 있다. 즉 하나님께서는 요셉을 통해 야곱의 가족을 맨 처음 애굽으로 인도하셨다. 그런데 동일한 하나님께서 430년 후에는 모세를 통해 이스라엘 민족을 애굽으로부터 나가게 하셨던 것이다.

제4장

장성한 모세의 민족의식
(출 2:11-15)

1. 모세의 민족 정체성

모세는 애굽 공주의 아들로 성장했지만 남들이 알지 못하는 심각한 갈등에 빠져 있었다. 이는 그가 스스로도 인식하지 못한 채 친어머니의 품속에서 자라면서 자신의 민족 정체성에 대해 깨닫기 시작했기 때문이다. 모세는 자기의 젖어머니가 친어머니라는 사실은 감지조차 하지 못했을 것이 분명하다. 하지만 그녀가 히브리 여인이라는 사실은 알았을 것이 틀림없다. 그런 환경 가운데서 그 애굽 공주의 아들은 점차 자신이 애굽인이 아니라 히브리인이라는 사실을 깨달아 갔다.

애굽공주의 아들인 모세는 성장하면서 모든 학문과 더불어 애굽 역사에 대한 공부를 했다. 그 가운데서 자기의 민족인 이스라엘 민족의 번성을 막기 위해 애굽 정부가 시행한 남자영아 살해정책에 관해서도 알게 되었을 것이다. 그것은 모세로 하여금 애굽인들에 대한 강한 적개심을 불러 일으키기에 충분했다. 그리하여 모세는 자기 종족을 돌아보기 위해 노동현장을 찾았다. 그에 대한 기록이 사도행전에 기록된 스데반의 설교에서 나타난다.

"모세가 애굽 사람의 학술을 다 배워 그 말과 행사가 능하더라 나이 사십이 되매 그 형제 이스라엘 자손을 돌아볼 생각이 나더니 한 사람의 원통한 일 당함을 보고 보호하여 압제 받는 자를 위하여 원수를 갚아 애굽 사람을 쳐 죽이니라 저는 그 형제들이 하나님께서 자기의 손을 빌어 구원하여 주시는 것을 깨달으리라고 생각하였으나 저희가 깨닫지 못하였더라"(행7:22-25)

사도행전에 기록된 것처럼 장성한 모세가 노동현장을 찾은 것은 의도적이었다. 즉 자신의 동족인 '이스라엘 자손을 돌아볼 마음으로' 일부러 그곳을 찾아갔다. 모세는 그곳에서 고된 노동을 하는 히브리인들을 보고 있던 중 한 애굽 사람이 히브리인을 구타하는 현장을 목격하고 매우 격분했다.

자신의 종족인 이스라엘 자손이 억울하게 원통한 일을 당하는 것을 보게 된 모세는 도저히 참을 수 없었다. 그래서 대신 원수를 갚아줄 요량으로 주변을 살펴본 후 그 애굽인을 쳐 죽여 모래 속에 묻어 버렸다. 그렇게 하면 이스라엘 자손들이 자기를 통한 하나님의 은혜를 깨달을 것이라 생각했던 것이다.

그러나 결과는 전혀 그렇지 못했다. 모세는 사람을 쳐 죽이는 살인 행위를 저질렀지만 그에 대한 아무런 죄책감을 가지지 않았다. 그는 자기 민족을 박해할 뿐 아니라 오래 전에 수많은 영아들을 살해한 애굽인들 가운데 한 사람 정도 죽인다고 해서 별 문제가 될 것이 없다고 판단했을지도 모른다.

그런데 바로 그 이튿날 우려할 만한 사태가 발생하게 되었다. 모세가 또 다시 노동현장에 나갔을 때 이번에는 히브리인 두 사람이 서로 심하게 다투고 있었다. 그것을 본 모세는 완력을 사용하는 잘못된 자에게 같은 동포를 구타하는 것이 옳지 않다는 말을 했다. 그것이 모세에게 화근이 되었다. 그 사람은 모세의 말을 듣고 나서 반성했던 것이 아니라 도리어 강하게 저항했다.

그는 모세를 저들의 재판관으로 삼은 적이 없다고 소리치면서, 어제는 애굽인을 죽이더니 이제 자기를 죽이려고 하느냐며 따져들었다. 주변에 있던 애굽인들도 그가 외치는 소리를 듣게 되었다. 모세는 그에 관한 말이 바로 왕의 귀에 들어가게 될까봐 두려워하지 않을 수 없었다. 모세가 히브리인들의 편을 들어 애굽 사람을 죽여 몰래 사막의 모래 속에 파묻었다는 사실은 결코 예삿일이 아니었다.

2. 애굽인과 히브리인 양쪽으로부터 배척당하는 모세

모세는 애굽 왕궁에 속한 인물이었지만, 이스라엘 민족의 편에 서서 저들의 억울함을 풀어주기 위해 애굽인을 쳐 죽인 사건으로 인해 고립되는 상황에 처해졌다. 모세는 애굽인을 죽이며 자신이 이스라엘인의 편에 서 있다는 사실을 자기 민족에게 보여주고자 했다. 그러나 그 점에 있어서는 완전히 실패하고 말았다.

나중 이스라엘 자손들끼리 다투는 것을 보며 해결해주려고 했을 때 저들 가운데 하나가 모세를 저들의 통치자와 재판관으로 세운 적이 없다며 강하게 항변했다. 그것이 앞의 사건을 확산시키는 계기가 되어 버렸다. 그 사람은, 어제는 애굽 사람을 죽이더니 오늘은 자신을 죽이려느냐고 하며 덤벼들었다. 그 말을 들은 모세는 그에 적극적인 해명을 했던 것이 아니라 도리어 두려움에 빠지지 않을 수 없었다.

모세는 한 순간에 애굽 왕궁에 속한 인물로서 애굽에 저항하는 배신자가 되었다. 그럼에도 불구하고 이스라엘 민족을 자기편으로 만들 능력이 없었을 뿐더러 그럴 의사도 없었다. 그렇게 되자 모세는 애굽이나 이스라엘 민족이 아니라 하나님 한 분 밖에 달리 의지할 만한 대상이 없는 상태가 되어버렸다.

민족적 정체성으로 인해 다소 혼란스럽게 되었다고 할지라도 모세는 자신의 출세와 성공을 위해 그냥 가만히 있을 수도 있었다. 그러나 모세는 개인적인 영달을 추구했던 것이 아니라 자기의 민족을 택했다. 그는 애굽 민족에 맞선다는 것이 무엇을 의미하는지 잘 알고 있었다. 그렇지만 그는 인간적인 영광이 아니라 고난과 능욕을 택했다. 히브리서 기자는 그에 대한 기록을 하고 있다.

> "도리어 하나님의 백성과 함께 고난 받기를 잠시 죄악의 낙을 누리는 것보다 더 좋아하고 그리스도를 위하여 받는 능욕을 애굽의 모든 보화보다 더 큰 재물로 여겼으니 이는 상주심을 바라봄이라"(히11:24-26)

모세는 애굽에 저항하면 어떤 결과를 가져오게 될지 잘 알고 있었다. 동시에 그로 말미암아 영원한 천상의 나라에서 허락될 보상(reward)에 대해서도 알았다. 이 세상에서 누리는 한시적인 권력과 영화가 아무런 값어치가 없음을 깨닫고 있었던 것이다. 이 세상에서 권력과 명예를 가지고 큰 재물을 얻어 부자가 된다고 해도 일시적인 것에 지나지 않는다.

그런데 오늘날 우리는 과연 어떤가? 우리는 이 세상에서의 고난과 능욕을 피하고 세상의 복락을 누리고자 하지 않는가? 하나님의 자녀라면 타락하고 오염된 세상의 성공과 출세를 추구해서는 안 된다. 우리는 십자가에 달려 돌아가신 예수 그리스도를 본받아 세상으로부터 고난과 능욕을 선택해야 한다.

제5장

미디안으로 탈출한 모세와 제사장 이드로

(출 2:16-25)

1. 바로 왕의 분노: 원수 만들기

모세가 이스라엘 자손의 편을 들어 애굽인을 죽인 사건은 오래가지 않아 바로 왕에게 보고되었다. 공주의 아들이 이스라엘 민족을 옹호하고 애굽 사람을 쳐 죽였다는 것이다. 그것은 단순한 개인적인 사건이 아니라 애굽의 정책에 저항하는 행동이었다.

그러므로 왕은 모세에게 강한 배신감을 느끼지 않을 수 없었을 것이며 그냥 좌시할 수 없었다. 애굽 왕궁의 입장에서 본다면 그동안 원수의 자식을 집안에 불러들여 범으로 키운 격이었다. 이는 사실 매우 중요한 의미를 지닌다. 왕궁에서 자란 모세가 애굽인을 살해함으로써 배신자가 되었기 때문이다.

이제는 그 동안의 키운 정과 양육과정에 상관없이 서로간 원수가 될 수밖에 없었다. 나아가 이는 애굽 민족과 이스라엘 민족이 권력구조 문제를 넘어 원수 관계임을 확인하는 성격을 지니고 있었다. 하나님께서는 이를 통해 모세와 애굽을 분리시키셨다. 애굽 왕궁과 애굽 사람들은 여전히 이스라엘 자손을 박해하고 있지만 이스라엘 민족은 장래 왕궁의 원수가 된 모세의 편에 서서 저들에게 저항하게 될 것이다. 이는 사실 매우 중요한 구속사적 의미를 내포하고 있다.

2. 개인 모세의 단신單身 출애굽

애굽 바로 왕의 진노를 산 모세는 생명을 보존하기 위해 미디안으로 피신할 수밖에 없었다. 그곳은 당시에도 문명화된 사회에 사는 사람들이 살기 좋아하지 않는 척박한 땅이었다. 왕궁에서 공주의 아들로 생활했던 모세의 입장에서는 그 차이가 엄청나게 컸다. 부족한 것이 아무것도 없는 화려한 왕궁에 살다가 하루 아침에 극도로 초라한 땅에 내팽개쳐진 것과 같았다. 하지만 그 땅은 시내 반도에 속한 지역으로서 앞으로 있게 될 이스라엘 민족의 출애굽과 연관되었다.

모세가 미디안 지역으로 피신한 까닭은 애굽 땅에는 그를 보호해 줄 만한 사람이 아무도 없었다는 사실을 말해주고 있다. 애굽의 왕궁은 이미 그를 잡아 죽이기 위해 애굽 전역에 수배령을 내렸다. 그렇다고 해서 이스라엘 자손이 그를 숨기거나 보호할 수도 없었다. 노예와 같은 상황에 처한 현실도 그랬지만 이스라엘 자손들 가운데서도 모세의 편에 선 자들이 그다지 많이 있어 보이지 않았다. 그들 가운데 다수는 모세가 이스라엘 자손이 아니라 애굽 왕궁에 속한 공주의 아들이라고 생각했을 것이기 때문이다.

결국 모세는 생명을 부지하기 위해 사람들의 눈에 띄지 않는 제3의 장소로 피신할 수밖에 없었다. 이제까지 한 번도 그런 고생을 한 적이 없던 모세가 낯선 미디안 광야에 도착했을 때 살아갈 일이 암담했을 것이 분명하다. 앞으로 어떻게 생명을 부지해갈지 막연하게 여겨졌을 것이기 때문이다.

3. 하나님의 인도하심

미디안 광야로 도망친 모세는 홀로 외로운 처지에 놓이게 되었다. 그러던 중 모세는 어느 날 우물곁으로 나가 앉아 있었다. 사막 가운데 물이 있는 그곳에는 사람들이 모여들 것이므로 앞으로 살아갈 방도가 생길지 모르기 때문이었을 것이다. 홀로 떨어진 상태에서는 일단 사람들이 모이는 곳으로 가는 것이 상책이다.

모세가 우물가에서 사람들을 만나고자 했을 때 미디안 제사장의 딸 일곱 명이 그곳으로 왔다. 그 여자들은 자기 아버지의 양을 치고 있었다. 우물 가까이 온 저들은 물을 길어 구유에 채우고 양떼에게 물을 먹이려 했다.

그때 다른 목자들이 와서 그 여자들을 내쫓고 우물을 독차지 하려고 했다. 그런 일은 양치는 목자들 사이에 종종 있는 일이었던 것으로 보인다. 하지만 그 광경을 옆에서 지켜보던 모세가 일어나 여자들을 도와줌으로써 양떼에게 물을 안전하게 먹일 수 있었다.

우리는 여기서 모세의 용기와 힘을 보게 된다. 어쩌면 모세는 애굽의 왕궁에서 호신護身을 위한 고도의 무술을 배웠을지도 모른다. 아마도 그랬을 것이다. 어쨌거나 한 사람이 여러 명의 목자들을 제압하는 힘을 지니고 있다는 사실은 대단한 능력이 아닐 수 없다. 앞서 모세가 이스라엘 자손을 괴롭히는 애굽 사람을 간단하게 죽일 수 있었던 것도 그와 연관되는 것으로 여겨진다.

미디안 제사장의 딸들은 낯선 외국 남성의 도움을 받아 양들에게 물을 먹이고 안전하게 집으로 돌아갔다. 당시 모세가 만일 남자들의 편을 들었다면 그들과 좋은 관계를 맺어 일자리를 얻을 수 있었을지도 모를 일이다. 그러나 여자들을 도와주었기에 당장 얻을 수 있는 것이 아무것도 없었다. 괜한 정의감 때문에 우물에서 쫓아냈던 목자들과도 적대관계가 되었을 따름이다. 따라서 모두가 그 자리를 떠난 후에도 모세는 혼자 외롭게 뒤에 남아 있어야만 했다.

한편 미디안 제사장은 딸들이 평소보다 일찍 집으로 돌아온 것을 보고 어떻게 된 일인지 그 연유를 물었다. 평상시 같았으면, 다른 목자들에게 우물을 빼앗겼다가 그들이 돌아간 후에 양떼에게 물을 먹이게 됨으로써 더 많은 시간이 걸렸을 것이다. 그런데 그 날은 일찍 집으로 돌아왔으므로 아버지가 딸들에게 무슨 일이 있었는지 물었던 것이다.

제사장의 딸들은 아버지의 질문을 듣고 자초지종自初至終을 이야기했다. 한 애굽 사람이 저들을 도와주어 일찍 집으로 돌아올 수 있었다는 것이다. 그 여자들은 모세가 히브리인이란 사실을 전혀 생각지 못했다. 이에 대해서는 제사장 르우엘 역시 마찬가지였다. 딸들의 말을 들은 미디안 제사장은 그 사람이 어디 있느냐고 묻고는 집으로 데려오라고 했다. 그리고는 그에게 음식을 대접하도록 했다.

4. 모세가 미디안 제사장을 만남

미디안 제사장의 딸들은 다시 우물로 가서 혼자 있던 모세를 불러왔다. 그리하여 모세는 생각지 못했던 미디안 제사장을 만나게 되었다. 아마도 미디안 제사장은 모세를 대면했을 때 그의 신상에 대한 여러 가지 질문을 했을 것이며 모세는 그에 대해 적절한 답변을 했을 것이다.

모세가 자신의 신상과 자신이 처한 형편에 대해 어느 정도 자세하게 말했는지는 알 수 없다. 아마도 자신이 애굽 공주의 아들이라는 사실은 언급하지 않았을 것이다. 그러나 분명한 사실은 지금 오갈 데 없는 형편이라는 사실에 대해서는 이야기했을 것이 틀림없다. 어쩌면 앞으로 열심히 일할 터이니 일만 시켜달라고 당부했을지도 모른다.

그렇게 하여 모세는 그들과 함께 한 집에 살게 되었다. 그것은 하나님의 특별한 경륜과 인도하심에 따라 진행되는 일이었나. 비록 모세와 미디안 제사장, 그리고 그의 딸들은 그에 대한 아무런 인식을 하지 못했겠지만 거기에는 하나님의 세미한 손길이 움직이고 있었던 것이다.

우리가 여기서 생각해 보아야 할 점은 모세의 장인이 된 이드로의 신분과 신앙문제이다.[14] 출애굽기 전체를 보면 그가 하나님을 알고 믿는 인물이었던 것이 분명하다. 하지만 그가 언제부터 여호와 하나님에 대한 참된 신앙을 가지기 시작했는지 그 구체적인 시점을 분명히 알기는 어렵다. 하지만 나중에 사위인 모세를 통해 하나님을 알게 되었다는 사실은 틀림없다. 출애굽기 중반부에는 제사장 이드로의 신앙이 드러나는 내용이 기술되어 있다.

"이드로가 여호와께서 이스라엘에게 모든 은혜를 베푸사 애굽 사람의 손에서 구원하심을 기뻐하여 가로되 여호와를 찬송하리로다 너희를 애굽 사람의 손에서와 바로의 손에서 건져내시고 백성을 애굽 사람의 손 밑에서 건지셨도다 이제 내가 알았도다 여호와는 모든 신보다 크시므로 이스라엘에게 교만히 행하는 그들을 이기셨도다 하고 모세의 장인 이드로가 번제물과 희생을 하나님께 가져오매 아론과 이스라엘 모든 장로가 와서 모세의 장인과 함께 하나님 앞에서 떡을 먹으니라"(출 18:9-12)

이 본문 가운데 "이제 내가 여호와는 모든 신들보다 크시다는 사실을 알았도다"(11절, Now I know that the LORD is greater than all gods)는 말씀을 통해 모세가 처음 그를 만났을 때는 이방신을 섬기는 제사장이었다는 사실을 짐

---

14) 모세의 장인의 직업은 제사장이었으며 그의 이름은 '르우엘'이었다. 그리고 그가 '이드로'였다는 기록이 나타나는데 이는 제사장이라는 의미를 지니고 있는 것으로 이해하는 것이 가장 합당해 보인다. 그리고 사사기 4:11에는 '모세의 장인 호밥'이라는 기록이 나타나며 민수기 10:29에는 '모세가 그 장인 미디안 사람 르우엘의 아들 호밥'이라는 기록이 나타난다. '호밥'은 아마도 처갓집 식구들 가운데 남자를 지칭하는 것이 아닌가 하는 견해가 지배적이다. 그래서 성경에는 모세의 장인이 '르우엘', '이드로', '호밥' 등으로 기록되어 있다.

작할 수 있다.

물론 하나님께서는 모세의 삶뿐 만 아니라 미디안 제사장 이드로와 그의 딸들의 삶도 세밀하게 간섭하고 계셨다. 모세는 그 모든 과정을 통해 점차 하나님의 심오한 섭리를 깨달을 수 있었을 것이다. 그러한 선지자적 체험이 나중 이스라엘 민족을 시내광야로 인도해 낼 때 큰 힘이 되었을 것이 틀림없다.

모세는 하나님께서 예비하신 미디안 광야의 모든 생활에서 특별한 연단을 받았다. 그런 훈련은 결코 애굽 땅에서는 불가능했다. 그것은 이스라엘 민족의 출애굽을 위한 사전 축소판의 성격을 지닌 것으로 볼 수 있다. 하나님의 궁극적인 목적은 이스라엘 민족을 그곳으로 인도하셔서 하나님의 율법을 통한 뜻을 계시하시는 것이었다. 그것을 통해 아브라함과 이삭과 야곱에게 약속하셨던 내용을 성취해 가게 되는 것이다.

5. 이방 제사장의 딸과 혼인

모세는 이방신을 섬기는 제사장 이드로의 딸 십보라와 혼인했다. 그것은 하나님의 경륜에 의한 것임이 분명하다. 그들 부부가 자녀를 출산하게 되어 이름을 게르솜(Gershom)이라 지었다.[15] 그 말은 "내가 타국에서 나그네가 되었다"는 뜻을 지니고 있다.

그런데 여기서 우리의 관심을 끄는 대목은 미디안 광야가 모세의 타국이라면 그가 생각하는 본국은 어디었을까 하는 점이다. 애굽을 두고 하는 말인가, 아니면 약속의 땅 가나안을 두고 하는 말인가? 아마도 여기서 모세가 말하는 것은 원래 자기가 알고 있는 사람이 아무도 없는 낯선 땅인 객지에 살았다는 의미를 지닌 것으로 이해해야 할 것 같다.

---

15) 모세의 둘째 아들은 엘리에셀이다(출 18:4). 그 뜻은 '하나님은 도우심'이라는 뜻을 지니고 있다.

그곳은 나중 이스라엘 백성을 이끌고 들어와야 할 지역으로 모세에게는 익숙한 땅이 되었다. 그는 이스라엘 자손이 그곳에서 살아가게 되리라고는 상상조차 하지 못했다. 하나님께서 이스라엘 백성을 시내반도로 인도하셨을 때 모세는 그 지역의 모든 형편을 잘 알고 있었다. 그러나 다른 사람들 가운데는 그 지역에 대해 아는 자가 아무도 없었다. 따라서 모세는 나중 자기가 홀로 미디안 땅으로 간 것이 하나님의 섭리에 의한 것이라는 사실을 깨닫게 되었을 것이 분명하다.

우리가 모세의 혼인과 그를 통한 하나님의 역사적 경륜을 생각할 때 야곱의 아들 요셉을 떠올리지 않을 수 없다. 하나님께서는 수백 년 전 특별한 방법을 통해 요셉을 애굽으로 인도하셨다. 그리고 그곳에서 혼인하여 가정을 이루도록 하셨다. 요셉은 나중에 야곱의 장자가 되어 이스라엘 민족의 장자의 명분을 취한 인물이었다(대상 5:1). 그런 그가 이스라엘 자손이 아닌 이방 여인과 혼인을 했다. 더군다나 이방 종교의 제사장의 딸과 혼인을 했다. 요셉의 장인은 온(On) 즉 헬리오폴리스의 제사장이었다. 그것은 바로 왕의 주선으로 이루어졌지만 하나님의 경륜에 따라 발생한 일이었다.

> "바로가 요셉의 이름을 사브낫바네아라 하고 또 온(On)[16]의 제사장 보디베라의 딸 아스낫을 그에게 주어 아내를 삼게 하니라" (창41:45)

요셉이 이방 여인과 혼인한 것처럼 모세도 그랬다. 요셉이 이방 종교의 제사장의 딸을 아내로 받아들였던 것처럼 모세도 이방 종교의 제사장의

---

16) 한글 공동번역은 이를 헬리오폴리스(Heliopolis)라 번역하고 있다. 그리고 "그가 또 애굽 땅 '벧세메스의 주상들'을 깨뜨리고 애굽 신들의 집을 불사르리라 하셨다 할지니라"(렘 43:13)의 '벧세메스의 주상'을 '태양신전의 석탑'(공동번역), '태양신전의 돌기둥'(새번역)으로 번역한 성경도 있다. 또한 'the sacred pillars of the temple of the sun'(NIV) 'the obelisks of Heliopolis'(NASB)로 번역하고 있다.

딸을 아내로 맞이했다. 그것이 오늘날 우리가 말하는 소위 불신결혼不信結婚과는 어떤 관계가 있는 것일까? 하나님께서 왜 이스라엘 자손의 애굽 생활의 처음과 마지막을 장식하는 그 중요한 인물들에게 그런 이방신을 섬기는 제사장 집안의 딸과 혼인하게 하셨을까?

우리가 여기서 충분히 짐작할 수 있는 사실은 원래 그 여인들은 여호와 하나님을 알고 믿던 자들이 아니었다는 점이다. 그들은 제사장인 아버지의 신앙을 따라 이방신을 섬겼을 것이 틀림없다.

하지만 그 여인들이 각기 요셉이나 모세와 혼인한 후에는 남편의 하나님을 믿게 되었다. 요셉과 모세의 아내는 하나님께서 예비하신 특별한 여성들이었다. 당시의 관행으로 볼 때 여성이 시집을 가면 당연히 남편의 신앙을 따르게 된다. 여성이 시집을 간다는 것은 친정의 모든 것을 포기한다는 의미를 지니고 있다.

그런데 요셉과 모세가 이방신을 섬기는 제사장의 딸과 혼인하게 된 사실은 우리가 이해하기 쉽지 않은 것이 사실이다. 하지만 그것이 결코 우연히 된 일이 아니다. 그렇다면 하나님께서 무엇 때문에 그렇게 하셨을까?

우리는 여기서 매우 중요한 의미를 하나 생각해 볼 수 있어야 한다. 그것은 이스라엘 자손의 민족 절대주의를 포기하라는 하나님의 뜻이 담겨 있는 것으로 보인다. 하나님께서는 특별한 목적을 위해 친히 이스라엘 민족을 조성하셨지만 그들이 그것 자체로서 자부심을 가지거나 교만할 일은 없다. 특별한 민족을 조성하신 하나님의 뜻을 알고 그에 순종하는 것이 중요할 따름이다.

6. 하나님의 계획과 특별한 경륜

모세의 미디안 광야에서의 40년 생활은 긴 세월이다. 모세에게 있어서 애굽의 문명과 문화는 옛 기억으로 남아있었을 뿐 이제 그런 것들은 삶속

에 전혀 남아있지 않았다. 이제는 과거의 삶을 그리워하거나 추구할 마음
조차 남아 있을리 없었다. 따라서 그는 언젠가 애굽으로 돌아가 살아야겠
다는 포부를 가지고 있었던 것이 아니다.

그러나 아무도 알지 못하는 하나님의 놀라운 계획이 모세의 삶을 통해
진행되었다. 모세가 사막 지역에서 40년 정도 살았을 때 하나님께서는 그
를 다시 애굽으로 보내고자 하셨다. 이는 하나님께서 모세를 애굽에서 미
디안 광야로 부르신 것은 특별한 뜻이 있었기 때문이었음을 말해준다. 모
세를 통해 이스라엘 민족을 그곳으로 인도해내시고자 하는 하나님의 분명
한 뜻이 내재해 있었던 것이다.

한편 모세가 미디안 광야에 살아가고 있는 동안, 애굽에 남아 있던 이스
라엘 자손은 더욱 심한 고생을 했다. 어쩌면 40년 전 모세의 사건으로 인해
이스라엘 민족에 대한 박해정책이 한층 강화되었을지도 모른다. 모세가 홀
로 애굽을 탈출할 때의 통치자였던 바로 왕은 죽었지만 당시의 정황들을
살펴보면 그럴 수밖에 없었을 것이란 사실을 어느 정도 짐작할 수 있다.

하나님께서는 이스라엘 백성이 이방 왕국의 땅에서 일정기간 동안 나그
네가 되리라는 사실을 그 전에 이미 아브라함에게 말씀하셨다. 그리고 그 자
손들이 큰 재물을 가지고 그곳에서 나올 것이란 사실을 예언하셨다. 그 모
든 과정을 거쳐 약속의 땅 가나안으로 인도하시겠다는 것이었다.

> "여호와께서 아브람에게 이르시되 너는 정녕히 알라 네 자손이 이방에서
> 객이 되어 그들을 섬기겠고 그들은 사백년 동안 네 자손을 괴롭게 하리니 그
> 섬기는 나라를 내가 징치할찌며 그 후에 네 자손이 큰 재물을 이끌고 나오리
> 라"(창 15:13,14)

야곱의 자손들이 애굽에 머물 기간이 400년 정도 되리라는 사실은 오래
전 아브라함을 통해 예언되었다. 그들은 그 기간 동안 애굽으로부터 괴로

움을 당해야만 했다. 물론 이 말은 전 기간에 걸쳐 지속적으로 괴로움만 당한다는 의미라기보다 야곱의 자손이 애굽 왕국에 속해 살게 되리라는 사실을 말해준다.

모세시대의 이스라엘 자손이 애굽 땅에서 힘든 노동을 하며 고통을 당할 때, 그들은 탄식하며 하나님께 부르짖었다. 그 탄식소리는 오래 전 야곱의 가족이 가나안 땅의 기근 속에서 고통하던 때를 기억나게 한다. 이스라엘 백성들의 탄식소리와 간구를 들으신 하나님께서는 저들을 그곳으로부터 구출해 내시고자 했다. 이는 하나님의 은혜가 아니고는 달리 아무런 방법이 없다는 사실을 말해주고 있다.

출애굽기 본문 가운데는 '하나님께서 이스라엘 자손을 돌보신 사실'(25)이 기록되어 있다. 이는 앞서 모세가 이스라엘 백성을 돌보기 위해 노동현장에 나갔던 것과 대비된다. 모세는 연민을 가지고 자기 동족을 돌아보고자 했다(행 7:23). 그러나 인간이 가진 연민은 즉각적인 아무런 결과를 가져오지 못했다. 그에 반해 하나님께서 이스라엘 자손을 돌보시게 될 때 놀라운 변화가 일어나게 되었다.

제6장

불붙은 떨기나무와 여호와 하나님의 약속

(출 3:1-22)

1. 호렙산의 떨기나무 불꽃

모세는 척박한 미디안 광야에서 처가살이를 하는 양치기 노인이 되어 있었다. 그 일은 특별한 재능을 가진 사람이 아니라 누구나 할 수 있는 일이었다. 광야에서 수십 년 동안 살아온 모세는 이스라엘 자손으로서 하나님을 경외하는 성도였을 뿐 종교적이든 정치적이든 달리 야망을 가지고 있지 않았다. 나이 여든 살의 노인이 된 그가 그러한 관심을 가질 여건이 되지 못했다.

당시 모세는 양치기 노인으로서 앞으로 하나님을 위해 특별한 일을 해야겠다는 식의 야망은 전혀 가지고 있지 않았음이 틀림없다. 그가 오래전 애굽의 왕궁에서 고귀한 신분으로 살았던 적이 있었지만 이제 그 황량한 사막 지역에서 소박한 나그네 인생을 살아가고 있었을 따름이다. 그런 중에도 그는 여호와 하나님을 믿는 신앙인으로서 막연하게나마 하나님께서 장래 이스라엘 민족을 약속의 땅 가나안으로 인도하시리라는 사실을 기대하고 있었을 것이다.

그러던 중 어느 날 모세는 장인 이드로의 양떼를 치다가 호렙산에 이르게 되었다. '하나님의 산' 으로 일컬어지는 호렙산과 시내산은 서로간 밀접한 관계가 있는 산으로 이해된다. 즉 시내산이 하나의 산봉우리를 지칭한다면 호렙산은 하나의 커다란 산군山群을 일컫는 것으로 보인다. 그렇다면 시내산은 호렙산군 안에 있는 산으로 여겨진다.[17)]

물론 본문에 언급된 호렙산의 구체적인 장소는 시내산을 일컫고 있다. 그 지역은 나중 이스라엘 민족이 출애굽하고 나서 머물게 될 중심지역이 된다. 모세는 아직 민족적 출애굽 사건이 있기 전에 그곳에서 살았기 때문에 지역 형편을 잘 알았을 뿐 아니라 광야생활에 익숙한 사람이 되어 있었던 것이다.

2. 여호와 하나님의 현현顯現

모세가 호렙산 곧 시내산에 이르렀을 때 아무도 예기치 못한 일이 발생했다. 산에 있는 떨기나무에 불이 붙은 광경을 목격하게 되었기 때문이다. 그와 같은 일은 과거에 없었을 뿐더러 떨기나무는 오랜 시간동안 불이 붙어 있었음에도 불구하고 타지 않고 그대로 있었다. 일반적으로 불이 났다면 그 나무가 타 없어져야 한다. 하지만 그 나무는 불에 타고 있으면서도 상하지 않은 채 그대로 서 있다는 사실이 신기하지 않을 수 없었다.

그래서 모세는 그것을 이상히 여겨 불이 붙은 떨기나무 가까이 다가가 보고자 했다. 그런데 불타는 떨기나무 가운데서 '여호와 하나님의 천사' (the angel of the Lord)가 나타났다(출 3:2). 그 '하나님의 천사' 는 곧 '하나님 자

---

17) 이에 대한 이해를 돕기 위해 우리나라 산을 예로 들어볼 수 있다. 한반도 내륙에 팔공산이 있다. 팔공산은 하나의 산봉우리를 지칭하는 것이 아니라 커다란 산군을 의미한다. 즉 여러 산봉우리들을 합쳐서 '팔공산' 이라 부른다. 그 팔공산 안에 동봉, 비로봉, 가산, 갓바위, 노적봉 등 여러 산봉우리들이 있다. 이처럼 호렙산이란 팔공산과 같은 산군을 지칭하며 시내산이란 그 안에 있는 한 산봉우리를 중심한 산을 일컫는 것으로 보인다.

신' 이었다(출 3:4). 그것은 떨기나무에 불이 붙은 사실보다 훨씬 더 놀라운 사건이 아닐 수 없다. 여호와 하나님이 인간의 모습으로 나타나셨기 때문이다.

그 하나님께서 떨기나무 불꽃 가운데서 양치기 노인이 되어 있는 모세를 부르셨다. 하나님께서 인간의 모습을 하고 다른 인간에게 나타나신 것은 결코 예사로운 사건이 아니었다. 당시 모든 이스라엘 백성은 애굽에 머물고 있었지만 하나님께서는 그들에게 나타나시지 않고 사막에서 양치기가 되어 소박한 신앙인으로 살아가고 있는 모세에게 나타나셨다.

우리는 그 의미를 주의 깊게 생각해 보아야 한다. 하나님께서는 일반 역사적인 과정을 통해 이스라엘 백성을 구출하시고자 한 것이 아니라, 인격적인 방법으로 그 일을 행하고자 하셨다. 이는 나중 예수 그리스도를 통해 인격적인 방법으로 자기 자녀들을 구원하실 것에 대한 어느 정도의 예표적인 성격을 지니고 있다.

2. 모세에게 말씀하신 하나님

여호와 하나님께서는 떨기나무 불꽃 가운데서 모세를 부르셨다. 이는 모세가 전혀 예기치 못한 사건이었으며, 모세의 기도를 통한 요청이나 갈망과 무관했다. 그런데 하나님은 모세의 이름을 불렀지만 가까이 나아오라고 하신 것이 아니라 도리어 가까지 오지 못하도록 명하셨다. 그리고는 "네가 선 곳은 거룩한 땅이니 네 발에서 신을 벗으라"(출 3:5)고 말씀하셨다.

하나님께서 그렇게 명령하셨던 까닭은 아담의 죄로 말미암아 더럽혀진 모세의 생명을 보호하시기 위함이었다. 거룩하신 하나님은 죄에 물든 인간을 무조건적으로 용납하시지 않는다. 만일 모세가 그 상태로 하나님께 나아갔다면 죽음을 면치 못했을 것이다. 이는 죄인의 상태로는 결코 하나님 앞으로 나아갈 수 없음을 의미한다.

불타는 떨기나무가 있던 시내산의 그 장소는 일시적으로 하나님의 거룩한 영역이 되었다. 하나님이 계시는 동안 그곳은 지구상의 어느 지역과도 구별되는 거룩한 곳이었다. 그러나 이는 그 땅이 상시적으로 거룩한 장소로 변했다는 의미가 아니라 하나님이 거기 계시므로 거룩한 영역이 되었다는 뜻이다. 따라서 하나님께서 그곳을 떠나고 떨기나무 불꽃이 사그라지면 더 이상 거룩한 곳으로 남아 있지 않게 된다.

이와 동일한 성격의 사건이 나중 이스라엘 민족이 광야 사십 년을 마치고 요단강을 건너 가나안 땅에 들어갔을 때 일어났다. 이스라엘 민족의 영도자 모세는 가나안 땅에 들어가기 직전 느보산에서 짧지 않은 생애를 마감했다. 그 대신 하나님께서는 여호수아를 모세의 후계자로 세워 제사장들을 앞세우고 요단강을 건너게 하셨다.

이스라엘 민족은 하나님의 언약궤를 가지고 나아갔으며 여호수아가 앞장섰다. 시내반도에서의 광야생활이 끝나자 만나와 메추라기도 끊어졌다. 이제 이스라엘 민족은 가나안 땅에 들어가 그곳에서 생산된 음식을 먹고 살아가야 했다.

가나안 땅에 들어간 이스라엘 민족 앞에는 여러 이방 족속이 버티고 있었으므로 전쟁은 불가피했으며 이는 또 다른 험난한 삶을 예고하고 있었다. 시내광야에서 출생해 아무런 경험이 없는 이스라엘 백성을 이끄는 여호수아는 암담할 수밖에 없었을 것이다. 그런 형편 가운데 요단강을 건넌 여호수아에게 하나님께서 나타나셨다.

"여호수아가 여리고에 가까웠을 때에 눈을 들어본즉 한 사람이 칼을 빼어 손에 들고 마주섰는지라 여호수아가 나아가서 그에게 묻되 너는 우리를 위하느냐 우리의 대적을 위하느냐 그가 가로되 아니라 나는 여호와의 군대장관으로 이제 왔느니라 여호수아가 땅에 엎드려 절하고 가로되 나의 주여 종에게 무슨 말씀을 하려 하시나이까 여호와의 군대장관이 여호수아에게 이르되 네 발에서 신을 벗으라 네가 선 곳은 거룩하니라 여호수아가 그대로 행

하나라"(수 5:13-15)

여호수아가 이스라엘 민족을 이끌고 요단강을 건너 여리고성 가까이 왔을 때 한 사람이 손에 칼을 빼들고 여호수아 앞에 섰다. 그것은 전혀 예기치 못한 일이었다. 깜짝 놀란 여호수아는 그에게 아군인지 적군인지 물어보았다. 그러자 그는 자신이 여호와 하나님의 군대장관이라고 답변했다. 그 말을 들은 여호수아는 그 앞에 엎드려 경배(worship)하며 무슨 말씀을 하시려는지 물었다. 여호수아가 그에게 경배했다는 사실은 그가 하나님이라는 사실을 입증하고 있다.

그때 여호와의 군대장관이 그에게 가장 먼저 한 말은 '네가 선 곳은 거룩한 땅이니 발에서 신발을 벗으라' 는 것이었다. 이는 그가 서 있는 곳이 거룩한 영역이었기 때문이다. 그 말을 들은 여호수아는 즉시 그의 말에 순종해 따랐다.

여호수아가 만난 사람 곧 여호와의 군대장관은 성자 하나님으로써 앞으로 오시게 될 그리스도였다. 호렙산 떨기나무 불꽃 가운데 모세에게 나타난 사자가 여호와 하나님이었던 것과 더불어 생각해 볼 때 그는 삼위일체 하나님의 한 위격을 갖추신 분으로서 그에게 나타나셨던 것이다.

그것을 통해 모세에게 이스라엘 민족을 애굽으로부터 시내광야로 이끌어내도록 요구하신 하나님께서 그로부터 사십여 년이 지난 후 여호수아에게 나타나 친히 이스라엘 민족을 가나안 땅으로 인도하시게 되리라는 사실을 보여주셨다. 이는 하나님께서 직접 이스라엘 민족에 앞서 싸우시겠다는 하나님의 의지를 보여주고 있다.

이와 같이 하나님께서 이스라엘 민족을 구출하시기 위해 호렙산 떨기나무 불꽃 가운데서 모세에게 나타나셔서 자신을 드러내시며 하나님이 계시는 그곳은 거룩한 영역이니 신을 벗도록 명령하셨던 것이다. 이는 세상에서 경험의 때가 묻은 더러운 신발을 신은 모세와 이스라엘 민족의 힘이 아

니라 하나님 자신의 능력으로 이스라엘 민족을 애굽으로부터 이끌어내실
것을 시사하는 의미를 동시에 지니고 있다. 이로써 모세는 그후부터 항상
'하나님의 면전'(Coram Deo)에 서 있음을 깨달아야만 했다.

3. 모세를 부르신 목적과 하나님의 계획

(1) 언약을 이행하고자 하시는 하나님

떨기나무 불꽃 가운데 나타나신 하나님을 보게 된 모세는 두려움에 떨
지 않을 수 없었다. 그래서 모세는 감히 하나님을 똑바로 쳐다보지 못하고
자신의 얼굴을 가렸다. 그러자 하나님께서는 자신이 아브라함과 이삭과
야곱의 하나님이라는 사실을 말씀하셨다. 이는 하나님께서 이스라엘 민족
의 조상에게 한 언약을 이룩하시고자 하는 목적을 가지고 계신다는 사실
을 말해주고 있다.

하나님께서 호렙산의 모세에게 말씀하시고 계시던 그 시간에 이스라엘
민족은 애굽에서 심한 학대를 당하고 있었다. 그들은 감독자들로부터 고
역에 시달리면서 견디다 못해 하나님께 부르짖었다. 그들의 고통이 더 이
상 견디기 어려울 지경에 달했던 것이다. 하나님께서는 아무것도 모르는
채 광야에서 양떼를 치고 있던 모세를 불러 애굽에 있는 이스라엘 자손의
그와 같은 현실적 상황을 말씀해 주셨다.

그렇게 함으로써 하나님은 그들을 애굽의 압제에서 구출해 내시고자 하
는 뜻을 드러내 보이셨다. 아브라함과 이삭과 야곱에게 하신 약속에 따라
이제 이스라엘 민족을 가나안 땅으로 인도해 데려가시고자 한다는 것이었
다. 즉 학대받는 애굽 땅에서 구출해 젖과 꿀이 흐르는 아름답고 광대한 땅
곧 가나안 족속, 헷 족속, 아모리 족속, 브리스 족속, 히위 족속, 여부스 족
속이 살고 있는 지역으로 데려가고자 한다고 말씀하셨던 것이다.

우리는 여기서 한 가지 주의 깊게 생각해야 할 문제를 만나게 된다. 그

것은 모세가 맨 처음 하나님의 말씀을 듣던 그 순간에는 이스라엘 백성을 지금 자기가 살고 있는 척박한 땅인 시내광야로 오게 되리라는 사실을 알지 못했다는 점이다. 즉 하나님께서 그 백성을 약속의 땅 가나안으로 바로 데려갈 것으로 생각했을 뿐 메마른 사막으로 이끌고 오리라는 생각을 하지 않았던 것이다.

(2) 모세를 애굽으로 보내시려는 하나님의 뜻

떨기나무 불꽃 가운데 계신 여호와 하나님께서는 애굽에서 학대받는 언약의 자손들을 구출해 내기 위해 모세를 그곳으로 보내시겠다는 말씀을 하셨다. 모세는 그 말씀을 듣고 깜짝 놀라지 않을 수 없었다. 모세는 늙은 양치기인 자기가 그와 같이 큰 일을 하게 되리라고는 상상조차 한 일이 없었기 때문이다.

당시 모세는 이방 제사장의 딸과 혼인해서 황량한 사막지역에 살아가며 애굽 사람들이 천박하다고 하는 양치기가 되어 있었다. 이제 그에게는 하나님의 요구에 따라 애굽에서 그렇게 할 수 있는 협력자들이 있었던 것도 아니며 그럴 만한 능력도 있지 않았다. 그래서 모세는 하나님께 그에 대한 거부감을 가지고 반문하지 않을 수 없었다.

모세는 그것을 통해 자신의 겸손을 드러냈던 것이 아니라 실제로 그렇게 할 만한 아무런 능력을 가지고 있지 않다는 사실을 말했을 따름이다. 비록 상당한 세월이 흘렀지만 그는 애굽 왕궁의 강압 정치와 막강한 군사력에 대한 기억을 하고 있었다. 하나님께서는 모세의 그런 생각을 잘 알고 계셨을 것이 틀림없다.

그러므로 하나님은 모세에게, 앞으로 자기가 항상 저와 함께 있으리라는 사실을 말씀하셨다. 즉 모세 혼자서 그 일을 감당하는 것이 아니라 하나님께서 함께하시겠다는 것이었다. 그 증거로 그가 이스라엘 백성을 애굽에서 인도하여 낸 후 당분간 가나안 땅이 아니라 호렙산에서 하나님을 섬기게 될 것이라고 예언하셨다.

그것은 조금 전 모세의 생각과 차이나는 의외의 말씀이었다. 하나님의 그 말씀을 통해 모세는 이스라엘 자손이 험악한 시내광야를 돌아서 가나안 땅에 들어가리라는 사실을 미리 알게 되었다. 하나님께서 모세와 항상 함께 계시겠노라고 하신 말씀은 나중 부활하신 예수님께서 승천하시기 전 제자들에게 '내가 세상 끝 날까지 항상 너희와 항상 함께 있으리라' (마 28:20)고 약속하신 내용을 기억나게 한다.

(3) 하나님의 인도하심에 대한 약속

모세는 애굽에서 이스라엘 민족을 구출해내는 일을 위해 무력無力한 자신의 형편을 잘 알고 있었다. 그는 하나님의 요구를 따를 만한 자신감을 도저히 가질 수 없었다. 그래서 하나님께서는 앞으로 그가 어떻게 해야 될지 구체적인 방법을 가르쳐 주셨다. 하나님은 모세에게 애굽으로 내려가면 먼저 이스라엘 백성의 장로들을 찾아 가도록 말씀하셨다. 그들에게 아브라함과 이삭과 야곱의 하나님이신 여호와께서 자기를 보내셨다는 말을 하라는 것이었다.

그때 장로들이 사실여부를 확인하려고 하거든, '여호와'는 하나님의 영원한 이름이자 대대로 기억해야 할 이름이라는 사실을 저들에게 선포하도록 했다. 그것을 통해, 하나님께서 저들을 이방의 애굽 땅에서 구출하여 약속의 땅으로 인도하실 때가 되었음을 알리라는 것이었다. 그렇게 하면 백성의 장로들이 그의 말을 받아들이게 되리라는 사실을 말씀하셨다.

그후 이스라엘 민족의 장로들과 더불어 애굽의 바로 왕을 찾아가 여호와 하나님을 섬기겠다는 말을 하라고 하셨다. '이스라엘 민족의 하나님께서 자기 백성에게 제사를 지내기를 요구하니 사흘 길 쯤 떨어진 광야에 가서 제사를 지내도록 허락해 달라'고 말하라는 것이었다. 이와 동시에 하나님께서는 애굽의 바로 왕이 모세의 요구를 듣고도 이스라엘 민족을 쉽게 보내주지 않으리라는 사실을 말씀해 주셨다.

바로 왕은 이스라엘 민족에게 그렇게 하도록 허락하지 않을 것이 분명하다. 노예와 같은 신분을 지닌 자들에게 며칠간의 노동을 쉬게 하면서까지 그렇게 해줄리 만무하다. 즉 하나님의 강력한 응징이 있기 전에는 바로 왕이 결코 이스라엘 백성을 보내주지 않을 것이다. 그러나 하나님께서 다양한 이적을 베풀어 애굽 왕국을 친 후에는 할 수 없이 이스라엘 민족을 보내게 되리라는 것이었다.

하나님께서는 그런 모든 과정을 거친 후에야 이스라엘 백성이 애굽 사람들로부터 많은 재물을 얻어 그곳으로부터 나오게 될 것이라 예언하셨다. 이스라엘 여인들은 애굽인들이 주는 은금패물과 의복을 구하여 그것으로 자녀들을 꾸미고 많은 재물들을 얻어 출애굽하게 되리라는 것이었다.[18] 이는 결코 사람들이 상상할 수 있는 내용이 아니었다.

이 모든 말씀은 하나님께서 호렙산 떨기나무 불꽃 가운데서 이스라엘 민족 구출에 연관하여 사전에 모세에게 알려주신 말씀이다. 모세는 하나님의 말씀과 명령을 들으면서도 미심쩍지 않을 수 없었다. 그러나 이스라엘 민족의 구출을 위한 하나님의 구체적인 계획을 들은 모세로서는 달리 어떻게 할 방도가 없었다.

(4) 영웅이 아닌 보잘것없는 양치기 모세

하나님께서 모세를 부를 당시 그는 결코 훌륭한 영웅이 아니었으며 그저 사막지역에서 살아가는 소박한 양치기 노인에 지나지 않았다. 그가 비

---

18) 하나님께서는 이스라엘 자손이 출애굽할 때 애굽인들로부터 은금패물과 의복을 얻게 해주시리라는 사실을 말씀하셨다. 우리는 그 가운데 의복은 사람들이 입을 것이었지만, 은금패물을 비롯한 귀중품들은 하나님의 성막과 언약궤 등 성물을 제작하는 데 사용하기 위한 것들이었음을 기억해야 한다. 하나님께서는 자기 백성이 그런 것들로 몸을 화려하게 치장하는 것을 좋아하시는 분이 아니시다(출 33:4-6 참조).

록 과거에 애굽의 왕궁에 살면서 특출한 면이 있었다고 하나 그의 위엄은 사십여 년의 세월이 흘러가는 동안 완전히 사라지고 없었다. 모세는 사막의 뙤약볕 아래 양떼를 몰고 시골 사막을 오가는 소박한 늙은 양치기에 지나지 않았던 것이다.

우리는 하나님께서 혈기왕성하고 유능한 모세가 아니라 초라한 노년의 모세를 부르신 하나님의 뜻을 기억해야 한다. 그가 나중 이스라엘 민족을 위해 특별한 인물이 되었던 것은 전적으로 하나님의 부르심에 기인한다. 물론 하나님께서 모세 자신도 인식하지 못하는 사이 다양한 과정을 통해 적절한 훈련을 시키셨음은 분명하다. 그러나 그러한 사실에 대해 알고 있었던 사람은 아무도 없었다.

그러므로 하나님으로부터 이스라엘 백성의 구출계획에 관한 말씀을 들은 모세는 불안하지 않을 수 없었다. 무력한 자신의 형편에 대해 스스로 가장 잘 알고 있었기 때문이다. 도리어 그는 애굽의 막강한 군사력과 바로 왕의 잔혹성에 대해 잘 알고 있었다. 그럼에도 불구하고 하나님께서는 모세를 애굽의 왕궁으로 보내고자 하셨다. 이는 이스라엘 민족을 구출해 낼 자는 하나님 자신이라는 사실을 분명히 보여주고 있다.

제7장

하나님의 증거와 애굽으로 돌아간 모세

(출 4:1-31)

1. 모세의 무능력과 하나님의 능력

모세는 이스라엘 민족을 애굽으로부터 인도해내시고자 하는 하나님의 의지와 설명을 듣고도 그것이 자기가 할 일은 아니라 생각했다. 아무리 하나님께서 시키시는 대로 한다고 할지라도 백성들이 자기의 말을 받아들일 것 같지 않았던 것이다.

하나님께서는 모세의 그런 생각을 아시고 그에게 구체적인 능력을 보여 주셨다. 하나님의 명령에 순종하기를 주저하는 모세에게 몇 가지 놀라운 이적을 베푸셨던 것이다. 나아가 그는 자신의 능력을 그에게 주시고자 했다. 그것은 모세와 애굽에 있는 이스라엘 장로들을 위한 하나님의 특별한 선물이 될 것이었다.

하나님께서는 먼저 모세에게 손에 들고 있던 지팡이를 땅바닥에 던지라고 하셨다. 그가 그렇게 하자 지팡이가 뱀이 되어 기어갔다. 그 뱀은 마술사들이 행하는 것과 같은 모형 뱀이 아니라 진짜 뱀이었다. 그것은 놀라운 일이 아닐 수 없었다. 하나님께서는 놀란 모세에게 다시 손을 내밀어 그 뱀의 꼬리를 잡으라고 하셨다. 그가 그렇게 하자 다시금 지팡이가 되었다.

하나님께서는 또한 모세에게 손을 품안에 넣으라고 명령하셨다. 그가 손을 품속에 넣었다가 꺼내자 손에 문둥병이 걸려 있었다. 그후 다시 손을 품에 넣으라 하시는 하나님의 말씀을 듣고 그렇게 하니 손에 원래대로 돌아왔다. 하나님은 모세가 애굽에 도착하면 이스라엘 장로들을 불러 모아 그들에게 그 기적을 보여주라고 말씀하셨다.

나중 이스라엘 민족의 장로들이 모세를 통해 그 기적들을 보면 아브라함과 이삭과 야곱의 하나님 여호와가 그에게 나타난 줄을 믿게 될 것이다. 하지만 그들이 첫 번째 기적을 보고 믿지 않을 경우 두 번째 기적을 보여주면 그가 하나님의 보내심을 받았다는 사실을 믿게 될 것이다. 만일 그들이 그 두 가지 표징을 보고도 믿지 않으면 나일강의 물을 떠서 땅에 부으라고 하셨다. 그렇게 하면 그 물이 피로 변하는 것을 보고 믿게 되리라는 것이었다.

뱀, 문둥병, 피 등에 연관된 이 세 가지 기적은 하나님께서 나중 애굽의 바로 왕에게 베푸신 이적이나 재앙과는 다른 성격을 지니고 있다. 그것은 모세와 이스라엘 민족의 장로들을 위한 것이었다. 그렇다면 지팡이가 뱀이 되고, 손에 문둥병이 걸리고, 강물이 피가 되는 것은 과연 어떤 의미를 지니고 있을까? 그냥 가장 손쉬운 방법으로 별다른 의미없이 그렇게 하신 것이었을까?

우리는 그 이적들 자체에 하나님의 놀라운 뜻과 더불어 특별한 구속사적인 의미가 담겨 있는 것으로 이해할 수 있다. 지팡이가 뱀이 된 것은 인간 역사 초기에 아담과 하와를 유혹해 파멸에 빠뜨렸던 뱀을 연상시킨다. 모세는 그 뱀을 보며 과거의 상황을 머리에 떠올렸을 것이다. 하나님께서는 모세에게 그 기적을 베풀며 뱀을 자유롭게 지배하시는 자신의 궁극적인 능력을 보여주셨다.

그리고 하나님은 모세의 손에 문둥병이 걸렸다가 낫게 하신 것을 통해, 자신이 저주와 복을 베푸시는 분이라는 사실을 보여주시고자 했다. 당시 문둥병은 인간의 능력으로 치유할 수 없는 무서운 질병이었다. 따라서 사람들은 문둥병을 저주의 질병으로 여겼다. 또한 강물이 피가 되는 것을 통해서는 자신이 모든 생명의 근원이 되신다는 사실을 저들에게 보여주시고자 했다.

우리가 여기서 주의 깊게 생각해야 할 점은 그 이적들이 단순한 상징이 아니라는 실체적 사실이었다는 사실이다. 즉 모세의 지팡이는 실제로 뱀이 되었다. 즉 뱀처럼 된 것이 아니라 뱀이 되었던 것이다. 그리고 모세의 손은 문둥병 걸린 것처럼 된 것이 아니라 실제로 문둥병에 걸렸다가 나왔다.

또한 나일강물이 피가 되는 것은 실제적인 상황이다. 즉 물이 붉은 색 핏빛으로 변해 피처럼 된 것이 아니라 피로 변했다. 이는 나중 예수님께서 베푸신 첫 번째 이적에서 물로 포도주를 만드신 사건을 기억나게 한다(요 2장). 즉 예수님께서는 물로 포도주와 같은 맛을 나게 하신 것이 아니라 포도주가 되게 하셨던 것이다. 이처럼 모세에게 보여주시고 행하신 모든 기적들도 그와 동일한 관점에서 이해해야 한다.

2. 자신의 눌변訥辯을 핑계대는 모세

모세는 하나님께서 보여주신 다양한 이적들을 보고나서도 이스라엘 민족을 인도해내는 일은 자기와 같이 부족한 자가 할 수 있는 일이 아니라고 판단했다. 모세는 자기가 입이 뻣뻣하고 혀가 둔해 말이 어눌한 자라 생각하고 있었다. 적어도 다른 사람들을 효과적으로 설득해내기 위해서는 능숙한 언변이 필요하다고 믿었다.

그래서 모세는 하나님께 그 점을 핑계대어 자신이 아닌 다른 유능한 사람을 보내는 것이 좋겠다는 식으로 말했다. 모세의 입장에서 볼 때 그것은 진심이었다. 가능하면 말을 잘하는 달변의 유능한 사람이 가서 사람들을 설득하면 훨씬 더 나을 것이라 여겼던 것이다.

그러나 하나님께서는 모세의 말을 듣고 도리어 그를 심하게 책망하셨다. 그는 말 잘하고 유능한 사람을 찾은 것이 아니라 자기의 뜻에 순종하게될 자를 선택하셨다. 그러므로 하나님은 그에게 누가 사람의 입과 귀와 눈을 지었느냐고 반문하셨다. 하나님 자신이 그 모든 것들을 창조하셨으므로 그의 명령에 온전히 순종하면 된다. 그렇게 할 때 하나님께서 적절한 말을 할 수 있도록 도와주시겠다는 것이었다.

그럼에도 불구하고 모세는 자기와 같이 무능한 사람은 그 큰일을 하기에 적합하지 않다는 판단을 버리지 못했다. 그리하여 하나님께 자기는 그일을 감당할 만한 인물이 되지 못한다는 사실을 강하게 표현하게 되었다. 자신의 능력에 대해서는 타인이 아니라 자기 자신이 가장 잘 알고 있다는 것이었다. 이런 식으로 모세의 사사로운 생각이 하나님의 뜻과 심한 마찰을 일으키고 있었던 것이다.

> "이제 가라 내가 네 입과 함께 있어서 할 말을 가르치리라"(출 4:12); "오 주여 보낼 만한 자를 보내소서"(출 4:13)

모세의 그 말을 들은 하나님께서는 드디어 그에게 크게 진노하셨다. 모세의 그런 태도는 하나님의 능력이 아니라 자신의 능력을 의지하겠다는 오만한 태도에 지나지 않았기 때문이다. 그것은 곧 하나님에 대한 불신을 나타내는 것과 마찬가지였다.

그러나 하나님께서는 그에게 베푸신 자비를 거두지 않으셨다. 말 잘하는 레위인인 그의 형 아론을 그에게 붙여주시겠다는 것이었다. 모세는 그때 비로소 자기가 형 아론과 같이 레위 지파에 속했다는 사실을 알았을지 모른다. 나중 모세와 아론이 형제로서 만나게 되면 서로 감격이 넘칠 것이 틀림없다.

앞으로 형 아론은 동생 모세의 대변자 역할을 하게 될 것이며, 하나님께서 그 모든 형편에 따라 적절한 말을 하도록 도와주시겠다는 약속을 하셨다. 즉 모세가 아론에게 할 말을 일러주면 하나님께서 직접 도움을 주시겠다는 것이었다. 그렇게 되면 아론이 자기 동생 모세를 마치 주인처럼 받들게 된다. 그래서 그 증거로 모세가 가지고 다니던 그 지팡이를 도구로 삼아 하나님의 모든 이적을 행하도록 하셨다.

그런데 우리는 여기서 모세와 아론이 어릴 때 헤어졌다가 나이 많은 노년에 다시 만나는 과정에 대한 전체적인 맥락을 생각해 볼 필요가 있다. 그들은 각기 다른 환경에서 자라나 성인이 되었다. 사십여 년 전 애굽 왕궁의 왕족으로 살던 모세가 애굽인을 쳐 죽이는 사고를 친 후 어디론가 피신해 버렸을 때 가장 큰 안타까움에 빠진 자들은 가족이었을 것이 틀림없다. 모세는 저들에 대해 잘 알지 못하고 있었을지라도 그의 가족은 애굽 공주의 아들이 행한 살인사건에 관한 소문을 듣고 그가 저들의 가족 모세인 줄 알았을 것이다.

그러나 살인자 모세는 그것도 모르는 채 어디론가 사라지고 말았다. 따라서 아론을 비롯한 모세의 가족은 그의 행방이 궁금할 수밖에 없었다. 하지만 그의 행방을 알 수 있는 방법은 전혀 없었다. 그런 상황에서 사십여 년이 지난 후 하나님께서는 특별한 목적을 위해 노인이 된 저들을 만나도록 해주셨다.

3, 애굽으로 돌아간 모세

노동현장에서 애굽인을 쳐 죽인 사건으로 인해 바로 왕이 모세를 잡아 죽이려 했을 때 그는 혼자 미디안 광야로 피신했다. 모세가 그곳으로 도망간 사실을 아는 자는 아무도 없었다. 그는 미디안 광야에 살면서 하나님의 섭리 가운데 제사장 이드로의 딸과 혼인을 해 자녀들을 낳아 가정을 이루었다.

홀로 출애굽한 지 사십여 년이 지난 후 모세는 하나님의 명령에 따라 자기 민족을 구출하기 위해 애굽 땅으로 돌아가야만 했다. 그러나 그는 애굽에서 특별한 임무를 띠고 잠시 동안 생활할 뿐 거기서 끝까지 머물 것은 아니었다. 그는 이스라엘 민족을 이끌고 다시 그곳을 탈출해 나와야 할 것이었기 때문이다.

애굽 땅으로 되돌아가는 모세는 더 이상 사막에서 양치기하던 초라한 시골 노인이 아니었다. 그는 하나님의 은총으로 말미암아 이스라엘 민족을 이끌어낼 영도자로서의 면모를 갖추어 갔다. 사십년 전에는 애굽의 왕궁에 사는 공주의 아들이었지만 이제는 이스라엘 민족의 영도자가 되기 위해 다시금 애굽으로 돌아가게 되었던 것이다.

모세는 애굽 땅으로 돌아가기로 작정하고 나서 장인 이드로에게 그에 관한 모든 것을 자초지종自初至終 말씀드렸다. 애굽에 살고 있는 자기 동족에게 가서 저들을 돌보고자 한다는 것이었다. 그의 말을 들은 장인 이드로는 흔쾌히 그렇게 하도록 했다. 평안히 애굽으로 가서 그 일을 감당하라는 것이었다. 그리하여 모세는 미디안 광야에 남게 될 처가妻家 식구들에게 하직인사를 했다.

그렇지만 모세는 여전히 자기가 그 큰일을 감당할 수 있을지에 대해 자신감을 가지지 못하고 있었다. 따라서 하나님은 불안한 마음을 가지고 있던 모세를 안심시키고자 하셨다. 그리하여 사십년 전의 살인사건으로 인해 모세를 잡아 죽이려 하던 애굽의 바로 왕과 그의 신하들이 다 죽었으므로 이제 그에 대한 염려를 할 필요는 없다는 사실을 말씀해 주셨다. 시효가 지나갔기 때문이었을까? 어쨌거나 하나님의 그 말씀은 모세의 심적인 부담을 많이 덜어주었을 것이 틀림없다.

그런 상황에서 모세는 이제 애굽으로 가기 위해 자신의 아내와 자녀들을 나귀에 대우고 사막으로 떠났다. 하나님의 명령을 받아 사기 민족을 가나안땅으로 인도하러 가면서 가족을 데리고 갔던 것이다. 그때 모세의 손에는 지팡이가 들려 있었다. 원래는 양을 치기 위해 지니고 다니던 지팡이였지만 이제는 '하나님의 지팡이' (출 4:20) 역할을 했다.

모세의 지팡이는 하나님의 능력을 상징하는 의미를 지니고 있었다. 하나님께서 그 지팡이로 뱀을 만들었다가 다시 원래의 지팡이로 되돌리신 기적의 지팡이였던 것이다. 하나님께서는 그 지팡이로 애굽의 바로 왕 앞에서 기적을 행해 보여주라는 명령을 하셨다.

그렇지만 완악한 바로 왕은 그 모든 이적들을 보고도 이스라엘 백성을 쉽게 내보내지 않으리라는 사실을 동시에 말씀해 주셨다. 그러면 바로 왕을 향해, 이스라엘 민족은 '하나님의 장자' (출 4:22)임을 선언하라고 하셨다. 또한 하나님께서 자신의 장자인 이스라엘 민족을 보내 자신을 섬기도록 허락하지 않으면 그가 '애굽의 장자' 를 죽이리라는 사실을 선포하도록 하셨다(출 4:23).

이스라엘 민족이 '하나님의 장자' 라는 말 속에는 매우 중요한 의미가 내포되어 있다. '장자' 라는 말 가운데는 대표성뿐 아니라 앞으로 그에 뒤이어 이루어지게 될 이방 민족의 구원이 시사되고 있었기 때문이다. 하나님께서는 아브라함과 이삭과 야곱에게 하신 언약을 성취함으로써 이방 족속 가운데 출생하게 될 자기 자녀들을 원수의 손에서 구원하시고자 했던 것이다.

4. 하나님의 진노와 할례

모세가 애굽으로 내려가기 위해 가족과 함께 사막에 잠시 머물고 있는 동안 예기치 못한 일이 발생했다. 하나님께서 갑자기 모세를 죽이려 하셨기 때문이다. 우리가 기억해야 할 바는 그때 하나님은 단순히 모세를 겁주기 위해 그런 행동을 형식적으로 한번 취해보신 것이 아니라 실제로 그를 죽이려고 하셨다는 사실이다.

그렇다면 왜 하나님께서 갑자기 모세를 죽이려 하셨을까? 그를 정말 죽이려고 하셨다면 그 전에 얼마든지 많은 기회가 있었다. 우리는 여기서 매우 주의 깊은 생각을 해 보게 된다. 즉 하나님께서 모세가 혼자 있을 때가 아니라 가족과 함께 있을 때 그렇게 하셨다는 사실에 관심을 기울일 필요가 있다.

모세는 호렙산에서 하나님을 만났지만 나머지 가족들은 아직 하나님을 대면한 적이 없었다. 모세의 가족들은 이번 기회를 통해 하나님의 존재를 확실히 알 수 있었다. 그들은 남편 혹은 아버지에 의해 여호와 하나님에 관한 이야기를 전해 들었겠지만 이제 실제로 그의 진노하심을 보게 되었다. 그것을 통해 모세의 가족은 여호와 하나님을 경외하지 않을 수 없게 되었다.

하나님의 특별한 명령을 받고 애굽으로 내려가는 모세는 지난 날의 양치기 노인과 달랐다. 지금까지는 자기의 인생을 위해 그렇게 산 것으로 볼 수 있지만 이제는 하나님의 막중한 사명을 지닌 인물이 되었다. 따라서 그에게 요구되는 것은 조상 대대로 이어져 내려온 하나님의 언약의 표징이었다.

그런데 이방 제사장의 사위로서 처가살이를 한 모세는 자녀들이 출생할 때 할례를 베풀지 않았다. 하나님께서는 이제 그것을 문제 삼으셨다. 그것으로 인해 모세를 죽이려 하셨던 것이다. 그는 할례를 받지 않은 모세의 아들이 아니라 할례를 베풀지 않은 모세를 죽이시고자 하셨다. 그때 그 상황에 재빨리 대처한 사람은 그의 아내 십보라였다. 그녀는 자기 남편의 신앙을 따라 하나님께서 약속하신 그리스도를 믿는 신앙인이 되어 있었다. 따라서 십보라는 왜 하나님께서 자기 남편 모세를 죽이려 하시는지 깨달았다.

그리하여 십보라는 급히 돌갈을 가져다가 사기 아들의 성기 표피를 잘

라내어 남편의 발 앞에 던지며 "당신은 나의 피 남편이로다"고 외쳤다. 이는 모세가 언약의 인물임을 고백적으로 선언하는 의미를 지니고 있었다. 하나님께서는 십보라가 자기 아들에게 할례를 행하고 외치는 것을 보고 모세를 죽이고자 하는 마음을 멈추셨다. 이렇게 하여 모세의 온 가족은 하나님의 언약을 소유한 가정이 되었으며 그는 애굽으로 내려갈 수 있었다.

여기에는 매우 중요한 의미가 담겨 있음을 기억해야 한다. 피 흘리는 할례를 행하지 않음으로써 하나님의 언약을 자녀에게 상속하지 않은 모세를 죽이려고 하신 하나님께서는 언약의 피와 연관이 되지 않는다면 이스라엘 민족 전체를 그냥 살려두지 않으신다. 이는 나중에 유월절 어린 양의 피를 흘리게 되어 생명을 구하게 되는 이스라엘 민족에 관한 암시를 하고 있다. 나아가 이 사건은 십자가에서 피를 흘리시게 될 예수 그리스도의 구속사역을 향하고 있다.

5. 모세와 아론의 해후

한편 하나님께서는 애굽에서 진행될 모세의 사역을 위해 별도의 준비를 하고 계셨다. 호렙산의 모세에게 나타나 애굽으로 인도하시던 하나님이 이번에는 애굽에 살고 있는 모세의 형 아론을 광야에 거하는 모세에게로 인도하셨다. 그것은 모세가 알지 못하는 사이에 진행되고 있었다.

아론과 모세는 친형제임에도 불구하고 그 때까지 별다른 교류가 있었던 것 같지 않다. 모세는 사십여 년 전 목숨을 부지하기 위해 애굽의 왕궁을 떠나 혼자 미디안 광야로 피신했었다. 당시 그는 자기의 친부모를 비롯한 가족상황에 대해 잘 알지 못했을 것으로 보인다.

그에 반해 모세의 친부모와 형제자매는 오랜 전부터 그의 형편에 대해 알고 있었을 것이 틀림없다. 사십여 년 전, 애굽 왕궁에 거하는 공주의 아들이 히브리인의 편을 들어 애굽인을 쳐 죽인 사건으로 말미암아 바로 왕의 손을 피해 사라졌다는 이야기는 애굽 전역에 퍼져나갈 수밖에 없었다. 따라서 아론의 집에서는 모세에 관한 안타까운 소식을 듣고 얼마나 마음이 조리고 아파했을지 짐작해 볼 수 있다.

그렇지만 그들에게는 사라진 모세를 찾아낼 수 있는 아무런 방도가 없었다. 애굽의 공권력을 총동원해서 찾을 수 없는 그를 심한 탄압을 받던 피지배 민족에 속한 개인이 찾아낸다는 것은 불가능한 일이었다. 아마도 사십여 년이 흐르는 동안 그들은 잃어버린 모세를 다시 만날 수 있으리라는 기대를 완전히 접었을 것이다.

그런 상황 가운데서 여호와 하나님께서 갑자기 아론에게 나타나셨다. 그의 동생 모세가 사막에서 애굽으로 돌아올 것이니 나가서 맞이하라는 것이었다. 성경은 아론이 '하나님의 산'에 가서 모세를 만나 그를 반갑게 맞았음을 기록하고 있다(출 4:27). 모세와 아론이 만난 그 산은 호렙산이었다. 하나님께서 아론을 특별히 그 먼 곳으로 보내신 것은 그가 사신이 되어 모세를 주인처럼 모셔오도록 하는 성격을 지니고 있다.

아마도 모세와 아론은 호렙산에서 처음으로 대면했을 것이다. 그들은 혈육의 형제지간이었지만 하나님으로부터 각기 다른 특별한 임무를 부여받고 있었다. 그리하여 모세는 형 아론에게 여호와 하나님께서 자기에게 명령하신 모든 내용과 하나님께서 보여주신 다양한 기적들에 대한 이야기를 전했다.

아론과 모세는 형제관계였을지라도 모세가 이스라엘 민족을 인해도해는 영도자가 되었다. 그러므로 형 아론이 동생 모세의 대변자와 수종드는 자의 역할을 감당해야 했다. 이제 그들 형제는 애굽에서 고통당하는 이스라엘 민족을 구출하기 위한 중대한 사명을 띠고 하나님의 뜻에 따라 구체적인 실행에 옮기게 되었다.

6. 이스라엘 민족의 장로들을 만난 모세

모세와 아론은 하나님의 명령에 따라 이스라엘 민족을 구출하기 위해 애굽 땅으로 내려갔다. 그때 모세는 자녀들이 할례를 받은 후 자신의 가족을 미디안 광야의 처가로 돌려보냈다. 전투에 임하는 최고 지휘관으로서 가족을 두고 가는 것이 자연스럽다는 사실을 깨달았기 때문이다. 나아가 할례를 받음으로써 하나님의 언약을 지닌 그의 자녀들이 미디안 광야에서 하나님의 구원 역사를 기다리는 사람들로 남아 있도록 했던 것이다.

성경에는 모세가 미디안에 있는 장인 이드로에게 자기 가족들을 맡겨 돌봐주도록 했던 내용이 기록되어 있다(출 18:2-4). 그것을 통해 장래 이스라엘 자손들이 들어가게 될 미디안 광야에 하나님의 역사를 기다리며 그를 찬송하는 무리가 남아있게 되었다. 이는 모세가 이스라엘 민족을 이끌고 시내광야로 되돌아오게 되리라는 사실이 예고되는 성격을 지니고 있었다.

그리하여 모세는 자기 아내와 아들들을 장인 이드로의 집에 맡겨두고 형 아론과 함께 애굽으로 내려갔다. 모세와 아론은 애굽 땅에 도착하자마자 이스라엘 민족의 장로들을 한자리에 불러 모았다. 그들은 아론에 대해서는 익히 알고 있었겠지만 모세는 생소한 인물이었다. 그러므로 모세가 그들을 만났을 때 아론의 설명과 소개를 통해 자연스럽게 교제할 수 있었을 것이다.

모세는 여호와 하나님이 호렙산에서 자기에게 말씀하신 모든 내용을 이스라엘 민족의 장로들에게 전했다. 그리고 하나님이 시키신 대로 장로들 앞에서 놀라운 기적을 행해 보였다. 그것을 목격한 장로들은 이스라엘 민족을 구출하고자 하는 하나님의 구체적인 역사가 시작되었음을 깨닫게 되었다.

장로들은 여호와 하나님께서 애굽에서 고통당하는 이스라엘 자손을 내려다보시고 저들을 구출해내려 하신다는 사실을 알고 감격하지 않을 수 없었다. 그러므로 그들은 모세의 말을 듣고 감격하여 여호와 하나님께 경배를 돌렸다. 이스라엘 민족이 사백여 년 동안 기다려 오던 일이 현실로 다가왔기 때문이다. 그것은 저들의 조상 아브라함과 이삭과 야곱에게 하셨던 하나님의 약속이 이루어지는 것을 예고하고 있었다.

제2부

이스라엘 백성과 파라오를 대면한 모세와 아론
(출 5:1-6:30)

제8장

바로 왕 앞에 선 모세와 아론

(출 5:1-23)

1. 모세와 아론의 요구

모세와 아론은 하나님의 명령에 따라 바로 왕의 궁전을 찾아갔다. 그들의 방문은 피지배 민족에 속한 사람들로서 매우 당돌한 행동이었다. 더구나 모세는 사십여 년 전 탈출해 나왔던 바로 그 궁전이었다. 따라서 자칫 잘못하면 저들의 생명이 위태롭게 될 우려마저 없지 않았다. 그러나 하나님께서 명령하신 일이었으므로 달리 그것을 피할 수도 없었다.

그들은 바로 왕에게 나아가 여호와 하나님께서 하신 말씀을 전달했다. 그것은 이스라엘 민족으로 하여금 며칠간 노역을 중단하게 하고 광야에 나가 절기를 지키도록 하라는 내용이었다. 하지만 바로 왕이 저들의 요구를 수용할리 만무했다. 애굽의 신을 믿는 바로 왕은 도리어 여호와 하나님이 누구인지 모른다며 비웃는 듯이 반응했다. 그는 자기가 알지도 못하는 히브리인들이 믿는 신의 요구를 절대로 들어줄 수 없다고 응대했던 것이다.

그렇지만 모세와 아론은 포기하지 않고 여호와 하나님의 명령을 언급하며 더욱 적극적으로 간청했다. 이스라엘 민족이 사흘 길쯤 떨어진 외딴 광야로 나가서 여호와 하나님께 희생제물을 바치는 제사를 지낼 수 있도록 허락해주지 않으면 안 된다는 것이었다. 바로 왕이 듣기에 이는 무례하고 무리한 부탁이 아닐 수 없었다. 편도 사흘 길이라면 왕복 엿새가 걸리는 먼 길이다. 거기다가 제사를 평계대고 거기에서 머무는 시간까지 합친다면 최소한 열흘이 족히 걸리는 긴 기간이다.

그럼에도 불구하고 모세와 아론은 바로 왕에게 그 기간 동안 광야에서 여호와 하나님께 제사를 지낼 수 있도록 해달라고 간청했다. 동시에 만일 그렇게 하지 않으면 하나님이 진노하셔서 무서운 전염병을 돌게 하시거나 피 흘리는 전쟁을 통해 저들을 심판할지 모르기 때문에 두려워하지 않을 수 없다는 말을 전했다.

2. 율법시대 이전의 절기와 제사 문제

그런데 우리는 여기서 매우 중요한 내용을 엿보게 된다. 그것은 이스라엘 민족의 '절기'(feast)와 동물을 바치는 제사에 연관된 문제이다. 출애굽하기 전의 이스라엘 민족에게는 우리가 알고 있는 유월절, 장막절, 오순절 등과 같은 절기가 아직 생겨나기 전이었다. 나아가 당시는 성막이 건립되지 않았으므로 성소와 지성소를 통한 희생제사 제도가 정착되지 않았다.

그런데 본문 말씀 가운데는 율법과 성막이 주어지기 전에도 이스라엘 백성은 때에 맞추어 하나님께 동물을 희생제물(sacrifice)로 바치는 제사를 지냈음을 보여주고 있다. 우리는 율법이 주어지지 않고 성막이 건립되기 전에도 이스라엘 민족 가운데 언약에 따른 절기와 제사가 있었다는 사실을 주의 깊게 생각해 보아야 한다. 그것은 물론 모세 율법에 따른 절기와 제사와는 그 형식적인 성격이 달랐음이 분명하다.

하나님의 자녀들은 아담이 범죄하고 난후 처음부터 동물을 매개로 한 희생제사를 하나님께 지냈다. 이스라엘 민족은 아벨, 노아, 아브라함 등

믿음의 조상들이 하나님 앞에 제사를 드렸듯이 율법과 성막이 있기 전에도 절기를 통한 희생제사를 하나님께 드렸다. 그것은 언약의 백성들의 전체 역사 가운데 지속되었다.

아벨은 하나님께 양의 첫 새끼를 제물로 바쳤다(창 4:4; 히 11:4). 노아도 대홍수 이후 동물을 잡아 하나님께 번제로 드린 사실이 성경에 기록되어 있다(창 8:20). 또한 아브라함은 하나님의 명령에 따라 자신의 독자 이삭을 바쳤다(창 22:9-13). 나중에 하나님께서 예비하신 수양을 이삭 대신 희생제물로 바쳤지만 그것은 이삭을 바친 것과 마찬가지였다(히 11:17; 약 2:21).

그리고 멜기세덱은 하나님께 제사를 드리는 특별한 제사장이었다(창 14:18). 욥도 하나님께 동물을 잡아 번제로 드렸음을 성경이 증언하고 있다(욥 1:5). 이 모든 경우는 이스라엘 백성의 출애굽 이후 율법과 성막이 주어지기 전에 이미 하나님의 자녀들이 제사를 드렸음을 말해주고 있다. 우리는 그 모든 제사들이 믿음의 조상들이 생각나는 대로 임의로 드려졌던 것이 아니라 때에 따라 정례적인 순종행위였던 것으로 이해하는 것이 자연스럽다.

그렇게 지속되어 오던 제사가 이스라엘 민족에 대한 애굽인들의 박해로 말미암아 일시동안 중단되고 있었다. 하나님께서는 이스라엘 민족 가운데 중단된 그 제사를 회복시키고자 하셨다. 따라서 모세와 아론은 바로 왕에게 이제 이스라엘 민족으로 하여금 여호와 하나님께 절기와 제사를 지낼 수 있도록 허락해 달라는 강력한 요구를 하고 있다. 물론 그 제사는 장래 오실 예수 그리스도를 향해 점진적으로 발전해가는 성격을 지니고 있었다.

3. 바로 왕의 반응과 강화된 노역

이스라엘 민족이 동물을 바치는 희생제사를 통해 여호와 하나님을 섬기는 것은 지극히 당연한 의무였다. 그것은 아담의 범죄에 연관된 속죄제와도 밀접하게 관련된 중요한 제사였다. 그럼에도 불구하고 애굽의 정치적 압제로 인해 그것이 장기간 중단되고 있었던 상황은 안타까운 일이 아닐 수 없었다. 따라서 모세와 아론이 바로 왕에게 그 특별한 요구를 했던 것은 하나님의 명령이었을 뿐 아니라 이스라엘 민족을 대표한 저들의 강력한 항의의 성격을 지니고 있었다.

그렇지만 바로 왕은 저들의 요구를 순순히 받아들일 수 없었으므로 완강하게 거절했다. 그는 이스라엘 백성이 아직 고생이 덜하기 때문에 그런 엉뚱한 생각을 하는 것으로 판단하게 되었다. 그래서 담당 감독자들에게 이스라엘 백성으로 하여금 노역을 쉬지 못하도록 더욱 압박하라는 명령을 내렸다. 이스라엘 백성의 수가 많은데 그들을 쉬게 함으로써 작업량을 줄일 수 없다는 것이었다. 따라서 바로 왕은 기강이 해이해진 이스라엘 민족을 굳건히 장악하기 위한 궁리를 했다.

급기야 왕은 그 전보다 노역 조건을 강화해 나가기에 이르렀다. 그것은 노역자들로 하여금 더욱 열악한 노동환경에 빠지게 했다. 바로 왕은 감독자들과 작업반장들에게 벽돌을 만드는 데 필요한 짚을 더 이상 공급하지 못하도록 명령했다. 그렇지만 그전과 동일한 수량의 벽돌을 만들어 내도록 요구했다. 그렇게 되면 그들이 스스로 짚을 모아 벽돌을 만들어야 했으므로 몇 갑절의 노동력이 들 수밖에 없었다.

애굽의 바로 왕의 판단에는, 이스라엘 백성이 노역이 심하지 않아 게을러졌기 때문에 사흘 길이나 떨어진 광야에 나가 저들의 신에게 희생제사를 드리도록 허락해달라고 요구하는 것으로 이해했다. 그러므로 이제는 저들을 정신없을 만큼 바쁘게 노동을 시켜야 한다는 생각을 했다. 바로 왕은 노예와 같은 신분을 가진 종족의 장로들이 감히 그런 요구를 하게 되면 일반 이스라엘 백성들마저 나쁜 영향을 받을 수 있다는 판단을 하게 되었다. 따라서 더욱 과중한 노역을 부과함으로써 엉뚱한 마음을 품지 못하게 하려 했던 것이다.

바로 왕은 모세와 아론을 비롯한 이스라엘 백성의 장로들이 실제로 저들의 신이 희생제사를 요구한 것이 아니라 다른 정치적인 의도를 가지고 꾸며낸 이야기라 생각했을 수도 있다. 진짜 이스라엘 백성이 믿는 여호와 하나님이 나타나 그런 명령을 했다고는 상상하지 못했을 것으로 보인다. 그러므로 이스라엘 민족에 대한 노예정책을 더욱 강화하는 것이 상책이라는 판단을 하게 되었다.

왕의 특별한 명령이 내려지자 감독자들과 작업반장들은 노역을 담당한 이스라엘 백성에게 앞으로 전개될 그 사실을 전했다. 그것은 짚을 주지 않은 상태에서 그 전과 동일한 양의 벽돌을 만들어내라는 것이었다. 노예 신분을 지닌 이스라엘 백성으로서는 감히 왕명을 거부할 수 있는 뾰족한 방책이 없었다. 따라서 그들은 벽돌을 만들기 위해 곡초 그루터기를 거두어 짚을 대신해 사용함으로써 벽돌을 만들어야만 했다. 이스라엘 백성은 모세와 아론으로 인해 바로 왕의 눈에 크게 벗어나게 되었던 것이다.

그러므로 감독자들은 바로 왕의 명령에 따라 이스라엘 민족에게 더욱 심한 노역을 시켰다. 정해진 기한에 할당량을 채우지 못하면 결국 저들이 문책을 받을 수밖에 없었기 때문이다. 그들은 왕으로부터 문책을 받지 않기 위해 이스라엘 민족에게 노역을 재촉하며 잠시도 쉴 틈을 주지 않았다.

그렇지만 인간의 노동력에는 한계가 있을 수밖에 없었다. 그런 식으로는 아무리 쉬지 않고 땀 흘려 일한다고 할지라도 정해진 양의 벽돌을 만들어내는 것이 불가능했다. 그러나 감독자들은 저들의 형편을 이해하려고 하기는커녕 일선 작업반장들을 독촉하며 구타를 서슴지 않았다. 그 압력은 결국 일반 노역자인 이스라엘 백성들에게 고스란히 돌아갔다. 노역으로 인해 더욱 고달프게 된 저들의 삶의 여건은 모세와 아론이 나타난 후부터 더욱 열악한 상황에 처하게 되었다.

4. 이스라엘 민족의 심화된 고통

모세와 아론의 요구를 듣고 저들의 행동이 어처구니없는 것이라 판단하게 된 바로 왕은 이스라엘 민족을 더욱 심하게 다룰 수밖에 없었다. 긴장하고 있어야 할 노역자들이 해이해져 그런 요구를 한다고 생각한 왕은 도저히 감당해 낼 수 없는 과중한 노역을 시킴으로써 문제를 해결하고자 했던 것이다. 그에 관한 왕의 결단은 감독들을 거쳐 이스라엘 민족에게 그대로 강제되었다.

그렇게 되자 도저히 견딜 수 없던 작업반장들이 바로에게 직접 찾아가 호소하기에 이르렀다. 짚을 주지 않은 상태에서 그 전과 동일한 양의 벽돌을 만들어내는 것은 불가능하다는 사실을 고했다. 도저히 감당할 수 없는 일을 시켜놓고 작업량을 달성하지 못한다고 해서 감독들이 노역자들을 족치는 것은 정당한 처사가 아니라는 것이었다.

그들은 바로 왕 앞에서, 지나친 노역을 통해 부당한 요구를 하는 것은 일의 성격을 무시한 애굽 사람들의 잘못된 행동이라 주장했다. 하지만 왕의 명령에 따라 이루어지는 정책은 바뀌지 않았다. 그렇지만 지배를 당하는 민족의 입장에서는 달리 어떻게 할 도리가 없었다. 따라서 그 불만은 점차 모세와 아론을 향해 발산되어 갔다.

이스라엘 민족의 노역자 대표들은 실망한 채 바로의 왕궁에서 나올 수밖에 없었다. 낙심에 빠져있던 저들이 도중에 모세와 아론을 만나게 되었다. 그들은 이스라엘 민족이 더욱 심한 고통을 당하게 된 것은 순전히 모세 때문이었으며, 바로 왕의 정부로부터 밉게 보인 것은 저들이 바로 왕을 방문해 진노를 불러일으킨 결과라고 생각했다. 그러므로 그들은 이스라엘 민족을 견디기 어려운 고통의 구렁텅이에 빠뜨린 모세와 아론에게 항의하면서 저들에게 하나님의 심판이 임하기를 바란다고 말했다.

5. 모세의 간구

모세와 아론이 바로 왕을 찾아간 결과로 말미암아 열악한 환경이 개선되거나 분위기가 호전된 것이 아니라 도리어 이스라엘 민족에게 더 큰 고통만 안겨주게 되었다. 어려움을 줄이기 위해 찾아간 발걸음이 도리어 형편을 악화시켰던 것이다. 그런 상황이 벌어진 것은 매우 안타까운 현실이 아닐 수 없었다.

이스라엘 민족의 장로들을 비롯한 일반 백성들은 모세를 통해 저들이 원하는 결과가 금방 나타나기를 바랐을 것이 틀림없다. 그러나 하나님의 계획은 사람들이 기대하는 바와 달랐다. 그렇게 되자 가장 당황스러워했던 인물은 역시 모세였다. 자기 민족의 고통을 보며 그것을 덜어주기를 원했는데 상황이 정반대로 흘러갔기 때문이다.

그러므로 모세는 하나님께서 어찌하여 자기를 바로 왕에게 보내 이스라엘 민족으로 하여금 그런 어려움에 처하게 했는지 물었다. 그 전에 호렙산 아래 있을 때 자기는 무능한 사람이므로 그 일을 잘 감당할 수 없다는 말씀을 드렸는데 결국 그런 결과가 일어나지 않았느냐는 것이다. 모세는 바로 왕의 학정虐政이 강화되고 이스라엘 민족이 더욱 어려운 지경에 빠진 것이 자신의 무능함 때문이라 여겼다.

그러면서도 한편 저들을 금방 구원해 주시지 않는 하나님에 대한 서운한 감정을 버리지 못했다. 하나님께서는 이스라엘 민족을 애굽 땅으로부터 단번에 이끌어 낼 수 있으심에도 불구하고 그렇게 하지 않으셨기 때문이다. 하지만 모세를 비롯한 이스라엘 백성은 하나님의 놀라운 계획과 경륜을 깨닫지 못하고 있었다.

제9장
여호와 하나님의 작정과 언약
(출 6:1-30)

1. 이스라엘 민족을 위한 하나님의 경륜

모세는 자기가 바로 왕을 찾아가 하나님의 뜻을 전달한 사실 때문에 이스라엘 민족이 더욱 혹독한 고통을 당하는 것으로 판단하고 적잖은 실의에 빠졌다. 그는 아직 하나님의 전체적인 경륜을 생각지 못하고 있었다. 그런 상황에서 모세는 스스로 할 수 있는 일이 아무것도 없다고 판단할 수밖에 없었다.

하나님께서는 실의에 빠져 위축되어 있던 모세에게 장래 일어날 일들에 대해 말씀하셨다. 여호와 하나님이 친히 바로 왕에게 행하시는 징벌을 모세가 두 눈으로 똑똑히 보게 되리라는 것이었다. 그것은 '하나님의 강한 손'이 반드시 그를 치게 되리라는 것에 대한 되풀이 되는 예언이었다. 이는 모세의 언변이나 개인적인 능력이 그 놀라운 일을 행할 수 없음을 보여주고 있다.

바로 왕이 하나님의 놀라운 능력을 경험하게 되면 더 이상 이스라엘 민족을 자신의 지배아래 붙잡아둘 수 없다. 그들을 내보내라고 요구하시는 하나님의 말씀을 끝까지 거부할 수 없을 것이기 때문이다. 그러나 그 일이 일반적으로 생각하듯이 순조롭게 진행되지는 않을 것이 분명하다.

이스라엘 백성의 출애굽은 정치적인 대화나 타협에 의해 진행되는 것이 아니라 바로 왕이 악에 받쳐 저들을 쫓아내게 된다. 즉 애굽과 이스라엘 민족은 더 이상 일반적인 관계를 유지할 수 없다. 이는 결국 애굽과 이스라엘이 서로 철천지 원수지간이 되리라는 사실을 말해주고 있다.

2. 언약을 기억하시는 여호와 하나님

하나님께서 모세를 부르시고 그에게 특별한 임무를 맡기신 것은 그가 아브라함과 이삭과 야곱에게 베푸셨던 언약을 기억하고 있었기 때문이다. 이는 그의 사역이 임기응변적인 판단에 의한 것이 아님을 말해주고 있다. 우리는 이를 통해 하나님과 이스라엘 민족 사이에 특별한 언약이 맺어져 있었음을 보게 된다.

그러므로 하나님께서는 자신의 이름이 '여호와' 라는 사실을 다시금 언급하셨다. 이는 '전쟁과 구원' 에 연관된 이름으로서 모세를 비롯한 이스라엘 민족에게 최종 승리자인 자기를 선포하는 의미를 지니고 있다. 하나님은 과거 이스라엘 민족의 조상들에게 전능하신 분으로 나타나기는 했으나 자신의 이름이 '여호와' 라는 사실을 구체적으로 드러내지 않았다는 사실을 본문 가운데 말씀하고 계신다.

그런데 창세기 앞부분에는 처음부터 하나님의 자녀들이 '여호와의 이름을 불렀던 사실' 이 기록되어 있다. 가인에 의해 죽은 아벨 대신에 출생한 아담의 아들 셋의 때 사람들이 '여호와의 이름' 을 불렀던 것이다(창 4:26). 하나님께서, 그 전에는 여호와인 자신의 이름을 알리지 않았다고 모세에게 말씀하신 의미는 전쟁 가운데서 구원자가 되시는 자신의 속성에 연관된 것으로 이해해야 한다.

따라서 이 말은 그전 시대에는 하나님께서 아직 원수를 징벌하는 전쟁을 통한 구원자로서 자신을 드러내지 않았음을 말해준다. 따라서 이스라엘 백성이 여호와 하나님의 이름을 안다는 사실은 단순한 호칭의 문제가 아니라 전쟁을 통한 구원에 연관된 매우 중요한 의미를 지닌다. 구약성경에는 이스라엘 왕정시대의 전쟁 승리에 관련된 교훈을 주고 있다. 이사야와 예레미야 선지자는 그에 관한 여호와 하나님의 계시를 전했다.

> "여호와께서 말씀하시되 … 내 백성은 내 이름을 알리라 그러므로 그 날에는 그들이 이 말을 하는 자가 나인 줄을 알리라 내가 여기 있느니라"(사 52:5,6); "여호와께서 이르시되 보라 이번에 그들에게 내 손과 내 능력을 알려서 그들로 내 이름이 여호와인 줄 알게 하리라"(렘 16:21)

구약시대의 여호와 하나님은 오늘날 우리시대 교회가 믿는 구속자 하나님과 동일한 분이다. 그는 자기 자녀들에게 영원한 구원의 은혜를 베푸신 분으로서 이방인들이 상상하는 막연한 신이 아니라 전쟁을 주도하시는 인격적인 승리의 하나님이다. 그 하나님께서 과거 이스라엘 민족의 조상들에게 저들이 살고 있는 가나안 땅 전역을 빼앗아 주시겠다는 약속을 하셨다. 그 땅은 원천적으로 하나님의 소유였기 때문이다. 그러나 당시에는 그렇게 되리라는 사실을 쉽게 상상할 수 없는 일이었다.

> "그 날에 여호와께서 아브람으로 더불어 언약을 세워 가라사대 내가 이 땅을 애굽강에서부터 그 큰 강 유브라데까지 네 자손에게 주노니"(창 15:18)

애굽에 살고 있던 이스라엘 백성은 조상 대대로 이 언약을 마음에 품고 살아왔다. 이제 이스라엘 민족이 애굽에서 사백여 년의 나그네 세월을 보낸 후 그 언약이 구체적으로 실현될 때가 이르렀다. 애굽인들이 이스라엘 민족을 노예로 삼아 강제 노역을 시킨 것은 두 민족 사이의 분리를 예고하는 신호탄과 같은 역할을 했다.

이스라엘 백성의 신음소리를 듣게 된 하나님께서는 저들의 조상과 맺은 언약을 기억하셨다(출 6:5). 백성들이 견디기 힘든 고통을 당하며 신음소리를 발한 것은 하나님을 향한 호소였다. 그 가운데는 하나님의 언약에 따른 각별한 도우심이 없이는 스스로 그 위기에서 빠져나갈 수 없음을 표출하는 의미를 지니고 있다.

3. 하나님의 심판과 구원 작정

그런 중에 하나님께서는 모세에게 자신의 구원계획을 이스라엘 자손에게 전하도록 명령하셨다. '여호와' 이신 자기가 애굽 사람들의 심한 압제에서 이스라엘 민족을 빼내어 고된 노역에서 건져내시겠다는 것이었다. 그와 더불어 하나님의 편 팔로 말미암은 큰 심판을 통해 이스라엘 백성을 속량하시겠다고 말씀하셨다.

그렇게 함으로써 하나님께서 이스라엘 민족을 자기 백성으로 삼으시게 된다. 여기에는 하나님의 왕국 건설에 대한 약속이 포함되어 있다. 여호와 하나님은 자신의 나라를 세워 사탄이 통치하는 악한 세상을 심판하시게 된다. 왕국의 설립에 대해서는 이스라엘 민족의 조상들의 시대부터 이미 하나님에 의해 예언되어 온 바였다. 아브라함에게 주신 그에 관한 언약(창 12장;17장)이 야곱에게는 더욱 구체적으로 주어졌다.

"네 이름이 야곱이다마는 네 이름을 다시는 야곱이라 부르지 않겠고 이스라엘이 네 이름이 되리라 하시고 그가 그의 이름을 이스라엘이라 부르시고 그에게 이르시되 나는 전능한 하나님이니라 생육하며 번성하라 국민과 많은 국민이 네게서 나고 왕들이 네 허리에서 나오리라 내가 아브라함과 이삭에게 준 땅을 네게 주고 내가 네 후손에게도 그 땅을 주리라"(창 35:10-12)

출애굽기 본문에서 '백성'을 언급한 것은 왕국을 세울 때가 이르렀음을 보여주고 있다. 하나님께서는 오래전에 약속하셨던 자신의 언약을 기억하시고 그것을 점차 성취해 가시고자 했던 것이다. 그전에는 이스라엘 민족 가운데 나라를 통치하는 현실적인 왕이 존재하지 않았다. 그런데 이제 하나님께서 친히 저들의 왕이 되시리라는 말씀을 하셨다. 이를 통해 백성들은 그가 왕국을 다스리는 왕으로서 애굽 사람들의 압제에서 이스라엘 민족을 빼어내셨다는 사실을 알게 된다.

우리는 이스라엘 민족을 애굽의 손아귀에서 빼내 구출하시겠다고 하신 하나님의 말씀에서 앞으로 두 백성들 사이에 심한 마찰이 일어나게 될 것이 시사되고 있음을 보게 된다. 여호와 하나님이 친히 이스라엘 백성의 왕이 되어 바로 왕의 세력에 맞서 싸우게 되는 것이다. 이는 하나님의 구원과 심판이 눈앞에 바짝 임박했음을 말해준다.

우리는 이것이 아브라함 언약에 직접 연관된 예언 성취라는 사실을 기억해야 한다. 하나님은 아브라함과 이삭과 야곱에게 저들의 자손을 통해 하나님께서 계획하시는 특별한 왕국을 세우실 것을 예언하셨기 때문이다. 이는 점차 예수 그리스도께서 왕으로 등극하시는 하나님의 나라로 발전해 가게 된다.

하나님의 명령을 들은 모세는 이스라엘 백성에게 가서 하나님의 말씀을 그대로 전했다. 그러나 그들은 모세의 말을 귀담아 들으려 하지 않았다. 그들은 이미 더욱 심해진 애굽의 학정과 과중한 노역으로 인해 몸과 마음이 상해 있었으며, 모세로 말미암아 더욱 혹독한 고역을 치르게 되었다고 생각했기 때문이다.

4. 실의에 빠진 모세와 하나님의 명령

모세는 하나님과 이스라엘 민족 사이에서 이렇게도 저렇게도 처신하기 어려운 곤란한 지경에 빠지게 되었다. 그렇지만 하나님께서는 곤경에 처한 모세에게 다시금 애굽 왕궁으로 들어가 바로 왕을 대면하도록 명령하셨다. 이스라엘 자손을 애굽 땅에서 내보내라는 하나님의 요구를 전하라는 것이었다.

그렇지만 모세는 하나님의 명령을 듣고 나서 난색을 표하지 않을 수 없었다. 지난번 바로 왕을 찾아가 하나님의 말씀을 전했으나 냉혹하게 거절당한 형편이었다. 그것을 통해 아무런 긍정적인 결과도 얻지 못한 채 이스라엘 백성은 도리어 더욱 혹독한 고통에 시달리고 있었다. 그로 말미암아 백성들은 모세의 말을 듣기는커녕 거부감만 더해갔던 것이다.

그래서 모세는 하나님께, 동족인 이스라엘 자손도 자신의 말을 듣지 않는데 하물며 바로 왕이 자신의 말을 듣겠느냐고 말했다. 그러면서 자기는 입술이 둔해 언변이 부족하기 때문에 바로 왕을 설득하기에 적합하지 않다고 했다. 그렇게 행할 자신이 없을 뿐더러 그렇게 한다고 해도 아무런 효과가 없을 것이라 생각했던 것이다.

그러나 하나님의 뜻은 그와 전혀 달랐다. 따라서 하나님께서는 모세와 아론을 다시금 애굽의 왕궁으로 들여보내고자 하셨다. 그 모든 과정을 통해 이스라엘 백성을 애굽의 학정에서 구출해 그 땅에서 인도해 내리라는 것이었다. 그 모든 것은 하나님의 작정에 의해 이루어지게 될 일들이다.

5. 모세와 아론의 족보

하나님께서는 본문 가운데 모세와 아론의 족보를 기록하도록 계시하셨다. 왜 그렇게 하셨을까? 이는 하나님이 모세와 아론을 부르신 것은 즉흥적이 아니라 하나님의 섭리 가운데 이루어졌음을 말해준다. 즉 하나님이 모세와 아론을 특별히 선택하여 부르신 것은 하나님의 섭리와 언약으로 말미암은 것임을 보여주고 있다.

출애굽기 6장 14절에서 26절 사이에 기록된 족보는 전체 이스라엘 민족이 아니라 주로 모세와 아론의 조상들에 관한 내용이다. 그런데 레위의 두 형들인 르우벤과 시므온 자손들의 족보가 먼저 간략하게 소개된 다음 레위 자손들의 족보가 기록되었다. 하지만 나머지 다른 지파 자손들은 달리 언급되지 않았다.

우리는 이를 통해 레위 지파가 다른 지파와 관련되어 있지만 동시에 독립적이라는 사실을 보게 된다. 그리고 모세의 자식들의 족보에 대해서는 침묵하고 있는데 반해 아론의 아들 엘르아살(Eleazar)과 그가 낳은 비느하스(Phinehas)에 관해 기록되어 있다(출 6:25). 그 가운데는 이방 여인을 통해 얻은 모세의 자녀들이 아니라 아론의 자손들을 통해 장래 제사장 직무가 행해지리라는 의미가 내포된 것으로 보인다.

여기서 우리가 주의 깊게 이해해야 할 중요한 사실은 모세와 아론이 레위 지파의 가문에서 출생했지만 전체 이스라엘 백성을 애굽으로부터 구출해내는 일을 위해 사역하게 된다는 점이다. 이스라엘 백성은 여호와 하나님의 말씀에 따라 구체적인 지침을 마련하게 된다. 즉 그들은 출애굽을 위한 체계적인 준비를 갖추게 되는 것이다. 성경에는 그에 관한 내용이 기록되어 있다.

> "이스라엘 자손을 그 군대대로 애굽 땅에서 인도하라 하신 여호와의 명을 받은 자는 이 아론과 모세요"(출 6:26); "It was this same Aaron and Moses to whom the LORD said, 'Bring the Israelites out of Egypt by their divisions.'"(Exo. 6:26)

이스라엘 민족은 오합지졸烏合之卒처럼 아무렇게나 뒤엉켜 출애굽하게 되는 것이 아니라 이스라엘의 지파에 따라 전쟁하는 군대의 면모를 유지한 채 질서정연하게 움직이게 된다. 이는 저절로 그렇게 되는 것이 아니라 백성의 장로들의 적절한 교육과 지침이 있었음을 말해 준다. 위의 본문 가운데 '그 군대대로'(by their divisions)라고 기록된 말은 '열두 지파에 따라' 백성을 인도해내야 한다는 의미를 지니고 있다.

6. 하나님의 명령과 모세의 갈등

여호와께서 모세와 아론에게 분명한 명령을 내리셨다. 하지만 모세는 바로 왕에게 가라는 하나님의 말씀을 즐거운 마음으로 흔쾌히 받아들일 수 없었다. 그들은 하나님께서 보여주시는 다양한 기적들을 경험했음에도 불구하고 그의 말씀에 순종하는 것이 쉽지 않았다.

모세가 애굽의 왕궁에 들어가기를 주저했던 까닭 가운데는 즉시 문제해결을 하지 않으신 하나님에 대한 서운함과도 어느 정도 연관되어 있었다. 그렇지만 그는 감히 하나님을 핑계대지 못하고 말을 잘 하지 못해 설득력이 부족한 자신의 무능력 때문이라고 둘러댔다. 그는 바로 왕뿐 아니라 이스라엘 백성들까지도 자신의 말을 들으려 하지 않은 판국에서 자기가 할 수 있는 일은 아무것도 없다고 판단했던 것이다.

제3부

모세와 바로 왕의 갈등과 대결
(출 7:1-11:10)

제10장

하나님의 기적과 재앙 : 뱀 기적, 피 재앙

(출 7:1-25)

1. 하나님의 메시지 : 기적과 재앙

하나님께서 바로 왕과 애굽인들에게 행하신 맨 처음의 기적은 경고의 메시지였다. 그렇지만 이스라엘 민족에게는 그것이 위로와 소망의 메시지가 되었다. 나아가 이후에 그가 베푸시는 모든 재앙들은 애굽인들에 대한 심판을 예고했으며, 이스라엘 자손들에게는 도리어 복의 선언이 되었다. 나중의 일부 재앙들에 대해서는 이스라엘 백성들 역시 애굽인들과 함께 심한 고통을 감내해야 했음에도 불구하고 그것은 저들의 구원을 예고하는 복의 메시지였다.

모세를 통해 베풀어지는 하나님의 기적과 재앙들 가운데는 특별한 예언적인 의미가 내포되어 있었다. 그것들은 당시 애굽뿐 아니라 신약시대의 종말에 임하게 될 궁극적인 심판에 연관되어 있었던 것이다. 최후에 임하게 될 하나님의 심판은 전 세계적인 사건이 될 것이며 모든 인간들이 심판주이신 예수 그리스도 앞에 설 수밖에 없다.

이처럼 애굽에서 베풀어진 하나님의 기적과 재앙이, 이방인들에게는 무서운 심판을 선언했으며 언약의 백성들에게는 복을 선언하는 역할을 했다. 하나님께서는 그것을 더욱 분명히 보여주고자 애굽에서 행하는 재앙들의 정도를 점차 심화시켜 나가셨다. 초기에는 '귀찮은 것'에서 출발해서 점차 '동물의 질병' '인간의 질병' '생명의 근간이 되는 식량 훼손' '인간의 삶 자체를 위협하는 것'을 거쳐 급기야는 '인간의 장자를 비롯한 모든 가축의 처음 난 것들'을 죽이는 무서운 재앙을 내리셨다.

하나님께서는 팔십 세가 된 모세와 팔십삼 세가 된 아론을 통해 이 모든 기적들을 행하셨다. 아론은 모세의 대변인이 되어 그에게 수종드는 역할을 했다. 그것으로 말미암아 바로 왕의 눈에는 모세가 마치 '신'(god)처럼 비쳐지게 되었다. 하나님이 모세로 하여금 그렇게 되도록 하신 것은, 바로 왕이 감히 모세에게 함부로 대하지 못하도록 하셨음을 의미하고 있다. 하나님께서는 그와 같은 모든 수단들을 동원해 결국 바로 왕이 이스라엘 민족을 애굽에서 내보내도록 하셨던 것이다.

2. 바로 왕의 완악한 마음

하나님께서는 이스라엘 민족을 애굽인들과 큰 마찰 없이 그냥 순순히 그 지역에서 데려 나오시고자 하지 않으셨다. 만일 그가 원하신다면 일거에 그 목적을 달성하실 수도 있었다. 그러나 하나님은 의도적으로 바로 왕의 마음을 완악하게 하시는 가운데 자신이 계획한 모든 기적과 재앙들을 순차적으로 내리고자 하셨다. 이는 하나님의 특별한 작정과 경륜에 속하는 것이었다.

그 모든 과정이 진행되는 동안 애굽 사람들과 이스라엘 민족 사이에는 점차 더욱 심한 원수 관계가 되어갔다. 이스라엘 민족은 하나님의 편에서 싸우게 될 군대와 같았다. 따라서 바로 왕은 이스라엘 민족을 쉽게 내보내지 않으려 했지만 하나님은 강권적인 능력으로써 그들을 인도해 내시기로 작정하셨다. 애굽인들이 그것을 보게 되면 그가 여호와 하나님인 줄 분명히 깨닫게 될 것이었다.

모세와 아론은 하나님의 명령에 온전히 순종했다. 그들은 하나님께서 애굽과 이스라엘 백성들을 위해 예비하신 모든 계획을 점차 선명하게 깨달아 갔다. 비록 긴장된 분위기 가운데 하나님의 명령을 수행했지만 그것이 이스라엘 민족을 이방의 압제에서 구출하시고자 하는 하나님의 뜻이라면 그대로 순종할 수밖에 없었다.

3. 뱀이 된 아론의 지팡이

하나님께서 맨 처음 바로 왕과 그의 신하들에게 보여주신 기적은 지팡이가 뱀이 되는 것이었다. 모세를 통해 그 기적을 행함으로써 이스라엘 민족의 구출 계획이 하나님으로 말미암은 사실을 보여주시고자 했다. 그것은 재앙이 아닌 특별한 기적으로서 곧 임하게 될 재앙들의 시작을 알리는 신호탄 역할을 하게 되었다.

모세의 요구를 들은 바로 왕은 그것이 과연 신神으로 말미암은 것인지 그 증거를 보이라고 요청했다. 그러자 모세는 하나님의 말씀에 따라 옆에 선 아론을 향해 손에 들고 있는 지팡이를 왕 앞에 던지라고 했다. 아론이 그의 말을 듣고 지팡이를 왕과 신하들 앞에 던지자 즉시 뱀이 되어 기어갔다.

바로 왕은 모세가 행하는 그 기적을 보고도 전혀 위축되지 않았다. 그 대신 애굽의 유명한 마술사들과 무당들을 불러왔다. 왕이 그들에게 뱀을 만들어 보라는 명령을 내리자 저들도 많은 사람들이 지켜보는 가운데 그와 같은 마술을 행했다. 그들이 지팡이를 던지자 그것이 뱀이 되어 기어갔던 것이다. 그러자 뱀이 된 아론의 지팡이가 애굽의 마술사들의 뱀을 입으로 삼켜버렸다.

우리는 여기서 이 문제를 매우 주의 깊게 생각해 보시지 않으면 안 된다.

그것은 아론의 지팡이는 뱀같이 된 것이 아니라 진짜 뱀이 되었다는 사실이다. 그에 반해 애굽의 종교 마술사들은 눈속임을 통해 사람들에게 뱀처럼 보이게 했을 따름이다. 그러므로 진짜 뱀으로 변한 아론의 지팡이가 눈속임수의 가짜 뱀을 입으로 삼켜버린 것이다.[19] 즉 진짜 뱀이 가짜 뱀을 삼키게 되었던 것이다.

모세와 아론이 지팡이로 뱀을 만든 사건은 인간들이 행할 수 있는 마술이 아닌 매우 독특한 기적이었다. 즉 모세의 행위는 단순한 마술이 아닌 실제적인 현실이었던 것이다. 그렇지만 마술사들이 지팡이로 뱀을 만든 행위는 눈속임 행위에 지나지 않았다.[20] 그러므로 모세는 나중 이스라엘 민족이 출애굽한 후 저들 가운데 마술을 행하는 자들을 용납하지 않도록 명령했던 것이다(신 18:10,11).

4. 피 재앙

바로 왕은 하나님께서 모세를 통해 보여주신 뱀 기적을 보고나서 마음

[19] 학자들 가운데는 그때 애굽의 마술사가 지팡이로 만든 뱀은 진짜 뱀이었을 것으로 생각하는 자들이 있다. 그것은 사탄의 역사로 말미암는 특별한 기적이라는 것이다. 그러나 그런 주장에는 한계가 따른다. 왜냐하면 나중에 모세가 행한 기적들 가운데 어떤 기적은 마술사들이 행하지 못했다. 만일 그것이 사탄으로 말미암는 '실제'였다면 나중의 기적들도 따라 행할 수 있었을 것이기 때문이다.

[20] 현대교회에 발생하고 있는 문제들 중에 이와 연관해 우리가 냉철하게 비판해야 할 심각한 현상이 있다. 그것은 소위 '마술전도'라고 하는 것이다. 그것을 행하는 자들은 재미있는 마술을 통해 사람들에게 복음을 전한다는 주장을 한다. 그러나 그것은 위험하기 짝이 없는 행동이다. 그 마술행위는 눈속임에 지나지 않는다. 신앙이 어리거나 없는 사람들은 그것을 보며 결국 성경에 기록된 역사상 발생한 진짜 이적들조차도 마술 정도로 볼 우려는 없는 것일까? 우리는 이에 대해 여간 신중하게 생각하지 않으면 안 된다. 아무리 의도가 좋다할지라도 그것이 끼치는 해악을 감안한다면 '마술전도'라고 하는 행위는 중단되어야만 한다.

이 녹아진 것이 아니라 도리어 더욱 완악해졌다. 따라서 그는 이스라엘 민족을 애굽 땅에서 내보낼 마음이 전혀 없었다. 그가 모세의 요구를 거절하자 이번에는 하나님께서 무서운 재앙이 되는 기적들을 행하시고자 했다. 그것은 애굽의 왕궁 안에서만 일어나는 사건이 아니라 애굽의 모든 백성들이 겪게 될 재앙이었다.

뱀 기적을 일으킨 후 다음날 아침 모세가 하나님의 명령에 따라 다시 왕을 찾아갔다. 그때 바로 왕이 신하들과 함께 나일강변을 거닐고 있었다. 그것을 본 모세는 또다시 하나님께서 이스라엘 백성을 광야로 내보내 자기에게 제사를 지내며 섬기도록 하라는 하나님의 말씀을 전했다.

만일 그가 그렇게 하지 않으면 나일강물을 피로 만들어 애굽 백성들에게 엄청난 고통을 주게 되리라는 하나님의 뜻을 전했다. 그렇게 되면 나일강의 물고기들이 다 죽게 된다. 그리고 사람들은 마실 물을 구하지 못할 것이며 사용할 수 있는 일반 용수도 없어지게 된다. 나아가 그와 같은 피 재앙은 나일강뿐 아니라 애굽의 모든 운하와 호수의 물까지 전부 피로 변하게 된다.

그러나 완악해진 바로 왕은 모세의 말을 듣고도 그렇게 할 마음이 전혀 없었다. 그러자 모세와 아론이 하나님께서 시키시는 명령대로 행하게 되었다. 아론이 모세의 말에 따라 손에 들고 있던 지팡이로 나일강 물을 내려치자 애굽의 강들과 모든 운하와 호수의 물이 즉시 피로 변했다. 우물, 웅덩이, 집 안의 항아리에 담긴 물도 예외가 아니었다. 그로 말미암아 핏물에서는 악취가 진동했으며 물고기들은 떼죽음을 당할 수밖에 없었다.

그 광경을 지켜 본 바로 왕은 그에 대한 문제를 해결하려는 생각은 하지 않고 애굽의 마술사들을 불러 들여 그와 동일한 기적을 행해 보이도록 명령했다. 이는 하나님뿐 아니라 자기도 얼마든지 그렇게 할 수 있다는 오만한 태도에서 나온 행동이다. 왕의 앞으로 불려온 마술사들도 물을 붉은 색깔로 만들 수 있었다.

하지만 그것은 모세가 베푼 기적과 동질의 것이 아니었다. 즉 모세는 물로 피를 만들었지만 마술사들은 그냥 색깔만 붉게 물들였을 따름이다. 아마도 그들은 강이나 호수의 물을 그렇게 한 것이 아니라 왕궁 안에 별도로 준비되어 있던 물을 가져와 그렇게 행해 보였을 것으로 보인다.

하나님께서 모세를 통해 애굽에서 첫 번째 행하신 피 재앙은 지엽적으로 일어난 것이 아니라 애굽 전역에서 발생했다. 이는 애굽의 모든 사람들이 물을 구하지 못해 견디기 어려운 고통에 빠지게 되었음을 의미한다. 그러나 왕은 그것을 보고 백성들의 어려움을 기억하지 않았으며 그의 마음은 더욱 완악해져 갔다. 이는 하나님께서 그의 마음에 백성들을 위하고자 하는 마음을 허락지 않으셨기 때문이다. 이를 통해 이스라엘 민족을 향한 바로 왕의 오기傲氣는 점점 커져 가게 되었다.

우리가 여기서 주의 깊게 생각해야 할 점은 피 재앙으로 인해 애굽 사람들뿐 아니라 이스라엘 민족 역시 동일한 고통에 처하게 되었다는 사실이다. 나아가 애굽의 마술사들이 모세를 따라 행했던 마술은 백성들에게 아무런 도움이 되지 않는 어리석은 행위였다. 저들이 정말 기적을 베풀었다면 피로 변한 물을 원래의 상태로 돌려놓아야 했다. 그러나 그들은 그렇게 할 수 없었다.

애굽의 피 재앙은 한 주일간이나 지속되었다. 그것은 모든 백성들에게 예사 고통스런 일이 아니었음이 분명하다. 그럼에도 불구하고 바로 왕은 그에 전혀 아랑곳하지 않았다. 완악해진 왕은 자기로 말미암아 백성들이 당하는 고통 따위에는 관심이 없었다. 그의 머리속에는 단지 자기의 정치적 욕망만 가득 차 있었을 따름이다.

우리는 출애굽 사건을 앞두고 하나님께서 행하신 기적들이 종말론적인 의미를 지니고 있다는 사실을 기억해야 한다. 애굽에 재앙들을 내림으로써 이스라엘 민족을 구출해 내시고자 하는 하나님의 사역 가운데는, 타락한 세상을 심판하고 자기 백성들을 영원한 세계로 구원하시고자 하는 그의 궁극적인 뜻이 담겨 있었다. 그러므로 요한계시록에는 종말의 때에 피 재앙이 임하게 될 사실을 기록하고 있다.

> "둘째 천사가 그 대접을 바다에 쏟으매 바다가 곧 죽은 자의 피 같이 되니 바다 가운데 모든 생물이 죽더라 셋째 천사가 그 대접을 강과 물 근원에 쏟으매 피가 되더라 내가 들으니 물을 차지한 천사가 가로되 전에도 계셨고 시방도 계신 거룩하신 이여 이렇게 심판하시니 의로우시도다 저희가 성도들과 선지자들의 피를 흘렸으므로 저희로 피를 마시게 하신 것이 합당하니이다 하더라"(계 16:3-6)

요한계시록에 기록된 이 말씀은 하나님께서 애굽에서 행하신 피 재앙을 머리에 떠올리게 한다. 우리는 이 말씀을 보며 그것이 오늘날 우리에게도 직접 연관된 문제라는 사실을 깨닫게 된다. 즉 애굽에서 내려진 피 재앙은 과거에 있었던 역사적인 사건인 동시에 장래 있게 될 하나님의 심판의 도구가 된다는 사실을 보여주고 있다. 하나님의 자녀들이 가져야 할 소망이 바로 여기에 있음을 기억하는 것은 매우 중요하다.

그러므로 여호와 하나님께서 모세를 통해 애굽에 피 재앙을 내린 것은 애굽인들에 대한 단회적인 심판사건에 그치는 것이 아니라 종말에 임하게 될 궁극적인 심판을 예고하는 예언적 성격을 지니고 있다. 따라서 우리는 모세와 아론의 심판을 예수 그리스도의 십자가 사역과 더불어 하나님의 최종 심판에 연결지어 이해해야 한다. 우리는 그때의 사건이 오늘날의 교회에도 밀접하게 연관되어 있음을 기억하지 않으면 안 된다.

5. 뱀 기적과 피 재앙

우리는 모세가 바로 왕을 비롯한 애굽의 관료들 앞에서 낸 처음 행한 뱀 기적과 첫 번째 재앙인 피 재앙의 의미를 관심 있게 살펴볼 필요가 있다. 하나님께서는 이스라엘 민족을 강압적으로 통치하는 애굽왕에게 자신의 모습을 확실히 보여주셨다. 저들 가운데 있던 그 백성은 하나님의 언약을 보유한 특별한 족속이라는 사실을 선포하셨던 것이다.

바로 왕 앞에서 행하신 하나님의 첫 번째 기적과 재앙을 통해 우리는 하나님의 섭리를 엿보게 된다. 하나님께서는 그것들을 통해 '뱀'과 '피'를 자유롭게 다스리는 자신의 존재를 드러내셨다. 그것으로써 '저주'와 '생명'을 다스리고 계시는 자신을 보여주셨던 것이다. 그후에 뒤따르게 될 기적과 모든 재앙들의 의미에 대해서는 전체적으로 폭넓게 해석해야 하겠지만, 하나님께서 왜 먼저 '뱀 기적'과 '피 재앙'을 행하셨는지 그 섭리적인 의미를 마음속 깊이 생각해 볼 필요가 있다.

제11장

하나님의 재앙 : 개구리, 이, 파리 재앙
(출 8:1-32)

1. 개구리 재앙

하나님께서는 애굽 전역에 피 재앙을 내리신 다음, 한 주일이 지난 후 모세와 아론을 다시 바로 왕의 궁전으로 들여보내셨다(행7:25, 참조). 그들로 하여금 왕에게 이스라엘 민족을 광야로 내보내 자신을 섬기게 하라는 자신의 말씀을 또다시 전하게 하셨다. 만일 그가 모세의 요청을 거절하면 이번에는 하나님께서 온 애굽 땅을 개구리로 뒤덮는 재앙을 내리시겠다는 말씀을 하셨다.

그렇게 되면 생명의 근원인 나일강을 비롯한 물이 있는 곳으로부터 무수한 개구리들이 생겨 땅 위로 기어 올라오게 된다. 그 개구리들은 왕궁과 왕의 침실과 침상에 올라갈 것이며 모든 신하들과 백성들의 집집마다 개구리들이 득실거리게 되리라는 것이었다. 그뿐 아니라 화덕과 떡 반죽 그릇에까지 개구리들이 들어가게 된다.

그러나 바로 왕은 모세로부터 경고의 말을 듣고도 그의 요구를 받아들이려 하지 않았다. 그렇게 되자 하나님께서는 즉시 모세에게 개구리들을 땅 위로 불러올리라고 명령하셨다. 모세는 하나님의 명령에 따라 아론에게 그의 지팡이를 잡고 강과 운하들과 못 위에 팔을 펴 모든 개구리들로 하여금 애굽의 땅 위로 올라오게 했다. 그러자 수많은 개구리들이 나일강과 호수로부터 올라와 땅을 뒤덮고 왕궁과 애굽의 모든 집안과 음식을 담는 그릇들 위로 기어 들어갔다. 그것은 애굽 땅에 임한 두 번째 재앙이었다.

고대 애굽인들은 개구리를 다양한 신들의 형상 가운데 하나로 여겼다.[21] 따라서 개구리들은 귀찮은 대상이기도 했지만 그 자체가 두려움의 대상이 될 수밖에 없었다. 성경에는 개구리가 더러운 영들에 연관지어 묘사되어 있다. 요한계시록에는 그에 관련된 기록이 나타난다(계 16:13 참조).

그러나 바로 왕은 모세를 통해 개구리들이 올라와 온 땅을 뒤덮는 것을 보고도 크게 당황하거나 자신의 잘못을 뉘우치는 기색을 보이지 않았다. 그 대신 애굽의 용한 종교 마술사들을 왕궁으로 불러들여 모세와 아론이 행한 것과 동일한 마술을 행하도록 명령했다. 그들은 왕의 명령에 따라 마술을 부려 많은 개구리들이 올라오도록 했다. 그것을 본 바로 왕은 하나님의 권능을 폄하하기에 이르렀다.

그렇지만 애굽의 마술사들을 통해 왕궁에 개구리들이 더 많아졌을 것이므로 그것은 지극히 어리석은 행동에 지나지 않았다. 어쨌거나 바로 왕과 애굽인들은 넘쳐나는 개구리들로 말미암아 심한 곤욕을 치루지 않을 수 없었다. 개구리 재앙은 애굽 사람들로 하여금 불쾌하고 귀찮게 했을 뿐 아니라 두려움에 빠지도록 했다. 그리하여 왕은 결국 모세와 아론을 불러 하나님께 간구해 그 개구리들을 떠나게 해달라고 요청했다. 그렇게 하면 이스라엘 민족을 광야로 내보내 저들의 하나님을 섬길 수 있도록 해주겠다는 것이었다.

왕의 요청을 들은 모세는 그것을 하나님께 간구해 '언제' 모든 개구리들이 강으로 다시 들어가게 해주기를 원하는지 물었다. 그러자 왕은 '내

---

21) 김영철, 『출애굽기』, 서울: 도서출판 칼뱅, 2007, 129.

일' 그렇게 해달라고 요청했다. 그런데 바로 왕은 왜 '지금 당장' 혹은 '오늘' 이라 말하지 않고 구태여 '내일' 이라고 말했을까? 아마도 그는 눈치를 봐가며 생각을 바꿀 작정이었던 것으로 보인다. 즉 그 요청을 한 후 곧 개구리들이 줄어든다면 자기의 말을 취소하려고 생각했던 것이다.

한편 모세는 왕의 요청을 듣고 그렇게 하겠다는 답변을 했다. 그것을 통해 바로 왕이 애굽 온 땅에 재앙을 내리시는 분이 여호와 하나님이라는 사실을 알게 되리라는 말을 덧붙였다. 모세는 그 약속에 따라 개구리들이 사라져 없어지도록 하나님께 간구했다. 그러자 이튿날 애굽의 왕궁과 사람들이 살고 있는 곳곳에 넘쳐나던 개구리들이 밖으로 나와 죽었다. 사람들이 죽은 개구리들을 끌어 모아 쌓게 되자 애굽 온 땅에는 악취가 진동했다.

그러나 개구리들이 눈앞에서 사라진 것을 목격한 바로 왕의 마음이 변했다. 그는 이스라엘 민족을 광야로 내보내려 하지 않았던 것이다. 그것은 하나님께서 저의 마음을 완강하게 하셨기 때문이다. 이는 바로 왕에게 더욱 크고 놀라운 능력을 보여주심으로써 애굽과 이스라엘의 관계를 더욱 악화시키고자 하는 하나님의 계산된 뜻으로 말미암은 것이었다.

2. '이' (lice, gnats)[22] 재앙

바로 왕은 개구리 재앙을 경험하고도 하나님의 요구를 받아들이지 않고 완강하게 거절했다. 그는 이스라엘 민족을 광야로 내보내겠다며 모세와 아론에게 했던 약속을 어겼던 것이다. 그러자 이번에는 하나님께서 모세에게 지팡이로 땅의 티끌을 쳐 그것들로 하여금 '이' 가 되어 온 애굽에 넘

---

[22] 영어성경 KJV에서는 '이' 를 복수로 lice라는 단어로 번역하고 있다. 이는 우리가 일반적으로 알고 있는 사람과 동물의 몸에 기생하는 곤충이다. 그런데 NIV, NASB 등에서는 gnats로 번역되어 있다. 이는 각다귀과의 곤충을 통틀어 일컫는 말로서 모기와 비슷한 모습을 지니고 있다.

치는 재앙을 내리라고 하셨다.

모세의 명령에 따라 아론이 손에 잡고 있던 지팡이로 땅의 티끌을 치자 애굽의 모든 티끌들이 '이'가 되었다. 그것은 피 재앙과 개구리 재앙에 이은 세 번째 재앙이었다. 그 '이'는 사람들과 가축들의 몸에 달라붙어 괴롭혔다. 본문의 '이'는 모기, 벼룩, 빈대 등과 같이 무는 곤충으로 보인다. 이는 앞의 개구리 재앙이 사람과 가축에게 직접 달라붙어 괴롭힌 것이 아니었던 점과 비교된다.

바로 왕은 모세가 행한 '이' 재앙을 보고 애굽의 마술사들로 하여금 그와 동일한 기적을 일으켜 보도록 명령했다. 그러나 그들은 티끌로 '이'를 만들어내는 기적을 행하지 못했다. 따라서 마술사들은 왕에게 그것은 인간의 마술을 통해 일어난 기적이 아니라 신의 권능에 의한 것이 분명하다는 사실을 고했다.

그러나 바로 왕은 완악해진 마음을 바꾸지 않았다. 애굽의 마술사들이 모세의 기적이 신으로 말미암은 것이라 말했지만 그것으로 인해 그다지 위축되지 않은 듯했다. 그러므로 왕은 이스라엘 민족을 광야로 내보내려고 하지 않았다. 그것은 하나님께서 이미 말씀하신 바대로 진행되는 과정이었다.

3. 파리(swarms of flies) 재앙

이(lice) 재앙을 보면서 아무런 변화의 기미를 보이지 않는 바로 왕을 보신 하나님께서는 또다시 모세에게 명령을 내리셨다. 아침 일찍 왕궁 가까이 있는 나일강가로 나오는 왕 앞으로 가서 하나님이 이스라엘 민족을 광야로 내보내 자신을 섬기도록 하라는 말씀을 다시금 전하라는 것이었다.

그가 이번에도 하나님의 백성을 내보내지 않으면 하나님께서 그와 그의 모든 신하들과 백성들에게 파리 떼를 보내 재앙을 내리시리라고 하셨다.

그렇게 되면 바로 왕궁은 물론 애굽 사람들이 살고 있는 마을의 집집마다 파리 떼가 득실거리게 된다. 그것은 모든 백성이 견디기 어려운 상황에 처하게 될 것을 예고했다.

그런데 그때는 이스라엘 민족이 살고 있던 '고센 땅'에는 파리 떼가 엄습하지 않는다. 하나님은 파리 재앙에서 애굽 사람들과 이스라엘 민족을 구별하시고자 하셨다. 그것이 표징이 되어 바로 왕을 비롯한 모든 사람들이 지금 애굽 땅에 재앙을 내리시는 분이 곧 이스라엘 민족을 택하신 여호와 하나님이라는 사실을 알게 될 것이다.

모세를 통해 그 사실을 선포하신 다음 날, 하나님께서는 자신의 뜻을 멸시하는 바로 왕과 애굽 백성들에게 파리 재앙을 내리셨다. 무수한 파리 떼가 바로의 왕궁과 그의 신하들의 집, 그리고 애굽 사람들의 온 지경에 가득해 땅을 황폐하게 만들었다. 여기서 말하는 파리는 우리가 일반적으로 생각하는 파리(fly)와는 다르다. 그것은 쇠파리(warble fly)나 체체파리(tsetse fly)처럼 동물과 사람을 물어뜯어 피를 빨아먹으며 괴롭히는 곤충이다.[23]

파리 재앙을 경험한 바로 왕은 드디어 모세와 아론을 불러, 이스라엘 민족이 멀리 나가지 말고 그 땅의 가까운 지역에서 저들의 하나님께 제사를 지내도록 허락해 주겠다는 말을 했다. 이는 왕이 애굽 사람과 고센 땅의 이스라엘 민족의 구별을 본 것과도 연관되어 있었다. 그러나 모세는 왕의 제안이 온당하지 못하기 때문에 그것을 받아들이기 곤란하다는 반응을 보였다. 이스라엘 민족이 그곳으로부터 가까운 지역에서 여호와 하나님께 제

---

23) 시편 78:45에는 "파리 떼를 저희 중에 보내어 물게 하시고"라고 기록되어 있다. 그리고 외경 〈지혜서〉 16:9에는 "원수들은 메뚜기와 파리에게 물려서 죽어가는데도 그들의 목숨을 건져줄 약이 없었다"라는 기록이 나온다. 이 내용들 가운데는 파리가 우리가 생각하는 보통 파리와는 달리 사람들을 직접 헤코지하는 파리로 묘사되어 있다. 참고로 칼빈을 비롯한 신학자들은 구약의 외경을 정경으로 인정하지 않지만 일반적인 교훈을 받을 수 있는 괜찮은 책으로 받아들였다.

사를 지낸다면 애굽 사람들이 싫어하리라는 것이 그 이유였다. 그렇게 되면 화가 치민 애굽 사람들이 가만히 있지 않고 이스라엘 백성들을 죽일지도 모른다는 것이었다.

그러므로 이스라엘 민족으로 하여금 광야로 사흘 길쯤 떨어진 곳으로 들어가서 하나님께 제사를 드릴 수 있도록 허락해 달라고 요청했다. 모세의 요청을 들은 바로 왕은 절박한 심정으로 인해 조금 양보하는 태도를 보였다. 광야로 나가서 제사를 지내되 너무 멀리는 가지 말라고 했던 것이다. 그 대신 이스라엘 민족의 하나님께 간구해 파리 떼들이 떠나가도록 해달라고 당부했다.

모세는 왕의 말을 듣고 그렇게 하겠다는 약속을 했다. 그는 다음 날이 되면 파리 떼가 애굽의 왕궁과 신하와 백성에게서 사라지게 될 터이니 왕이 한 약속을 어기지 말라고 당부했다. 바로 왕은 그전에 이미 모세와의 약속을 어긴 적이 있었으므로 그 점을 분명히 언급했던 것이다. 모세는 왕의 확답을 들은 후에야 그 제안을 받아들였다.

그리하여 모세가 바로 왕 앞에서 나와, 파리 떼를 없애주도록 하나님께 간구했다. 하나님께서는 모세의 간구에 따라 애굽 땅에서 파리 떼가 사라지도록 하셨다. 그러나 파리 떼가 없어진 것을 확인한 바로 왕의 마음은 여전히 완강했으므로 약속을 어기고 이스라엘 민족을 광야로 내보내지 않았다. 그는 일시적으로 위기를 피하고 싶은 심정이었을 따름이다.

4. 백성들은 이런 재앙을 겪으며 무슨 생각을 했을까?

애굽에 살고 있던 모든 사람들은 본문에 언급된 다양한 재앙들을 겪어야만 했다. 애굽 사람들뿐 아니라 이스라엘 민족도 그 과정을 겪지 않을 수 없었다. 물론 어떤 재앙들은 애굽 사람들에만 임한 반면 이스라엘 백성들에게는 미치지 않았다. 하지만 저들에게 직접적인 영향을 미치지 않고 애굽 사람들에게만 임한 재앙에 대해서도 이스라엘 사람들은 그 재앙에 대해 알았을 것이 틀림없다.

그런데 애굽 사람들이나 이스라엘 백성이 그 재앙들을 겪으면서 과연 무슨 생각을 했을까? 이스라엘 민족의 영도자인 모세와 아론을 비롯한 민족지도자들과 애굽의 바로 왕과 신하들을 제외한 일반 백성들은 저들에게 미친 현실 상황만 알았을 뿐 구체적인 원인과 과정을 알 수 없었다. 따라서 당시의 상황에서 일반 백성들이 그에 연관된 직접적인 이유를 아는 것은 쉽지 않았을 것이다.

당시에는 언론 매체라든지 일반적인 대중 미디어가 전혀 발달하지 않았기 때문에 정보를 얻는데 있어서 오늘날 우리와는 상당한 차이가 났다. 왕궁에 있는 왕과 신하들은 그 원인과 진행되는 모든 과정들을 잘 알고 있었던데 반해 일반 백성들은 그렇지 못했다. 어쨌거나 사람들은 저들에게 미친 재앙의 구체적인 원인이 궁금했을 것이며 그 이유를 알고 싶었을 것이다.

하지만 바로 왕의 정부가 일반 백성들에게 그에 대한 설명을 정확하게 해주었을리 만무하다. 왕과 정부는 백성들의 어지러운 민심을 안정시키기 위해 도리어 기만했을 것이다. 그에 반해 이스라엘 민족은 당시 일어나고 있던 재앙에 연관된 이유를 어느 정도 알고 있었을 것이 분명하다.

그러다 보니 애굽인들 사이에는 온갖 유언비어가 다 떠돌아다녔을지 모른다. 정확한 사태파악을 하지 못한 채 저마다 사건에 관한 짐작을 했을 것이기 때문이다. 하지만 재앙이 되풀이 되면서 애굽인들은 점차 그것이 이스라엘 민족 때문이라는 사실을 알아갈 수밖에 없었다. 따라서 애굽 사람들은 그것들을 통해 실의와 분노에 빠져 한탄했을 것이다. 그러나 이스라엘 민족은 하나님께서 행하시는 일들로 말미암아 기대에 부풀게 되었다.

제12장

하나님의 재앙 : 짐승질병, 악성종기, 우박 재앙

(출 9:1-35)

1. 짐승질병 재앙

바로 왕은 파리 재앙을 겪으면서 모세에게 이스라엘 민족을 내보내겠다는 약속을 분명히 했었다. 하지만 막상 파리 떼가 사라지게 되자 완악한 마음으로 인해 그 약속을 지키지 않았다. 그러므로 하나님께서는 또다시 모세를 애굽의 왕궁으로 보냈다. 히브리 사람들을 광야로 보내 자신을 섬기도록 하라는 것이었다.

이번에도 그들을 내보내지 않으면 하나님께서 애굽의 모든 짐승들에게 돌림병 재앙을 내리시겠다고 하셨다. 그렇게 되면 말과 나귀, 낙타, 소, 양 등 짐승들에게 무서운 전염병이 임하게 된다. (우리시대의 광우병이나 신종인플루엔자, 구제역 등을 생각해 보라.) 그러나 이스라엘 자손에게 속한 짐승들은 구별해 한 마리도 그 질병으로 인해 상하지 않는다.

하나님께서는 모세를 통해 자신이 내리고자 하는 짐승질병 재앙에 관한 말씀을 하시면서 바로 왕에게 기한을 정해주셨다. 하루 동안 신중하게 생각해서 결정을 내리라는 것이었다. 하지만 왕은 하나님의 경고를 받아들이기를 거부했다. 이스라엘 민족을 광야로 내보내고자 하지 않았던 것이다.

결국 하나님께서는 이튿날 그 재앙을 내리셨다. 그리하여 애굽의 모든 짐승들이 질병에 걸렸다. 그로 말미암아 많은 짐승들이 상하거나 죽게 되었다. 그것은 애굽에 임한 다섯 번째 재앙이었다. 그렇지만 이스라엘 백성에게 속한 짐승들은 안전했다. 하나님께서 그 재앙이 고센 땅에는 미치지 못하도록 하셨기 때문이다.

바로 왕은 그 사실을 알고 놀라지 않을 수 없었다. 그것은 재산상의 손실뿐 아니라 애굽 내부의 사회적인 심각한 문제를 동반할 우려가 있었기 때문이다. 그래서 왕은 고센 땅으로 신하를 보내 그 지역의 실제적인 상황을 알아보도록 했다. 애굽 사람들에게 속한 짐승들이 전염병에 걸려 많이 죽게 되었는데, 고센 땅에 살고 있는 이스라엘 민족에게는 과연 어떤 일이 일어나고 있는지 궁금했던 것이다.

왕은 이스라엘 민족의 짐승들은 아무런 전염병에 걸리지 않고 안전하다는 사실을 확인했다. 그렇지만 그의 마음은 하나님을 경외하기는커녕 더욱 완강해졌다. 그래서 이스라엘 민족을 광야로 내보내려 하지 않았다. 그것은 여호와 하나님을 향한 정면 도전의 성격을 지니고 있었다. 바로 왕은 고센 땅의 이스라엘 민족의 짐승들이 안전하다는 사실을 확인한 후 하나님께 더욱 완강하게 저항했기 때문이다.

우리는 애굽의 짐승들에게 내려진 이 재앙을 요한계시록에 언급된 짐승에게 속한 자들에게 임하게 될 질병재앙과 간접적으로나마 연관지어 생각해 볼 수 있다. 계시록에는 종말에 짐승의 표를 받은 자들에게 임한 독한 헌데에 관한 재앙이 나타난다. 하나님께서는 일곱 대접 재앙에서 첫 번째 천사를 통해 짐승의 표를 받은 자들에게 그와 같은 재앙을 내릴 것을 예고하셨다.

"첫째가 가서 그 대접을 땅에 쏟으매 악하고 독한 헌데(painful sores)가

짐승의 표를 받은 사람들과 그 우상에게 경배하는 자들에게 나더라"(계 16:2)

이 말씀은 짐승이 아니라 짐승의 표를 받은 자들에게 독한 종기(painful sores)가 나게 된다는 사실을 예언하고 있다. 애굽에 임한 다섯 번째 재앙인 짐승에게 내려진 재앙을 요한계시록의 대접재앙과 연관지어 보는 것은 매우 의미 있는 일이다. 이는 우상숭배자들이 짐승의 표를 받아 짐승처럼 된 것과 연관되어 있기 때문이다. 즉 이 재앙은 짐승에게 연관된 자들에게 임했으나 하나님의 자녀들에게는 임하지 않았다. 따라서 모든 사람들은 그것이 하나님으로 말미암은 재앙이라는 사실을 깨닫게 될 수밖에 없다.

그러나 하나님을 알지 못하는 악한 자들은 심한 고통에 빠져 신음하면서도 회개하지 않는다. 짐승에게 속해 그와 같이 된 자들은 도리어 더욱 완악해져 간다. 모세를 통해 경고를 받아 고통에 빠진 애굽의 바로 왕과 그의 신하들도 그러했다. 왕은 극도로 완악해져 회개하기는커녕 도리어 하나님께 강력하게 저항함으로써 그의 말씀에 순종하지 않았다.

2. 악성 종기 재앙

더욱 완악해진 바로 왕의 태도를 보신 하나님께서는 모세에게 또 다른 재앙을 내리라고 명령하셨다. 모세로 하여금 화덕의 재를 두 움큼 가지고 왕의 목전에서 하늘을 향해 날리도록 했다. 그 재가 애굽 온 땅의 티끌이 되어 애굽 사람들과 짐승들에게 붙어서 악성 종기가 생기게 한다는 것이었다. 여섯 번째 내려진 그 재앙은 앞의 짐승들에게 내려진 전염병과는 성격이 달랐다.

그것은 짐승들뿐 아니라 애굽 사람들을 직접 고통에 빠뜨리는 무서운 종기였다. 그것은 치명적인 질병이 될 수 있었다. 애굽의 마술사들도 몸에

악성 종기가 생겨나는 재앙으로 인해 모세 앞에 설 수 없었다. 그러나 마음
이 극도로 완악해진 바로 왕은 모세가 전한 하나님의 말씀을 받아들이려
하지 않았다.

이와 연관하여 요한계시록에는 다섯 번째 대접 재앙에서 그와 유사한
모습을 보여주고 있다. 이를 통해 애굽에 임했던 악성 종기 재앙이 사람들
에게 얼마나 고통스러운 것이었던가 하는 점을 짐작하게 된다. 계시록에
는 그 종기로 인한 고통이 혀를 깨물고 참아야 할 정도였음을 분명히 말해
주고 있다.

> "또 다섯째가 그 대접을 짐승의 보좌에 쏟으니 그 나라가 곧 어두워지며
> 사람들이 아파서 자기 혀를 깨물고 아픈 것과 종기로 인하여 하늘의 하나님
> 을 훼방하고 저희 행위를 회개치 아니하더라"(계 16:10,11)

하나님께서 모세를 통해 바로 왕에게 속한 애굽인들과 그 짐승들에게
내린 재앙은 종말에 일어날 재앙과 조화되는 성격을 지니고 있었다. 그러
나 죄에 빠진 인간들은 그것을 해결할 수 있는 유일한 방법이 하나님께 굴
복하는 것이란 사실을 깨닫지 못했다. 죄의 무서운 속성은, 하나님의 뜻을
받아들이지 않는 한 그 고통을 멈추게 할 수 없다는 사실과 저들로 하여금
영원한 멸망에 빠질 수밖에 없는 현실을 수용하지 못하게 한다.

3. 우박 재앙

바로 왕이 그 무서운 재앙에도 불구하고 또다시 하나님의 명령을 거부
하자 하나님께서는 결코 그것을 좌시하지 않으셨다. 따라서 하나님은 모
세를 왕궁으로 보내 다시금 왕을 대면하도록 하셨다. 그에게 이스라엘 민
족을 더 이상 잡아두지 말고 내보내라는 하나님의 뜻을 전달하라는 것이

었다.

이번에도 하나님의 명령을 거부하면 엄청난 재앙을 내리시겠다고 말씀하셨다. 하나님께서 만일 애굽의 왕과 신하들을 그냥 죽여 버리고 말 생각이었다면 전염병을 통해서 한꺼번에 죽일 수 있었지만 그렇게 하지 않은 것은 보다 높은 뜻이 있었기 때문이라는 것이다. 하나님께서는 바로 왕을 세운 이유를 분명히 말씀하셨다.

> "내가 너를 세웠음은 나의 능력을 네게 보이고 내 이름이 온 천하에 전파되게 하려 하였음이니라"(출 9:16)

하나님께서는 악한 바로 왕을 자신을 위해 세웠음을 밝히셨다. 이는 물론 이스라엘 민족을 억압하는 그의 역할과 연관되어 있다. 우리는 여기서 하나님의 은혜를 입은 선한 자들은 물론 저들을 억압하는 악인들조차도 하나님께서는 자신의 영광을 위해 활용하신다는 사실을 알게 된다. 이 말은 매우 중요한 의미를 지닌다. 하나님의 뜻에 저항하는 악한 자들도 하나님의 영광을 위한 도구로 사용되고 있음이 드러나고 있기 때문이다.

성경에는 이에 연관된 분명한 증거들이 나타나고 있다. 하나님은 자신의 뜻을 완성하시기 위해 선악간의 모든 것들을 그 쓰임새에 적당하게 만들어 사용하셨다. 잠언서는 그에 관한 기록을 남기고 있다. 또한 사도 바울은 그것이 하나님께서 자신의 궁극적인 목적을 위해 바로 왕을 사용한 사실과 연관되어 있음을 증거했다.

> "여호와께서 온갖 것을 그 쓰임에 적당하게 지으셨나니 악인도 악한 날에 적당하게 하셨느니라"(잠 16:4); "성경이 바로에게 이르시되 내가 이 일을 위하여 너를 세웠으니 곧 너로 말미암아 내 능력을 보이고 내 이름이 온 땅에 전파되게 하려 함이라 하셨으니 그런즉 하나님께서 하고자 하시는 자를 긍휼히 여기시고 하고자 하시는 자를 완악하게 하시느니라(롬 9:17,18)

하나님께서 의인과 악인을 각각 그 쓰임새에 적당하게 사용하고 계신다. 그것은 자신의 능력을 통해 영광을 드러내기 위한 것이며 거룩한 이름이 온 천하에 전파되게 하기 위한 것이었다. 모세가 애굽의 왕궁에서 바로왕을 대면할 때도 하나님께서는 자기의 사자로서 모세를 선하게 사용하셨으며, 악한 바로 왕은 그 나름대로 활용하셨다.

바로 왕의 불순종과 완악함으로 인해 애굽에는 그 전에 없던 놀라운 재앙들이 임했다. 우박 재앙 역시 애굽 사람들에게는 두려운 재앙이 아닐 수 없었다. 그런데 하나님께서는 우박 재앙을 앞두고 그들에게 피할 길을 열어두셨다. 이튿날 굵은 우박이 내릴 터이니 들에 있는 사람들과 짐승들을 집 안으로 불러들이도록 예고하셨던 것이다.

바로 왕의 신하들과 애굽 사람들 가운데 여호와의 말씀을 두려워하는 자들은 그 종들과 짐승들을 집안으로 피신시켰다. 그러나 하나님의 말씀을 마음에 두지 않은 어리석은 자들은 모세의 말을 무시하며 하나님을 멸시했다. 그런 자들은 하나님의 경고를 듣고도 두려워하지 않았던 것이다.

하지만 그 이튿날이 되자 애굽 땅에는 무서운 우박 재앙이 임했다. 모세가 하나님의 명령에 따라 하늘을 향해 손을 펴들면서 애굽 사람들과 가축이 있는 들과 밭의 모든 채소위에 우박이 내리도록 했다. 그러자 우뢰소리와 더불어 불덩어리가 섞인 굵은 우박이 맹렬하게 쏟아져 내렸다.

그것은 애굽 땅에 임한 일곱 번째 재앙이었다. 그 우박 재앙은 애굽 사람들이 살고 있는 모든 지역에 임했다. 그것은 애굽의 모든 농작물에까지 엄청난 피해를 끼쳤다. 그때 초목들과 보리와 꽃이 핀 삼(아마)은 크게 상했지만 밀과 쌀보리는 싹이 자라지 않아 피해가 덜했다. 한편 이스라엘 민족이 살고 있던 고센 땅에는 그 재앙이 전혀 임하지 않았다.

애굽에 임한 무서운 우박 재앙을 목격한 바로 왕은 모세와 아론에게 신하를 보냈다. 왕은 형식상으로는 하나님 앞에서 자기를 낮추는 겸손한 자세를 취하는 듯이 밀했다. 그는 이스라엘 민족의 하나님 여호와의 심기를 건드리고 싶지 않았다. 따라서 하나님에 대해 극도로 공경하는 표현을 사용했던 것이다. 그것은 지금까지 보이지 않던 의외의 태도였다.

"여호와는 의로우시고 나와 백성은 악하도다"(출 9:27)

바로 왕은 모세에게 여호와는 의로운데 반해 자기와 애굽인들은 그렇지 않다고 말했다. 그러나 그 언어적인 표현과는 달리 그것은 그의 신앙고백이 아니었다. 형식상 아무리 그럴듯한 말을 내뱉는다고 할지라도 그것 자체가 신앙을 보증하지는 않는다. 이는 긴박한 재앙을 피하고 싶어서 임기응변적으로 취한 임시적인 방편이었을 따름이다.

왕은 이 말을 하면서 우박이 그치게 해 달라고 모세에게 요구했다. 하지만 그의 관심은 우박이 멈추는 것이었을 뿐 하나님의 뜻에 있지 않았다. 현실적인 위기를 모면해 보려는 그의 얄팍한 술수는 가증한 행동이었다. 그럼에도 불구하고 모세는 왕의 말을 듣고 하나님을 향해 두 손을 펴자 우뢰소리와 비를 동반한 큰 우박이 멈추었다.

그러나 바로 왕의 입술을 통해 나온 겉보기에 옳게 보이는 그 말은 하나님과 사람들을 기만하는 거짓이었다(출 9:30). 따라서 바로 왕은 이번에도 하나님의 명령을 받아들이지 않고 거부했다. 하나님께서는 그가 어떤 반응을 보이게 될지 알고 계셨다. 이는 이스라엘 민족을 위한 하나님의 계획과 경륜에 속하는 일이었기 때문이다.

우리는 애굽에서 있었던 우박 재앙을 통해 요한계시록의 대접 재앙에 나타나는 양상을 연결지어 생각해 볼 수 있다. 성경은 앞으로 종말의 때에도 그와 같은 일이 일어나게 된다는 사실을 말해 주고 있다. 하나님께서는 우주만물을 심판하시는 과정에서 악한 자들에게 무서운 우박 재앙을 내리신다. 종말에 임할 대접 재앙에서 하늘의 천사가 일곱 번째 대접을 공중을 향해 쏟은 후 그 재앙이 임하게 되는 것이다.

"또 중수가 한 달란트나 되는 큰 우박이 하늘로부터 사람들에게 내리매 사람들이 그 박재로 인하여 하나님을 훼방하니 그 재앙이 심히 큼이러라" (계 16:21)

세상의 마지막 날이 가까워 올 때도 인간들은 악한 애굽인들처럼 하나님을 멸시하는 삶에 빠지게 된다. 그런 자들은 하늘로부터 엄청난 우박이 내릴 때 두려움에 빠지면서도 자신의 삶을 반성하기커녕 하나님을 훼방하기 위해 더욱 힘을 쏟는다. 우리는 여기서 하나님을 경외하지 않는 자들에게 임하는 재앙과 저들의 반응을 통해 죄에 빠진 인간의 마음상태가 얼마나 완악한가 하는 점을 깨닫게 된다.

제13장

하나님의 재앙 : 메뚜기, 흑암 재앙

(출 10:1-29)

1. 하나님의 경고와 바로 왕의 반응

무서운 우박 재앙에도 불구하고 저항하는 바로 왕에게 하나님께서는 또 다시 모세를 보냈다. 물론 왕과 그의 신하들의 마음이 완강하게 된 것은 하나님의 경륜에 따른 것이었다. 하나님은 그 모든 과정을 통해 이스라엘 백성뿐 아니라 저들에게 여호와이신 자신의 놀라운 표징을 보여주시고자 하셨다.

애굽에 내려진 하나님의 재앙은 당대에 그것을 직접 경험한 사람들뿐 아니라 자자손손 대대로 그 의미가 전달되었다. 그렇게 함으로써 자신이 여호와 하나님이라는 사실을 만방에 알리시고자 했다. 따라서 그 모든 사건들은 성경에 기록되어 역사 가운데 선포되어 왔으며 오늘날 우리에게까지 자기 백성을 구출하시기 위해 악한 자들에게 재앙을 내리시는 하나님의 의도가 그대로 전해지고 있다.

하나님의 보내심을 받은 모세와 아론은 바로 왕에게 가서 이스라엘 민족을 광야로 내보내 여호와 하나님을 섬기게 하라는 말씀을 전했다. 이번에 그가 하나님의 명령을 거절할 경우 이튿날 메뚜기 재앙이 임하게 된다는 것이었다. 그렇게 되면 메뚜기 떼가 왕궁 안으로 들어가게 될 것이며, 사람들이 땅을 볼 수 없을 만큼 많은 메뚜기가 온 지면을 뒤덮게 된다. 메뚜기가 그런 식으로 애굽의 전 지역에 가득하게 되는 예는 과거에 없었던 일이다.

그 재앙이 임하게 되면 메뚜기 떼가 직접 사람들을 괴롭힐 뿐 아니라 무서운 우박 재앙을 피했던 들과 밭의 남은 식물들을 모두 먹어치우게 된다. 이는 나라 안의 식량을 완전히 없앰으로써 사람들의 생명유지에 위협을 가하게 됨을 의미한다. 모세와 아론은 그에 관한 하나님의 경고를 바로 왕에게 전달한 후 그 자리에서 나왔다.

모세와 아론이 왕궁에서 나간 후 모든 신하들이 한자리에 모여 문제의 심각성을 두고 논의했다. 그들이 보기에는 바로 왕이 사태의 긴박성을 제대로 인식하지 못하고 있는 것 같았다. 따라서 모세로 말미암아 애굽 왕국이 얼마나 더 크고 심각한 지경에 빠지게 될지 염려하지 않을 수 없었다.

따라서 신하들은 바로 왕에게 직언을 하기에 이르렀다. 지금까지 임한 다양한 재앙들을 볼 때 위기에 처한 애굽을 위한 특단의 대책이 마련되어야 한다는 것이었다. 그것을 위해서는 왕이 모세의 요구대로 이스라엘 민족을 광야로 내보내 저들의 하나님을 섬기게 하는 것이 상책일 뿐 달리 방법이 없었다.

왕은 신하들의 고언을 부분적으로나마 수용하지 않을 수 없었다. 신하들뿐 아니라 바로 왕 자신도 되풀이 되는 무서운 재앙으로 인해 매우 곤혹스러웠을 것이 틀림없다. 따라서 이스라엘 민족을 광야로 내보내 저들의 신을 섬기도록 할 의사가 있음을 표했다. 왕의 심중을 파악한 신하들은 모세를 불러들여 협상을 하고자 했다.

그리하여 신하들은 곧장 나가 모세와 아론을 다시금 왕궁으로 불러들여왔다. 그러자 왕은 그들에게, 여호와 하나님을 섬기기 위해 광야로 나가야 할 자들의 범위에 대해 물었다. 모세는 그 밀을 듣고 여호와 하나님 앞에 절기를 지키기 위해 이스라엘 민족의 남녀노소 모든 백성과 더불어 양과 소등 가축까지 데리고 가야 한다는 답변을 했다.

모세의 말을 들은 바로 왕은 그 요구를 받아들일 수 없다는 의사를 드러냈다. 모든 이스라엘 백성과 동물들을 이끌고 나가려는 것은 악한 음모를 꾸미기 위한 것이 아니냐는 것이었다. 그러므로 왕은 이스라엘의 남녀노소 백성들과 동물들을 전부 이끌고 갈 필요 없이 장정들만 가서 여호와 하나님을 섬기도록 허락하겠다는 말을 했다. 하지만 모세는 왕의 요구를 수용할 수 없었다. 결국 그의 말을 받아들이지 않음으로써 협상이 결렬되자 모세와 아론은 왕궁에서 쫓겨나게 되었다.

2. 메뚜기 재앙

협상에 실패한 바로 왕은 모세와 아론을 왕궁으로부터 쫓아냈다. 그것을 본 하나님께서는 모세에게 명령하셨다. 손을 내밀어 메뚜기 떼가 애굽의 모든 땅 위로 올라오도록 하라는 것이었다. 모세가 하나님의 말씀에 따라 지팡이를 들자 하나님께서 종일토록 동풍을 불러 일으키셨다. 그로 말미암아 그 전에 볼 수 없었던 엄청난 떼의 메뚜기들이 몰려왔다. 이는 애굽 땅에 임한 여덟 번째 재앙이었다.

땅이 어두컴컴해져 보일 만큼 많은 메뚜기 떼가 지면을 뒤덮어 우박에 상하지 않는 밭의 채소와 식물의 열매들을 모두 다 먹어치웠다. 따라서 애굽의 전역에는 푸른 색깔이 남아있지 않을 지경이 되었다. 그렇게 되자 바로 왕은 당황하지 않을 수 없었다. 그것은 자기가 통치하는 왕국 백성들의 생명과 직결되는 문제였기 때문이다.

그러므로 바로 왕은 또다시 모세와 아론을 급히 왕궁으로 불렀다. 자기가 여호와 하나님과 저들에게 범죄했다는 것이다. 그러니 한번만 자신의 죄를 용서하고 하나님께 간구해 그 죽음의 상황이 떠나가도록 해달라고 요청했다.

모세는 이스라엘 민족을 내보내겠다는 바로 왕의 말을 듣고 그 간청을 들어주었다. 그가 왕궁에서 나가 여호와 하나님께 사정을 아뢰며 간구하자 애굽 땅을 뒤덮었던 메뚜기 떼들이 사라졌다. 하나님께서 강렬한 서풍을 불게 함으로써 메뚜기 떼를 홍해바다 속으로 몰아넣으셨기 때문이다.

그러나 메뚜기 떼가 사라진 것을 목격한 바로 왕의 마음은 또다시 돌변했다. 그는 모세에게 한 약속을 어기고 이스라엘 자손을 광야로 내보내지 않았던 것이다. 이는 하나님께서 자신의 궁극적인 뜻을 이루시기 위해 그의 마음을 완악하게 하신 사실과 연관된다.

우리는 애굽에 임한 메뚜기 재앙을 보며 그에 연관된 중요한 교훈을 배우게 된다. 인간들은 자기의 눈앞에 놓여 있는 양식을 보며 그것이 자신의 생명을 유지시켜 줄 것이라 착각하고 있다. 그러나 인간의 생명은 자신이 비축한 양식이 아니라 전적으로 하나님의 손에 달려 있다. 이와 같은 사건은 비단 모세시대만 있었던 것이 아니라 그후 요엘 선지자에 의해서도 예언되었다. 요엘은 그에 관한 사실을 자손 대대에 전달하도록 교훈하고 있다.

"너희는 이 일을 너희 자녀에게 고하고 너희 자녀는 자기 자녀에게 고하고 그 자녀는 후시대에 고할 것이니라 팟종이가 남긴 것을 메뚜기가 먹고 메뚜기가 남긴 것을 늣이 먹고 늣이 남긴 것을 황충이 먹었도다 무릇 취하는 자들아 너희는 깨어 울찌어다 포도주를 마시는 자들아 너희는 곡할찌어다 이는 단 포도주가 너희 입에서 끊어졌음이니라"(욜 1:3-5)

우리는 이 말씀을 통해 요엘 시대의 극난한 고통을 엿보게 된다. 본문에 기록된 팟종이, 늣, 황충은 전부 메뚜기 종류들이다. 하나님을 알지 못하는 자들은 메뚜기 떼로 인해 양식이 부족한 형편 가운데서 살아남기 위해 온갖 술수를 다 부릴 것이 분명하다. 따라서 소망을 상실한 자들은 자기 인생에 대한 한탄과 원성이 커져갈 수밖에 없다.

이에 반해 참된 성도들은 그 가운데서 하나님의 심판과 은혜를 마음에 새기게 된다. 먹을 양식이 없어 고통에 빠지게 될지라도 하나님의 도우심을 더욱 간절히 기다린다. 영원한 천국에 소망을 두고 살아가는 백성들에게는 그것이 곧 삶의 원천이 되기 때문이다.

뿐만 아니라 메뚜기 재앙은 종말론적 재앙에서도 나타나게 된다. 메뚜기 곧 황충 재앙은 종말에 임할 하나님의 심판과 연관되어 있다. 요한계시록 9장 앞부분에는 다섯 번째 나팔 재앙에 관해 기록되어 있다. 무저갱에서 나온 그 황충들은 땅의 나무나 풀을 해하는 것이 아니라 하나님을 대적하는 자들을 해하게 된다. 그러나 하나님의 자녀들에게는 그 재앙이 미치지 못한다.

그러므로 현대에 살아가는 성도들은 경각심을 가지고 세태를 바라볼 수 있어야 한다. 오늘의 풍족한 삶이 결코 내일을 보장하지 않는다. 우리는 모세 시대에 애굽 땅에 내려진 메뚜기 재앙을 지나간 옛날이야기 정도로 여겨서는 안 된다. 그 교훈은 계시록의 말씀과 더불어 오늘날 우리시대에도 여전히 적용되어야 할 삶의 원리인 것이다.

3. 흑암 재앙

하나님께서는 사람들의 생명을 위해 공급되어야 할 식량의 원천을 차단하는 무서운 메뚜기 재앙을 보고도 자신의 뜻을 거역하는 바로 왕을 보고 이번에는 흑암 재앙을 내리셨다. 모세에게 명령해 애굽 전역에 흑암이 임하도록 했던 것이다. 그 흑암은 조금 어두컴컴한 정도가 아니라 손으로 더듬지 않고는 한 치 앞도 내다볼 수 없는 깜깜한 어두움이었다.

그와 같은 흑암 재앙은 삼일동안 지속되었는데 사람들이 밖에 나가 일하는 것이 불가능했다. 따라서 모든 백성들은 집 안에만 머물러 있을 수밖에 없었다. 그것은 사람들의 발을 묶어 일상생활을 완전히 마비시켰다. 해와 달을 비롯한 천체의 모든 빛을 가리는 그 재앙은 애굽 백성들에게 임한 아홉 번째 재앙이었다.

하지만 이스라엘 민족이 거주하고 있던 고센 땅에는 그 흑암 재앙이 아무런 영향을 미치지 않았다. 하나님께서는 그것을 통해 이스라엘 민족을 구출해 내고자 하는 자신의 뜻을 분명히 보여주시고자 했다. 또한 하나님은 그 재앙을 통해 자연마저도 자유롭게 조정하시는 분임을 만민에게 알리셨다. 그 재앙으로써 우주만물을 창조하신 분이 여호와 하나님이라는 사실을 선포하셨던 것이다.

그 두려운 상태를 경험한 바로 왕은 모세를 불러 어린아이를 포함한 모든 이스라엘 백성을 광야로 데리고 나가 여호와 하나님을 섬기라고 말했다. 그러나 양과 소를 비롯한 동물을 끌고 나가지는 못하도록 했다. 하지만 모세는 바로 왕이 제시하는 조건을 받아들일 수 없었다. 양과 소는 하나님께 드리는 중요한 번제물이므로 그것들을 몰고 나가지 않으면 안 된다는 것이었다. 그래서 한 마리도 남김없이 모든 동물을 다 끌고 나가도록 해달라는 강력한 요구를 했다.

그러나 완악해진 바로 왕은 이스라엘 민족을 저들이 원하는 대로 내보내지 않았다. 삼일간의 흑암 재앙이 끝나 눈앞의 재앙이 사라지게 되자 그는 또다시 버티기 시작했다. 그 모든 과정은 하나님의 경륜에 따른 것이었다. 하나님은 이스라엘 민족과 애굽 사람들을 철저히 분리하려고 하셨으며 그것들을 통해 바로 왕의 완악한 태도를 더욱 분명히 확인하셨다.

왕의 입장에서는 자신이 그 정도 양보하면 모세가 그것을 받아들이는 것이 당연하다고 여겼다. 그래야만 타협이 이루어질 수 있었다. 따라서 바로 왕은 오직 자기의 주장 하나만 끝까지 고집하는 모세에게 크게 진노하게 되었다. 그래서 이세 다시는 사기 앞에 나타나지 말라고 했다. 만일 그렇게 하는 날에는 반드시 죽여버리겠다는 것이었다.

이 흑암 재앙 역시 종말론적인 성격을 지닌다. 즉 애굽에 내려졌던 흑암 재앙은 종말에 있을 궁극적인 심판을 어느 정도 예시하고 있었던 것으로 볼 수 있다. 또한 애굽에서 일어난 모든 재앙들을 거치면서 모세도 엄청난 고통을 감내하지 않을 수 없었다. 그는 바로 왕 앞에서 긴장해야 했으며 그로 인한 모든 고난의 상황을 견뎌내야만 했다. 히브리서 기자는 모세가 애굽에서 겪었던 내면의 신앙에 관한 기록을 남기고 있다.

"모세는 도리어 하나님의 백성과 함께 고난 받기를 잠시 죄악의 낙을 누리는 것보다 더 좋아하고 그리스도를 위하여 받는 능욕을 애굽의 모든 보화보다 더 큰 재물로 여겼으니 이는 상주심을 바라봄이라 믿음으로 애굽을 떠나 임금의 노함을 무서워 아니하고 곧 보이지 아니하는 자를 보는것 같이 하여 참았으며"(히 11:25-27)

애굽의 바로 왕과 대치한 모세는 이스라엘 민족의 편에서 심한 고난을 감내하지 않을 수 없었다. 하나님께서 재앙을 내리실 때마다 모세는 그 모든 과정을 이겨내야 했다. 대다수 이스라엘 백성이 고센 땅에 머물고 있으면서 무서운 재앙을 피할 때도, 모세는 그 재앙을 피할 수 없는 왕궁 부근에 머물러 있어야만 했다.

장자가 죽는 마지막 재앙이 있기 전 흑암 재앙 후에 왕이 진노했을 때는 매우 두려워할 만한 상황이었다. 바로 왕이 다시는 자기 앞에 나타나지 말라고 했을 때 그는 그렇게 하리라고 답변했다. 그때도 모세는 영원한 하나님의 뜻을 바라보며 그 어려움을 이겨낼 수 있었다. 그러나 흑암 재앙으로 인한 협상이 결렬된 것은 가장 무서운 하나님의 징벌이 곧 애굽 땅에 임하게 되리라는 사실을 예고하고 있었다.

우리는 모세와 연관해 히브리서 기자가 남긴 기록에서 매우 중요한 내

용을 보게 된다. 그것은 당시 모세가 '그리스도를 위해' 능욕을 받았다고
한 언급이다(히 11:26). 이를 통해 우리가 분명히 알 수 있는 점은 신약시대
의 성도들뿐 아니라 구약시대의 모든 믿음의 선배들도 영원한 천상의 나
라를 바라보며 '그리스도를 중심으로 한 삶'을 살았다는 사실이다.

제4부

유월절과 출애굽 여정의 시작
(출 11:1-13:22)

제14장

하나님의 경고와 명령 : 유월절과 무교절

(출 11:1-10; 12:1-20)

1. 초태생의 죽음 경고

하나님께서는 흑암 재앙에도 불구하고 자신을 멸시하는 바로 왕과 애굽인들에게 마지막 재앙을 내리고자 하셨다. 그 재앙은 애굽인들의 장자를 비롯한 모든 동물의 초태생이 죽는 끔찍한 심판으로서 '함의 장막'에 내리는 징벌이다(시 78:51).[24] 그것이 임하게 되면 왕은 이스라엘 민족을 그냥 내보내는 것이 아니라 쫓아내게 된다. 이는 궁지에 몰린 바로 왕이 이스라엘 민족에 대해 진절머리가 나서 최종적인 결단을 하게 됨을 말해준다.

하나님은 모세에게 그에 관한 뜻을 전하시면서 이스라엘 민족에게 명령해 애굽인들로부터 은금패물을 구하도록 하셨다. 그 귀중품들은 하나님을 섬기는 데 반드시 필요한 것들이었지만 저들이 소유하고 있지 않았다.[25]

---

24) 애굽에 임한 하나님의 재앙은 노아언약의 성취와 연관되어 있다. 하나님께서는 셈의 자손인 이스라엘 민족을 억압하고 있는 함의 자손을 징계하셨던 것이다. 이에 대한 내용이 시편 78편에 기록되어 있다.

25) 은금패물은 이스라엘 백성이 시내광야에 머물 때 모세를 통해 건립되는 성막을 위해 필요한 물품들이었다. 하나님께서는 출애굽 이전에 그 모든 것들을 예비하셨던 것이다.

그것들은 애굽 사람들이 가지고 있는 보물들로서 저들의 손으로부터 구할 수 있는 물품이었다.

그런데 우리가 여기서 생각해 보아야 할 점은 이스라엘 자손들이 애굽 인들에게서 은금패물을 빌렸을까 아니면 얻었을까 하는 점이다. 당시의 정황을 감안한다면 빌리거나 그냥 얻을 수 있는 형편이 아니었다. 그렇다 고 해서 저들의 귀중품을 억지로 강탈한 것도 아니다. 이는 윤리적인 문제 로 해석할 수 있는 문제가 아니다. 그것들은 나중에 제조될 언약궤와 성막 을 건립하는 데 필요불가결한 물건들이었기 때문이다.

본문 가운데서 알 수 있는 사실은 이스라엘 자손이 은금패물을 구할 수 있었던 것은 모세의 능력에 기인했다는 점이다. 애굽 사람들이 기쁜 마음 으로 귀중품을 내줄리가 없었다. 애굽의 높은 지위에 있던 자들과 모든 백성들의 눈에는 모세가 보통 인물로 비쳐지지 않았다. 그는 일반인과는 다른 특별한 인물로 간주되었다(출 11:3). 이는 애굽 사람들이 다양한 재앙 들을 내리는 모세를 극도로 두려워했음을 보여주고 있다. 따라서 애굽인 들은 지금까지 겪었던 것들보다 더 큰 재앙을 면하기 위해서 하는 수 없 이 이스라엘 자손들에게 은금패물을 주었던 것으로 이해하는 것이 바람 직하다.

하나님의 말씀을 들은 모세는 마지막으로 임하게 될 재앙에 관한 메시 지를 바로 왕에게 전했다. 하나님께서 밤중에 친히 애굽 땅 가운데로 지나 가시게 된다는 것이었다. 그때는 모든 사람들이 깊이 잠들어 있는 적막한 시간이다. 그 재앙은 애굽 땅에 임하는 열 번째이자 마지막 재앙이다. 거룩 한 하나님께서 그 땅을 지나가시면 죄에 빠져 하나님의 뜻을 멸시했던 악 한 애굽인들은 생명을 부지할 수 없게 된다.

따라서 애굽 땅에 존재하는 모든 처음 태어난 것들은 남김없이 죽을 수 밖에 없다. 최고 통치권자인 바로 왕의 장자로부터 천박한 몸종의 장자까 지 처음 난 인간들은 어느 누구도 죽음을 피하지 못한다. 나아가 동물의 초태생들도 모두 죽게 된다. 이는 지상의 모든 생명이 하나님께 속한 것이라는 사실을 선포하는 의미를 지닌다.

따라서 히브리인들의 생사여탈生死與奪권이 자기들에게 있는 양 여기던 바로 왕과 애굽인들에게 생명에 관한 무서운 심판이 내려진다. 그로 말미암아 애굽 온 땅에는 이전에는 들어본 적이 없었던 애곡하는 부르짖음이 엄습하게 된다. 그로 말미암아 애굽 전역에서는 집집마다 애곡하는 곡소리가 울려 퍼지게 될 수밖에 없다.

그렇지만 그 무서운 재앙은 이스라엘 민족에게는 그냥 지나가게 된다. 하나님께서 그들을 특별히 구별하실 것이기 때문이다. 이스라엘 자손들 가운데서는 장자들이 죽지 않을 것이며 심지어는 개 짖는 소리도 들리지 않을 만큼 평온한 상태가 유지된다. 이는 애굽 사람들의 집안에 처절한 곡소리가 넘쳐나는 것과 크게 대조적이다. 이를 통해 애굽 왕국과 이스라엘 민족을 구별하시는 하나님의 뜻을 분명히 드러내시게 된다.

바로 왕을 비롯한 애굽의 모든 권력자들은 저들에게 임하는 그 끔찍한 재앙을 경험한 후에야 비로소 모세에게 굴복하여 그와 이스라엘 민족을 그 땅에서 나가게 하리라는 것이었다. 모세는 그에 연관된 하나님의 뜻을 바로 왕에게 전달하고 나서는 매우 분노한 마음으로 왕궁에서 나갔다(출 11:8). 하나님께서 이미 말씀하신 대로 왕은 모세의 말을 흔쾌히 받아들이지 않았기 때문이다.

그동안 하나님께서는 애굽의 왕과 신하들은 물론 모든 백성들에게 다양한 형태의 기적과 재앙을 내리셨다. 하지만 완악한 왕은 그 모든 재앙들을 직접 겪으면서도 이스라엘 자손을 광야로 내보내려 하지 않았다. 그렇게 했던 까닭은 이스라엘 민족을 내보내면 애굽 왕국과 자기에게 물질적인 손해를 끼치게 되리라는 생각을 하고 있었기 때문이다.

2. 유월절에 대한 예고

하나님께서는 애굽 땅에서 바로 왕을 상대로 투쟁하는 모세와 아론을 불러 세우셨다. 그때 하나님은 이스라엘 민족의 '새로운 질서'와 애굽에서의 마지막 계획을 말씀하셨다. 우리는 여기서 애굽에 내려지는 최종적인 재앙뿐 아니라 새로운 질서를 세우시는 하나님의 놀라운 뜻을 깨달아야 한다.

이제 이스라엘은 지금껏 사용해오던 애굽의 월력과는 다른 새로운 달력을 부여받게 된다. 그것은 하늘의 천체와 연관되는 특별한 질서로서 하나님으로부터 주어지는 것이었다. 이로써 이스라엘 백성은 이제부터 시작되는 달(month)을 이스라엘 민족의 첫 달로 지켜야 했다. 이는 이스라엘 민족이 왕국 설립을 위해 구체적인 출발을 하게 된다는 의미를 드러내 보여주고 있다. 이 말은 아브라함에게 주어진 왕국언약을 위한 기초로서의 특별한 민족이 확립되었음을 의미한다.

하나님께서는 자기가 직접 지정하신 날을 일 년의 첫째 달 첫째 날로 확정하셨다. 그리고는 그 달 십일에 모든 이스라엘 백성은 각자 유월절날 잡을 어린 동물을 정해두도록 명령하셨다. 그것은 이스라엘 민족이 곧 애굽 바로 왕의 통치를 벗어나게 된다는 사실에 연관되어 있다. 바로 왕은 그런 상황 가운데서도 여전히 이스라엘 백성이 소유한 동물들이 애굽 왕국의 소유라고 여겼을 것이 틀림없다.

한편 애굽의 국가적인 행사와 상관없이 한꺼번에 수많은 동물을 잡는다는 것은 사회적인 문제를 일으킬 우려가 있었다. 그러나 하나님께서는 모세를 통해 이스라엘 민족에 속한 각 가정은 식구 수와 먹는 양에 따라 동물을 잡도록 지시하셨다. 동시에 집집마다 동물을 잡되 사람들의 수에 따라 탄력적으로 명령을 수행하도록 했다. 가족의 수가 너무 적으면 이웃과 더불어 같이 먹을 수 있을 만한 분량을 계산해 잡도록 했던 것이다.

유월절 동물을 잡기 위해서는 분명한 규례와 조건이 있었다. 따라서 이스라엘 자손들은 개인적인 판단에 따라 아무것이나 아무렇게나 잡아서는 안 되었다. 그들이 잡아야 할 동물은 일 년 되고 흠 없는 양이나 염소의 수컷이어야만 했다. 그때 잡을 동물은 유월절에 앞선 십일 날 그 대상이 될 적절한 동물을 지목해서 예비해 두어야 한다.

하나님은 그 동물들을 그 달 정해진 날까지 잘 간직해 두었다가 잡도록 하셨다(출 12:6). 즉 새로 제정된 이스라엘 민족의 달력으로 정월 십사일 저녁 해질 무렵 이스라엘의 온 회중이 각각 그 동물들을 잡아야만 했다. 이는 고센 땅 전역에서 정해진 규례에 따라 한꺼번에 양과 염소를 잡게 된다는 사실을 말해주고 있다.

그들이 양과 염소를 잡은 후 가장 먼저 해야 할 일은 집 입구에 있는 좌우 문설주와 인방에 그 동물의 피를 바르는 일이었다(출 12:7). 그리고 그날 밤에는 가족단위로 모여 그 고기를 불에 구워 먹어야 했다. 백성들은 그것을 먹을 때 무교병과 쓴 나물을 함께 먹어야 한다. 그때 잡은 동물의 고기 중 먹을 수 있는 부위는 머리와 다리와 내장까지 전부가 포함되어 있었다.

또한 백성들은 그 날 밤 허리에 띠를 띠고 발에 신을 신고 손에 지팡이를 들고 급히 고기와 함께 음식을 먹어야 한다. 그리고 그들은 그 고기를 하루 밤에 다 먹지 않으면 안 된다. 아침까지 조금의 고기라도 남겨두지 말아야 하며 남은 것은 곧 불살라야 한다. 당시 먹을 음식이 풍족하지 않았을 그들이 남은 고기를 불살라 없앤다는 것은 결코 쉽지 않은 일이었을 것이다.

그리고 동물의 고기를 날것으로 먹거나 물에 삶아서 먹어서는 안 된다. 그 날은 하나님께서 정하신 규례에 따라 지켜야 할 거룩한 유월절이었기 때문이다. 우리가 여기서 반드시 기억해 할 점은 이스라엘 자손이 고기를 먹으면서 맛으로 먹거나 배부르게 먹는 것이 목적이 아니라는 사실이다.

나아가 그 음식은 일반적인 즐거움이나 흥겨움을 전혀 제공하지 않는다. 도리어 무엇에 쫓기는 듯이 비상사태 가운데서 급히 먹어야 한다. 따라서 그들은 그 음식을 이튿날 먹기 위해 남겨둔다든지 천천히 맛을 음미하면서 먹지 못한다.

하나님께서 이스라엘 자손들에게 유월절 희생제물에 관한 명령을 하셨던 까닭은 그 날 밤에 애굽 땅과 그 안에 살고 있는 모든 악한 자들을 쳐 심판하시기 위해서였다. 하나님은 그때 집 문설주에 동물의 피가 묻은 표적을 보고 그 집 안에 있는 사람들에게는 죽음의 재앙을 내리지 않고 넘어가시리라고 하셨다. 따라서 하나님께서는 이스라엘 백성들로 하여금 그 날을 여호와의 절기로 삼아 자손대대로 유월절로서 기념할 것을 명령하셨다.

그 유월절은 모든 애굽인들과 그에 속한 짐승들뿐 아니라 궁극적으로는 애굽의 신들에게 벌을 내려 심판하는 의미를 지니고 있었다(출 12:12). 이는 이스라엘 민족을 억압한 애굽이 단순한 정치적 세력이었을 뿐 아니라 사탄과 연관된 영적인 의미가 있음을 말해주고 있다. 즉 하나님의 자녀들을 붙들어두고 괴롭히는 것은 보이지 않는 악한 사탄의 세력이 뒤에 존재한다는 의미를 지니고 있는 것이다.

3. 무교절에 대한 예고

하나님께서는 이스라엘 자손들이 유월절 이튿날부터 이레 동안 무교병을 먹어야 한다는 사실을 모세를 통해 말씀하셨다. 그때는 양이나 염소고기는 없으며 무교병 음식이 있었을 따름이다. 그러므로 그 첫날에 집 안의 모든 누룩을 제거해야 한다. 만일 이스라엘 민족 가운데 누룩 있는 유교병을 먹을 경우 민족 가운데서 끊어지게 될 것이다.

유월절에 이어 뒤따라오는 무교절의 첫날과 일곱째 날은 거룩한 성회가 된다. 따라서 그 두 날에는 아무 일도 하지 말고 각자 먹을 것을 준비해야 한다. 그 두 날 사이에 있는 기간 동안에는 누룩 없는 무교병을 먹게 된다. 그 기간은 즐겁고 재미있는 날들이 아니라 그와는 정반대로 맛없는 음식을 먹으며 긴장해야만 하는 것이다.

하나님께서는 그 날에 자신의 군대가 된 이스라엘 자손을 애굽 땅에서 인도해 내시게 된다. 그들이 군대가 되었다는 것은 더 이상 노예와 같은 신분이 아니라 여호와 하나님과 더불어 전쟁에 나선 군인의 신분을 지니게 됨을 의미한다. 따라서 이스라엘 민족은 자손대대로 그것을 기억하며 규례에 따라 그 날을 지켜야 했다. 모든 이스라엘 민족은 일 년이 시작되는 첫째 달 곧 아빕월(신 16:1) 십사일 저녁부터 이십일일 저녁까지 무교병을 먹지 않으면 안 되었다. 그래서 그 기간 동안에는 집안에 누룩을 남겨두는 것이 엄격하게 금지되었던 것이다.

이 규례는 영원한 어린 양이신 예수 그리스도를 통해 하나님의 구원 계획이 성취될 때까지 이스라엘 민족이 반드시 지켜야 할 율법이 되었다. 누구든지 그 기간 동안 누룩이 든 유교병을 먹는 자는 이스라엘 민족이든 그들 가운데 살아가는 외국인이든 이스라엘의 회중에서 끊어지게 된다. 그러므로 이스라엘의 회중에 속한 자들은 누구든지 저들이 거주하는 장소에서 정해진 규례에 따라 무교병을 먹어야 했다.

유월절과 무교절의 의미는 진정한 하나님의 어린 양이신 예수 그리스도의 십자가 사역을 통해 모두 성취되었다. 따라서 우리시대에는 더 이상 그 절기들을 지킬 필요가 없다. 하지만 그에 연관된 실질적인 의미는 여전히 우리 가운데 존재하고 있다. 따라서 그것을 통해 역사하신 하나님의 놀라운 경륜과 은혜를 우리 마음속 깊이 담아두어야 하는 것이다.

제15장

애굽의 장자 심판과 유월절 :
이스라엘 민족의 출애굽

(출 12:21-51)

1. 이스라엘 민족의 첫 유월절

앞에서 유월절에 관한 예고를 하신 하나님께서는 모세에게 그것을 위해 구체적인 행동을 취하도록 요구하셨다. 모세는 이스라엘 백성의 모든 장로들을 불러 모으고 하나님의 말씀을 전달하며 명령했다. 백성들로 하여금 각 가족대로 어린 양을 취하여 유월절 양으로 잡으라는 것이었다.

양을 잡고 나서는 그 피를 그릇에 따로 담은 후 묶은 우슬초로 적셔 문 인방과 좌우 문설주에 뿌리도록 했다. 그 날 밤에는 이튿날 아침까지 한 사람도 집 문 밖으로 나가지 말라는 지시를 내렸다. 여호와 하나님께서 애굽 사람들에게 장자를 죽이는 재앙을 내리실 때 문 인방과 좌우 문설주에 있는 피를 보고 심판하는 사자에게 그 집 안으로 들어가지 못하게 하시리라는 것이었다.

우리가 여기서 결코 간과하지 말아야 할 점은 문설주와 인방에 피를 바르는 행위보다 더욱 중요한 것은 사람들이 그 집 안에 머물러 있어야 한다는 사실이다. 어린아이들은 직접 양을 잡거나 그 피를 바르는 행위를 하지 않는다. 그렇지만 그들은 부모들과 함께 집 안에 머물러 있게 된다.

아무리 흠이 없고 적절한 양을 잡은 후 그 고기를 먹으며 문설주와 인방에 피를 발랐다고 해도 집 밖에 나다닌다면 죽음을 피할 수 없다. 즉 양을 잡는 것에 대한 행위적 순종뿐 아니라 집 안에서 머물러 있어야 할 존재적 순종이 요구되는 것이다. 이는 우리의 신앙이 삶의 내용뿐 아니라 예수 그리스도의 십자가 안에 존재해 머물러 있어야 한다는 사실을 말해주고 있다.

하나님께서는 그것을 규례로 삼아 이스라엘 자손이 영원한 절기로 지켜야 한다는 말씀을 하셨다.[26] 그들은 약속의 땅 가나안에 들어가서 그 의례를 지키지 않으면 안 되었다. 따라서 후일 언약의 자손이 그 의례에 관한 의미를 물으면 하나님께서 모든 애굽 사람들에게 죽음의 재앙을 내린 사실과, 이스라엘 백성은 집 문설주와 인방에 뿌려진 양의 피로 말미암아 보호받은 사실에 관해 말해주어야 한다.

모세의 말을 듣고 난 모든 백성들은 머리를 숙여 하나님께 경배했다. 그리고는 물러가서 하나님께서 명령하신 대로 순종했다. 그런데 우리는 여기서 모세가 이스라엘 백성에게 요구한 동물이 양이었다는 사실을 보게 된다. 즉 하나님께서는 앞에서 양과 염소를 함께 언급하셨는데 본문 가운데는 양만 나타난다.

그렇다면 과연 그때 염소는 전혀 사용되지 않았을까? 우리가 알 수 있는 점은 그때 염소도 양과 동일한 형태로 사용되었을 것이라는 사실이다(출 12:5 참조). 모세가 양만 언급한 것은 대표성을 띠고 있기 때문이다. 따라서 우리는 동물들 가운데 양을 절대화하거나 신성시할 것이 아니라 하나님께서 지정하신 동물의 희생에 대한 의미를 깨달아야 한다. 하나님은 백성들

---

26) 유월절 절기의 영원한 의미는 그후 성취되는 예수 그리스도의 십자가 사역과 더불어 오늘날 우리시대에도 그대로 남아 있다.

이 양 자체에 필요 이상의 의미를 두는 것을 금하셨던 것이다.

2. 열 번째 재앙 : 처음 난 생명체의 죽음

이스라엘 백성이 하나님의 말씀에 따라 양과 염소를 잡고 집집마다 문설주와 인방에 그 피를 바르며 유월절을 준비하는 동안 애굽 사람들은 아무런 조처도 할 수 없었다. 그들은 불안한 환경에 처해 있었지만 구체적인 대응책을 마련하지 못했다. 저들에게는 하나님의 그 비밀이 감추어져 있었기 때문이다.

하나님께서는 유월절 당일 날 밤중에 애굽 전역을 치셨다. 바로 왕의 장자로부터 평범한 서민의 장자에 이르기까지 애굽인들의 모든 집안에는 처음 출생한 장자가 죽는 재앙이 일어났다. 어떤 집에서는 한꺼번에 두세 명이 죽게 되는 일이 발생하기도 했다. 나아가 각종 동물의 처음 난 것들도 하나님의 심판의 대상이 되었다.

그렇게 되자 애굽 백성들의 모든 집안은 삽시간에 초상집으로 변했다. 그들 가운데 초상이 나지 않은 집은 단 한 집도 없었다. 이로 말미암아 애굽 온 땅에는 슬픈 곡소리가 넘쳐나게 되었다. 그 재앙은 인간이 경험할 수 있는 최악의 재앙이었다. 이런 일은 이제까지 들어보지 못했던 전무후무한 사건이었다. 바로 왕은 그제야 여호와 하나님 앞에서 두 손을 완전히 들 수밖에 없었다.

3. 이스라엘 민족의 득의와 은금패물 취득

장자 재앙으로 인해 다급해진 바로 왕은 밤중에 일어나 모세와 아론을 왕궁으로 불러들여 대면했다. 당시 애굽 왕궁도 초상집이 되어 있었다. 그러므로 왕은 그들이 원하는 대로, 이스라엘 자손을 애굽에서 내보내 저들의 여호와를 섬기도록 허락하겠다는 것이었다. 그리고 그들이 요구했던 것처럼 양과 소도 끌고 가도록 했다. 그런데 바로 왕은 그 와중에서도 모세에게 자기를 위해 축복해달라는 말을 잊지 않았다.

어리석음에 빠진 완악한 바로 왕의 이기적인 모습이 여기서 그대로 노출되고 있다. 당시 바로 왕은 아무런 분별력을 소유하고 있지 못했다. 모든 장자들이 죽는 무서운 재앙에도 불구하고 자기의 죄악을 뉘우치기는커녕 오히려 복을 받고 싶어 안달하는 모습을 보이고 있었기 때문이다. 축복을 갈망하는 그의 심성을 통해, 우리는 도리어 그가 처한 저주의 상황을 보게 된다.

한편 모든 장자들을 삽시간에 잃게 된 애굽 사람들은 엄청난 괴로움에 휩싸이게 되었다. 한 집안에 서너 명씩 동시에 죽은 경우도 숱하게 많았을 것이 틀림없다. 그들은 그 모든 사건의 원인이 이스라엘 민족과 저들의 하나님께 있다는 사실을 깨달았다. 그렇게 되자 애굽 사람들은 이스라엘 백성이 꼴도 보기 싫었을 것이 분명하다. 따라서 애굽인들은 그들에게 빨리 나가주도록 재촉했다.

그리하여 이스라엘 백성은 누룩을 넣지 않은 반죽 그릇을 어깨에 메고 애굽으로부터 나갈 준비를 하게 되었다. 하지만 그들은 모세의 말에 따라 그냥 쉽게 나가려 하지 않았다. 그 사람들은 애굽인들에게 은금패물과 의복을 달라고 요구했다. 그러자 그들은 순순히 저들의 귀중품들을 내어주었다. 이는 하나님께서 친히 역사하셨기 때문이다. 즉 하나님께서 애굽인들의 집안 장롱 깊숙이 소중하게 간직되고 있던 귀중품들을 이스라엘 백성의 손으로 옮기셨던 것이다.

당시 애굽 사람들의 입장에서는 그 따위 물건들이 아무런 의미가 없었다. 사랑하는 가족을 갑작스럽게 잃게 된 상태에서 그런 것들을 가지고 있어봐야 특별한 의미가 있었던 것이 아니다. 시편기자는 그에 연관된 내용을 기록하고 있다. 이스라엘 백성이 출애굽하게 될 당시의 형편을 노래했던 것이다.

> "여호와께서 또 저희 땅의 모든 장자를 치시니 곧 저희 모든 기력의 시작
> 이로다 그들을 인도하여 은금을 가지고 나오게 하시니 그 지파 중에 약한 자
> 가 하나도 없었도다 그들의 떠날 때에 애굽이 기뻐하였으니 저희가 그들을
> 두려워함이로다"(시 105:36-38)

애굽인들은 저들에게 임한 장자 재앙으로 인해 엄청난 충격에 휩싸이지
않을 수 없었다. 따라서 그들은 히브리인들이 속히 애굽 땅에서 떠나주기
를 원했다. 그로 인해 이스라엘 자손들은 힘들이지 않고 많은 은금패물을
소유하게 되었다.

애굽 사람들은 재산상의 큰 손실에도 불구하고 이스라엘 사람들이 저들
을 떠나는 것으로 인해 매우 기뻐했다. 그들의 판단에는 그것이 애굽에 임
한 무서운 재앙을 끊는 유일한 방법이라 믿고 있었다. 이는 당시 애굽인들
이 이스라엘 민족을 얼마나 두려워했던가를 잘 말해주고 있다.

앞에서도 언급한 것처럼 하나님께서 이스라엘 백성에게 은금패물을 주
신 데는 특별한 이유가 있었다. 그것은 백성들의 몸을 화려하게 꾸미기 위
한 것이 아니라 하나님 자신을 위한 것이었다.[27] 그것들이 출애굽한 후 하
나님을 섬기기 위한 언약궤와 성막을 건립하는 중요한 재료로 사용되었기
때문이다.

---

27) 그런데 출애굽기 3:22에는 이스라엘 민족이 애굽을 탈출할 때 얻게 된 귀중품
　　들로 '자녀를 꾸미는 것'에 관해 기록되어 있다. 하지만 의복은 사람들이 입기
　　위한 것이었을지라도 은금패물을 비롯한 귀중품들은 하나님의 성막과 언약궤
　　등 성물을 제작하는 데 사용하기 위한 것들이었다. 성경은 하나님께서, 이스라
　　엘 여성들이 그런 것들로 몸을 화려하게 치장하고 장식하는 것을 좋아하시는
　　분이 아니라는 사실을 증거하고 있다(출 33:4-6 참조).

4. 이스라엘 민족의 출애굽

애굽인들에게 임한 무서운 장자 재앙이 있은 후에야 이스라엘 민족은 바로 왕의 허락에 의해 광야로 나갈 수 있게 되었다. 애굽 정부의 입장에서 볼 때 그들은 영원히 출애굽하는 것이 아니라 신에게 제사를 지내기 위해 단지 며칠 동안 광야로 나갈 따름이었다. 즉 그들은 광야에서 여호와 하나님께 제사를 지낸 후 다시 애굽으로 돌아가는 것으로 이야기 되어 있었다.

물론 이스라엘 민족은 그 의미를 전혀 다른 각도에서 받아들였을 것이 틀림없다. 그것은 며칠 동안의 광야생활을 위한 일시적인 외출이 아니라 영원히 애굽을 떠나는 출애굽의 시작이었다. 그들은 하나님께서 오랜 전 저들의 조상 아브라함에게 약속하신 하나님의 말씀을 굳게 믿고 있었다.

"내가 너와 네 후손에게 너의 우거하는 이 땅 곧 가나안 일경으로 주어 영원한 기업이 되게 하고 나는 그들의 하나님이 되리라"(창 17:8)

이스라엘 자손은 드디어 수백 년간 살아왔던 애굽의 라암셋을 떠나 숙곳에 이르렀다. 본문에 기록된 라암셋은 고센과 동일한 지역이거나 라암셋에 속한 지역으로 보인다(창 47:11 참조). 이스라엘 백성이 숙곳에 도착했을 때 건장한 남자 장정이 육십만 명 정도 되었다. 어린아이들과 여자들, 그리고 노인들을 포함한다면 그보다 훨씬 많은 수가 되었을 것이 분명하다.

우리의 관심을 끄는 대목은 그들 무리 가운데는 원래 아브라함의 자손이 아닌 이방인들도 상당히 많이 섞여 있었다는 점이다(출 12:38). 또한 양과 소를 비롯한 많은 가축 떼들이 저들과 함께 나왔다. 그들이 동물을 데리고 나간 것은 식용이 아니라 하나님을 경배하는 제물로 사용하기 위한 것이었다. 설령 모든 백성이 그것을 인식하지 못하고 있었을지라도 그것은 분명한 사실이다.

출애굽을 시작한 초창기 이스라엘 자손은 가지고 나온 누룩 없는 반죽으로 무교병을 구워 식량으로 사용했다. 그들은 쫓겨나다시피 하며 급하게 나왔으므로 달리 아무런 먹을거리를 마련하지 못했다. 이제부터 하나님의 특별한 은혜가 이스라엘 자손에게 임하지 않는다면 그들은 삭막한 광야에서 살아남을 방도가 없었다.

이스라엘 민족이 출애굽을 시작한 날은 '사백삼십 년이 끝나는 바로 그 날'이었다(출 12:41). 이는 매우 중요한 구속사적인 의미를 지닌다. 거기에는 하나님의 특별한 경륜과 정확한 섭리가 존재했음을 보여주고 있기 때문이다. 즉 애굽의 정치적인 상황과 주변 여건의 과정에 따라 그렇게 된 것이 아니라는 것이다. 이는 우리가 소망하는 '주님의 재림의 날'도 그와 같을 것이란 생각을 해보게 한다.

이스라엘 민족이 '여호와의 군대'(출 12:41)로서 그 날 애굽에서 나온 것은 하나님의 섭리와 경륜에 따른 구속사적인 사건이었다. 따라서 그 밤은 일상적인 날과는 구별되는 '여호와의 밤'(출 12:42)이다. 그러므로 모든 이스라엘 자손은 그후부터 여호와 하나님 앞에서 대대로 그 날을 특별한 절기로 지켜야만 했다.

5. 유월절 규례

하나님께서는 모세를 통해 이스라엘 민족이 지켜야 할 유월절 규례에 관한 특별한 교훈을 주셨다. 그 절기는 인간들의 정성이나 성의가 아니라 하나님께서 요구하신 대로 지켜야만 한다. 그 절기의 중심에는 항상 양의 피와 고기가 있었다. 모든 이스라엘 백성은 역사 가운데서 그 고기를 지속적으로 먹어야만 한다.

하지만 여호와 하나님에 대한 신앙이 없던 이방인들은 그것을 함부로 먹을 수 없었다. 종이나 나그네뿐 아니라 일시적인 이방 노동자들도 마찬가지였다. 아무리 순수한 마음을 가지고 있다고 할지라도 하나님께서 그것을 허락지 않으신다. 그러나 이스라엘 민족의 온당한 율법에 따라 할례를 받은 자들에게는 유월절 참여가 허용되었다. 그들이 할례를 받는다는 사실은 이스라엘 민족의 본토인과 동일하게 된다는 사실을 의미하고 있으므로 아무런 차별을 둘 필요가 없기 때문이다.

나아가 양을 잡고 그 고기를 먹기 위해서는 하나님께서 주신 확실한 규례에 따라야 한다. 유월절 양고기는 집 안에서 먹되 그것이 조금이라도 집 밖으로 나가게 해서는 안 된다(출 12:46). 따라서 그 고기는 이스라엘 자손만을 위한 것으로서 사사로운 인정이나 자비심으로 인해 다른 사람들에게 나눠줄 수 없다. 이는 우리시대에 복음을 값싸게 아무렇게나 나눠줄 수 없는 것과도 동일한 성격을 지니고 있다.

이는 나중 이 땅에 메시아로 와서 십자가에 달려 돌아가실 예수 그리스도의 사역에 대한 예표가 된다. 그의 죽으심은 오직 언약 안에 있는 자기 백성들만을 위한 것이었다. 구약시대 이스라엘 백성은 유월절 양의 뼈를 꺾어서는 안 되었다. 이는 참 유월절 양이 되시는 예수님께 그대로 적용되었다. 예수님께서 십자가에 달려 돌아가신 후, 로마의 군인들이 그의 뼈를 꺾지 않은 것은 당시의 사형제도에 따른 관례에 맞지 않은 것으로서 그와 직접 연관되어 있다.[28]

여호와 하나님께서는 사백삼십 년이 끝나는 바로 그 날, 백성들을 무리대로 질서정연하게 애굽 땅에서 인도해내셨다. 이는 이스라엘 백성이 마치 피난민이나 오합지졸烏合之卒처럼 뒤엉킨 상태로 나온 것이 아니라 열두

---

28) 예수님이 십자가에 달리실 당시 로마제국에서는 사형수의 죽음을 확인하기 위해 그 뼈를 꺾는 관례가 있었다. 그러나 예수님께는 그것이 적용되지 않았다. 이는 구약에 기록된 어린 양을 바치는 규례에 대한 성취와 직접 연관되어 있다.

지파에 따라 질서정연하게 인도되었음을 말해주고 있다. 그들은 출애굽하면서 하나님의 담대한 군대가 되어 있었던 것이다(출 12:17). 오늘날 우리도 출애굽하는 이스라엘 백성처럼 담대한 군사로서 질서정연한 자세로 하나님의 말씀을 따라야 한다.

제16장

무교절과 초태생의 주인이신 하나님 :
구름기둥과 불기둥
(출 13:1-22)

1. 모든 생명의 주인

하나님께서는 이스라엘 민족 가운데 존재하는 사람이나 짐승의 모든 처음 난 것들을 거룩히 구별해 자기에게 바치도록 명령하셨다. 그것들은 전부 하나님의 소유라는 것이다. 이는 생명의 기력이 시작되는 것에 연관되며, 언약의 백성들은 평상시에도 거룩하게 구별되어야 할 하나님의 것들과 함께 살아가고 있음을 말해주고 있다.

모세는 백성들에게 애굽의 종살이에서 벗어난 그 날을 특별히 기념하도록 명령했다. 그 날은 누룩 있는 유교병을 먹거나 가까이 두어서는 안 된다. 이스라엘 민족 스스로는 애굽에서 빠져나올 만한 아무런 능력이 없었다. 그렇지만 하나님께서 자신의 권능으로써 저들을 인도해 내셨다. 따라서 그들은 누룩 없는 떡을 먹는 가운데 하나님의 구원 사역을 기억해야만 했다.

이스라엘 민족은 하나님께서 제정하신 새로운 달력으로 첫째 달 즉 아빕월에 출애굽을 시도했다. 그것은 하나님의 인도하심에 따른 것이었다.

하나님께서는 오래 전 저들의 조상 아브라함에게 약속하신 대로 그들을 젖과 꿀이 흐르는 가나안 땅을 향해 이끌어 내셨다. 하지만 그곳에는 이미 가나안 사람과 헷 사람과 아모리 사람과 히위 사람과 여부스 사람 등 이방 인들이 주인이 되어 살아가고 있었다.

이는 이스라엘 민족이 그 땅에 진입해 들어감으로써 먼저 살고 있던 원 주민들과 심각한 갈등과 마찰이 일어나게 되리라는 사실을 말해주고 있 다. 그런 상황 가운데서도 이스라엘 백성이 가나안 땅에 들어가게 되면 가 장 먼저 유월절과 무교절을 기억해 지켜야만 했다. 하나님께서는 저들에 게 군사력을 강화하라든지 적군을 억누를 수 있는 전술을 연마하라는 명 령 대신 하나님의 절기를 철저히 지켜야 한다는 요구를 하셨다.

원수들이 통치하고 있는 지역의 현장에서 유월절과 더불어 이레 동안 무교절을 지키라는 하나님의 명령에 순종하는 것은 결코 쉽지 않은 일이 었다. 그때는 집안뿐 아니라 그들이 거주하는 지역에서 모든 누룩을 제거 해야 하며 유교병을 가까이 해서는 안 된다. 모든 이스라엘 백성들은 주어 진 규례에 따라 그 절기를 지켜야 할 뿐 아니라 저들의 후손들로 하여금 그 에 온전히 참여하도록 요구해야만 한다.

나아가 그 절기가 여호와 하나님께서 이스라엘에 속한 각 사람을 위해 행하신 구원 사역에 직접 연관되어 있다는 사실을 자손들에게 전달해야 했다. 또한 나중에는 백성들의 손과 이마에 그에 대한 표를 두어야 하며 하 나님의 율법이 항상 저들의 입술로부터 떠나지 않도록 해야만 한다. 하나 님께서 강한 손으로 이스라엘 민족을 애굽의 압제로부터 인도해내셨으므 로 해마다 그 절기를 지키지 않으면 안 되었던 것이다.

2. 초태생

하나님께서는 조상 아브라함에게 맹세하신 대로 이스라엘 자손을 가나안 사람의 땅으로 인도해 내셨다(출 13:11). 그 땅을 빼앗아 저들에게 주시기 위한 목적 때문이었다.[29] 이는 이스라엘 민족의 막강한 군사적 세력이나 지략 때문이 아니라 하나님에 의해 그 땅이 주어지게 되었음을 말해주고 있다.

그러므로 출애굽한 이스라엘 백성은 저들의 원천적인 소속에 대한 분명한 깨달음을 가져야 한다. 즉 하나님으로부터 특별한 언약적 선택을 받은 그 백성은 애초부터 애굽 왕국에 예속된 자들이 아니었다. 또한 엄밀한 의미에서 볼 때 그들은 젖과 꿀이 흐르는 가나안 땅에 예속될 사람들도 아니었다. 그들은 오직 여호와 하나님께 속한 백성이었다.

하나님께서는 이스라엘 자손에게 앞으로 이 세상에 보내시게 될 메시아와 연관하여 가시적인 요청을 하셨다. 그것은 저들 자손의 맨 처음 난 자식과 그들 가운데 난 가축의 초태생의 수컷은 하나님의 것이므로 특별히 구별해 하나님께 바치라는 것이었다. 그 모든 것들은 특정한 인간이 아니라 여호와 하나님의 소유였다.

그런데 그 가운데는 나귀에 연관된 특별한 규례가 포함되어 있었다. 하나님께서는 나귀의 첫 새끼를 위해 어린 양으로 대속하라는 매우 이례적인 명령을 하셨다. 그것은 물론 본질적으로 이스라엘 민족의 구원에 연관된 것이었다.

> "나귀의 첫 새끼는 다 어린 양으로 대속할 것이요 그렇게 하지 아니하려면 그 목을 꺾을 것이며 네 아들 중 처음 난 모든 자는 대속할지니라"(출 13:13)

---

29) 하나님께서 오래전부터 가나안 지역에 살고 있던 원주민들을 쫓아내신 것은 정당한 행위였다. 범죄한 인간들은 원천적으로 하나님의 피조세계를 불법으로 점령하고 있다. 인간이 타락함으로써 공중권세를 잡게 된 사탄의 통치아래 있는 자들은 불법행위에 참여하는 것이기 때문이다. 이런 관점에서 볼 때 하나님을 알지 못하는 자들은 하나님의 피조세계를 불법점유하고 있는 것과도 같다.

'나귀의 모든 첫 새끼는 어린 양으로 대속하라' 고 한 명령은 대속 (redeem)에 관련된 특별한 규례로 주어졌다. 이는 나귀가 첫 새끼를 낳게 되면 그것을 위해 어린 양을 대신 죽여야 한다는 사실을 말해주고 있다. 그렇게 함으로써 처음 태어난 나귀 새끼를 살리게 된다.

이와 동일한 내용이 출애굽기 34장 20절에도 기록되어 있다. 이 말씀 가운데는 나귀가 특별한 동물로 간주되고 있음이 분명하다. 즉 수많은 동물들 가운데 유독 나귀를 위해서는 그 첫 새끼가 태어날 때 어린 양으로 대속해야만 했다.

만일 나귀의 첫 새끼를 위해 어린 양으로 대속하지 않으려면 그 새끼 나귀의 목을 꺾어 죽여야만 한다. 이는 양을 죽이든지 나귀 새끼를 죽이든지 둘 중 하나는 반드시 죽여야 한다는 사실을 말해 주고 있다. 나귀 새끼를 위해 양을 죽일 경우 그 고기를 가족이 먹을 수 있다. 하지만 그렇지 않으면 나귀 새끼만 죽여야 한다.

그런데 하나님께서는 왜 그런 특별한 의례를 행하도록 명령하셨을까? 성경에는 나귀에 관한 특별한 기록들이 많이 나타난다. 민수기 22장에는 범죄한 발람이, 자기가 타고 있던 나귀로부터 심한 책망을 듣게 된 내용이 나온다(벧후 2:16 참조). 하나님께서 나귀의 입을 통해 발람의 악행을 경고하셨던 것이다. 나아가 구약성경에는 하나님의 말씀을 선포하는 자들이 흰 나귀를 타고 진리를 선포한 내용과, 장래 메시아가 오실 때 나귀 새끼를 타게 될 사실이 기록되어 있기도 하다.

"흰 나귀를 탄 자들, 귀한 화문석에 앉은 자들, 길에 행하는 자들아 선파할찌어다"(삿 5:10); "시온의 딸아 크게 기뻐할찌어다 예루살렘의 딸아 즐거이 부를찌어다 보라 네 왕이 네게 임하나니 그는 공의로우며 구원을 베풀며 겸손하여서 나귀를 타나니 나귀의 작은 것 곧 나귀새끼니라"(슥 9:9)

위에 언급된 스가랴서 9장에 기록된 말씀은 나귀 새끼에 연관된 중요한 메시아 예언이다. 예수님께서는 십자가를 지고 돌아가시기 전 나귀 새끼를 타고 예루살렘에 왕으로 입성하셨다. 이는 구약의 예언이 성취되는 구체적인 과정을 보여준다. 이처럼 나귀는 다른 짐승들과 구별되는 매우 특별한 동물이라 할 수 있다. 하나님께서 나귀의 첫 새끼를 위해 어린 양을 대속물로 바치도록 요구한 것은 구속사적인 의미가 있는 이런 사실과 밀접하게 연관된 것으로 보인다.

출애굽기 본문에 언급된 율법 가운데는 이와 더불어 사람의 장자를 위해서도 특별한 대속물을 바쳐야 한다는 사실을 동시에 명시하고 있다(출 13:13). 출애굽이 있기 전 애굽의 모든 장자들이 심판의 죽음을 당했듯이 이스라엘 백성의 모든 장자들도 하나님의 공의에 의해 죽어야 할 대상들이었다. 따라서 저들의 생명을 위해서는 그 몸값을 대신해 다른 동물 즉 어린 양을 죽여서 제물로 삼아야 했다. 하나님과의 화목을 위한 희생제물을 바치지 않고는 하나님 앞에서 자신의 생명을 구할 수 있는 방법이 없다.

나중 언약의 자손들이 그에 관한 질문을 하게 되면, 여호와 하나님의 권능이 애굽의 종으로 있던 그 백성들을 인도해 낸 사실을 전달해 주어야 한다. 그 질문은 아마도 나귀의 첫 새끼를 위해 양을 잡아 대속해야 하는 규례에 연관되어 있을 것으로 보인다. 하나님께서는 그 독특한 규례를 통해 이스라엘 자손들로 하여금 애굽의 모든 장자와 가축의 초태생을 죽이신 심판을 기억하도록 하셨던 것이다.

그 규례는 애굽의 장자와 가축의 초태생을 죽이는 행위 자체뿐 아니라 그것으로 인한 이스라엘 자손의 장자에 대한 대속의 의미를 포함하고 있었다. 그것은 또한 모세가 인간들을 포함한 가축들의 초태생을 여호와 하나님께 제물로 드린 의미를 동시에 지니고 있었다(출 13:15). 이는 유월절 어린 양이 하나님의 공의로 말미암아 마땅히 죽어야 할 장자들을 대신해 죽게 됨을 의미한다. 이스라엘 민족은 그 대속의 의미를 저들의 손과 이마에 새긴 표지처럼 여기며 살아가지 않으면 안 되었다(출 13:16).

3. 출애굽의 시작

하나님께서 이스라엘 민족을 애굽으로부터 인도해 내시는 여정은 사람들의 일반적인 상식을 완전히 어긋나는 것이었다. 그 길은 당시 가나안 땅으로 가기 위해 사용되는 도로인 지중해의 해안 길이 아니라 삭막하고 험악한 시내광야를 지나는 사막길이었다. 그와 같은 선택은 보통 사람들이 도저히 상상할 수 없는 일이었다.

하나님께서 굳이 그렇게 하셨던 것은 이스라엘 민족을 젖과 꿀이 흐르는 가나안 땅으로 안전하게 인도하시기 위해서였다. 또한 그들이 다시금 애굽으로 돌아가고자 하는 마음을 제거하기 위해서였다. 넓고 평탄한 길로 탈출해 가다가 뒤에서 적군이 쉽게 추격한다든지 다른 이방민족의 공격이라도 받게 되면, 가던 길을 돌이켜 애굽으로 되돌아가고자 하는 자들이 생겨날지도 모를 일이었다.

이스라엘 민족은 지파에 따라 대열을 갖춘 채 마치 훈련된 군대와 같은 모습으로 애굽 땅을 떠났다. 그들은 홍해바다의 광야길을 택해 먼 행진을 시작했다. 그때 저들의 맨 앞에 있는 모세의 손에는 애굽 땅에 가매장 되어 있던 이스라엘 민족의 장자 요셉의 유골이 들려져 있었다(출 13:19). 즉 출애굽하는 저들의 앞에는 펄럭이는 깃발이나 우렁찬 군악대 소리, 혹은 번득이는 창칼이 아니었다. 이는 요셉이 죽기 전 자신의 유골에 관해 유언했던 사실에 근거하고 있었다.

"요셉이 그 형제에게 이르되 나는 죽으나 하나님이 너희를 권고하시고 너희를 이 땅에서 인도하여 내사 아브라함과 이삭과 야곱에게 맹세하신 땅에 이르게 하시리라 하고 요셉이 또 이스라엘 자손에게 맹세시켜 이르기를 하나님이 정녕 너희를 권고하시리니 너희는 여기서 내 해골을 메고 올라가겠다 하라 하였더라"(창 50:24,25)

　애굽의 학정과 하나님의 심판으로 말미암아 비장한 각오를 하게 된 이스라엘 민족은 가나안 땅으로 가기 위해 라암셋(Rameses)을 떠나 광야를 향했다. 애굽 당국은 그들이 며칠간의 기간을 내어 잠시 동안 광야로 종교적 외출을 떠나는 것으로 생각하고 있었을 것이 틀림없다. 그렇지만 이스라엘 민족은 그곳을 영원히 떠나가고 있었다. 그들은 이제 다시 애굽으로 되돌아갈 이유가 없었다.

　이스라엘 백성들이 라암셋에서 출발해 숙곳(Succoth)에 도착했다가 그곳을 떠나 광야 끝 에담(Etham)에 장막을 쳤다. 하나님께서는 그들의 안전한 행보를 위해 분명한 가시적인 실체를 주셨다. 그때부터 하나님께서는 구름기둥과 불기둥으로써 그들을 인도하시게 되었다.[30] 낮에는 구름기둥으로 인도하셨으며 밤에는 불기둥으로 백성들의 길을 안내하셨던 것이다(출 3:21).

　그후부터 사십 년간의 시내광야 생활을 거쳐 가나안 땅에 들어가기까지 이스라엘 백성을 떠나지 않았던 구름기둥과 불기둥은 하나님의 특별한 실체적 계시였다. 따라서 백성들은 길을 잃거나 광야에서 헤맬 염려가 전혀 없었다. 나아가 어려운 상황이 닥친다 할지라도 그것으로 말미암아 다른 길을 선택할 여지가 남아있지 않았다.

---

30) 모세가 성막을 건립하기 전부터 하나님께서는 구름기둥과 불기둥을 통해 이스라엘 민족을 인도하셨다. 나중 성막을 건립한 후에는 지성소의 언약궤를 통해 그에 관한 의미가 더욱 분명해졌다.

제5부

출애굽과 새로운 환경
(출 14:1-18:27)

제17장

이스라엘 자손이 홍해를 건넘

(출 14:1-31)

1. 사면초가四面楚歌에 빠진 이스라엘 민족

하나님께서는 전진하던 이스라엘 백성으로 하여금 길을 돌이켜 바알스본(Baalzephon) 맞은편 바닷가로 인도해 그곳에 장막을 치도록 명령하셨다. 그 지역은 홍해바다와 믹돌(Migdol) 사이의 비하히롯(Pihahiroth) 앞에 있는 갇힌 지형이었다. 전투를 앞둔 군대의 입장이라면 그런 곳에 진을 치는 것은 지극히 어리석은 행위가 아닐 수 없다.

그럼에도 불구하고 하나님께서는 그렇게 하도록 명령을 내리셨다. 하나님의 의도 가운데는 이스라엘 백성이 갇힌 형국에 처한 사실을 바로 왕으로 하여금 보도록 하기 위한 의도가 포함되어 있었다. 그것은 일종의 위장 전술과 같았다. 이스라엘 민족은 그에 대한 아무런 깨달음이 없었지만 모든 것이 하나님의 계획 가운데 진행되고 있었다.

완악해진 바로 왕은 사면초가에 빠진 이스라엘 민족을 보고 쾌재를 부르며 추격해 왔다. 그것은 누가 봐도 애굽이 승리할 수밖에 없는 상황이었다. 그러나 결과는 그렇게 전개되지 않았다. 인간들로서는 도저히 상상할 수 없는 방편을 통해 이스라엘 민족에게 승리를 안겨줌으로써 여호와 하나님께서는 자신의 영광을 드러내시고자 하셨다.

우리는 여기서 매우 중요한 교훈을 배우게 된다. 하나님께서는 패배의 늪에 빠진 애굽으로 인해 영광을 받으시기 때문이다. 그것은 하나님으로 말미암은 이스라엘의 승리를 의미하고 있다(출 14:4,17,18). 이는 하나님의 구원뿐 아니라 세상의 멸망이 곧 하나님의 궁극적인 영광에 연관되어 있음을 말해주고 있다.

그렇지만 실상을 알지 못하던 바로 왕과 그의 군대는 출애굽을 시도한 이스라엘 민족을 뒤따라 추격했다. 바로 왕의 정부가 그들을 광야로 내보낸 것을 후회하게 되었던 것이다. 따라서 바로 왕은 직접 특수 전차부대를 비롯한 마병과 군대를 이끌었다. 그때 애굽의 군대 지휘관들은 육백 대나 되는 전차를 동원해 광야에 갇힌 이스라엘을 향해 진군했다.

이스라엘 백성은 얼마 전의 첫 유월절 후 당당하게 애굽을 떠났었다. 은 금패물까지 취하게 된 그들이 기고만장했을 것은 쉽게 짐작할 수 있다. 하지만 수백 대의 전차를 동원한 애굽 군대가 가까이 추격해 왔을 때 저들은 두려움에 빠지게 되었다. 애굽인들이 다양한 무기들을 가지고 있었던 데 반해 이스라엘 백성은 아무런 무기도 소유하고 있지 않았다. 그런 상황에서 저들이 두려움에 빠지게 된 것은 오히려 자연스러울지도 모른다.

2. 이스라엘 백성의 후회

광야로 나온 이스라엘 백성은 스스로 '독 안에 든 쥐'와 같은 형국이 되었다. 그러므로 완전무장한 애굽 군대가 눈앞에 다다르자 두려움에 빠진 그들은 여호와 하나님께 부르짖지 않을 수 없었다. 이는 자신이 처한 형편을 들여다볼 때 패망이 이르렀음을 알았다는 사실을 말해준다.

그런데 적군에 대한 저들의 두려워하는 마음은 불평을 지나 모세를 향한 원망으로 변했다. 그들은 점차 모세를 심하게 원망하면서 그를 따라 애굽에서 떠나온 것이 후회된다고 외쳤다. 나아가 애굽 땅에 시체를 묻을 만한 매장지가 없어서 삭막한 광야에서 죽게 만드느냐며 격하게 따져 묻기 시작했다.

그들은 모세에게 그 전에 애굽 땅에서 나올 마음이 없으니 그곳에 그냥 내버려 두라고 하지 않았느냐며 대들었다. 그들은 처음부터 애굽을 탈출할 마음이 별로 없었다는 듯이 강하게 말했다(출 14:12). 하지만 모세를 저항하는 저들의 말은 전혀 사실이 아니었다.

우리는 여기서 간사하기 짝이 없는 이스라엘 백성의 이중적인 태도를 보게 된다. 그들은 애굽에서 저들에게 유리하게 전개되는 모세의 다양한 기적들을 보고 좋아했으며 애굽의 원수들로부터 값진 은금보화를 취하면서 만족스런 마음을 가졌을 것이 틀림없다. 그럼에도 불구하고 극한 위기 상황에 처하게 되자 차라리 애굽 사람들을 섬기면서 살아가는 편이 나았을 것이라며 불평했던 것이다.

애굽 군대가 추격하던 당시는 낮과 밤에 이스라엘 백성의 눈앞에 구름 기둥과 불기둥이 떠 있었다. 그것을 두 눈으로 똑똑히 보면서도 그런 식의 불평을 늘어놓는 이스라엘 백성을 보며 놀라지 않을 수 없다. 그들은 입술로는 모세에게 불평을 늘어놓았지만 실상은 하나님을 원망하고 있었다. 왜냐하면 하나님께서 구름기둥과 불기둥 가운데 계셨기 때문이다. 성경은 하나님이 그 가운데 계셨다는 사실을 분명히 증거하고 있다.

"주 여호와께서 이 백성 중에 계심을 그들도 들었으니 곧 주 여호와께서 대면하여 보이시며 주의 구름이 그들 위에 섰으며 주께서 낮에는 구름기둥 가운데서, 밤에는 불기둥 가운데서 그들 앞에서 행하시는 것이니이다"(민 14:14)

하나님께서는 이스라엘 민족이 애굽 땅을 떠날 초창기부터 구름기둥과 불기둥을 주시면서 그 가운데 계셨다. 그럼에도 불구하고 백성들은 처음 부터 하나님에 대한 불평을 늘어놓기 시작했다. 그렇지만 여호와 하나님 께서는 저들을 위해 인내하셨다. 이는 그의 신실하신 성품에 기인한다. 따 라서 모세는 그와 같은 간사한 태도를 보이는 백성들에게 엄한 징벌을 내 리는 대신, 막강한 군사력을 갖춘 애굽의 군인들이 아니라 오직 하나님만 바라보라는 당부를 했다.

> "너희는 두려워하지 말고 가만히 서서 여호와께서 오늘 너희를 위하여 행
> 하시는 구원을 보라 너희가 오늘 본 애굽 사람을 영원히 다시 보지 아니하리
> 라 여호와께서 너희를 위하여 싸우시리니 너희는 가만히 있을지니라"(출
> 14:13,14)

이스라엘 백성은 막강한 군사력을 가진 애굽 사람들을 볼 것이 아니라 저들을 앞서 인도해 가시는 하나님을 바라보아야만 했다. 여호와 하나님 께서 저들을 대신해 싸우고 계셨기 때문이다. 그러나 그들은 '애굽 군대' 라는 눈앞의 대상으로 인해 마음이 완전히 위축되어 있었다.

그러나 이스라엘 민족은 모세의 말에 따라 전쟁에 능하신 하나님만 바 라볼 수 있어야 했다. 저들은 전투를 위한 강력한 군사행동이 아니라 도리 어 가만히 있도록 요청받고 있었다. 언약의 백성들을 대신해 원수들에 맞 서 싸우시는 하나님을 의지하는 것이 참된 지혜이자 유일한 승리의 길이 기 때문이었다.

3. 하나님의 진군명령과 홍해의 갈라짐

막강한 애굽 군대는 이스라엘 민족이 머물고 있던 곳으로 밀려들어 오 려는 기세를 보이고 있었다. 동시에 모세를 따르던 백성들은 두려움과 더

불어 불평과 불만으로 가득 차 있었다. 진퇴양난進退兩難에 처하게 된 모세로서는 여간 난감한 상황이 아니었다.

그러므로 모세는 하나님의 적극적인 도움을 구하지 않을 수 없었다. 모세가 부르짖어 기도하자 하나님께서는 그럴 필요가 없다는 말씀을 하셨다. 오래전 저들의 조상 때부터 이미 약속해 온 대로 이스라엘 백성을 애굽의 영역으로부터 이끌어내라는 것이었다. 그러면서 하나님은 모세에게 백성들을 향해 진군명령을 내리도록 하셨다. 홍해바다를 향해 지팡이를 들어 갈라지게 하라고 명령하셨던 것이다.

우리는 여기서 이스라엘 민족 앞에 '하나님의 사자'가 앞서 가며 인도하고 있다는 놀라운 사실을 기억해야만 한다(출 14:19). 사람들의 눈에 보이지 않았지만 하나님의 사자가 앞서 싸웠기 때문에 결국은 저들의 믿음이 승리할 수밖에 없었다. 즉 이스라엘 백성의 어떤 군사력이 아니라 '하나님의 사자'가 모든 일을 이루어갔다. 이때 저들 앞서 싸우신 사자는 구원자 그리스도였음이 분명하다.

애굽 군대가 이스라엘 민족의 진영에 가까이 다가오게 되자 하나님은 애굽 군대와 이스라엘 백성 사이를 구름기둥으로 갈라놓으셨다. 앞서 행하시던 하나님의 사자가 백성들의 뒤로 물러가자 양 진영에는 전혀 다른 상황이 전개되었다. 이로 말미암아 애굽과 이스라엘 사이에는 뚜렷한 분리현상이 일어났다. 이스라엘 백성의 진영에는 낮과 같이 환한 상태가 유지된 반면, 애굽 군대의 진영에는 앞을 볼 수 없는 흑암에 빠져 병사들이 갈팡질팡하게 되었던 것이다.

이에 대해서는 오늘날 우리시대에도 여전히 모세 당시와 동일한 상황이 전개되고 있다. 지금도 세상과 교회 사이에는 뚜렷한 분리의 벽이 존재한다. 하나님께서는 악한 자들을 심판의 영역에 가두시지만, 자기가 택하신 언약의 자녀들은 인간의 상상을 초월하는 방법으로 안전하게 인도하고 계신다.

이렇듯이 전혀 예기치 못한 갑작스런 흑암의 복병을 만난 애굽 병사들은 당황하지 않을 수 없었다. 그렇게 되자 그들은 여호와 하나님이 이스라엘을 대신해 싸워 애굽을 치신다는 사실을 인식했다. 그들은 그 전에 이미 하나님의 무서운 재앙들을 경험한 바였다. 하지만 완악해진 애굽 군인들은 추격을 멈출 생각이 없었다.

하나님께서는 모세에게 지팡이를 홍해바다에 내밀게 하신 후 밤새도록 동풍이 불도록 하셨다. 그렇게 되자 홍해의 바닷물이 서서히 갈라져 물 벽이 생겼으며, 바다 밑바닥의 마른 땅이 모습을 드러냈다. 이스라엘 백성들은 장엄하게 진행되는 그 광경을 통해 하나님의 놀라운 일을 생생하게 지켜볼 수 있었다.

이스라엘 백성은 드디어 모세의 인도에 따라 애굽 땅을 뒤로 하고 마른 땅을 밟고 홍해를 건넜다. 한참 후 그 광경을 보게 된 애굽 군대 역시 그 뒤를 추격하기 시작했다. 결국 이스라엘 백성은 홍해바다를 건너 시내광야에 이르렀다. 그렇지만 하나님께서 모세로 하여금 손을 내밀어 바다를 가르는 능력을 풀게 하자 애굽의 전차들과 모든 병사들은 홍해바다에서 몰살당해 시체들이 바닷가로 밀려 나오기도 했다.[31]

이는 역사적인 실제이기도 하지만 매우 중요한 구속사적인 의미를 지니고 있다. 사도 바울은 고린도 교회에 편지하면서 이스라엘 백성이 모세와 더불어 홍해바다를 건넌 사건을 세례와 연관지어 설명했다. 그것은 과거에 사라진 사건이 아니라 현재에도 그 영적인 의미가 그대로 남아 있음을 말해주고 있다.

"형제들아 너희가 알지 못하기를 내가 원치 아니하노니 우리 조상들이 다

---

[31] 나중 여호수아를 비롯한 이스라엘 병사들이 아말렉 군대를 대항해 싸울 때 칼을 사용해 저들을 무찔렀다(출 17:8-16 참조). 그때 이스라엘 백성이 가진 무기는 홍해바다를 건넌 후 패망한 애굽 군대로부터 취한 것이 분명하다.

구름 아래 있고 바다 가운데로 지나며 모세에게 속하여 다 구름과 바다에서 세례를 받고"(고전 10:1,2)

홍해바다를 건너기 전 애굽의 광야에 갇힌 이스라엘 백성은 죽을 수밖에 없는 형편이었다. 그러나 하나님께서는 저들을 홍해바다를 통해 구원하셨다. 그에 반해 애굽의 모든 병사들은 그 동일한 사건으로 말미암아 죽음에 처하게 되었다. 이스라엘 백성은 그 모든 권능의 과정을 체험하면서 여호와 하나님을 경외하며 비로소 하나님의 종 모세를 믿게 되었다.

홍해바다를 건너 시내광야에 당도한 이스라엘 백성에게는 애굽에서의 삶과는 전혀 다른 새로운 삶이 기다리고 있었다. 그곳은 결코 풍요롭고 화려한 지역이 아니었다. 그렇지만 전능하신 하나님께서 항상 저들과 함께 계시는 특별한 영역이었다.

오늘날 우리도, 이스라엘 백성이 홍해바다를 건너듯이 세례를 받음으로써 새로운 삶을 살아가고 있다. 우리 앞에는 당시의 구름기둥과 불기둥 보다 더욱 뚜렷한 하나님의 계시가 앞서 인도하고 있다. 이스라엘 민족이 출애굽함으로써 애굽의 모든 가치로부터 단절되었듯이 우리 역시 그와 동일한 영적인 의미 가운데 살아가고 있음을 기억하지 않으면 안 된다.

제18장

'모세의 노래' 와 이스라엘 자손의 노래와 원망

(출 15:1-27)

1. 이스라엘 자손이 부를 새로운 노래

홍해바다를 건넌 모세와 이스라엘 자손은 하나님의 능력을 체험하면서 공동의 노래를 불렀다. 그 노래는 특별한 계시적 성격을 띠고 있었다. 즉 모세가 그 노래를 자의로 창작한 것이 아니라 하나님으로부터 계시를 받았다. 온 이스라엘 백성이 하나님을 향해 그것으로써 노래 불렀던 것이다.

성경의 노래는 율법과 역사 그리고 선지자들의 예언 등과는 구별되는 독특한 장르에 속한다. 그 노래는 모든 백성들이 수시로 마음과 입술에 구체적으로 올림으로써 민족적 통합을 이끌어낸다. 이는 지각을 갖춘 이스라엘 민족 가운데 그 노래를 모르는 사람이 없다는 말이기도 하다. 대중적으로 전파된 그 노래는 구약시대의 역사 가운데 지속적으로 전달되어 언약의 자손들을 위한 민족적인 고백이 되었을 것이 틀림없다.

모세를 통해 허락된 이 노래는 전체적으로 세 연으로 구성되어 있다. 첫째 연은 15장 1-5절, 둘째 연은 15장 6-10절, 셋째 연은 15장 11-18절까지이다. 이를 기준으로 하여 그 전반적인 내용을 살펴볼 수 있다.

2. 모세의 노래에 담긴 하나님과 그의 사역

(1) 찬송 받으실 여호와 하나님(첫째 연)

모세의 노래는 단순히 민간에 떠도는 노래가 아니라, 계시에 의해 영화로우신 여호와 하나님을 찬양하는 특별한 의미를 담고 있다. 이스라엘 백성은 애굽을 탈출하면서 하나님의 놀라운 능력을 체험했다. 그들은 하나님께서 말과 전차를 탄 막강한 애굽 병사들을 바다에 던져 몰살시키시는 것을 목격했던 것이다.

그러므로 모세는 여호와가 찬양의 대상으로서 자신의 힘이자 구원이라는 사실을 고백했다. 그는 바로 그 구원의 하나님을 높이 찬송하며 경배하는 노래를 불렀다. 여호와 하나님은 언약의 백성을 위해 친히 싸우시는 분이다. 이스라엘 백성의 능력으로는 도저히 감당할 수 없는 바로 왕의 군대와 전차를 비롯한 모든 병기들을 일거에 바다에 빠뜨리셨다. 그것은 애굽의 군 지휘관들이 예기치 않았던 일이었다.

하나님의 무서운 진노 앞에서는 아무도 버티거나 견뎌낼 수 없었다. 자연과 바다도 하나님의 명령에 온전히 순종해야만 했다. 그리하여 애굽의 고위 군 지휘관으로부터 모든 병사가 홍해바다에 수장되었다. 이스라엘 민족에 대적하는 자들은 곧 하나님의 원수였기 때문이다. 하나님께서는 그 일을 통해 자신의 영광을 나타내셨다.

(2) 원수의 세력을 무찌르시는 권능의 하나님(둘째 연)

바로 왕의 군대는 홍해를 통한 하나님의 기적이 일어나기 전까지는 이스라엘 백성을 추격해 그들의 모든 소유를 노획할 수 있으리라 판단했었다. 그렇게 함으로써 저들의 욕망을 채울 수 있을 것으로 믿었다. 그들은 저들의 훈련된 군사력과 전차와 말과 칼을 굳게 믿고 있었던 것이다. 그러나 전능하신 하나님은 저들의 만용을 결코 용납하지 않으셨다. 그것은 히나님의 진노를 유발하는 오만에 찬 행위에 지나지 않기 때문이다.

이스라엘 백성은 원수들의 세력을 심판하시는 하나님의 놀라운 능력을 직접 목격하며 구체적으로 체험했다. 따라서 그들은 모세와 더불어 여호와 하나님이 절대자임을 고백하며 노래하게 되었다. 그는 인간들과는 비교될 수 없는 위엄을 지닌 전능하신 분이었다. 그 하나님 앞에서 자신의 능력을 자랑할 인간은 결코 있을 수 없다.

(3) '하나님의 거룩한 처소'를 향한 언약의 백성

하나님께서는 애굽에서 이끌어낸 이스라엘 백성을 '자신의 거룩한 처소'로 인도하시고자 했다(출 15:13). 모세는 이에 대한 노래를 부르고 있다. 이는 아브라함에게 허락하신 언약과 밀접하게 연관되어 있었다. 하나님께서는 이스라엘 민족을 아브라함이 독자 이삭을 바쳤던 '모리아산의 거룩한 곳'이 있는 땅으로 인도해 심으시고자 했던 것이다.

따라서 이스라엘 백성이 약속의 땅 가나안으로 들어가게 된다는 사실에 대해 가장 민감하게 떨며 낙담할 자들은 그곳에 정착해 살아가고 있던 블레셋, 에돔, 모압, 가나안 땅의 거민들과 군 지휘관들이었다. 그들은 이스라엘 민족의 가나안 땅 진입을 차단하고자 애쓰겠지만 그것은 아무런 위력을 발휘하지 못한다. 시편기자는 이 모든 것에 관련된 일들을 자신의 능력으로 행하시는 하나님에 관해 노래하고 있다.

> "주께서 주의 손으로 열방을 쫓으시고 열조를 심으시며 주께서 민족들은 괴롭게 하시고 열조는 번성케 하셨나이다 저희가 자기 칼로 땅을 얻어 차지함이 아니요 저희 팔이 저희를 구원함도 아니라 오직 주의 오른 손과 팔과 얼굴의 빛으로 하셨으니 주께서 저희를 기뻐하신 연고니이다"(시 44:2,3);
> "주께서 한 포도나무를 애굽에서 가져다가 열방을 쫓아내시고 이를 심으셨나이다"(시 80:8)

하나님께서는 자기 백성을 위해 가나안 땅에 있는 모든 이방 족속들을 쫓아내신다. 그곳에 자기가 택한 민족을 심어 번성케 하시기 위해서였다. 그 땅은 이스라엘 백성의 군사력이나 지략에 의해 정복되는 것이 아니라 하나님의 선물로서 주어지게 된다.

시편기자는 또한 애굽에서 이스라엘 백성을 가나안 땅으로 인도하시는 것을 두고 한 그루의 포도나무를 옮겨 심은 것으로 묘사하고 있다.[32] 이처럼 하나님께서는 기필코 자기 백성들을 자신의 '기업의 산' (출 15:17)에 옮겨 심으신다.

이스라엘 백성이 심겨진 그 기업의 산이 곧 하나님의 거룩한 처소가 된다. 그곳은 하나님께서 친히 자신의 손으로 건립하신 성소이다. 그곳을 기초로 하여 하나님께서 영원한 통치를 이룩하게 되신다(출 15:17). 모세는 바로 그 노래를 하나님의 계시로 받아 이스라엘 백성에게 가르쳐 부르게 했던 것이다.

(4) 궁극적인 하나님의 뜻

출애굽한 이스라엘 백성이 홍해바다 가에서 부르던 모세의 노래는 하나님께서 예비하신 궁극적인 종말을 향하고 있다. 요한계시록에는 승리한

---

32) 포도나무 비유는 구약성경과 신약성경에서 이와 연관해 전반적으로 나타나고 있다. 예레미야 선지자는 배도에 빠진 이스라엘 백성을 향해, "내가 너를 순전한 참 종자 곧 귀한 포도나무로 심었거늘 내게 대하여 이방 포도나무의 악한 가지가 됨은 어찜이뇨"(렘 2:21)라고 말했다. 그리고 예수님께서는 제자들에게 자신을 참 포도나무로 묘사하시면서 그와 연관된 교훈을 하셨다: "내가 참 포도나무요 내 아버지는 그 농부라 무릇 내게 있어 과실을 맺지 아니하는 가지는 아버지께서 이를 제해 버리시고 무릇 과실을 맺는 가지는 더 과실을 맺게 하려 하여 이를 깨끗케 하시느니라 너희는 내가 일러준 말로 이미 깨끗하였으니 내 안에 거하라 나도 너희 안에 거하리라 가지가 포도나무에 붙어 있지 아니하면 절로 과실을 맺을 수 없음 같이 너희도 내 안에 있지 아니하면 그러하리라 나는 포도나무요 너희는 가지니 저가 내 안에, 내가 저 안에 있으면 이 사람은 과실을 많이 맺나니 나를 떠나서는 너희가 아무것도 할 수 없음이라"(요 15:1-5).

하나님의 자녀들이 '유리바다' 가에서 모세의 노래를 부른 내용이 기록되어 있다. 또한 그 노래는 어린 양의 노래와 밀접하게 연관된 의미를 지니고 있었다.

> "또 내가 보니 불이 섞인 유리 바다 같은 것이 있고 짐승과 그의 우상과 그의 이름의 수를 이기고 벗어난 자들이 유리바다 가에 서서 하나님의 거문고를 가지고 하나님의 종 모세의 노래, 어린 양의 노래를 불러 가로되 '주 하나님 곧 전능하신이시여 하시는 일이 크고 기이하시도다 만국의 왕이시여 주의 길이 의롭고 참되시도다 주여 누가 주의 이름을 두려워하지 아니하며 영화롭게 하지 아니하오리이까 오직 주만 거룩하시니이다 주의 의로우신 일이 나타났으매 만국이 와서 주께 경배하리이다' 하더라"(계 15:2-4)

저항하는 애굽 군대를 징벌하신 하나님께서는 세상의 모든 원수들을 물리치게 된다. 그때는 온 세상 나라가 여호와 하나님 앞에 굴복할 수밖에 없다. 종말이 되면 구원받은 하나님의 자녀들은 불이 섞인 유리바다 가에 서서 거룩하신 전능자 하나님을 찬양하며 경배하게 된다. 모세가 하나님의 계시를 받아 이스라엘 백성에게 가르친 그 노래는 종말을 향한 구속사적인 의미를 지닌 노래였던 것이다.

3. 미리암과 그녀를 따르는 여인들의 소고와 춤

모든 이스라엘 백성은 모세의 노래를 불렀다. 그 가운데는 모세의 누이 미리암을 비롯한 많은 여인들도 있었다. 그들도 하나님께서 애굽 군대의 말과 전차와 모든 병사들이 홍해바다에 몰사되는 것을 목격했다. 그러나 이스라엘 백성은 바다 밑 마른 땅을 밟고 건너 무사히 시내광야에 당도하게 되었다.

모세의 누이 미리암이 여 선지자로서 손에 소고를 잡고 춤을 추자 모든 여인들도 그를 따라했다.[33] 미리암은 계시받은 노래와 더불어 자기를 따르는 여인들에게 지극히 높으신 여호와 하나님을 찬송하도록 독려했다. 그들은 자신의 구원뿐 아니라 애굽 군인들을 홍해바다에 수장시킴으로써 심판하신 영화로운 하나님을 찬양했던 것이다.

4. 마라Marah의 쓴물이 단물로 변한 사건

모세의 노래를 부르던 이스라엘 백성은 상황이 변하자 저들의 태도가 완전히 바뀌었다. 그들이 사흘 길을 걸었음에도 불구하고 마실 물을 구하지 못하자 심각한 지경에 놓이게 되었다. 그런 형편 가운데 마라에 이르렀을 때 물을 발견하게 되었다. 하지만 그 물은 입에 쓴 물이어서 사람이 마시기에 적합하지 않았다. 그래서 이스라엘 백성은 그 지역을 '마라'라고 부르게 되었다.

백성들은 마실 물이 없으므로 인해 또다시 모세를 원망하기에 이르렀다. 물을 마시지 못하면 죽을 수밖에 없다. 그렇게 되자 모세는 여호와 하나님께 부르짖었다. 모세의 기도를 들은 하나님께서는 그에게 한 나무를 가리키셨다. 그 가지를 꺾어 물에 던지라는 것이었다. 모세가 하나님께서 시키시는 대로 순종하자 물이 즉시 달게 되었다.

이스라엘 백성은 이를 통해 하나님의 능력을 또다시 확인할 수 있었다. 백성들은 현실적인 형편으로 말미암아 원망을 했으나 하나님은 도리어 그것을 통해 저들의 신앙을 더욱 굳건하게 단련시키셨다. 그 모든 것은 하나님의 섭리와 경륜에 속해 있었던 것이다.

---

33) 우리는 여기서 미리암을 비롯한 여인들이 기뻐하는 모습을 볼 수 있다. 이는 단지 여성들만의 축제가 아니라 모든 이스라엘 백성이 그 광경을 지켜보고 있었다. 그들은 하나님의 구원과 심판 사역을 보며 기쁨과 즐거움에 넘쳤던 것이다. 그러나 이를 우리 시대에 유행하는 소위 기독교 춤(Christian Contemporary Dance)의 근거로 삼을 수는 없다.

6. 여호와 하나님의 법도와 율례

하나님께서는 마라에서 이스라엘 백성이 지켜야 할 특별한 율법을 주셨다. 우리는 구두에 의한 그 율법이 백성들이 시내산에 도착하기 전에 주어졌다는 사실에 주목해야 할 필요가 있다. 즉 시내산 율법이 주어지기 전에 저들이 지켜야 할 법도와 율례, 계명과 규례를 주셨던 것이다. 하나님께서는 그것을 통해 백성들을 시험하고자 하셨다. 이는 이스라엘 백성들이 그동안 익숙해 있던 애굽의 모든 법을 버려야 함을 의미하고 있다.

그러므로 하나님께서는 이스라엘 백성에게 자신의 율법을 굳게 지키도록 명령하셨다. 그들이 여호와 하나님의 말씀을 들어 순종함으로써 주님 보시기에 의를 행하며 계명을 지키면, 하나님께서 저들을 특별히 보호하시리라는 약속을 하셨다. 그렇게 하면 애굽 사람들에게 내린 질병들 가운데 하나도 저들에게 내리지 않겠다는 것이었다. 그는 그 말씀을 통해 자신이 언약의 백성들을 '치료하시는 하나님' 이라는 사실을 밝히셨다.

그후 백성들은 여정을 진행해 엘림(Elim)에 도착했다. 그곳은 '열두 개의 물 샘' 과 '일흔 그루의 종려나무' 가 있는 오아시스였다.[34] 그들은 거기에 장막을 치고 잠시 동안 머물렀다. 애굽을 떠나온 지 얼마 되지 않았지만 이스라엘 자손들은 숱한 우여곡절을 겪으며 하나님의 능력을 절감하지 않을 수 없었다.

---

34) 이스라엘 민족이 장막을 친 엘림(Elim)이 '열두 개' 의 물샘과 '일흔 그루' 의 종려나무가 있는 오아시스였다는 사실은 그 자체로 언약적인 의미를 지니고 있는 것으로 이해할 수 있다. '열두 개' 의 우물에서 숫자 '12' 는 이스라엘 '열두 지파' 와 연관되며 예수님의 '열두 제자' 와 연관되어 있다. 그리고 종려나무 '일흔 그루' 에서 숫자 '70' 은 이스라엘 '장로 칠십인' (출 24:1,9)과 예수님께서 보내신 '칠십 문도' (눅 10:1,17)와 연관되어 있는 것으로 이해할 수 있다. 이는 자연을 통한 하나님의 특별한 계시가 드러나고 있음을 보여주고 있는 것이다.

제19장
만나와 메추라기 및 안식일
(출 16:1-36)

1. 모세를 향한 원성

이스라엘 백성들은 애굽에서의 다양한 기적들을 경험하고 홍해바다를 건너면서 하나님의 능력을 확인했다. 거기다가 그들이 원망하는 순간에도 구름기둥과 불기둥이 저들을 인도하고 있었다. 나아가 입술을 통해 모세의 노래를 부르고 있던 그들이었다. 그럼에도 불구하고 저들은 모세와 아론을 원망했다.

그 사람들은 출애굽할 때의 기대와 광야에서의 현실이 너무 다르다고 판단했다. 엘림을 떠난 이스라엘 백성이 시내산 가까이 있는 신(Zin) 광야에 도착했을 때는 출애굽한 지 둘 째 달 십오일이 되던 날이었다. 그들은 거기서 또다시 모세를 향한 집단적 원성을 쏟아냈다. 그것은 날마다 먹는 음식 문제 때문이었다. 아마도 그때 즈음 그들이 준비해 온 식량이 거의 끝나간 상태였을 것으로 보인다.

그들이 힘든 상황에 처했다면 하나님의 뜻을 좀 더 기다리는 슬기로운 자세를 가져야 했다. 그러나 그들은 구름기둥과 불기둥 가운데 상존해 계시는 하나님을 바라보지 않았으며 그동안 행하신 하나님의 다양한 이적들을 마음속 깊이 새기지 않았다. 그들은 단지 저들의 가벼워진 양식 자루만 들여다봤을 따름이다.

그러다보니 그 식량이 떨어지면 죽게 될지도 모른다는 불안감에 빠지게 되었다. 따라서 옛날 애굽 땅에서 배불리 음식을 먹던 때를 추억했다. 애굽에 있으면서 끓는 고기 가마솥 곁에 앉아 맛있게 먹던 고기와 떡을 그리워했던 것이다. 따라서 애굽에 그냥 살다가 여호와 하나님의 손에 죽는 것이 광야에 나와 고생하는 것보다 훨씬 나았을 것이라 주장하기에 이르렀다.

하나님이 애굽 사람들에게 재앙을 내릴 때 저들도 그들과 함께 죽었더라면 이런 험악한 상황을 맞지 않았을 것이란 주장이었다. 이스라엘 백성들은 이제 곧 온 회중이 사막에서 굶어 죽게 되었는데 어떻게 책임을 질 것이냐며 모세에게 따져 물었다. 그들이 양식문제로 인해 고통을 당하는 것은 결국 모세와 아론 때문이라는 것이었다. 그러나 그 내면적 실상은 여호와 하나님에 대한 원망이었다. 모세는 그 점을 강조해 말하고 있다.

> "우리가 누구이기에 너희가 우리에게 대하여 원망하느냐 … 우리가 누구냐 너희의 원망은 우리를 향하여 함이 아니요 여호와를 향하여 함이로다" (출 16:7,8)

이스라엘 백성은 저들을 삭막한 광야로 이끌어 낸 모세와 아론에게 원망을 쏟아놓고 있다. 그러나 그 원망의 화살 끝은 모세가 아니라 하나님을 향하고 있었다. 하나님의 사자의 역할을 감당하고 있는 저들을 원망한다는 것은 곧 하나님에 대한 원망일 수밖에 없다. 그들은 감히 하나님을 향해 직접적인 원망을 하지 못했을 뿐 실상은 저들을 광야로 인도하신 여호와 하나님을 겨냥하고 있었던 것이다.

오늘날 우리는 이스라엘 민족의 사악한 태도를 보며 현실에 지나치게 민감한 자신을 되돌아볼 수 있어야 한다. 주변의 환경을 보며 불평을 늘어놓는 것은 하나님에 대한 불신에 기인한다. 그것은 자신의 인생을 살아계 신 하나님께 맡기는 것이 아니라 스스로 주관하겠다는 오만한 자세에 지 나지 않는다. 그것은 하나님의 진노를 건드리는 것과 같은 위태로운 행동 이 아닐 수 없다.

2. 하나님의 대응

하나님께서는 이스라엘 백성의 원성을 들으셨다. 그는 이스라엘 백성이 모세를 향해 불평불만을 쏟아내지만 그 근저에는 자신에 대한 원망이 존 재하고 있음을 알고 계셨다. 그러므로 모세를 불러 그에 대한 대응을 하고 자 하셨다.

이제 저들을 위해 하늘에서 양식을 비 같이 내리게 할 터이니 백성들로 하여금 날마다 먹을 양식을 거두라는 것이었다. 그렇게 되면 우선 그들 이 불평의 원인으로 내세웠던 식량문제는 해결될 수 있다. 그러나 하나 님께서는 저들의 불평을 듣고 긍정적인 입장에서 그에 응답하신 것이 아 니었다.

우리가 여기서 반드시 기억해야 할 바는 그와 더불어 매우 중요한 단서 가 붙어 있었다는 사실이다. 그것은 하나님께서 하늘로부터 특별한 양식 을 허락하시는 것이 단순히 저들의 굶주림을 면하게 해주는 은총 때문만 은 아니었음을 말해준다. 그에 연관된 목적 가운데는 저들이 과연 하나님 의 율법을 온전히 준행하는지에 대해 시험하기 위한 것이 포함되어 있었 다(출 16:4). 이스라엘 백성은 그 점을 분명히 인식하지 않으면 안 되었다.

3. 만나와 메추라기와 연관된 규례

하나님께서는 정해진 시와 때에 따라 규칙적으로 만나와 메추라기를 내려주시게 된다. 그와 같은 일은 이스라엘 백성이 가나안 땅에 들어가는 날까지 광야 사십년 동안 지속된다. 아침에 이슬이 장막 주위에 내려있다가 그 이슬이 마른 후에 광야 지면에 작고 둥글며 서리 같이 가는 것들이 남아 있게 되는데 그것이 곧 만나였다.

만나는 깟씨 같이 희고 그 맛은 꿀 섞은 과자 같았다. 그것은 자연으로부터 생산된 일반적인 양식이 아니라 하늘로부터 특별히 제공된 것이었다. 시편기자는 '천사들의 양식'(the bread of angels, 시 78:25)이라는 표현을 하고 있다.

하나님께서는 평일 아침에는 날마다 만나를 내리시며 저녁에는 메추라기를 보내 백성들에게 고기를 먹이셨다. 그들이 하나님으로부터 공급되는 양식을 거두는 일은 저들의 일과가 되었다. 그렇지만 안식일에는 하늘에서 만나와 메추라기가 내리는 일이 중단되었다. 하나님께서 안식일을 특별히 구별하여 그 날은 양식을 내리지 않으셨던 것이다.[35] 그렇다고 해서 사람들이 안식일에 굶주려야 했던 것은 아니다.

이스라엘 백성들은 날마다 자기와 가족이 먹을 만큼의 만나와 메추라기를 거두어들여야 했다. 한 사람이 하루 먹을 양인 한 오멜(약 2리터) 정도씩 거두도록 하셨다(출 16:16). 그들은 더 많은 양을 거둘 필요가 없었으며 이튿날 아침까지 그것을 남겨둘 필요도 없었다. 다음날을 위해 불필요한 욕심을 낼 필요가 없이 그날 먹을 양 만큼만 거두면 되었다.

그리고 만나와 메추라기를 거두는 사람들은 장막 안에 거하는 연약한 식구들을 위해 함께 거두어야 한다(출 16:16 참조). 만일 식구 수를 넘어 더 많이 거둔다고 할지라도 그것이 아무런 유익이나 도움이 되지 않았다. 도움은커녕 도리어 더러운 벌레들이 그 식량 가운데 생겨 심한 악취가 나서 먹

---

35) '안식일'은 창조질서와 직접 연관되어 있다. 따라서 그 날은 이스라엘 백성이 출애굽한 후 특별히 제정된 것이 아니다. 물론 우리는 그 날을 지키는 방법에 있어서는 각 시대에 따라 차이가 났음을 알고 있다.

을 수 없게 되었다.

그러나 안식일에는 만나와 메추라기가 내리지 않으므로 그 전날 갑절의 양을 거두어 준비해야만 했다. 하나님께서는 안식일이 자신을 위한 특별한 날임을 실제적으로 보여주셨다. 그것을 통해 그 날이 일상적인 날과는 구별되는 하나님의 거룩한 은혜의 날이라는 사실이 드러나게 되었다.

이스라엘 백성이 하나님의 규례에 순종했을 때는 그 거둔 것이 많기도 하도 적기도 했지만 많이 거둔 자도 남음이 없고 적게 거둔 자도 부족함이 없었다. 즉 개개인이 정확한 계측을 하지 않아도 자연스럽게 맞추어졌다. 모든 사람들이 순종함으로써 날마다 충분히 먹을 수 있는 양식을 거두게 되었던 것이다(출 16:17). 거기에는 이스라엘 백성을 위한 하나님의 특별한 경륜이 따르고 있었기 때문이다.

그러므로 출애굽한 이스라엘 백성들이 광야에서 살아가는 동안에는 빈부의 격차가 완전히 사라졌다. 의식주에 대해서는 아무런 차별이 발생하지 않았다. 즉 사람들이 먹고 마시며 생활하는 문제에 있어서는 특별한 차이가 없었다.

우리는 이를 통해 하나님의 평균케 하시는 원리를 발견하게 된다. 이러한 원리는 오늘날 우리시대에도 그대로 적용되어야 한다. 사도 바울은 고린도 교회에 편지하면서 그 점을 분명히 기록하고 있다.

"이는 다른 사람들은 평안하게 하고 너희는 곤고하게 하려는 것이 아니요 평균케 하려 함이니 이제 너희의 유여한 것으로 저희 부족한 것을 보충함은 후에 저희 유여한 것으로 너희 부족한 것을 보충하여 평균하게 하려 함이라 기록한것 같이 많이 거둔 자도 남지 아니하였고 적게 거둔 자도 모자라지 아니하였느니라"(고후 8:13-15)

이 세상에 살아가는 동안, 동일한 교회에 속한 하나님의 자녀들 사이에 의식주로 말미암은 근본적인 차별이 생기지 않아야 한다. 즉 가난한 성도들이 굶주리고 있을 때 부유한 성도들은 그것을 외면한 채 배불리 먹으며 사치할 수 없다. 따라서 교회는 항상 성실함에도 불구하고 어려운 성도들이 있지 않은지 살피게 된다.

이는 물론 공산주의적 성격을 의미하거나 두둔하지 않는다. 성숙한 성도들은, 사유재산제도가 인정된다고 할지라도 선한 청지기로서 자기의 위치와 역할을 잊지 말아야 한다. 즉 개인이 가진 모든 소유가 하나님께서 허락하신 것임을 깨달아 이웃을 위한 필요에 따라 그것을 온전히 사용할 수 있어야 하는 것이다.

하나님으로 말미암은 것들을 개인적인 능력의 결과인 양 착각하여 자기만을 위해 사용한다면 그것은 하나님의 것을 자기 마음대로 사용하는 오류에 빠지게 된다. 하나님께서는 개인의 풍족한 삶이 아니라 이웃을 위해 사용할 수 있도록 모든 필요한 것들을 각 사람들에게 적절하게 맡겨두셨기 때문이다.

그럼에도 불구하고 타락한 인간들의 속마음에서는 끊임없는 욕심이 일어나게 된다. 어리석은 자들은 자기의 욕심을 합리화하기를 좋아한다. 그러나 성숙한 성도들은 그것을 억제하는 자세를 지니게 된다. 만일 그렇게 하지 않으면 그 욕심은 인간을 죄와 사망으로 이끌어가고자 한다. 야고보는 그에 대한 분명한 기록을 남기고 있다.

"오직 각 사람이 시험을 받는 것은 자기 욕심에 끌려 미혹됨이니 욕심이 잉태한즉 죄를 낳고 죄가 장성한즉 사망을 낳느니라"(약 1:14,15)

우리는 이 말씀을 마음속 깊이 새기지 않으면 안 된다. 이와 같은 원리는 이스라엘 백성이 만나와 메추라기를 거두는 원칙에서도 그 의미가 드러나고 있다. 욕심으로 인해 필요 이상의 양식을 거두게 되면 그것은 썩어

벌레가 생기게 된다. 그것을 자신만을 위해 따로 보관한다는 것은 지극히 어리석은 일에 지나지 않았다. 지혜로운 자들은 하나님께서 명하신 대로 날마다 정해진 양만 거두었다.

우리는 이스라엘 백성이 안식일 전 날에는 갑절의 양을 거두었던 사실을 주의깊게 생각해 보아야 한다. 하나님의 말씀을 어기고 갑절의 양을 거두어 두지 않았다가 안식일날 양식을 거두러 나가는 것은 율법을 어기는 행위였다. 하나님께서는 백성들로 하여금 안식일을 지키도록 요구하신 것을 통해 자신의 뜻을 드러내고자 하셨다. 따라서 평일날 필요 이상으로 더 많이 거두는 것도 문제였으며 안식일 전 날 갑절의 양을 거두지 않는 것도 하나님의 뜻을 따르지 않는 심각한 문제가 되었다.

4. 하나님의 영광을 드러내기 위한 방편으로서 만나와 메추라기

이스라엘 백성은 날마다 하늘에서 내려오는 만나를 보며 '하나님의 영광'을 기억해야만 했다(출 16:7). 그것은 인간들의 굶주린 배를 채우는 것 이상의 의미를 지닌다. 즉 그 식량은 일차적으로 이스라엘 백성의 생활을 영위하기 위한 방편이 아니라 하나님의 영광을 드러내기 위한 것이었다.

하지만 어리석은 백성들은 그것이 마치 자기들의 배를 불리기 위한 수단으로만 여겼을 것이 틀림없다. 좀 더 성숙한 사람들이라 할지라도 그것이 하나님께서 저들의 삶을 위해 베푸신 은혜 정도로 생각했을 것이다. 그런 자들은 그것을 통해 하나님께 감사한 마음을 가지는 것이 최상의 도리인 양 생각할 수밖에 없다.

그러나 중요한 사실은 날마다 주어지는 만나와 메추라기가 하나님의 영광을 드러내고 있다는 점이다. 앞에서 살펴본 것처럼 하나님께서는 그것들을 통해 이스라엘 백성을 시험하시고자 했다(출 16:4). 즉 만나와 메추라기는 인간들의 편에서 해석할 것이 아니라 하나님의 편에서 이해하지 않으면 안 된다.

그러므로 이스라엘 민족은 만나와 메추라기를 생존을 위한 식량으로 공급하시는 하나님을 바라볼 수 있어야만 했다. '여호와 하나님의 영광'이 그 특별한 식량을 내려보내는 하늘 곧 구름기둥과 불기둥 속에 항상 나타나고 있었기 때문이다. 구름 가운데 존재하는 하나님의 영광을 보지 못하는 상태에서 눈앞에 놓여 있는 양식에만 관심을 기울이거나 만족스러워한다면 여간 어리석은 태도가 아닐 수 없다.

5. 한 오멜의 만나를 항아리 속에 간수하게 하심

하나님께서 만나와 메추라기를 주신 이유 가운데는 당시에 살던 백성들을 위하는 것에 머물지 않았다. 그것은 도리어 나중에 태어날 언약의 자손들을 위한 것이었다. 따라서 하나님께서는 모세를 통해 아론에게 한 오멜의 만나를 항아리에 담아 대대로 간수하도록 명령하셨다. 그리고 그것은 아무데나 둘 것이 아니라 반드시 여호와 하나님 앞에 두어야만 했다.

> "모세가 가로되 여호와께서 이같이 명하시기를 이것을 오멜에 채워서 너희 대대 후손을 위하여 간수하라 이는 내가 너희를 애굽 땅에서 인도하여 낼 때에 광야에서 너희에게 먹인 양식을 그들에게 보이기 위함이니라 하셨다 하고 또 아론에게 이르되 항아리를 가져다가 그 속에 만나 한 오멜을 담아 여호와 앞에 두어 너희 대대로 간수하라"(출 16:32,33)

이스라엘 백성은 하나님의 명령에 따라 광야에서 공급되었던 만나를 항상 하나님 앞에서 대대로 간수했다. 만나는 뜨거운 햇빛이 비치면 즉시 녹아버릴 뿐 아니라 그 다음 날까지 두면 썩어버렸다(출 16:20,21). 그런데 법궤 안에 보관된 만나는 썩지 않고 신선함을 그대로 유지했다. 그것은 언약의 자녀들의 생명이 오로지 하나님께 달려 있음을 증언해주고 있다. 이는 이스라엘 백성의 모든 삶과 생명은 하나님께서 보존하셨으며 인간들의 노력이나 노동력에 달려 있지 않았음을 의미한다.

나중에 하나님의 명령에 의해 모세가 제작한 법궤 안에는 만나가 담긴 금 항아리가 보관되었다. 즉 항아리에 담긴 만나가 법궤 안에 들어가게 되었던 것이다(히 9:4). 그후의 모든 언약의 자손은 법궤를 공적인 삶의 중심에 둔 신앙생활을 하면서 하나님의 섭리와 경륜을 현실적으로 기억할 수 있었다.

이와 같은 사실은 오늘날 우리시대에도 영적인 의미에서 그대로 적용되고 있다. 우리는 계시된 하나님의 말씀을 통해 그것이 우리와 무관한 사건이 아니었음을 기억하게 된다. 시내광야에서 날마다 내렸던 만나와 더불어 요구된 안식일을 위한 특별한 규례가 우리에게도 밀접하게 연관되어 있는 것이다. 따라서 우리는 하나님의 손길이 인간의 전체 역사 가운데 구체적으로 작용하고 있음을 깨달아야 한다. 이는 하나님을 믿는 모든 성도들에게 신앙의 근간이 되고 있기 때문이다.

제20장

르비딤에서의 시험과 고통: '반석의 물' 과 아멜렉 전투

(출 17:1-16)

1. '반석의 물'

(1) 시내광야의 반석

만나와 메추라기를 날마다 공급받게 된 이스라엘 백성은 하나님의 명령과 더불어 구름기둥과 불기둥의 인도를 받아 신 광야를 떠났다. 그들은 르비딤(Rephidim)에 도착해 장막을 쳤다. 그런데 문제는 그곳에서는 물을 구할 수 없었다는 점이다.

사막에서는 항상 마실 물과 일반 용수가 중요한 문제가 되지 않을 수 없었다. 이스라엘 민족은 마라(Marah)에서 이미 물로 인해 심한 곤욕을 치른 바 있었다. 적은 수가 아니라 수백만 명이 되는 사람들이 한꺼번에 마시고 사용할 수 있는 양의 물을 구한다는 것은 사실상 불가능한 일이었다.

그런 현실에 처해 있으면서 직접적인 영향을 받는 자들은 역시 전체 이스라엘 백성들이다. 물을 구할 수 없었던 백성들은 이번에도 모세를 원망했다. 나아가 모세를 향해 저항하며 심하게 다투기 시작했다. 이제 민족의 영도자라 하는 그의 특별한 지위나 자격도 아무런 소용이 없었다. 급기야 그들은 저들을 애굽 땅에서 이끌어낸 모세를 죽일 태세였다. 하지만 그것은 여호와 하나님의 존재를 시험하는 행위였을 따름이다(출 17:2,7).

그 광경을 지켜보신 하나님께서는 모세에게 지팡이로 반석을 치라고 명령하셨다. 모세는 하나님의 명령에 따라 나일강을 피로 물들게 했던 그 지팡이로 반석을 내리쳤다. 그것이 하나님께서 요구하신 특별한 도구가 되었던 것이다.

모세가 반석을 치자 거기로부터 생수가 쏟아져 나왔다. 사람들은 그렇게 해서 얻은 물을 두고 "므리바 물"(waters of Meribah, 민 20:13)이라 칭했다. 이는 이스라엘 민족이 여호와를 시험하고 모세와 다투었기 때문이다. 성경은 그들이 모세와 다투었지만 실상은 하나님께 저항한 것으로 말하고 있다.

이렇듯이 하나님께서는 자신을 시험하는 이스라엘 백성에게 물을 허락하셨다. 이는 그 백성들을 약속의 땅 가나안으로 인도해야 했기 때문이다. 반석으로부터 엄청나게 쏟아진 그 물은 마치 강물처럼 흘러 내렸다. 그 물이 시내를 이루었으며 물이 모여 못을 만들기도 했다. 시편기자들은 그에 대한 다양한 증언을 하고 있다.

"광야에서 반석을 쪼개시고 깊은 수원에서 나는 것 같이 저희에게 물을 흡족히 마시우셨으며 또 반석에서 시내를 내사 물이 강 같이 흐르게 하셨으니(시 78:15,16); "반석을 가르신즉 물이 흘러나서 마른 땅에 강 같이 흘렀으니" (시 105:41); "저가 반석을 변하여 못이 되게 하시며 차돌로 샘물이 되게 하셨도다" (시 114:8)

이스라엘 백성은 시내광야에서 살아가는 동안 하나님께서 특별히 허락하시는 물을 풍족히 마실 수 있었다. 그런데 우리가 기억해야 할 바는 이스라엘 민족이 사십년 동안 한 자리에 머물러 있었던 것이 아니라 이동했다는 사실이다. 그렇다면 반석의 물 공급은 단번의 사건이 아니라 이스라엘 백성이 이동할 때마다 모세가 반석을 치고 물을 내는 행위가 반복적으로 행해졌던 것으로 이해해야 한다.

그러므로 모세는 가나안 땅 진입을 앞둔 이스라엘 백성에게 하나님께서 지난 사십년 동안 하나님께서 기적으로 물을 먹이신 사실을 상기시켰다. 그들은 그 기간 동안 하나님께서 허락하신 반석의 물을 마시고 살았다. 저들의 생명은 전적으로 하나님의 능력과 섭리에 달려 있었던 것이다. 신명기에는 그에 관한 내용이 기록되어 있다.

"여호와는 너를 애굽 땅 종 되었던 집에서 이끌어 내시고 너를 인도하여 그 광대하고 위험한 광야 곧 불뱀과 전갈이 있고 물이 없는 간조한 땅을 지나게 하셨으며 또 너를 위하여 물을 굳은 반석에서 내셨으며"(신 8:14,15)

반석에서 솟아 나온 물은 마치 사막지역의 와디(wadi)[36]처럼 흘렀다가 마르기를 되풀이 했을 것으로 보인다. 수백만 명이나 되는 사람들과 많은 동물이 마시고 용수로 사용할 수 있을 정도라면 엄청난 양이 아닐 수 없다. 그러나 구름기둥과 불기둥과 더불어 백성들이 장소를 옮겨가게 되면 이전에 있던 강물도 말라버렸을 것이 틀림없다.

그리고 저들이 다른 지역으로 이동하게 되면 모세는 또다시 반석을 쳐서 새로운 물을 공급하게 되었을 것이다. 하나님께서는 이런 식으로 이스라엘 백성에게 풍부한 물을 지속적으로 공급하셨다. 이를 통해 반석이 생명의 근원이라는 사실이 이스라엘 민족의 삶 가운데 항상 드러나고 있었던 것이다.

---

36) 와디(wadi)란 사막과 같이 건조한 지대에서 볼 수 있는 물이 없는 마른 강을 일컫는다. 큰비가 내리면 물이 흐르게 되지만 메마른 땅이 되었을 때는 사람들이 다니는 길로 사용되기도 한다.

(2) '반석' 의 상징적 의미

모세가 지팡이로 내려쳤던 그 신령한 반석은 매우 특별한 상징적인 의미를 지니고 있었다. 우리는 이스라엘 백성의 생명이 반석에 달려 있었다는 사실을 분명히 기억한다. 성경은 그 반석 자체가 예수 그리스도를 지칭하고 있음을 보여준다. 사도 바울은 고린도 교회에 편지면서 그 점을 선명하게 밝히고 있다.

> "모세에게 속하여 다 구름과 바다에서 세례를 받고 … 다 같은 신령한 음료를 마셨으니 이는 저희를 따르는 신령한 반석으로부터 마셨으매 그 반석은 곧 그리스도시라" (고전 10:2-4)

바울은 이스라엘 백성을 위해 생수를 낸 그 반석을 보통 반석이 아니라 신령한 반석이라 말했다. 모세는 바로 그 신령한 반석을 자신의 지팡이로 쳐서 물을 내었던 것이다. 즉 이스라엘 백성이 마신 물은 반석 곧 구원자이신 그리스도로 말미암은 것이었다.

또한 사도 바울은 로마에 있는 교회에 편지하면서도 그에 대한 중요한 기록을 남기고 있다. 그는 예루살렘 성전에 연관된 예수 그리스도를 특별한 반석으로 지칭하고 있는 것이다. 하나님께서 시온에 두신 그 반석을 믿는 자들은 부끄러움을 당치 않겠지만 그렇지 않은 자들은 심판과 더불어 낭패를 보게 된다.

> "기록된 바 보라 내가 부딪히는 돌과 거치는 반석을 시온에 두노니 저를 믿는 자는 부끄러움을 당치 아니하리라 함과 같으니라" (롬 9:33)

이 말씀은 이사야 선지자의 예언이 성취되었음을 증언하고 있다(사 8:14,15). 로마서에 기록된 이 반석은 사도 바울 자신이 고린도 교회에 편지를 보내면서 언급한 그 반석과 동일한 반석이다. 시내광야의 반석이 곧 예수 그리스도였다는 말씀이 우리에게 주는 의미는 매우 중요하다.

그런데 왜 성경에는 그 반석을 예수 그리스도와 동일시하여 말하고 있는 것일까? 그것은 특별한 구속사적 의미를 지니고 있는 것으로 보아야 한다. 따라서 우리는 여기서 매우 신중한 신학적인 접근을 시도해 볼 수 있다.

우선 분명한 사실은 이스라엘 민족의 생명이 그 반석에 달려 있었다는 점이다. 그런데 저들의 생명은 반석에서 난 물뿐 아니라 하늘에서 공급되는 만나와 메추라기에 달려 있기도 했다. 그럼에도 불구하고 만나와 메추라기가 아니라 저들에게 물을 공급한 신령한 반석을 예수님과 동일시하고 있음은 눈여겨 볼 만한 내용이 아닐 수 없다.

우리는 만나와 메추라기가 하늘로부터 내려온 데 반해, 반석의 물은 땅에서 특별한 방법으로 솟아났다는 사실을 기억한다. 성경이 반석을 예수 그리스도와 동일시하는 것은 이와 밀접하게 연관된 것으로 이해할 수 있다. 즉 만나와 메추라기는 하늘로부터 내려왔지만 반석의 물은 땅에서부터 흘러나왔다.

인간의 몸을 입고 성육하신 하나님의 아들 예수 그리스도께서 이 땅에서 행하신 구속사역을 통해 성도들에게 영원한 생명이 공급되었다. 시내광야의 반석이 하나님과 연관되어 기술된 내용은 구약성경에 여러 차례 나타나고 있다. 그 가운데는 시내광야의 므리바와 맛사에서 물을 낸 반석에 직접 관련지은 시편기자의 노래가 눈에 띈다.

"오라 우리가 여호와께 노래하며 우리 구원의 반석을 향하여 즐거이 부르자 ... 이르시기를 너희는 므리바에서와 같이 또 광야 맛사의 날과 같이 너희 마음을 강퍅하게 말찌어다"(시 95:1,8)

위의 시편 가운데는 이스라엘 백성이 므리바와 맛사에서 물 때문에 다투었던 역사적 사실이 언급되어 있다(출 17:7 참조). 시편기자는 그와 더불어 구원의 반석 곧 여호와 하나님께 영광을 돌리자는 노래를 불렀다. 이는 여호와 하나님과 장래 오시게 될 예수 그리스도께 연관되는 예언적인 의미를 지니고 있는 것으로 이해해야 한다.

이처럼 시내광야에 있던 신령한 반석과 그로부터 제공된 물은 예수 그리스도를 보여주고 있다. 그것이 비록 상징적이기는 하지만 백성들은 그 진정한 의미를 깨달아야만 했다. 비록 당대의 사람들은 그에 대한 명확한 인식이 없었을지라도 후대 언약의 백성들은 하나님의 특별 계시에 의해 그 점을 깨달아 알 수 있었다.

2. 아말렉 족속과의 전투

이스라엘 민족이 시내산 도착을 앞두고 있을 때 아말렉 족속이 공격해 왔다. 그들은 에서의 자손(창 36:12)으로서 에돔 족속과 연관이 있었다. 이스라엘 자손이 물 문제를 해결하자 이번에는 아말렉 족속이 공격해 왔던 것이다. 아말렉 족속은 무엇 때문에 이스라엘 민족을 공격했을까?

우리는 그 이유를 명확하게 알 수는 없다. 그렇지만 몇 가지 가능성을 추론해 볼 수 있다. 우선 저들은 이스라엘 민족의 대이동으로 인해 위협을 느꼈을지 모른다. 당시는 이스라엘 백성이 저들의 영역을 침범하고 있다는 판단을 할 만한 상태였다. 그것이 아니라면 그들이 풍족한 물을 사용하게 된 이스라엘 민족을 보며 그 물이 탐났을 수도 있다.[37] 그들은 그것이

---

37) 물이 귀한 사막지역에서 물 전쟁이 빈번하게 일어나는 것은 이상한 일이 아니다. 풍족한 물을 얻기 위해서 주변의 종족을 공격하는 것은 흔히 있는 일이었다. 아말렉 족속이 이스라엘을 공격한 것도 그와 어느 정도 연관되었을 가능성이 없지 않다.

하나님으로 말미암은 것이라 생각하지 않았을지라도 엄청난 물이 저들에게 있다는 것을 눈앞에서 보게 되었다.

나아가 아말렉 족속은 이스라엘 백성이 가나안 땅으로 들어가는 것을 방해하기 위한 목적을 가지고 있었을지도 모른다. 그렇다면 이스라엘 백성은 아말렉 족속에 맞서 적극적으로 싸울 수밖에 없었다. 그때 르비딤에 형성된 전선戰線의 맨 앞에 나간 사람은 무장한 군대를 이끈 여호수아였다.[38] 이는 그가 자발적으로 취한 행동이 아니라 모세의 명령에 의한 것이었다.

그런데 모세는 그 전투의 승패가 여호수아를 비롯한 이스라엘 군대의 전투력에 달려 있지 않다는 사실을 알고 있었다. 따라서 그는 전투가 벌어지는 시간에 전투현장이 아니라 지팡이를 들고 산꼭대기에 올라가고자 했다. 그리하여 여호수아는 군대를 이끌고 아말렉 족속과 싸우기 위해 피를 예고하는 전투현장으로 나간데 반해 모세는 아론과 훌[39]을 데리고 산 위로 올라갔다.

모세가 산 위에서 손을 높이 치켜들자 이스라엘 민족이 이겼으며 손을 내리자 아말렉이 이겼다. 그러나 전투 현장에 있던 군인들은 저들의 전력戰力에 따라 승패가 되풀이 된다고 판단했을 것이다. 그러나 그 싸움의 승패는 저들의 군사력이나 무기에 달려 있지 않았다. 양 진영의 전투 상황은 전투 현장이 아니라 산 위에서 결정되고 있었다. 즉 전투하는 병사들이 마치 원격조종(remote control)에 의해 움직이는 것과도 같았다.

이스라엘 백성의 승리여부가 여호수아의 지휘력이나 군인들의 칼과 창

---

38) 아마도 이스라엘 백성은 출애굽할 때 애굽 군대로부터 칼을 비롯한 무기를 구했던 것으로 보인다. 즉 홍해바다를 건너기 전에는 저들에게 무기가 없었으나 몰사한 애굽 병사들의 무기를 취해 가졌던 것이다.

39) 모세가 아론과 함께 산 위로 데려갔던 훌은 갈렙의 아들일 가능성이 높다(대상 2:18,19 참조).

끝에 달린 것이 아니라 산 위에 있던 모세의 손에 달려 있었다는 사실을 기억하는 것은 매우 중요하다. 모세의 손이 올라가고 내려가는 데 따라 전투의 승패가 되풀이되었기 때문이다. 하지만 전투하는 시간이 길어지자 피곤에 빠진 모세는 손을 계속해서 들고 있을 수 없었다.

그러자 아론과 훌은 돌을 가져다가 모세를 그 위에 앉히고 양쪽에 서서 제각각 모세의 양 손을 붙들어 내려오지 않도록 올렸다. 그로 말미암아 모세의 손은 해가 지도록 내려오지 않을 수 있게 되었다. 그렇게 되자 여호수아가 이끈 이스라엘 군대가 아말렉 족속을 완전히 쳐서 무찔렀다. 그 승리의 최종적인 근원은 칼을 가진 여호수아와 이스라엘 군대가 아니라 모세의 손에 달려 있었던 것이다.[40]

그래서 하나님께서는 모세에게 그 내용을 책에 기록하여 기념하도록 명령하셨다. 그리고 그 사실을 여호수아의 귀에 외워 들리도록 하라고 하셨다(출 17:14). 이는 비록 여호수아뿐 아니라 모든 이스라엘 군대와 백성들이 반드시 알아야만 한다는 사실을 말해 주고 있다. 그것을 통해 모든 전쟁의 승리가 여호와 하나님께 달려 있음을 선포하셨던 것이다.

모세는 아말렉 족속을 무찌르고 전쟁에서 승리한 후 그곳에 여호와 하나님을 위한 제단을 쌓았다. 그리고 그 이름을 '여호와 닛시'(Jehovah-Nissi) 곧 '여호와는 나의 깃발' 이라 칭했다. 이로써 여호와 하나님께서 직접 아말렉 족속을 대항해 자손 대대로 싸우리라고 맹세하신 말씀을 온 백성들에게 선포하여 전했다. 이 의미 가운데는 애굽보다 훨씬 무섭고 끈질긴 적들이 언약의 백성들 앞에 기다리고 있을 것이란 점을 시사하고 있다.

오늘날 우리시대는 과연 어떤가? 세상에는 주님의 교회를 에워싸고 공격을 지속하는 원수들이 가득하다. 하지만 우리는 결코 인간의 지혜와 칼로써 저들을 맞서 싸워 이길 수 없다. 이스라엘 민족이 오직 하나님으로 말

---

40) 물론 그보다 더 원천적인 승리의 배경에는 여호와 하나님께서 존재하고 계셨다.

미암는 모세의 손을 의지해야 했듯이 오늘날 우리도 그래야만 한다. 모세는 예수 그리스도의 사역을 보여주는 모형이다. 따라서 우리는 예수 그리스도의 능력을 온전히 바라볼 수 있을 따름이다.

그러므로 모세는 광야생활 사십 년이 지난 후 이스라엘 백성이 가나안 땅에 들어가기 전 느보산에서 신명기를 설교하고 기록하면서 그에 관한 언급을 했다. 여호와 하나님께서 대대로 아말렉 족속과 싸우시리라고 선포했던 것이다. 따라서 모세는 가나안 땅에 들어갈 백성들이 아말렉 족속에 대해 취해야 할 자세를 특별히 언급하고 있다.

"너희가 애굽에서 나오는 길에 아말렉이 네게 행한 일을 기억하라 곧 그들이 하나님을 두려워하지 아니하고 너를 길에서 만나 너의 피곤함을 타서 네 뒤에 떨어진 약한 자들을 쳤느니라 그러므로 네 하나님 여호와께서 네게 주어 기업으로 얻게 하시는 땅에서 네 하나님 여호와께서 너로 사면에 있는 모든 대적을 벗어나게 하시고 네게 안식을 주실 때에 너는 아말렉의 이름을 천하에서 도말할찌니라 너는 잊지 말찌니라"(신 25:17-19)

전투에 임한 이스라엘 민족의 참된 지혜는 전능하신 여호와 하나님과 산 위에 있던 모세의 손을 온전히 의지하는 것이었다. 여호수아를 앞세운 군대의 무기와 전술에 의존한다면 그것 자체로는 승리를 얻는 방편이 되지 못한다. 우리는 이를 통해 진정한 승리의 길을 보여주신 하나님의 뜻을 깨달아야만 한다.

오늘날 우리 주변에는 영적인 '아말렉 족속' 들이 가득 차 있다. 그들은 영원한 천상의 나라를 향해 나아가는 주님의 백성들을 공격하는 행위를 멈추지 않는다. 우리는 그 원수들에 맞서 싸워야 한다. 한편으로는 군대를 이끌고 앞장선 여호수아를 따른 이스라엘 병사들처럼 우리도 그렇게 해야 한다.

그러나 모든 힘을 다해 그렇게 싸운다고 해서 승리하는 것이 아니란 사실을 기억하지 않으면 안 된다. 우리의 승리는 강인하게 훈련된 성도들의 영적인 군사력에 달려 있지 않다. 전투 현장에 모습을 드러내지 않고 산 위에서 손을 들고 서 있던 모세에게 그 승리의 원인이 있었듯이 오늘날 우리의 대적에 대한 궁극적인 승리는 예수 그리스도께 달려 있다.

이와 더불어 우리는 내부를 여간 주의깊게 경계하여 살피지 않으면 안 된다. 명목상 기독교에 속한 어리석은 자들 가운데는 저들과 맞서 싸우기를 거부하는 자들이 많이 있기 때문이다. 오늘날 우리 가운데는 혹 저들과 싸우기를 기피하고 도리어 그 원수들과 화친하려고 하고 있지는 않은가?

성숙한 성도라면 하나님의 뜻에 따라 그의 말씀에 온전히 순종해야 한다. 그리고 항상 우리를 대신해 원수와 싸우시는 여호와 하나님을 기억해야 한다. 그것이 성도들이 소유해야 할 참된 지혜이기 때문이다. 하나님의 백성은 그 약속을 굳게 믿고 궁극적인 승리에 대한 소망을 가지는 것이 무엇보다 중요하다.

제21장

모세의 장인 이드로의 지혜와 재판 제도

(출 18:1-27)

1. 장인 이드로(Jethro)와 가족을 만난 모세

애굽으로부터 이스라엘 민족을 이끌어낸 모세는 제2의 고향과도 같은 호렙산 부근에 도착했다. 그곳은 자신의 가족들이 살고 있는 곳과 가까운 지역이었다. 시내광야에서 처가살이를 하면서 양치는 목자로 살던 모세는 한참 전 하나님의 명령에 따라 자기 종족을 구출하기 위해 애굽으로 떠났었다.

모세는 애굽으로 떠나기 전 자신의 아내 십보라와 두 아들 게르솜 (Gershom: '내가 이방에서 나그네가 되었다' 는 의미')과 엘리에셀(Eliezer: '내 아버지의 하나님이 나를 도우사 바로의 칼에서 구원하셨다' 는 의미)을 장인의 집에 맡겼었다. 긴박한 상황이 벌어지게 될 애굽에 가족을 굳이 데리고 갈 필요가 없었기 때문이다. 그는 이스라엘 백성을 이끌고 시내광야로 나올 것이었으므로 장인에게 가족을 부탁했던 것이다.

이제 모세와 가족이 서로 상봉하게 될 때가 이르렀다. 자기의 사위가 이스라엘 민족을 이끌고 시내광야에 들어온 사실을 알게 된 모세의 장인 이드로는 그의 가족을 데리고 이스라엘 민족이 진치고 있는 곳으로 나아왔

다. 오랜만에 가족을 만난 모세는 장인을 비롯한 자신의 가족을 반갑게 맞
았다. 그들은 서로간 신뢰의 문안을 하며 장막에 들어가 그 동안 일어났던
모든 이야기를 주고받으며 교제를 나누게 되었다.

2. 모세의 장인 이드로의 신앙

모세는 자신의 장인 이드로에게, 여호와 하나님께서 애굽에서부터 지금
까지 행하신 모든 일들을 소상히 말씀드렸다. 애굽의 왕궁과 전역에서 행
해졌던 하나님의 다양한 기적들과 출애굽해서 나오는 모든 여정에서 겪은
온갖 고통들과 하나님의 놀라운 도우심에 대해서도 상세하게 이야기했다.

이드로는 그 동안 여호와 하나님을 알고 믿는 자가 되었다. 과거에는 올
바른 신앙을 가진 것이 아니었지만 이제는 참된 하나님을 섬기는 성도가
되어 있었다. 그가 어떤 과정을 통해 여호와 하나님을 믿게 되었는지 알 수
는 없다. 그렇지만 그가 모세를 통해 하나님을 알고 그를 경외하며 섬기는
자가 되었다는 사실은 틀림없다.

물론 이드로는 이방 종교의 제사장이었지만 우리가 생각하는 언약과 완
전히 무관한 이방인과는 차이가 났다. 그는 이삭과 야곱의 직계 자손은 아
니었지만 혈통적으로는 아브라함의 피가 섞여 있었음이 분명하다. 그의
조상 미디안(Midian)은 아브라함의 후처 그두라(Keturah)의 아들이었기 때문
이다(창25:1,2). 이는 그가 아브라함이 섬겼던 하나님에 대한 희미한 인식이
있었을 것이란 사실을 말해준다.

모세를 만난 이후 하나님에 대한 분명한 신앙을 가지게 된 이드로는 애
굽에서 돌아온 사위 모세의 말을 듣고, 이스라엘 민족에게 큰 은혜를 베풀
어 애굽의 압제에서 저들을 구출하신 하나님으로 인해 기뻐했다. 그래서
그는 하나님을 진심으로 찬송하게 되었다. 또한 절대자이신 여호와 하나
님의 능력이 언약의 백성인 이스라엘 민족에게 교만한 행동을 한 애굽을

심판하신 사실을 노래하며 고백했다.

우리의 관심을 끄는 점은, 이드로가 자신의 종족과 불편한 관계에 놓여 있었을 이스라엘 민족을 자기와 한 편에 두고 특별하게 인식하고 있었다는 사실이다. 그는 비록 정통 언약의 자손이 아닌 이방종족에 속해 있었지만 이스라엘 민족의 구속사적인 독특한 의미를 깨닫고 있었던 것이다.

이드로는 모세로부터 여호와 하나님께서 행하신 놀라운 이야기를 다 들은 후 번제물과 희생제물을 가져왔다. 그것은 전능하신 하나님을 경배하기 위해서였다. 그러자 아론을 비롯한 모든 이스라엘 장로들은 이방인인 이드로의 제물을 하나님께 바치는 것을 받아들였다. 그들은 한자리에 모여 전심으로 하나님께 경배하고 그 앞에서 떡을 나누어 먹었다.

이는 매우 중요한 구속사적인 의미를 지니고 있다. 거기 모인 종족을 초월한 백성들의 신앙적인 교제는 하나님 앞에서 민족주의적인 개념을 넘어서는 의미를 드러내고 있다. 이를 통해 선민인 이스라엘 백성뿐 아니라 언약의 주변 종족들 가운데도 하나님의 은혜를 입은 자들이 존재할 수 있음을 확인하게 된다. 미디안 종족 출신의 이드로와, 모세와 아론을 비롯한 이스라엘 민족의 장로들이 함께 하나님을 경배하며 음식을 나누어 먹게 된 것은 저들이 하나님 안에서 한 형제라는 사실을 확증하는 의미를 지니고 있다.

3. 모세의 재판과 이드로의 권면

한편 수백만 명이나 되는 이스라엘 백성들 가운데는 항상 크고 작은 사건들이 발생할 수밖에 없었다. 그 문제들의 옳고 그름을 바로잡기 위해 공평한 재판을 하는 것은 매우 중요한 일이다. 만일 그것을 방치하게 된다면 걷잡을 수 없는 혼란과 더불어 심각한 상황에 이르게 된다. 그래서 책임 있는 자의 정당한 재판을 통해 모든 분쟁을 해결해야만 했다.

그런데 출애굽 이후 초창기의 모세는 이스라엘 민족 가운데 발생하는 모든 문제를 혼자서 재판하며 해결하고자 했던 것으로 보인다. 그러다 보니 많은 시간을 그것을 위해 할애할 수밖에 없었다. 이는 그가 감당해야 할 다른 중요한 일들을 온전히 수행하기에 무척 벅찼다는 의미가 되기도 한다.

그와 같은 상황을 가까이서 지켜본 모세의 장인 이드로는 그에 대한 문제점을 언급했다. 왜 그렇게 혼자서 모든 사건들을 재판해 해결하고자 하느냐는 것이었다. 장인으로부터 문제를 지적받은 모세는 백성들이 하나님께 물어보기 위해 자기에게 나아오기 때문에 어쩔 수 없노라는 답변을 했다. 그래서 백성들을 위해 하나님의 율례와 법도를 근거로 하여 공평하게 재판하고 있다는 사실을 말했다.

그러자 이드로는 사위 모세에게 혼자 그렇게 하는 것은 결코 바람직하지 않다는 견해를 밝혔다. 그런 식으로 혼자 모든 재판을 담당하게 되면 모세 자신뿐 아니라 일반 백성들도 피곤에 지치게 된다는 것이었다. 수많은 백성들을 위한 공평한 재판은 혼자서 감당할 수 있을 정도로 그리 간단한 일이 아니었기 때문이다.

그래서 이제 자기가 그에 관한 적절한 방침을 제시할 터이니 그 말을 들으라고 했다. 그런데 미디안 출신의 이드로가 어떻게 감히 이스라엘 민족의 절대적인 영도자인 모세에게 그렇게 말할 수 있었을까? 그것은 아마 하나님께서 그를 특별히 사용해 모세에게 하나님의 말씀을 전하도록 했기 때문이었던 것으로 보인다. 따라서 그것은 하나님으로 말미암는 특별한 지혜의 언어라 말할 수 있다.

따라서 이드로는 먼저 하나님께서 항상 모세와 함께 계시기를 기원하며 축복했다. 또한 이스라엘 백성이 어떤 사건을 해결하기 위해 모세에게 나아오면 그것을 여호와 하나님 앞으로 가져가도록 요구했다(출 18:19). 그리고 백성들에게는 하나님의 율례와 법도를 가르쳐 마땅히 가야할 길과 행해야 할 일을 보이라고 말했다.

그리고는 백성들 위에 천부장과 백부장과 오십부장과 십부장을 세우는 것이 바람직하다는 지침을 주었다. 그것은 이스라엘 민족 가운데 요구되는 재판기구인 동시에 행정체제와 연관되어 있었다. 그 일을 감당하기 위해서는 하나님을 진정으로 경외할 뿐 아니라 불의한 이익을 미워하는 유능한 능력을 갖춘 인물이어야만 했다. 이를 통해 이스라엘 민족이 체계적이고 안정된 조직을 유지하게 되었다.

이 조직은 물론 이스라엘 열두 지파의 골격을 배경으로 하고 있었다. 저들 가운데 세워진 지도자들이 감당해야 할 중요한 임무는 백성들의 갈등 문제를 공정하게 판단하는 일이었다. 그리고 사안에 따라 사소한 것들은 저들에게 맡기고 크고 중요한 문제는 모세가 직접 담당하도록 했다. 물론 백성의 지도자들은 작은 사건이라 할지라도 사사로운 의사가 아니라 모세가 전한 율례와 법도를 근거로 판단하는 자세를 유지해야 한다.

이는 모세가 이스라엘 민족을 위해 효율적으로 직무를 수행할 수 있는 기틀이 되었다. 이드로는, 만일 백성들 가운데 그 제도를 확립하게 된다면 하나님께서 저들을 가나안 땅으로 안전하게 인도하시리라고 말했다. 모세는 장인의 그 권면의 내용을 올바르게 여겨 그대로 받아들였다. 모세 자신도 그동안 재판문제에 관한 특단의 방안이 강구되어야 한다는 생각을 가지고 있었을지 모른다.

따라서 모세는 하나님을 경외하는 유능한 인물들을 택해 천부장, 백부장, 오십부장, 십부장 등의 체제에 따라 백성들을 위한 지도자로 삼았다. 그들은 사안에 따라 백성들을 재판했으며 해결하기 어려운 민감한 내용은 모세에게 가져왔다. 이드로의 권면에 따른 이 제도에 관해서는, 나중 이스라엘 백성이 가나안 땅에 들어가기 전 모세가 다시금 확인해 교훈을 주었다. 신명기에는 그에 관한 분명한 기록이 나타난다.

"각 지파를 따라 천부장과 백부장과 오십부장과 십부장과 패장을 삼고 내가 그 때에 너희 재판장들에게 명하여 이르기를 너희가 너희 형제 중에 송사를 들을 때에 양방간에 공정히 판결할 것이며 그들 중의 타국인에게도 그리할 것이라 재판은 하나님께 속한 것인즉 너희는 재판에 외모를 보지 말고 귀천을 일반으로 듣고 사람의 낯을 두려워 말 것이며 스스로 결단하기 어려운 일이거든 내게로 돌리라 내가 들으리라 하였고 내가 너희의 행할 모든 일을 그 때에 너희에게 다 명하였느니라"(신 1:15-18)

모세는 약속의 땅 가나안에 들어가기 전 이스라엘 백성에게 재판제도에 관련된 내용을 다시금 설명했다. 백성들 가운데 갈등이나 문제가 발생하면 세움을 받은 각 부장들이 공정하게 판결하되 저들 가운데 들어온 외국인에 대해서도 동일한 규정을 적용해야 한다. 이스라엘 민족이 아닌 이방 종족 출신이라 해서 편파적으로 대해는 안 된다.

그러므로 모세는, '재판은 하나님께 속한 것'(신 1:17)이란 사실을 분명히 말하고 있다. 이는 모든 재판은 하나님 보시기에 공평하게 이루어져야 함을 의미한다. 따라서 누구든지 사람의 겉모양이나 지위를 보고 굽은 판결을 하거나 빈부귀천貧富貴賤에 따라 부당하게 재판해서는 안 된다. 나아가 주변 사람들의 눈치를 보거나 여론을 의식해서 재판하는 것은 결코 바람직하지 않다.

또한 각 지도자들이 올바른 판단을 하기에 어려운 점이 있다고 여겨지면 모세 자기에게 그 문제를 가져오라고 했다. 그러면 그가 직접 판결하겠다는 것이었다. 이와 같은 내용은 그 전에 이미 백성들에게 반포한 것인데 가나안 땅에 들어가기에 앞서 다시금 강조하고 있다. 물론 거기에는 모세 자신이 이제 곧 죽게 되면, 남은 이스라엘 자손들이 가나안 땅에 들어가게 될 때 자기가 전한 하나님의 율법에 근거해 모든 사건을 재판하여 해결하라는 의미를 지니고 있다.

우리는 시내산 근처에서 모세를 만난 이드로를 하나님으로부터 보냄을

받은 특별한 사람으로 이해해야 한다.[41] 하나님께서 이스라엘 민족의 영
도자인 모세에게 말씀하실 때 그를 특별히 불러 사용하셨던 것이다. 그가
여호와 하나님 앞에 희생제물을 가지고 왔을 때, 모세와 아론을 비롯한 이
스라엘 민족의 모든 장로들이 그에 참여했다는 사실은 그가 하나님을 경
외하는 참 성도라는 사실을 입증해 준다(출 8:12).

이와 더불어 우리가 기억해야 할 점은 이드로의 권면에 따라 모세가 세
운 천, 백, 오십 부장 제도는 신약시대 교회의 직분과도 상통하는 개념이
라는 사실이다. 하나님께서는 특정인에게 모든 것을 맡기시는 것이 아니
라 여러 사람들을 불러 자신의 일을 적절하게 나누어 맡기신다. 그것은 물
론 전적인 하나님의 뜻에 따른 것이다.

우리시대의 교회에 목사, 장로, 집사가 있는 것은 인간을 불러 일하시는
하나님의 의지를 보여준다. 따라서 교회 안에서는 특정 개인이 독단적으
로 사사로운 권한을 행사할 수 없다. 더구나 현대 교회에는 구약시대의 선
지자와 신약성경이 계시되던 시대의 사도와 같은 절대적인 성격을 지닌
직분이 존재하지 않는다. 따라서 하나님께서 교회에 맡기신 사명을, 허락
된 직분에 따라 올바르게 감당하는 것은 매우 중요한 일이다.

4. 이드로의 떠남

이드로는 자신의 사위 모세를 만나 그동안 있었던 하나님의 사역을 듣
고, 재판 체제에 연관된 권면을 한 후 모든 진행과정을 지켜보고는 그곳을
떠났다. 그는 여호와 하나님을 알고 섬기는 신실한 성도가 되었지만 그 언
약의 백성을 따라가지 않았다. 즉 그는 이스라엘 민족을 만나 교제하고 나

---

41) 이드로가 하나님의 보냄을 받은 특별한 인물이었던 것은 분명하다. 그 경우가
  다르기는 하지만, 멜기세덱이나 발람을 책망하던 나귀처럼 하나님께서 정하신
  목적을 위해 그를 들어 사용하셨던 것이다.

서도 그 전처럼 시내광야에 정착해 살았다. 이드로가 이스라엘 민족을 따라가지 않으려 하자 모세가 간곡하게 동행을 권면한 사실에 관한 내용이 민수기에 기록되어 있다.

"모세가 그 장인 미디안 사람 르우엘의 아들 호밥에게 이르되 여호와께서 주마 하신 곳으로 우리가 진행하나니 우리와 동행하자 그리하면 선대하리라 여호와께서 이스라엘에게 복을 내리리라 하셨느니라 호밥이 그에게 이르되 나는 가지 아니하고 내 고향 내 친족에게로 가리라 모세가 가로되 청컨대 우리를 떠나지 마소서 당신은 우리가 광야에서 어떻게 진 칠 것을 아나니 우리의 눈이 되리이다 우리와 동행하면 여호와께서 우리에게 복을 내리시는대로 우리도 당신에게 행하리이다"(민 10:29-32)

위의 본문에 기록된 '르우엘의 아들 호밥'은 곧 모세의 장인을 일컫는다.[42] 모세는 재판 체제에 연관된 조언을 했던 자기 장인이 저들을 떠나가고자 했을 때 그에게 함께 동행해 줄 것을 간청했다. 우리는 여기서 이스라엘 민족의 절대 지도자인 모세가 이방인 출신의 자기 장인에게 가졌던 인식과 태도를 엿볼 수 있다.

모세는 장인이 자기와 동행하면 최대한 선대할 것이라 약속했다. 또한

---

42) 모세의 장인은 성경에서 '이드로', '르우엘', '호밥'으로 불려졌다. 위의 민수기 본문에 명기된 '르우엘의 아들 호밥'은 모세의 장인 '이드로'를 지칭하고 있음이 틀림없다: 사사기에는 '모세의 장인 호밥'(Hobab the father in law of Moses. 삿 4:11)이라는 기록이 나타나고 있다. 그런데 문제는 모세의 장인 이름이 르우엘이라는 사실이다. 이는 언어의 용례를 생각하면 쉽게 이해될 수 있는 문제이기도 하다. 오늘날 우리에게 성이 있듯이 고대 사회의 민족 가운데는 아버지의 이름을 마치 성처럼 상속해 사용하는 경우들이 있었기 때문이다. 따라서 위의 본문에서 '르우엘의 아들 호밥'에서 일컬어지는 르우엘은 모세의 장인 이드로의 아버지 르우엘이었을 것으로 보인다. 한편 여러 본문들을 감안해 볼 때 호밥(Hobab)은 처가쪽 남성인 '장인'(father on law)과 '처남'(brother in law) 등에게 폭넓게 붙여져 사용되던 일반적인 용어인 것으로 이해하는 것이 가장 사언스러운 것으로 보기도 한다.

그렇게 함으로써 하나님께서 이스라엘 민족에게 복을 내리시리라는 사실을 말했다. 그러나 이드로는 자신의 친족에게로 돌아가 살겠다며 모세의 간청을 받아들이지 않았다. 그런데 우리는 여기서 모세의 매우 특별한 진술을 보게 된다. 그것은 모세가 이드로를 붙들어 두고자 했던 이유가 그를 위해서라기보다 실상은 이스라엘 민족을 위해서였다는 사실이다.

이드로는 한 평생 광야에서 유목민으로 살아왔던 인물이다. 모세는 그의 도움이 절실히 필요했던 것으로 보인다. 따라서 그에게 이스라엘 민족이 앞으로 진을 치고 살아가는 방법에 대한 지원을 요청했던 것이다.

그래서 모세는 장인 이드로를 향해 "당신은 우리의 눈이 되리이다"(민 10:31)고 표현했다. 이는 그가 특별한 '지혜자'라는 사실을 말해 준다. 모세는 이와 더불어 그가 이스라엘 민족과 동행하면 하나님의 복 가운데 거하게 되리라는 사실을 덧붙여 언급했다.

그럼에도 불구하고 이드로는 이스라엘 민족과 함께 동행하기를 거절했다. 그가 젖과 꿀이 흐르는 가나안 땅을 향해 이동하는 언약의 백성을 따라가지 않았던 것은 특별한 의미를 지니는 것으로 이해해야 한다. 하나님께서는 구약시대에도 인간들이 알지 못하는 특별한 경륜 가운데 폭넓은 구속사역을 이루어 가셨다. 그는 언약의 자손인 이스라엘 열두 지파에 속한 자들을 가나안 땅으로 인도해 신정국가를 세우고자 하셨으나 외부에 이방 종족 출신의 언약 백성을 두시기도 했던 것이다.

물론 우리는 그에 대한 구체적인 내용을 명확하게 파악할 수 없다. 하지만 그것을 통해 하나님의 구원사역이 보편적인 인간 역사 가운데 작용하고 있었음을 깨닫게 된다. 모세의 장인 이드로는 미디안 족속 가운데 남아 여호와 하나님에 관한 진리를 저들에게 선포하는 일을 하며 여생을 살았을 것이 틀림없다.

제6부

십계명과 하나님의 언약

(출 19:1-24:18)

제22장

이스라엘 백성과 하나님의 시내산 강림
(출 19:1-25)

1. 시내산에 도착한 이스라엘 민족

출애굽한 이스라엘 백성이 약속의 땅 가나안을 향해 나아가면서 머물러야 할 일차 중간 목적지는 시내산이었다. 그들은 그곳에 머물면서 하나님의 중요한 계시를 받아야만 했다. 하나님께서 저들을 가나안 땅으로 직접 이끌어 가시지 않고 시내광야로 둘러 인도하신 데는 특별한 의도가 있었다.

이제 이스라엘 백성들이, 출애굽한 지 삼 개월 째 되는 날 바로 그곳에 당도하게 되었다. 그들은 시내산 앞에 위치한 넓은 광야에 장막을 쳤다. 그 때 하나님께서는 모세를 산 위로 불러 올리셨다. 언약의 민족인 이스라엘 자손에게 전할 구체적인 내용을 모세에게 이르시기 위해서였다. 이제 이스라엘 백성은 모세를 통해 하나님의 언약의 말씀을 구체적으로 들을 수 있게 되었다.

하나님께서는 빽빽한 구름 가운데서 인간의 언어로써 모세에게 말씀하셨다. 그 구름은 이스라엘 민족을 인도하시는 구름기둥과 연관되어 있었다. 하나님께서 그와 말씀하신 까닭은 모든 이스라엘 백성들로 하여금 자신의 거룩한 뜻을 알게 하기 위해서였다. 따라서 이스라엘 백성들은 모세의 입술을 통해 전달되는 하나님의 말씀을 청종해야만 했다.

2. 하나님의 선포

하나님께서는 자기가 친히 이스라엘 민족을 독수리 날개로 업어 애굽 땅으로부터 시내광야로 인도해 내었음을 모세에게 말씀하셨다. 이는 그들 자신의 능력을 힘입어 탈출한 것이 아니었음을 말해준다. 이 말씀은 또한 이스라엘 민족을 애굽 땅에서 구출하신 하나님의 분명한 의도가 있었음을 보여주고 있다.

모든 이스라엘 백성은 하나님께서 행하신 기적적인 전 과정을 생생하게 목도했다. 따라서 그들은 하나님의 능력과 실체를 거부할 수 없었다. 하나님께서는 그러한 이스라엘 민족을 향해 매우 중요한 언약의 말씀을 선포하셨다.

> "세계가 다 내게 속하였나니 너희가 내 말을 잘 듣고 내 언약을 지키면 너희는 모든 민족 중에서 내 소유가 되겠고 너희가 내게 대하여 제사장 나라가 되며 거룩한 백성이 되리라(출 19:5,6)

이 말씀 가운데는 이스라엘 민족의 존재의의가 드러나고 있다. 이 세상의 모든 것은 하나님께서 창조하신 피조물들이다. 그 가운데서 출애굽한 이스라엘 자손은 언약을 지켜야 할 민족으로서 하나님의 특별한 소유가 되어야 했다. 하나님께서는 그것을 위해 이스라엘 민족을 기적적인 방법을 사용하여 인도해내셨다. 그로 말미암아 그들은 하나님의 궁극적인 뜻을 이루는 언약적 도구가 되었다.

그러므로 세계와 만물은 하나님의 뜻에 따라야만 했다. 하나님께서는 그것의 회복을 위해 이스라엘 민족을 자신의 신령한 도구로 사용하시고자 하는 뜻을 밝히셨다. 그것은 이스라엘 민족을 자기에 대한 '제사장 나라'로 삼으시겠다는 것이었다.

이 말은 인간 역사상 존재하는 모든 택한 백성들을 대표하는 제사장 기능에 연관되어 있다. 그들이 먼저 하나님께서 특별히 세우신 거룩한 백성이 되어 제사장 역할을 감당함으로써 이방에 흩어진 나머지 모든 백성들도 참된 제사의 자리로 나아갈 수 있게 된다. 이스라엘 민족이 하나님의 제사장 나라가 된다는 언약 가운데는 그들이 이방 민족을 위한 제사장 직무를 감당하게 된다는 의미가 내포되어 있다.

이스라엘 민족이 하나님 자신의 특별한 소유라는 사실에 관한 언급은 다른 모든 피조물들은 자기에게서 떠났음을 시사하고 있다. 이는 아담의 범죄로 말미암은 타락과 오염에 연관된다. 따라서 그들이 하나님의 소유가 되기 위해서는 하나님의 말씀을 듣고 그의 언약을 온전히 지켜야만 했다.

그렇게 되면 이스라엘 민족이 세상 가운데서 하나님을 섬기기 위한 특별한 제사장 나라가 될 수 있다. 그리고 그들로 말미암아 선택받은 모든 백성들은 그의 거룩한 자녀가 된다. 이는 하나님께서 나중 자신의 특별한 언약의 왕국을 세울 것을 말씀하고 계시는 것과 같다.

모세는 산 위에서 내려와 이스라엘 백성의 장로들을 불러모았다. 그리고 하나님께서 친히 자기에게 주신 말씀을 전했다. 그 모든 내용을 전해들은 이스라엘 자손들은 하나님의 말씀대로 순종하리라는 응답을 했다. 이와 동시에 온 백성은 하나님이 저들의 창조주 하나님이라는 사실을 고백했다. 이는 세상의 모든 것들은 하나님으로 말미암아 존재하고 있음에 대한 증언이었다.

이스라엘 민족 가운데 하나님의 거룩한 성전이 있었던 것은 유대인들뿐 아니라 온 세상에 흩어진 하나님의 자녀들을 위한 것이었다. 이는 물론 영원한 제사장이자 하나님의 어린 양으로서 거룩한 제물이 되실 예수 그리스도를 통한 구원을 예고하고 있지만 동시에 이스라엘 민족 자체가 모든 이방 족속들을 위해 제사장 직무를 감당하게 됨을 말해준다. 즉 하나님께서 친히 아브라함의 자녀를 통해 조성하신 이스라엘 백성을 특별한 도구로 삼아 세상의 구원을 이루어가게 되는 것이다.

3. 하나님의 강림

하나님께서는 이스라엘 백성에게 언약의 말씀을 주신 후 모세에게 명령하셨다. 그 당일과 이튿날 옷을 깨끗이 빨고 몸을 성결케 하라는 것이었다. 그리고 셋째 날을 기다리라고 하셨다. 셋째 날이 되면 여호와 하나님이 온 백성의 목전에서 시내산에 강림하신다는 것이었다. 그래서 일반 백성들은 시내산에 함부로 범접해서는 안 된다. 이는 죄에 오염된 인간을 허용하지 않으시는 거룩한 하나님의 속성을 보여주고 있다.

그러므로 하나님께서는 모세에게, 시내산 주위에 경계를 철저히 정하고 이스라엘 백성으로 하여금 그 경계를 넘거나 침범하는 행동을 삼가도록 명령하셨다. 만일 그것을 어기는 자가 있다면 어느 누구라도 죽음을 면할 수 없다. 그런 자는 사람이 직접 손을 대 죽일 것이 아니라 도구를 사용해 죽여야만 했다. 즉 손을 직접 사용하는 대신 돌로 쳐 죽이거나 화살로 쏴 죽여야만 했던 것이다. 이에 대해서는 인간뿐 아니라 짐승까지도 시내산의 경계를 넘는다면 그와 마찬가지로 죽임을 당하게 된다.

하나님께서는 그 말씀을 하신 후 모세에게 길게 부는 나팔 소리가 들리면 모든 백성을 산 앞으로 모으도록 명령하셨다. 모세는 그 말씀을 듣고 산에서 내려와 백성들에게 옷을 깨끗이 빨고 몸을 성결하게 하도록 예비시켰다. 그리고 저들로 하여금 첫째 날과 그 다음날 모든 것을 준비하고 셋째 날을 기다리도록 했다. 그 동안은 남녀가 성적인 관계를 맺어서도 안 되었다.

비로소 셋째 날 아침이 되자 하나님의 말씀대로 산 위에 빽빽한 구름이 덮여 있고 큰 우뢰와 함께 심한 번개가 쳤다. 그리고 커다란 나팔 소리가 천하를 뒤흔들었다. 그러자 모든 백성들은 그 분위기로 인해 떨지 않을 수 없었다. 그것은 백성들로 하여금 모세를 신뢰하도록 하는 방편으로서의 역할을 했다. 따라서 모세는 울려 퍼지는 나팔소리와 함께 전개되는 그 모든 광경을 지켜보면서 백성들을 이끌고 진과 장막에서 나와 산기슭에 섰다.

시내산에는 마치 옹기점의 연기와 같은 연기가 자욱했으며 여호와 하나님은 타오르는 불 가운데 강림하셨다. 온 산이 흔들리며 크게 진동하는 것은 어느 누구도 경험할 수 없었던 놀라운 사건이었다. 시편 기자는 당시 시내산뿐 아니라 온 땅과 하늘이 크게 흔들렸던 상황에 대해 노래하고 있다.

"하나님이여 주의 백성 앞에서 앞서 나가사 광야에 행진하셨을 때에 땅이 진동하며 하늘이 하나님 앞에서 떨어지며 저 시내산도 하나님 곧 이스라엘의 하나님 앞에서 진동하였나이다 … 너희 높은 산들아 어찌하여 하나님이 거하시려 하는 산을 시기하여 보느뇨 진실로 여호와께서 이 산에 영영히 거하시리로다 하나님의 병거가 천천이요 만만이라 주께서 그 중에 계심이 시내산 성소에 계심 같도다"(시 68:7,8,16,17)

시편 기자는 천하를 뒤흔드는 진동과 더불어 여호와 하나님께서 강림하시는 시내산을 다른 모든 산들과 구별했다. 나아가 그 산을 하나님의 거룩한 성소에 연관지어 노래 불렀다. 이는 하나님께서 사람들의 눈에는 보이지 않는 천군천사와 함께 특별한 목적으로 시내산에 강림하셨음을 보여주고 있는 것이다.

이는 하나님의 강림이 우주와 연관되어 일어나는 놀라운 사건이었음을 말해준다. 그와 더불어 천상으로부터 울려 퍼진 나팔 소리는 점점 커져 노든 사람들을 제압하여 꼼짝하지 못하게 했다. 그때 모세가 하나님께 나아가 백성들의 심경을 아뢰자 하나님께서 그에게 음성으로 응답하셨다. 그리고는 시내산 꼭대기에 강림하신 여호와 하나님께서 모세를 그리로 올라오도록 명령하셨으며 모세는 그에 순종하여 산 위로 올라가게 되었다.

4. 하나님의 경고

시내산 꼭대기에 강림하신 하나님께서는 모세에게 명령하셨다. 이제 내려가 백성들에게 엄중히 경고하라는 것이었다. 백성들이 여호와 하나님이 강림하시는 산 가까이로 밀고 들어와 그 하나님을 보려고 하다가 죽는 일이 발생하지 않도록 하라는 것이었다. 이스라엘 백성들이 하나님의 신비한 모습을 보기 위한 욕망으로 인해 엉뚱한 짓을 하게 될지 모를 일이었기 때문이다.

그와 동시에 하나님을 섬기는 제사장들에게는 규례에 따라 몸을 성결케 하라는 특별한 명령이 내려졌다. 그들이 하나님께서 요구하시는 대로 몸을 성결케 하지 않아 부정한 상태에 있으면 안 되었다. 만일 그 말씀에 순종하지 않으면 하나님께서 저들을 공격함으로써 그냥 두시지 않는다.

따라서 모세는 하나님의 말씀대로 시내산 주위에 분명한 경계를 세웠다. 그리고 산을 거룩하게 구별해 일반백성들뿐 아니라 제사장들까지도 경계를 침범해 시내산에 오르지 못하게 했다. 어느 누구든 하나님의 명령을 어기고 그 경계를 넘으면 생명을 부지할 수 없다. 모세는 그 모든 사실을 백성들에게 단단히 일렀다.

그 대신 하나님께서는 모세에게 산에서 내려가 아론을 데리고 산 위로 올라오도록 명하셨다. 여기서 우리는 모세뿐 아니라 아론도 다른 제사장들을 비롯한 일반 백성들과 구별되는 위치에 놓여 있었음을 보게 된다. 하나님께서는 구약시대 이스라엘 백성들 가운데서 자신을 위해 특별히 사용하실 자들을 구별해 세우셨다. 이는 인간들의 일반적인 판단이 아니라 전적인 하나님의 뜻에 의해 이루어지는 것이었다.

오늘날 우리 역시 하나님께서 정하신 직분의 범주를 넘으려 해서는 안 된다. 이는 그의 몸된 교회와 연관되어 있다. 또한 우리는 하나님의 고유한 영역을 함부로 침범하지 않는지 냉철하게 살펴보아야 한다. 교회는 현대인들의 오만한 과학주의가 하나님에 대한 도전행위라는 사실을 인식하지 않으면 안 된다. 창조주 하나님을 기억하지 않는 과학적 인식 태도와 인간의 본질을 멸시한 첨단의술 등은 우리가 경계해야 할 대상이다.[43]

5. 하나님의 시내산 강림이 주는 예표적 의미

여호와 하나님께서 이스라엘 민족이 머무는 시내산 정상에 친히 강림하신 것은 매우 특별한 의미를 내포하고 있다. 그것은 예수 그리스도의 강림과 성령 하나님의 강림을 예표하고 있기 때문이다. 하나님께서는 그 사건을 통해 자신의 구원사역을 이룩하시기 위해 친히 인간들에게 내려오시게 될 분임을 보여주셨다.

우리가 여기서 분명히 기억해야 할 바는, 하나님께서는 인간들에게 내려오실 수 있지만 인간은 천상에 계시는 하나님께로 올라갈 수 없다는 사실이다. 죄에 빠진 인간들은 거룩하신 하나님을 감히 쳐다보지도 못한다. 하나님의 언약과 상관이 없는 자들은 그에 대한 아무런 인식조차 할 수 없다.

그렇지만 하나님의 선택을 받아 은혜를 입은 성도들은 그의 특별계시를

---

43) 현대 우주과학은 하나님의 피조세계인 우주를 실험이나 공격의 대상으로 간주하고 있다. 그리고 현대의술은 남녀의 성을 마음대로 바꾸는 것을 대단한 것이 아닌 양 여기고 있다. 그런 사고와 행동들은 하나님의 영역을 침범하는 행위라는 사실을 기억하시 않으면 안 된다.

통해 거룩하신 하나님을 알아가게 된다. 그리고 하나님께서 지상에 강림하실 때 그 모든 상황을 보고 들음으로써 그에 참여할 수 있다. 그것을 통해 하나님과 그의 백성들 사이에 새로운 관계가 형성되는 것이다.

　교회와 성도들은, 하나님의 시내산 강림이 장래 있게 될 메시아 사역에 대한 예표적인 기능을 하게 된다는 사실을 기억해야 한다. 모세를 통해 언약의 백성들에게 말씀하신 하나님께서 나중 친히 메시아와 성령 하나님으로 오셔서 창세전에 택하신 모든 백성들에게 계시하시는 것이다. 오늘날 우리는 성경에 기록된 하나님의 사역을 보며 그에 관한 진정한 의미를 깨달을 수 있어야 한다.

제23장

십계명과 하나님의 위엄

(출 20:1-26)

1. 십계명의 의의

하나님께서는 시내산 정상에서 모세에게 두 돌판에 새겨진 십계명을 주셨다. 그는 십계명을 주시면서 자기가 이스라엘 민족을 애굽의 종 되었던 집에서 인도해 낸 여호와라는 사실을 다시금 언급하셨다. 이제 그는 자신이 친히 애굽으로부터 불러낸 아브라함의 후손과 특별한 계약을 맺으시고자 했다. 이는 물론 하나님 절대 우위의 쌍방계약이었다.

하나님은 십계명을 그냥 말씀으로 계시하신 것이 아니라 직접 두 돌판에 새겨서 주셨다. 그런데 왜 굳이 십계명을 두 돌판에 새기셨을까? 다른 율법들처럼 말씀을 한 책에 기록하게 하지 않고 돌에 새겨야만 할 이유라도 있었을까? 그리고 하나의 돌판에 열 개의 계명을 새겨 모세에게 주면 안 되었을까?

우리가 기억해야 할 바는 하나님께서 친히 두개의 돌판에 각기 십계명을 새겨 모세에게 주셨다는 분명한 사실이다. 하나님께서는 이를 통해 이스라엘 민족과 자기 사이에 중요한 계약을 맺고자 하셨다. 따라서 모세는 이스라엘 백성을 대표하는 한편 계약 당사자가 되어 하나님과 계약을 맺게 되었던 것이다.

하나님께서 모세에게 직접 새겨주신 두 돌판의 앞뒤 양면에는 십계명의 내용들이 가득 새겨져 있었다.[44] 즉 돌판의 한쪽 면에만 글이 새겨져 있었던 것이 아니라 양면에 십계명이 기록되어 있었다. 우리는 이에 대해 주의 깊은 이해를 해야 한다. 십계명은 두 돌판의 양면 즉 사면에 걸쳐 열 개의 계명들이 나열되어 기록된 것이 아니었다. 하나의 돌판 앞뒤 면에 십계명 전체가 기록되었고 또 다른 돌판에도 그와 동일한 십계명이 기록되었다. 이는 동일한 내용을 복사하듯 두 개의 돌판에 새겨 기록했음을 의미한다.

십계명은 하나님과 이스라엘 민족 사이에 맺어진 일종의 계약문서라 할 수 있다. 계약이란 양 당사자 사이에 약속된 동일한 내용을 두 개 기록해 양쪽 당사자가 각각 하나씩 나누어 가지게 됨으로써 성사된다. 십계명은 두 개의 돌판에 새겨져 하나님과 이스라엘 백성 양쪽 당사자의 증거가 되었다. 하나님께서는 본성적으로 신실하시기 때문에 그 약속을 어기시지 않는다. 그러나 인간들은 스스로 그것을 온전히 지킬 만한 능력이 없다. 따라서 하나님께서 베푸시는 특별한 은혜에 의해 그것을 지킬 수 있게 된다.

원리적인 측면에서 볼 때, 앞뒷면에 빼곡하게 십계명이 적힌 두 돌판 가운데 하나는 하나님께서 소유하시고 다른 하나는 모세가 보관해야 했다. 그런데 그것들은 이스라엘 민족 가운데 있는 하나님의 증거궤 안에 동시에 보관되었다. 즉 두 개의 돌판을 각각 언약궤 안에 넣어 성막의 지성소에 보관함으로써 이스라엘 민족 역사 가운데 그 계약이 지속적으로 확인되었던 것이다.

---

44) "여호와께서 시내산 위에서 모세에게 이르시기를 마치신 때에 증거판 둘을 모세에게 주시니 이는 돌판이요 하나님이 친히 쓰신 것이더라"(출 31:18); "모세가 돌이켜 산에서 내려오는데 증거의 두 판이 그 손에 있고 그 판의 양면 이편 저편에 글자가 있으니 그 판은 하나님이 만드신 것이요 글자는 하나님이 쓰셔서 판에 새기신 것이더라"(출 32:15,16).

2. 십계명의 내용과 의미

십계명은 앞의 출애굽기 19장에 연결된 하나님의 응답으로 이해해야 한다. 이는 하나님과 그의 백성 사이에 이루어진 계약의 증거 역할을 하게 된다. 물론 십계명은 전적으로 하나님의 주도에 의해 모세와 이스라엘 민족에게 허락된 것이다.

십계명의 전반부에는 하나님 자신의 절대성에 관련된 기록들이 나타난다. 제1계명에서 4계명까지는 하나님에 대한 이스라엘 백성의 신앙 자세에 연관된 내용이 기록되어 있다. 이스라엘 백성은 하나님께서 원하시는 대로 순종해야 할 뿐 인간적인 판단에 따라 아무렇게나 접근하려 해서는 안 된다.

십계명의 첫 번째 계명은 "나 외에는 다른 신들(gods)을 두지 말라"는 하나님의 명령이다. 이는 여호와 하나님 옆에 다른 신적인 존재들에 연관된 것들을 나란히 두지 말라는 의미이다. 이스라엘 백성의 주변의 이방 종족들 가운데는 항상 다양한 신적인 존재들이 난무했다. 이방인들은 거짓 신령들을 만들어 놓고 종교적인 열성을 다해 섬기면서 화려한 의식을 치루는 것이 일반적이었다.

하나님의 백성들은 저들의 어리석은 종교에 미혹되지 말아야 했다. 살아계신 한 분 여호와 하나님 이외에 그 어떤 것도 숭앙의 대상이 되어 끼어들 수 없다. 이는 혼합주의적 종교사상을 엄격하게 금해야 함을 말해주고 있다. 이에 대해서는 역사상 나중에 있게 될 지상의 모든 하나님의 자녀들에게 주어진 교훈이기도 하다. 따라서 사도 바울은 고린도 교회에 편지하면서 그에 연관된 교훈을 하고 있다.

"대저 이방인의 제사하는 것은 귀신에게 하는 것이요 하나님께 제사하는 것이 아니니 나는 너희가 귀신과 교제하는 자 되기를 원치 아니하노라 너희

가 주의 잔과 귀신의 잔을 겸하여 마시지 못하고 주의 상과 귀신의 상에 겸
하여 참예치 못하리라"(고전 10:20,21)

하나님을 섬기는 참된 백성은 이방인의 종교적인 현상들을 저들 가운데
끌어들여서는 안 된다. 하지만 어리석은 자들은 하나님을 섬긴다고 주장
하면서 이방인들의 종교적인 양식을 끌어들이고자 하는 경향이 있다. 우
리는 여호와 하나님이 그의 율례에 따라 숭앙받아야 할 유일한 대상이라
는 사실을 기억해야 한다. 오늘날 우리의 주변에도 항상 잡다한 거짓 신에
연관된 이방 종교와 사상들이 혼재하고 있음을 잊어서는 안 된다.

두 번째 계명은 "너를 위하여 새긴 우상을 만들어 섬기지 말라"는 명령
이다. 이는 인간들이 자기 취향에 따라 하나님의 형상을 만들거나 조작하
지 말라는 의미이다. 하나님은 여기서 자신은 '질투하는 분'이라는 사실
을 밝히셨다. 이는 절대적인 개념으로서 하나님을 빗대어 어떤 우상이나
신적인 형상을 만들어 숭상하는 것을 용납하지 않는다는 사실을 말해주고
있다. 하늘과 땅과 물 속에 있는 그 어떤 것으로도 하나님을 형상화하여 표
현하려고 해서는 안 된다.

인간들은 거룩한 하나님을 육안으로 볼 수 없으며 특별한 은총이 없이
는 정확하게 느낄 수도 없다. 하나님의 자녀들은 특별히 허락된 은혜로 말
미암아 그를 깨달아 알 수 있을 따름이다. 그럼에도 불구하고 인간들은 시
각적으로 볼 수 있고 자기 취향에 맞는 신을 만들어내고자 한다. 따라서 어
리석은 자들은 자신을 위해 가시적인 신적 형상들을 만들기를 좋아한다.
그러나 그것은 인간들의 종교적인 욕망에 기인할 뿐 하나님을 욕되게 하
는 것에 지나지 않는다. 사도 바울은 로마 교회에 편지하면서 그에 대한 기
록을 하고 있다.

"하나님을 알되 하나님으로 영화롭게도 아니하며 감사치도 아니하고 오

히려 그 생각이 허망하여지며 미련한 마음이 어두워졌나니 스스로 지혜 있
다 하나 우준하게 되어 썩어지지 아니하는 하나님의 영광을 썩어질 사람과
금수와 버러지 형상의 우상으로 바꾸었느니라"(롬 1:21-23)

하나님을 안다고 주장하는 자들 가운데 말씀을 버린 자들은 인간이나
짐승, 벌레와 같은 각양 형상의 우상을 만들어 두고 그것이 하나님의 표상
이라도 되는 양 섬기려 한다. 모세시대뿐 아니라 고대 그리스나 로마 종교
에서는 그와 같은 것들이 두드러졌다. 어리석은 자들은 그런 것들을 본받
아 하나님을 형상화 하고자 하는 것이다. 사도 바울은 인간들의 그런 작태
가 하나님을 모독하는 것임을 분명히 밝히고 있다.

하나님께서 출애굽기 본문 가운데 자신이 질투하는 분임을 강조해 말씀
하신 것은 자신을 핑계대어 만든 어떠한 형상도 용납지 않으신다는 사실
을 선포하는 성격을 지닌다. 어리석은 인간들은 그런 것들을 통해 하나
님을 더욱 구체적으로 열성을 다해 섬긴다고 믿을지 모르지만 그것은 하
나님을 모독하는 배교행위에 지나지 않는다. 그러므로 하나님의 계명을
버리고 떠난 자들의 죄는 자손들의 삼사 대까지 갚겠지만 그의 계명에
순종하여 지키는 자들에게는 천 대까지 은혜를 베푸실 것이라는 약속을
하셨다.

세 번째 계명은 "여호와의 이름을 망령되게 일컫지 말라"는 명령이다.
이 말씀은 인간들이 자신의 이기적인 목적을 위해 거룩한 하나님의 이름
을 아무렇게나 잘못 사용해서는 안 된다는 의미를 지니고 있다. 이 계명은
여호와의 이름으로 거짓 맹세하는 것과 밀접하게 관련되어 있는 것으로
이해해야 한다. 레위기서에는 그에 연관된 기록이 나타난다.

"너희는 내 이름으로 거짓 맹세함으로 네 하나님의 이름을 욕되게 하지
말라 나는 여호와니라"(레 19:12)

하나님께서는 자신의 거룩한 이름을 인간들이 오용하거나 남용하는 것을 용납지 않으신다. 이는 우리시대에 기도할 때 '예수님 이름으로' 기도하는 것과도 연관된다(요 14:14). 예수님의 이름을 개인적인 욕망을 추구할 목적으로 잘못 사용한다면 그것은 거룩한 하나님의 이름을 망령되게 하는 것과 마찬가지다.

네 번째 계명은 "안식일을 기억하여 거룩하게 지키라"라는 명령이다. 하나님께서는 본문 중에서 안식일을 특별히 복되게 하여 거룩하게 하셨음을 말씀하고 계신다. 나아가 '안식일을 거룩하게 지키라'는 말은 역사 가운데서 구원계획을 성취해 가시는 언약의 하나님을 드러내 보여주고 있다.

'안식일을 지키라'고 하신 명령은 그날이 되면 자유롭고 편안하게 쉬라고 말씀하신 것이 아니라 엿새 동안 해오던 모든 노동을 중지하라는 의미를 담고 있다. 그날에는 집안 식구나 남녀종들과 나그네에게도 일을 시켜서는 안 된다. 그렇게 함으로써 인간들은 자기의 노동력에 의해 살아가는 존재가 아니라 전능하신 하나님께 저들의 생명이 달려 있다는 사실을 깨달아 알게 된다.

물론 그 진정한 의미는 예수 그리스도와 밀접하게 연결되어 있다. 즉 인간들이 노동을 쉬며 안식일을 지키는 행위 자체에 의미가 있는 것은 아니다. 사도 바울은 골로새 교회에 편지하면서 구약의 절기들과 더불어 안식일에 연관된 중요한 교훈을 남기고 있다.

"그러므로 먹고 마시는 것과 절기나 월삭이나 안식일을 인하여 누구든지 너희를 폄론하지 못하게 하라 이것들은 장래 일의 그림자이나 몸은 그리스도의 것이니라"(골 2:16,17)

우리는 구약시대의 안식일이 지니고 있는 그림자적인 성격과 실체인 예수 그리스도에 관한 올바른 이해를 해야 한다. 하나님께서는 안식일을 비롯한 이스라엘 민족의 모든 절기들을 통해 예수 그리스도의 사역을 보여주시고자 했다. 십계명에서 안식일에 관한 특별한 명령을 하신 것은 이스라엘 백성들이 매주 돌아오는 그 날을 통해 하나님의 언약을 지속적으로 기억하게 하기 위한 은혜의 방편이었다는 사실을 기억하지 않으면 안 된다.

그리고 다섯 번째 계명에서 열 번째 계명까지는 하나님을 섬기는 인간들 상호간의 삶의 자세에 관한 내용을 담고 있다. 이 가운데는 하나님의 백성들이 교회 가운데서 지켜야 할 언약적인 명령들이 포함되어 있다. 그것은 물론 단순한 윤리적 요구에 그치는 것이 아니라 하나님과 계약을 맺고 있는 언약의 백성들이 지켜야 할 절대적인 규준이 된다.

다섯 번째 계명은 "네 부모를 공경하라"는 명령이다. 인간들 가운데서 지켜져야 할 계명들 중에 맨 앞에 나오는 것은 부모를 공경하라는 내용이다. 그 말씀에 순종하면 하나님께서 자신이 허락하신 특별한 땅에서 저들의 생명을 길이 보존해 주신다. 한편 예수님께서는 나중 모세의 십계명을 인용해 말씀하시면서 그에 연관된 매우 단호한 교훈을 주셨다.

"모세는 네 부모를 공경하라 하고 또 아버지나 어머니를 모욕하는 자는 죽임을 당하리라 하였거늘"(막 7:10); "For Moses said, Honor your father and your mother, and, Anyone who curses his father or mother must be put to death"(Mark 7:10)

예수님께서는 이기적인 형편을 핑계대어 자신의 부모를 모욕하고 소홀히 대하는 자들의 태도를 엄하게 지적하셨다. 그와 같은 일은 결코 있을 수 없는 무서운 죄악이라는 것이다. 예수님은 모세의 율법이 부모를 모욕하는 자들을 반드시 죽음에 내어주어야 한다고 명시적으로 설명하고 계신다.

한편 우리는 이와 더불어 전체적으로 매우 주의깊은 이해를 할 수 있어야 한다. 그 계명은 모든 사람이 무조건 자기의 부모를 공경해야 한다는 말이라기보다 언약적 관계의 부모를 공경해야 한다는 의미가 내포되어 있기 때문이다. 사도 바울은 에베소 교회에 편지하면서 그에 연관된 중요한 교훈을 주고 있다.

"자녀들아 너희 부모를 주 안에서 순종하라 이것이 옳으니라 네 아버지와 어머니를 공경하라 이것이 약속 있는 첫 계명이니 이는 네가 잘 되고 땅에서 장수하리라"(엡 6:1-3)

바울이 언급한 바 '주 안에서' 부모를 순종하며 공경해야 한다는 이 말씀은 하나님이 제정하신 언약적인 창조질서에 밀접하게 관련되어 있다. 이는 단순한 인륜적 효도를 넘어 교회의 상속에 연관된다. 사도 바울은 부모를 공경하는 것이 약속 있는 첫 계명이라고 했다. 이 말은 바울의 교훈이 십계명에 나타나는 '네 부모를 공경하라'는 명령에 직접 연관되어 있음을 말해주고 있다.

만일 부모가 항상 악한 생활을 일삼으며 신앙을 완전히 떠나 있는 상태라면 어떻게 해야 할 것인가? 자식은 어떤 경우라 할지라도 무조건 부모의 모든 말에 순종하고 그들을 공경해야 한다고 말할 수는 없다. 따라서 성경이 말하는 바 자녀의 부모에 대한 순종과 공경은 개인적인 효도의 문제에 국한되는 것이 아니라 교회의 상속 문제에 연결되어 있음을 기억하지 않으면 안 된다.[45]

---

45) 예수님께서는 복음서에서 자기 부모를 버릴 수 있어야 함을 말씀하셨다. 그를 온전히 따르기 위해서는 부모와 처자와 형제자매까지 미워해야 한다고 말씀하셨던 것이다(눅 14:26). 예수님의 이 말씀은 '부모를 공경하라'는 성경의 교훈과 상반된 것이 아니다. 하지만 진리 때문이 아니라 사사로운 감정이나 이기심으로 인해 부모를 미워하는 것은 하나님의 뜻에 저항하는 악한 행위가 된다.

여섯 번째 계명은 "살인하지 말라"는 명령이다. 인간의 생명은 인간 자신이 아니라 전적으로 하나님께 달려 있다. 하나님으로 말미암아 공급된 생명을 인간이 마음대로 박탈할 수는 없다. 그런데 예수님께서는 그에 넘어선 소중한 교훈을 주고 계신다. 그것은 형제를 미워하고 그에게 노하는 것을 살인과 동일한 맥락에서 해석하고 계시기 때문이다(마 5:21,22). 요한은 그의 서신에서 살인을 그에 직접 연관지어 언급하고 있다.

> "그 형제를 미워하는 자마다 살인하는 자니 살인하는 자마다 영생이 그 속에 거하지 아니하는 것을 너희가 아는 바라"(요일 3:15)

우리는 이 말씀의 의미를 올바르게 잘 생각해 보아야 할 필요가 있다. 형제를 미워한다는 것은 그를 죽음으로 내모는 행위와 별반 다르지 않다. 특히 하나님의 교회에 속한 형제를 미워한다는 것은 그를 교회 공동체로부터 분리시키려는 악한 사고를 하는 것과 다르지 않은 것이다.

예를 들어, 교회에 속한 특정인이 보기 싫을 정도로 밉다는 것은, 그가 자신의 삶의 범주에서 사라져주기를 바라는 마음을 품는 것과 같다. 그 사람을 가까이 두고 항상 보는 것이 싫다는 것이다. 이는 그를 교회로부터 분리시켜 떼내고 싶어 하는 심성으로써 살인과 동일한 의미를 지닌다. 우리는 이에 관한 분명한 이해를 하지 않으면 안 된다.

일곱 번째 계명은 "간음하지 말라"는 명령이다. 성경이 말하는 간음은 육체적인 성행위뿐 아니라 음란한 정신까지도 포함하고 있다. 예수님께서는 여자를 보고 음욕을 품는 자마다 이미 간음한 것이라고 말씀하셨다. 야고보는 간음에 대해 한층 높은 의미로 설명하고 있다. 타락한 세상을 벗 삼아 친근한 대상으로 여기며 살아가는 것이 간음이며, 그것은 하나님과 원수가 되게 하는 악한 행위라는 것이다.

"간음치 말라 하였다는 것을 너희가 들었으나 나는 너희에게 이르노니 여
자를 보고 음욕을 품는 자마다 마음에 이미 간음하였느니라"(마 5:27,28);
"간음하는 여자들이여 세상과 벗된 것이 하나님의 원수임을 알지 못하느뇨
그런즉 누구든지 세상과 벗이 되고자 하는 자는 스스로 하나님과 원수 되게
하는 것이니라"(약 4:4)

십계명은 간음하지 말라고 명령하고 있으며, 예수님께서는 마음속으로
남모르게 품게 되는 음욕조차 간음한 것으로 간주하셨다. 우리는 이에 대
해 많은 주의를 기울여 생각해 보아야 한다. 설령 부부간이라 할지라도 서
로 원만한 관계에 있지 않으면 상대 배우자에게 간음을 부추기는 것과 별
반 다르지 않다.

우리는 또한 남녀간의 간음 행위는 살인보다 더 두렵고 사악한 행동이
된다는 점을 기억해야 한다. 살인은 한 사람을 죽이는 행위이지만 간음은
한 가정을 죽여 파탄에 이르게 하는 악한 행위가 되기 때문이다. 우리가 반
드시 기억해야 할 바는, 남이 그렇게 할 수도 있지만 본인 스스로 그 악한
쪽으로 몰아갈 수도 있다는 사실이다.

지상의 교회에 속한 모든 성도들은 간음에 연관된 실제적이며 영적인
의미를 올바르게 깨달아야 한다. 이는 교회의 순결 문제와 직결되어 있기
때문이다. 따라서 연약한 인간들이 모여 교회를 이루고 있지만 성도들은
이에 대한 분명한 이해를 하지 않으면 안 된다.

여덟 번째 계명은 "도둑질하지 말라"는 명령이다. 이는 남의 물건을 몰
래 가로채 자기의 것으로 만드는 행위를 의미한다. 그런데 이는 다른 사람
의 소유물을 도둑질하는 행위에 그치는 것이 아니라 하나님의 것을 도둑
질하는 행위를 포함하고 있다. 하나님께서 자신의 뜻에 따라 사용하도록
맡기신 것을 자기 맘대로 소비하는 것은 도둑질에 해당된다. 구약시대의
말라기 선지자는 그에 관한 기록을 하고 있다.

"사람이 어찌 하나님의 것을 도적질하겠느냐 그러나 너희는 나의 것을 도
적질하고도 말하기를 우리가 어떻게 주의 것을 도적질하였나이까 하도다
이는 곧 십일조와 헌물이라 너희 곧 온 나라가 나의 것을 도적질하였으므로
너희가 저주를 받았느니라" (말 3:8,9)

사악한 인간들은 하나님과 이웃의 것들을 끊임없이 도둑질하면서도 그
에 대한 아무런 인식조차 없다. 하나님을 알지 못하는 모든 불신자들은 항
상 하나님의 것을 도둑질하는 행위를 지속하고 있다. 나아가 다른 이웃들
의 것을 도둑질하면서도 그에 대한 인식이 전혀 없는 경우도 많다. 그런 자
들은 하나님께서 맡기신 것을 자기의 것으로 오해하고 있다.

다른 사람이 가져야 할 것들을 어떤 사람이 중간에서 몰래 가로채게 된
다면 그것은 명백한 도둑질에 해당된다. 우리는 소위 기득권이라는 말을
사용한다. 기득권층에 속한 자들은 자기도 모르는 사이 타인의 것들을 가
로채 착취하고 있는 경우가 허다하다. 약자들에게 돌아가야 할 것을 자신
이 가지게 되기 때문이다.

다시 말하자면 가난하고 힘없는 사람들이 가져가야 할 것들을 자신의
우월한 힘과 능력을 동원해 더 많이 소유하는 것은 남의 것을 착취하는 것
과 별반 다르지 않을 수 있다.[46] 그럼에도 불구하고 대다수 인간들은 자기

---

46) 예를 들어, 동일하게 성실하고 부지런한 열 명의 사람들이 먹을 양식을 가운데
두고 있다고 가정해 보자. 원칙적인 측면에서 본다면, 열 사람이 사이좋게 그
것을 나누어 먹어야 한다. 그런데 그 중에 몇이 자신의 힘과 능력을 동원해 많
이 가져가 버린다면 나머지 힘없는 사람들은 음식이 부족할 수밖에 없게 된다.
세상은 타당한 능력에 기초한다면 그것을 정당한 것으로 간주하려 하지만 교
회는 그렇지 않다. 게으르고 나태하기 때문에 스스로 그것을 포기한다면 모르
거니와 성실하고 부지런함에도 불구하고 그런 일이 발생한다거나 저들 가운데
절대 약자가 있다면 결코 그렇게 해서는 안 된다. 즉 능력 있는 자들은 자신이
거둔 것들을 능력이 부족하거나 약한 자들에게 당연히 나누어 주어야 한다. 그
렇지 않고 주변의 배고픈 자들을 외면한 채 자기의 욕심만 채운다면 그것은 착
취나 도둑질에 버금가는 행위가 되는 것이다.

가 남의 것을 도둑질한 적이 없다고 항변할 것이다. 하지만 인간들은 무의
식중에 하나님의 것과 이웃의 것을 도둑질하며 착취하는 세력에 동참하고
있음을 기억하는 것이 매우 중요하다.

아홉 번째 계명은 "거짓증거하지 말라"는 명령이다. 이는 단순히 거짓
말 하는 것과는 구별되어야 할 개념이다. 즉 이 명령이 단순한 윤리적인 요
구를 하는 것이 아니다. 거짓말이 부당한 언술로써 자신을 보호하기 위한
소극적인 의도를 지니고 있다면, 거짓증거란 남을 해롭게 하기 위해 적극
적인 목적을 가지고 위증하는 것을 의미한다.

나아가 그것은 일반적인 인간사人間事를 넘어선 '하나님에 관한 증거'를
포함하고 있다. 즉 하나님을 알지 못하는 자들은 원천적으로 거짓이 아닌
참된 증거를 할 수 없다. 요한은 자신의 서신에서 그에 대한 언급을 하고
있다.

> "만일 우리가 사람들의 증거를 받을진대 하나님의 증거는 더욱 크도다 하
> 나님의 증거는 이것이니 그 아들에 관하여 증거하신 것이니라 하나님의 아
> 들을 믿는 자는 자기 안에 증거가 있고 하나님을 믿지 아니하는 자는 하나님
> 을 거짓말 하는 자로 만드나니 이는 하나님께서 그 아들에 관하여 증거하신
> 증거를 믿지 아니하였음이라"(요일 5:9,10)

우리가 소유하고 있는 가장 분명하고 확실한 증거는 예수 그리스도와
그의 십자가 사역에 관한 증거이다. 따라서 하나님의 자녀들은 그에 대한
증인이 된다. 그래서 부활하신 예수님께서는 승천하시기 전 제자들에게
'성령이 임하시면 저들이 권능을 받아 예루살렘과 온 유대와 사마리아와
땅 끝까지 이르러 자신의 증인이 되리라'(행 1:8)는 사실에 관한 말씀을 하
셨다.

그러므로 우리는 세상으로부터 어떠한 위협과 회유가 있다고 할지라도

그에 대한 거짓증거나 위증이 아니라 분명한 증거를 제시해야만 한다. 십계명에 나타나는 거짓증거를 금하는 명령 가운데는 포괄적인 의미가 들어있는 것이 사실이지만 하나님과 예수 그리스도에 연관된 내용을 중심에 둘 필요가 있는 것이다.

마지막 열 번째 계명은 "네 이웃의 집을 탐내지 말라"는 명령이다. 이웃의 아내나 남녀종들뿐 아니라 동물까지도 탐내서는 안 된다. 이는 잠시 동안 살아가는 이 세상에 어떠한 미련도 두지 말라는 의미를 내포하고 있다. 이 말은 오직 영원한 천상의 나라에 궁극적인 소망을 두고 살아가라는 요구와도 같다. 그러므로 예수님과 그의 제자들은 그에 연관된 분명한 교훈을 주고 있다.

> "저희에게 이르시되 삼가 모든 탐심을 물리치라 사람의 생명이 그 소유의 넉넉한데 있지 아니하니라 하시고"(눅 12:15); "그러므로 땅에 있는 지체를 죽이라 곧 음란과 부정과 사욕과 악한 정욕과 탐심이니 탐심은 우상 숭배니라 이것들을 인하여 하나님의 진노가 임하느니라"(골 3:5,6)

타락한 세상에 대한 탐심을 진정으로 버린다면 영원한 천국에 대한 소망을 가질 수밖에 없다. 어리석은 자들은 세상에서의 풍성한 소유를 통해 자신의 안전을 꾀하려 한다. 하나님의 백성이라 하면서 세상에 대한 탐심을 가지는 것은 하나님을 신뢰하지 않고 우상숭배하는 자리에 앉는 것과도 같다. 따라서 그와 같은 탐심을 품고 행하는 자들 위에는 하나님의 무서운 진노가 임하게 된다.

하나님께서는 모세를 통해 두 돌판에 새겨진 십계명을 계약조건으로 주시면서 백성들로 하여금 그것을 온전히 지키도록 명령하셨다. 이처럼 하나님과 그의 백성 사이에 맺어진 계약을 온전히 지킨다면 그들이 하나님의 특별한 소유가 되어 그의 언약에 참여하게 된다. 앞에서 언급된 것처럼 하나님의 계명을 지켜 계약관계를 유지하면 천 대까지 은혜를 입고(출 20:6), 하나님께서 주신 땅에서 긴 생명을 보장받게 되는 것이다(출 20:12).

이 말은 타락한 세상에서 얻게 되는 개인적인 복이나 장수를 의미하지 않는다. 그것은 도리어 하나님께서 허락하신 특별한 왕국(제사장 나라)에 밀접하게 연관되어 있다. 그것이 악한 세상에 살아가는 인간들이 가지게 되는 최상의 소망이다. 이는 앞에서 이미 모세를 통해 언급된 바였다.

> "세계가 다 내게 속하였나니 너희가 내 말을 잘 듣고 내 언약을 지키면 너희는 모든 민족 중에서 내 소유가 되겠고 너희가 내게 대하여 제사장 나라가 되며 거룩한 백성이 되리라(출 19:5,6)

우리가 반드시 기억해야 할 바는, 위의 본문에서 '내 말을 잘 듣고 내 언약을 지키면' 이라는 말의 중심에는 하나님께서 두 돌판에 친히 기록하신 십계명이 자리잡고 있다는 사실이다. 이는 율법 전체를 포괄할 수 있지만 일차적으로는 십계명에 연관되는 것으로 이해하는 것이 바람직하다. 하나님의 자녀들은 그 언약을 통해 하나님을 위한 제사장 나라가 되며 그의 거룩한 백성이 될 수 있기 때문이다. 이에 연관된 언약은 신약시대에도 유효할 뿐 아니라 오늘날 우리에게 직접적인 영향을 미치고 있다.

2. 하나님을 경외해야 할 백성과 하나님의 요구

하나님께서 모세에게 두 돌판에 기록된 십계명을 주시는 동안 하늘에서는 우뢰와 번개가 쳤을 뿐 아니라 이제까지 들어본 적이 없는 큰 나팔소리가 울려 퍼졌다. 그리고 산 위에는 연기가 자욱했다. 산 아래 모여 있던 이스라엘 백성들은 그 모든 광경을 지켜보면서 두려워 떨지 않을 수 없었다.

그러므로 시내산 아래 회집해 있던 백성들은 모세에게, 하나님이 아니

라 모세가 저들에게 바로 말해주기를 간청했다. 거룩한 하나님께서 말씀
하시는 현장 가운데 있던 죄에 빠진 인간들은 죽을 것만 같았기 때문이다.
죄로 인해 더러워진 인간들로서는 거룩한 하나님의 사역 현장을 보며 견
뎌낼 수 없었던 것이다.

백성들의 간청을 들은 모세는 저들로 하여금 두려워하지 말도록 격려했
다. 하나님께서 직접 이스라엘 백성들에게 나타나신 것은 저들을 시험하
여 그 광경을 보게 함으로써 그를 경외하고 범죄치 않게 하기 위한 의도라
는 것이었다. 이에 대한 교훈은 신약시대의 교회에 그대로 적용되어야 한
다. 모세와 이스라엘 백성이 본 그 놀라운 광경은 오늘날 우리 역시 기록된
말씀을 통해 간접적으로 체험하고 있어야 하기 때문이다.

또한 모세를 통해 두 돌판에 새겨진 십계명을 주신 하나님께서는, 이스
라엘 백성에게 규례에 따른 제사와 더불어 특별한 법적인 요구를 하셨
다.[47] 하나님과 계약을 맺은 백성은 자신을 위한 우상을 만들거나 그것을
향해 경배해서는 안 된다. 그들은 하늘로부터 임재하신 하나님을 똑똑히
목격했으므로 이 땅의 금이나 은으로 신상을 만들어 섬기려 하지 말아야
한다. 그것은 하나님께서 경멸하시는 더러운 죄악일 뿐 아니라 하나님을
모독하는 추악한 종교행위이다.

그 대신 흙으로 단을 쌓고 그 위에 양과 소를 잡아 번제와 화목제를 드
리도록 요구하셨다. 하나님께서 받으실 만한 제물로써 온전한 제사를 지
내는 곳에 자신의 거룩한 이름이 기념된다는 것이었다. 그렇게 되면 그가
친히 그곳에 임하여 저들에게 복을 내려 주시겠다는 약속을 하셨다. 이는
언약에 참여한 백성들을 온전한 제사를 통해 용납하시겠다는 하나님의 뜻
을 보여준다.

---

47) 우리는 일반적으로 출애굽기 20:22-23:33까지를 '언약서'(the Book of
   Covenant)라 칭한다. 그 가운데는 하나님께서 요구하시는 제사와 더불어 십
   계명을 기초로 한 구체적인 법령들이 기록되어 있다.

그런데 본문 가운데서 하나님께서 말씀하시는 복(출 20:24)은 과연 어떤 복일까? 그것은 이 땅에서 모든 것이 형통하게 되어 잘 먹고 잘 사는 것을 의미하지 않는다. 이는 도리어 자기 백성들에게 주어지는 궁극적인 영원한 복에 관련되어 있다. 이 복은 인간들이 범죄하기 전인 창세기 1장 28절에서 언급한 복과, 하나님께서 아브라함을 불러 저로 하여금 복의 근원이 되게 하시겠다는 그 복에 관련되어 있다(창 12:1,2). 이는 곧 장래 오시게 될 메시아에 연관되어 있는 것이다.

또한 하나님께서는 돌로 제단을 쌓을 경우 다듬은 돌로 하지 말라는 명령을 하셨다. 정으로 돌을 쪼아서 다듬게 되면 부정하게 된다는 것이었다. 이는 무엇을 의미하고 있는가? 이 말은 인간의 손을 통한 인위적인 것을 거부하는 하나님을 보여주고 있다.

인간들의 어리석은 판단으로는 많은 정성을 드려 아름답게 다듬어진 것을 하나님께서 더 좋아하실 것으로 여길지 모른다. 그러나 하나님은 인간들이 아름답게 다듬어 꾸며 장식하는 것을 원하지 않으신다. 하나님께서는 인간들의 머리와 손끝에서 나온 기교나 화려한 장식을 좋아하시는 분이 아니시다. 도리어 그는 인간들의 재주와 취향에 따라 자신을 섬기려는 행위를 막고자 하셨다.

또한 하나님께서는 층계로 그 제단에 올라가지 못하도록 하셨다. 그렇게 되면 하체가 드러나 보일까 해서 금하신다는 것이었다.[48] 이 말씀 역시 인위적인 것을 경계하며 경건을 요구하시는 하나님의 뜻을 보여주고 있다. 인간들이 만든 예술품이나 특이한 시설물들이 없는 순수한 상태에서 하나님께 온전한 제사를 드리는 것이 중요하다. 이는 하나님께 드리는 제

---

48) 이스라엘 백성이 시내광야에서 생활하던 당시는 오늘날 우리와 의상이 매우 달랐다. 즉 바지 안에 속옷을 입은 것이 아니라 치마와 같은 통 옷을 걸치고는 그 안에 속옷을 입지 않았다. 따라서 만들어진 계단을 올라가다 보면 속살이 드러나 보일 우려가 있었던 것이다.

사와 제단을 위한 중요한 지침이 된다.

3. 신약시대 교회와 십계명

십계명은 모세시대와 구약시대뿐 아니라 신약시대에 살고 있는 오늘날 우리에게도 그대로 유효한 의미를 지니고 있다. 즉 하나님께서 시내산에서 맺으신 계약은 단순한 과거의 교훈에 머물지 않는다. 예수님께서는 제자들에게 십계명을 크게 두 분야로 나누어 요약함으로써 그 의미를 분명하게 설명하셨다.

"예수께서 가라사대 네 마음을 다하고 목숨을 다하고 뜻을 다하여 주 너의 하나님을 사랑하라 하셨으니 이것이 크고 첫째 되는 계명이요 둘째는 그와 같으니 네 이웃을 네 몸과 같이 사랑하라 하셨으니 이 두 계명이 온 율법과 선지자의 강령이니라" (마 22:37-40)

예수님의 이 말씀은 하나님과 인간 사이에 맺어진 계약문서인 십계명에 연관되어 있는 것이 틀림없다. 우리는 이 말씀이 제시하는 의미를 올바르게 깨달아야 한다. 우리는 먼저 하나님을 위해서 우리의 모든 것을 바쳐 드려야 한다. 그리고 이웃을 위해서는 최선을 다한 삶을 살아야 한다. 예수님께서는 그것이 구약의 율법과 선지자의 강령이라고 말씀하셨다. 이는 곧 십계명의 교훈에 직접 연결되어 있는 것이다.

또한 사도 바울은 모세를 통해 주어진 십계명을 직접 언급하면서, 그것을 위에 소개된 예수님의 말씀에 직접 연결되어 있음을 밝히고 있다. 그는 로마에 있는 교회에 편지하면서 그에 대한 분명한 증거를 했던 것이다.

"간음하지 말라, 살인하지 말라, 도적질 하지 말라, 탐내지 말라 한 것과 그 외에 다른 계명이 있을찌라도 네 이웃을 네 자신과 같이 사랑하라 하신

그 말씀 가운데 다 들었느니라 사랑은 이웃에게 악을 행치 아니하나니 그러
므로 사랑은 율법의 완성이니라"(롬 13:9,10)

이처럼 모세의 십계명은 신약 교회에서도 그 의미가 그대로 드러나고
있다. 그것은 오래전에 주어진 과거의 율법에 그치는 상징적인 교훈에 머
무는 것이 아니라 우리에게도 그 의미가 실제적으로 발생하고 있음을 말
해준다. 이는 물론 단순한 윤리적인 차원을 넘어 예수 그리스도와 그의 구
속사역에 연결되는 말씀이다.

그러므로 오늘날 우리시대의 상당수 개혁교회들(reformed churches)에서는
공 예배 중에 십계명을 고백함으로써 그것을 확인하고 있다. 신약시대 교
회가 구약시대의 십계명을 공 예배 중에 확인하는 것은 무엇을 의미하고
있는 것일까? 이는 하나님의 언약과 더불어 그의 백성들과 맺어진 영원한
계약을 확인하며 감사하는 의미를 지니게 된다. 우리는 이것이 지상의 교
회와 성도들에게 허락된 최상의 축복이라는 사실을 기억해야만 한다.

제24장

구체적인 율법 적용 : 노예법과 일반법
(출 21:1-36)

1. 언약서言約書

우리는 앞 장에서 이미 그 의미를 설명한 바 있는 출애굽기 20장 22절에서부터 23장 33절까지를 특별히 '언약서'(the Book of Covenant)라 부른다. 이는 24장 7절에 기록된 모세가 낭독한 '언약서'라는 말에 기초하고 있다. 이 가운데는 하나님과 이웃에 연관된 근본적인 도리를, 민족 공동체의 삶 가운데서 어떻게 구체적으로 적용할지에 관한 내용들이 포함되어 있다. 물론 그 가운데는 인간들의 일반적인 이성과 상식을 넘어선 개념들이 등장하고 있음을 보게 된다.

2. 히브리인 노예 제도와 그 규례

하나님께서는 모세를 통해, 백성들 앞에 세워질 규례에 대한 말씀을 하셨다. 그 가운데 가장 앞서 나온 내용은 히브리인 노예(slave)에 관련된 법령이다(출 21:2). 우리가 먼저 관심을 기울여야 할 부분은 언약의 백성인 히브리인들도 노예가 될 수 있다는 사실이다. 다른 이방 족속이 아니라 히브리인이 다른 히브리인의 노예가 될 수 있다는 것은 놀랍지 않을 수 없다.

이는 하나님의 선민에게 주어진 민족적인 고유한 신분이 절대적인 것이 아니라 누구나 다른 사람의 노예가 될 수 있다는 사실을 보여준다. 사람이 이 세상에 살아가는 동안 물질의 상호 교환이나 유통은 필수적이다. 그 과정 가운데는 다른 사람들의 것을 꾸기도 하고 되갚기도 한다. 그것이 원활하다면 별 문제될 것이 없겠지만 그렇지 못할 경우에는 그에 상응하는 책임을 져야 한다.

그런데 만일 어떤 방법으로도 부채를 갚을 수 없다면 어떻게 책임을 져야 할까? 누구든지 감당할 수 없을 정도의 빚을 지게 되면 결국 몸으로 그것을 대신할 수밖에 없게 된다. 그것은 마지막 남은 자신의 몸으로써 책임을 지고 빚을 갚을 수밖에 없음을 말해 준다. 경우에 따라서는 빚을 갚지 못해 온 가족이 남의 노예가 될 수도 있다. 이는 남에게 진 빚은 반드시 갚아야 한다는 사실을 말해주고 있다.

평범한 시민이 채무나 금전적인 이유로 말미암아 노예가 되는 경우에는 규례와 절차가 따른다. 개인의 판단에 따라 아무렇게나 처리할 수 없는 것이다. 남자 아이 혹은 청년이 어떤 사람의 노예가 되었다가 나중 그 주인의 배려로 가정을 이룰 수 있다. 그리고 노예 신분으로 맺은 부부 사이에 자녀가 출생할 수도 있다. 그렇게 되면 그 부부와 자녀들도 노예가 된다. 이는 그들 모두가 주인의 소유이기 때문이다.

그렇지만 노예라 해서 영구적으로 타인의 소유가 되지는 않는다. 이는 주인은 노예를 자신의 영원한 소유인 양 대우해서는 안 된다는 사실을 말해주고 있다. 그 사람들은 언젠가 자유인이 될 사람들이다. 따라서 주인은 노예가 된 지 육 년이 지나고 칠 년째가 되는 사람에게는 몸값을 물지 말고 자유인으로 내보내야 한다.

우리가 유념해야 할 바는 그것이 주인의 긍휼이나 관대함에 의한 것이 아니라 하나님의 율법에 따른 것이라는 사실이다. 만일 그 주인이 다른 평

계를 대며 노예를 해방하지 않으면 그것은 하나님의 뜻에 저항하는 행위
가 된다. 따라서 자유를 찾은 노예는 자기를 해방시킨 주인이 아니라 하나
님께 감사해야 한다.

어떤 사람이 단신單身으로 노예가 되어 들어갔다면 자유인이 되었을 때
홀로 그 집으로부터 나가면 된다. 혼인한 부부가 함께 노예가 되었다면 같
이 나갈 수 있다. 그러나 혼자 노예가 된 사람에게 주인이 아내를 주어 그
들 사이에 자녀가 태어났다면 남자만 홀로 나가야 하며 아내와 자식 등 나
머지 가족은 주인의 소유로 남아 있어야 한다.

그런데 만일 그 사람이 자기 처자妻子뿐 아니라 주인을 사랑하기 때문에
자유인이 되기를 포기하고 계속 그 집에 머물기를 원하면 주인은 저를 데
리고 재판장에게 가야 한다. 즉 그것은 사사롭게 판단할 수 있는 문제가 아
니라 재판을 받아야 할 중대한 사안이다. 재판장으로부터 허가 판결이 날
경우에는 그를 문이나 문설주 앞으로 데려가 송곳으로 그의 귀를 뚫어야
한다.[49] 그렇게 되면 그 사람은 종신노예가 된다(출 21:6).

또한 사람이 자기 딸을 여자 노예로 팔았다면 그는 남자 노예와 달리 일
반적인 절차에 따른 자유인이 될 수 없다. 즉 채권채무나 특수 관계의 권리
자가 상대방의 딸을 원한다면 그를 그에게 줄 수 있는 것이다. 그렇게 해서
그가 그 여인을 데리고 와서 아내로 삼고자 했으나 마음에 차지 않으면 몸
값을 치르고 내보내야 한다. 하지만 그 사람은 약속을 어기고 신의를 저버
렸으므로 그 여인을 타국인 곧 외부인에게 팔 권리가 없다.

한편 주인이 그 여자 노예를 자기 아들의 여자로 준다면 그를 딸같이 여
겨 대우해야 한다. 만일 아들이 나중 다른 여성에게 장가든다고 할지라도
그는 아내로 산 그 여종의 의식주衣食住는 물론 동침하는 관계를 끊지 말아
야 한다(출 21:10). 만일 이 세 가지 즉 딸을 대하듯이 하는 의무와 의식주를

---

49) 이스라엘 민족의 문이나 문설주는, 집안 사람들이 출입하는 관문일 뿐 아니라
율법과 더불어 유월절 어린 양의 피를 기억하게 하는 역할을 한다.

책임지는 의무, 그리고 동침하는 의무를 다하지 않는다면 그 여자는 배상금을 내지 않고 자유의 몸이 될 수 있다.

그런데 우리는 여기서 상식적으로 이해하기 쉽지 않은 문제에 직면하게 된다. 그것은 남자 주인이 다른 여성과 혼인한 후에도 여전히 자신의 여자였던 종에게 성적인 의무를 다해야 한다는 것은 부도덕한 행위가 아닌가 하는 점 때문이다. 무슨 까닭에 다른 여성과 혼인하고 나서도 여전히 여종과 동침하는 의무를 져야 하는가? 더구나 그녀에게 성적인 관심이 없다고 할지라도 그렇게 해야만 한다는 것은 무엇을 의미하고 있는가?

우리는 이에 대한 주의깊은 이해를 하지 않으면 안 된다. 그것은 단순한 성적인 쾌락을 위해서가 아니라 자녀를 출산하는 것에 연관되어 있다. 즉 모든 히브리 여성은 자녀를 가짐으로서 가업을 상속해 갈 수 있는 정당한 권리를 가진다. 따라서 이 문제는 개인을 넘어 이스라엘 민족의 상속에 연관된 것으로 이해해야 한다.

노예제도에 연관된 이 율법은 이스라엘 민족 가운데 존재해야 할 궁극적인 질서를 보여준다. 또한 어느 누구도 다른 사람을 영구한 노예로 둘 수 없지만 본인이 자원할 경우에는 예외적인 규례가 있다. 이는 노예의 해방 규정으로서 특별한 경우에는 그에게 주어진 아내와 자녀에 연관된 주인의 고유한 권리가 인정되고 있음을 말해준다.

우리는 본문에 기록된 율법을 통해 이스라엘 민족 가운데서도 노예가 생길 수 있다는 점을 주의깊게 기억해야 한다. 그것은 모든 인간은 종이 될 수 있음을 보여주고 있다. 이에 대해서는 그 의미상 오늘날 우리도 예외가 아니다. 우리 역시 자신의 채무 이행에 대한 책임을 다하지 못하면 남의 노예처럼 될 수 있다. 이는 모든 인간은 자신의 빚을 완전히 갚지 못한다면 언제든지 타인의 노예가 될 수 있음을 말해주고 있는 것이다.

사실 죄에 빠진 인간은 물질뿐 아니라 정신적인 영역을 포함한 모든 면을 전체적으로 볼 때 남에게 진 부채를 다 갚을 수 없는 악성 채무자이다.[50] 더구나 하나님께 진 빚을 도저히 갚지 못하는 나약한 존재에 지나지 않는다. 따라서 우리는 하나님의 노예가 될 수밖에 없다. 그러나 하나님의 자녀들은 예수 그리스도를 통한 하나님의 은혜로 말미암아 자유를 얻어 해방되었다. 예수님께서는 제자들에게, "진리를 알지니 진리가 너희를 자유케 하리라"(요 8:32)고 말씀하시며 궁극적인 소망을 주셨던 것이다.

3. 반드시 사형에 처해야 할 자

(1) 살인과 도피성

하나님께서 모세를 통해 주신 율법은 엄격하다. 특정한 악행을 저지른 자들에 대해서는 반드시 사형에 처해야 한다. 다른 사람을 죽임으로써 생명을 박탈한 자에게는 응분의 벌칙이 따른다. 고의적으로 사람을 쳐 죽였다면 반드시 그에 대한 책임을 물어 그를 죽이지 않으면 안 된다. 여기에는 개인이 저지른 악행에 대해 그대로 책임을 부과해야 한다는 형벌적인 개념과 더불어 그렇게 함으로써 다른 사람들에게 경각심을 일깨워야 한다는 교육적 개념을 포함하고 있는 것으로 이해할 수 있다.

그런데 고의적인 살인이 아니라 자기도 모르는 사이 하나님의 특별한 도구가 되어 타인을 죽이는 경우가 있다. 그런 경우라 할지라도 죽임을 당한 사람의 가족이나 친구는 그를 잡아 보응하려 할 것이 틀림없다. 하지만 의도적인 살해를 하지 않고 하나님의 경륜 가운데 살인을 행한 경우라면 '하나님께서 정해주신 장소'로 피해야 한다. 그곳은 하나님께서 특별히 예비하신 영역이다.

하나님께서는 이 말씀을 통해 자신이 악한 자를 직접 심판하시는 분임

---

50) 미련한 인간들은 자신의 그런 형편을 깨닫지 못한다. 그런 자들은 스스로 다른 사람을 위해 많은 도움을 주기는 했으나 결코 주변 사람들로부터 크게 신세진 것이 없는 것처럼 판단하고 있다.

을 보여주고 있다. 하나님은 경우에 따라 사람을 도구로 사용해 악한 자를 죽임으로써 심판하시게 된다(출 21:13). 그러나 그럴 경우라 할지라도 의도적으로 살인을 하도록 허용하지 않았으며 고의적이지 않은 상태에서 그렇게 하도록 인도하셨다.

구약시대에 살인한 자들이 피할 수 있는 영역은 '도피성'과 '하나님의 제단'이 있었다. 그곳으로 피하면 생명을 보장받거나 생명이 연장될 수 있게 된다. 그렇지만 고의로 사람을 살해한 자에 대해서는 생명이 보장되지 않는다. 그런 자라면 사람들이 그를 그곳으로부터 끌어내 죽여야 한다. 하나님께서는 모세를 통해 도피성에 관한 율법을 주셨다.

> "여호와께서 또 모세에게 일러 가라사대 이스라엘 자손에게 말하여 그들에게 이르라 너희가 요단을 건너 가나안 땅에 들어가거든 너희를 위하여 성읍을 도피성으로 정하여 그릇 살인한 자로 그리로 피하게 하라 ... 너희가 줄 성읍 중에 여섯으로 도피성이 되게 하되 세 성읍은 요단 이편에서 주고 세 성읍은 가나안 땅에서 주어 도피성이 되게 하라 이 여섯 성읍은 이스라엘 자손과 타국인과 이스라엘 중에 우거하는 자의 도피성이 되리니 무릇 그릇 살인한 자가 그리로 도피할 수 있으리라"(민 35:9-15)

이스라엘 민족이 살아가는 땅 가운데는 여섯 개의 도피성이 주어졌다. 저들에게 도피성이 주어진 것은 살인자를 위해서였다. 이는 고의적인 악한 살인자가 아니라 의도하지 않은 과실로 인해 살인한 자를 두고 말한다. 그렇다고 해서 모든 과실치사 사건에 연루된 자를 무조건 다 보호해 주기 위한 목적으로 보기 어렵다. 이는 되풀이 되는 보복살인을 방지하고 정당한 재판을 하기 위한 것이었다. 즉 이에 관한 원리적인 배경에는 하나님께서 악한 자를 심판하시기 위해 도구로 사용한 사람을 염두에 두고 있는 것으로 이해하는 것이 바람직하다.

한편 하나님의 제단에 피한 자를 그 자리에서 즉시 죽이지 못하는 것은 그 제단이 거룩하기 때문이다. 이는 거룩한 제단을 악한 인간의 피로 더럽힐 수 없음을 말해 준다. 고의로 사람을 죽인 자라면 제단에서 끌어내려 죽여야 하지만 그렇지 않을 경우에는 그를 끌어내 정확하게 심문한 후 부과할 형벌의 내용을 결정해야만 했다.

(2) 부모에 대한 패륜悖倫

자기 아버지나 어머니를 치는 자는 반드시 죽여야 한다. 나아가 자기 부모를 저주하는 자 또한 반드시 죽이지 않으면 안 된다. 그것이 말로 하는 것이든 마음으로 하는 것이든 마찬가지다. 이에 대해서는 도피성과 같은 어떠한 예외 규정도 없다. 그것은 고의살인과 동격의 범죄에 해당되기 때문이다.

그러므로 하나님의 교회에 속한 성도들은 부모를 멸시해서는 안 된다. 만일 부모를 소홀히 대하면서 자식을 더 끔찍이 생각한다면 그것도 패륜의 징조가 될 수 있다. 따라서 자기가 부모에게 취하는 태도만큼 혹은 그 이상의 대접을 자식으로부터 받게 될지도 모른다는 사실을 기억해야 한다. 이는 단순한 개인적인 문제에 국한되는 것이 아니라 신앙 공동체로서 집단적인 성격을 지니고 있다.

또한 사람을 납치하거나 유괴한 자는 반드시 사형에 처해야 한다. 그리고 사람을 자기 수하에 두고 억류함으로써 부당하게 마음대로 부리는 자나 인신매매를 하는 자도 반드시 죽여야 할 자들이다. 그렇게 하는 자는 다른 사람의 생명을 강제적으로 억압하면서 자신의 이득을 꾀하고 있기 때문이다.

오늘날 우리도 항상 이와 동일한 교훈을 마음속 깊이 새겨두고 살아가야 한다. 즉 이기적인 목적으로 다른 사람을 억압하거나 이용하려 해서는 안 된다. 그것은 하나님께서 허락하신 저들의 생명과 밀접하게 연관되어 있기 때문이다.

4. 폭행

인간은 다른 동물들과 달리 말로써 대화하는 인격적인 존재이다. 대화를 넘어선 완력을 동원한 싸움과 폭력은 결코 용납될 수 없는 무서운 죄악이다. 그러나 악한 인간들은 본성상 남을 제압해 이기고자 하는 욕망을 가진다. 따라서 이기기 위해서는 수단과 방법을 가리지 않으려는 경향이 있다.

모세 율법은 그에 관한 규례를 언급하고 있다. 서로간 싸우다가 주먹이나 돌로 상대방을 쳐 심한 상처를 입히게 되면, 그가 건강을 회복하여 자리에서 일어날 수도 있지만 생명을 잃을 수도 있다. 상대방으로부터 폭행을 당했으나 죽지 않고 나중에 회복이 가능한 상태라면 손해를 배상하고 완치되도록 배려해 주어야 한다.

그러나 주인이 자신의 남자나 여자 노예를 매로 쳐서 그 자리에서 당장 죽게 되면 반드시 형벌을 받게 된다. 반면 노예가 폭행을 당했지만 하루 이틀을 연명하다가 죽으면 형벌을 면한다. 그 이유는 아마도 그가 자신의 노예를 죽이기 위한 의도로 폭력을 가한 것이 아니기 때문인 것으로 여겨진다. 이는 그 주인이 자신의 재산에 해당하는 노예를 죽이고자 하는 마음이 없었던 것과 연관되어 있다.

또한 사람이 임신한 여성과 다투다가 그녀를 쳐서 낙태하게 되었을 때 산모에게 다른 신체적인 피해가 없다면 남편의 청구대로 반드시 배상해야만 한다. 그런데 그것은 피해자의 남편의 일방적인 요구나 판단이 아니라 재판장의 판결을 따라 시행되어야 한다. 임신한 여성과 싸운 자가 그 사람이나 태아를 죽일 의도를 가지지 않았기 때문에 그와 같은 책임을 져야 하는 것으로 여겨진다.

5. 동해보복의 원칙

모세 율법은 동해보복을 허용하고 있다. 이는 상대방에 의해 폭행을 당하고 상해를 입은 만큼 그대로 되갚아 줄 수 있는 권리를 의미한다. 이 말은 물론 사적인 판단이나 행동을 허용한다기보다 법정의 판단근거에 대한 언급이다. 즉 재판장은 피해자에 의한 동해보복을 허락하지 않을 수 없는 것이다.

생명은 생명으로, 눈은 눈으로, 이는 이로, 손은 손으로, 발은 발로, 불에 덴 것은 덴 것으로, 상하게 한 것은 상함으로, 폭행은 폭행으로 갚아야 한다(출 21:23-25). 우리가 여기서 유념해야 할 바는 자기가 당한 것보다 조금이라도 심하게 상대방에게 행한다면 또 다른 문제를 유발하게 된다는 사실이다. 따라서 여기서 깨달아야 할 바는, 다른 사람의 신체에 어떠한 해도 끼쳐서는 안 된다는 의미가 이 율법 가운데 내포되어 있다는 점이다.

그러나 일반인이 아닌 노예에 대해서는 좀 다른 규례가 주어졌다. 남자나 여자 노예의 한쪽 눈을 쳐서 상하게 하면 그 눈에 대한 보상으로 그를 놓아 주어야 하며, 저들의 이를 쳐서 빠뜨리면 그 이에 대한 보상으로 그를 해방시켜 주어야 한다. 주인이 노예의 신체를 상하게 했을 때 노예가 그 주인의 신체에 대해 동해보복을 가할 수 없는 것이다.

이러한 모든 율법은 언약의 백성들이 속한 신정국가의 질서를 위해 주어졌다. 인간들이 개인적인 목적을 이루기 위해 다른 사람의 생명을 박탈하거나 신체를 가격할 수 없다. 이는 단순한 세속적 질서를 위한 것을 넘어 하나님 나라 질서의 근본적인 배경이 된다.

6. 주인의 성실의무와 책임

사람의 소유 가운데는 동물과 식물, 그리고 주택이나 토지 등 일반 재산이 있다. 동물들 중에는 주인이 잘 관리하지 않으면 이웃에게 큰 피해를 줄 수 있는 동물이 있는가 하면 다른 사람의 신체를 직접 해칠 수 있는 동물들도 존재한다. 경우에 따라서는 사람을 죽게 만들 수도 있다.

본문 말씀에는 가축들 중에 소에 관한 내용이 소개되고 있다(출 21:28). 소는 집 안에서 키우지만 힘이 센 동물로서 사람을 해칠 수 있다. 소가 사람을 받아 죽이게 될 경우 그 소를 반드시 돌로 쳐 죽여야 한다. 이는 소에게 이성적인 판단력이 있기 때문이 아니라 사람의 생명이 얼마나 소중한가 하는 것을 보여주고 있다. 그러나 사람들은 사람을 받아 죽인 그 소의 고기를 먹지 못한다.

그렇지만 보통 소가 다른 사람을 받아 죽였더라도 그 주인은 형벌을 면한다. 이는 원래 소에게 사람을 받는 버릇이 있지만 주인이 최선을 다해 자기의 소를 관리했음에도 불구하고 그런 일이 발생한 것을 전제로 하고 있다. 즉 각 사람들은 소의 들이받는 속성을 알고 적절한 대응을 하며 피해야 할 의무가 있음을 말해 준다.

그러나 우리가 반드시 기억해야 할 바는 실제로 이런 일이 일어날 가능성이 거의 없다는 사실이다. 소에 받혀 사람이 죽는 일은 수십 년에 한 번 일어날까 말까 하는 정도로 희귀한 일이다. 사람이 소에 받혀 상처를 입는 경우야 종종 있을 수 있겠지만 사람이 소에 받혀 죽는 경우는 거의 없을 것이기 때문이다.

하지만 그 소가 사람을 잘 들이받아 위험하다는 사실을 알고 사람들에 의해 주의를 받고 있음에도 불구하고 철저히 단속하지 않아 다른 사람을 받아 죽였다면 그 소뿐 아니라 주인까지도 같이 죽여야 한다. 그러나 그 주인에게는 죽음을 피할 수 있는 길이 열려 있다. 소가 다른 사람을 받아 죽였지만 주인에게 부과된 보상금을 내면 죽음을 면할 수 있게 된다. 분명한 사실은 보상금을 내지 않고 죽음을 택하는 어리석은 사람은 아무도 없을 것이란 점이다. 하지만 그 모든 것은 개별적인 판단이 아니라 하나님의 율법과 규례에 따라 시행되어야 한다.

한편 소가 만일 일반 시민이 아닌 다른 사람의 남자나 여자 노예를 들이받으면 소 임자는 노예의 주인에게 변상의 책임을 져야 한다. 율법은 소의 주인에게 한 사람의 몸값에 해당하는 은 삼십 세겔을 주어야 한다는 규례를 정하고 있다.51) 그리고 그 소는 살려두지 말고 반드시 죽여야만 한다.

또한 어떤 사람의 소가 다른 사람의 소를 들이받아 죽이면 살아있는 소를 팔아 그 값을 반반으로 나눠야 한다. 그리고 죽은 소도 두 사람이 반으로 나눠 가져야 한다. 이는 양편 모두에게 공평하게 책임을 물어야 함을 말해주고 있다.

그렇지만 자기의 소가 받는 버릇이 있는 것을 알고도 그 임자가 단속하지 않아 다른 사람의 소를 받아 죽였다면 문제가 다르다. 그럴 경우에는 남의 소를 받아 죽인 그 소의 임자가 전적인 책임을 져야 한다. 그러므로 살아있는 소를 죽게 된 소의 주인에게 주어 변상해야 하며 대신 죽은 소는 그 사람의 소유가 된다.

그리고 모세 율법은 이웃을 위해 항상 성실한 주의를 기울여야 할 것을 규정하고 있다. 예를 들어, 사람이 구덩이를 열어두거나 덮지 않아서 소나 나귀가 거기 빠져 죽게 되면 구덩이 주인이 변상해야 한다(출 21:33,34). 구덩이를 열어둔 사람은 죽은 짐승의 임자에게 돈을 주고 죽은 동물은 자기가 차지하게 된다. 이런 일이 발생했을 경우에는 잘못한 자가 전적인 책임을 져야 하며 상대방은 그 이상의 것을 요구해서도 안 된다.

이스라엘 민족 가운데 주어진 이 율법은 단순히 동물에 관련된 것에만 국한되지 않는다. 이것은 사람의 생명과 저들의 생활에 연관된 전반적인 문제를 포괄하고 있다. 그것은 이웃에 대해 의도적인 악행을 저질러서는

---

51) 가룟 유다가 예수님을 유대인들에게 은 삼십에 판 것은 구약 율법에 기록된 이와 같은 내용에 연관되어 있다.

안 되며 주변 사람들에게 선의와 배려의 마음을 갖추고 있어야 함을 말해
준다. 또한 어떤 문제가 발생했을 경우 율법에 따라 분명한 책임을 지고 적
절한 배상의 책임을 져야함을 말해주고 있다.

제25장

신앙인의 법적 책임과 도리에 관한 율례

(출 22:1-31)

1. 배상에 관한 법적인 책임문제

(1) 절도와 정당방어

하나님의 선민인 이스라엘 민족 공동체 내부에는 원칙상 도둑이 존재하지 말아야 한다. 그것은 언약 공동체의 근본적인 질서문제와 연관되어 있다. 하나님을 진정으로 경외하는 백성이라면 그에 적극적일 수밖에 없다. 하지만 타락한 인간들은 하나님을 잊어버리거나 멸시하면서 자기 욕망을 채우기에 급급하다.

모세 율법은 목축업을 주로 하는 이스라엘 민족 가운데 소나 양을 도둑질하는 문제에 대해 언급하고 있다. 어떤 사람이 남의 소나 양을 도둑질하여 도살하거나 팔아버렸다면 원래 주인에게 자기가 훔친 소의 다섯 배를 갚아야 하며 양은 네 배를 갚아주어야 한다.

이는 도둑질한 것이 들켰을 때 해당되는 말이다. 사람들은 완전범죄를 못하고 들켜 몇 배를 더 갚아주게 된 것을 두고 운이 나쁘다고 할지 모르지만 오히려 그것이 다행이다. 만일 들키지 않았다면 하나님의 직접적인 저주와 심판을 면치 못할 것이기 때문이다. 도둑질이 들킨 것은 뉘우침의 기회를 한 번 더 가지게 되는 것과도 같다.

그런데 무엇 때문에 소는 다섯 배이고 양은 네 배인지에 대해서는 쉽게 알기 어렵다. 그러나 분명한 점은 인간들의 상식과 상관없이 하나님께서 그렇게 정하셨다는 사실이다. 하나님께서는 인간들에게 그에 대한 합리적인 설명을 할 필요가 없다. 단지 그와 같은 율례를 통해 모든 법은 전적으로 하나님에 의한 것이란 점을 분명히 보여주고 있다.

침입해 들어오는 도둑을 보고 집 주인이 정당방어를 하는 것은 적법한 행위로 인정된다. 만일 깜깜한 밤에 도둑이 들어온 정황을 파악하고 그를 쳐 죽인다면 죄 될 것이 없다. 그러나 해가 솟아오른 후인 밝은 낮에 도둑을 발견하고 그를 쳐 죽인다면 피 흘린 죄를 져야 한다. 사람을 알아 볼 수 없는 밤에 위협을 느껴 취하는 행동과 사람들이 다니는 낮의 행동은 그 의미가 동일하지 않다.

도둑이 동물을 훔친 사실이 주인에게 들키게 되면 율례에 따라 배상하지 않으면 안 된다. 만일 배상할 것이 없으면 자기의 몸을 팔아 그 도둑질한 것을 배상해야만 한다. 이는 그가 다른 사람의 노예가 되어서라도 도둑질 한 것을 반드시 갚아야 함을 말해주고 있다.

소나 나귀나 양을 훔친 사람이 그것들을 훔친 후 아직 자기 손에 살아있다면 갑절을 배상하면 된다. 그러나 그 짐승을 잡아먹었거나 다른 사람에게 팔아 넘겨버렸다면 앞에서 언급한 것처럼 다섯 배 혹은 네 배의 변상을 해야만 한다. 우리는 이에 연관된 모든 규례는 전적으로 하나님으로 말미암은 것이라는 사실을 기억해야 할 필요가 있다. 하지만 훔친 물건으로 인해 도둑의 생명을 대신하지는 않는다. 아무리 값비싼 재산이라 할지라도 사람의 생명보다 귀중한 것은 없기 때문이다.

(2) 본인의 부주의나 고의적 행위로 인한 배상책임

또한 본문 가운데는 본인의 부주의로 말미암아 다른 사람의 밭이나 포도원을 해친 경우에 관한 율례가 나타난다. 어떤 사람이 짐승으로 하여금 밖에서 풀을 뜯어 먹게 하던 중 남의 밭에 들어가게 하거나 방치하는 것은 악한 행동이다. 그런 자들은 남의 밭의 풀이 무성하기 때문에 그곳에 자기 짐승을 풀어두어 손쉽게 먹이고자 한다.

그렇게 하는 것은 자기 짐승에 대한 소홀한 관리 때문만이 아니라 의도적인 행동일 수도 있다. 이는 한 사람의 이기적인 욕심 때문에 밭주인의 소중한 농작물을 망치게 만드는 결과를 가져오게 된다. 그런 사람은 자신의 행동이 가져오게 될 형편을 뻔히 알면서 그렇게 행하는 것이다.

그러므로 그는 자기 밭과 포도원의 가장 좋은 것으로 배상해야만 한다. 그것은 사람의 양심에 호소하는 것이 아니라 법에 의해 집행되어야 할 문제이다. 따라서 이에 대한 하나님의 율법을 안다면 함부로 남의 밭에 짐승을 들여보내 풀을 뜯어 먹게 함으로써 농작물을 망치게 해서는 안 된다.

그리고 불이 나서 가시덤불 같은 데 옮겨 붙어 피해가 났을 경우에는 불을 놓은 자가 모든 책임을 져야 한다. 그 불이 다른 사람의 낟가리나 거두지 못한 곡식 혹은 밭을 태운다면 그 손해 본 것을 물어주지 않으면 안 된다. 그럴 경우에는 설령 고의성이 없다고 할지라도 율례에 따라 배상해야 한다. 이는 위험요소가 있을 때 이웃을 위한 주의의무注意義務를 다해야 한다는 사실을 말해주고 있다.

(3) 위탁물에 연관된 책임

인간들은 혼자서 이 세상을 살아갈 수 있는 존재가 아니다. 이웃끼리 서로 협력하면서 더불어 살아가게 된다. 그래서 자신의 물건이나 짐승 등 재산을 타인에게 일시적으로 맡겨두어야 할 사정이 발생할 수 있다. 그럴 경우에는 상호 신뢰를 배경으로 하게 된다.

그런데 이웃의 소유물을 맡은 자가 본인의 의도와 상관없이 그것을 도둑맞을 수 있다. 그럴 경우라 할시라도 응분의 책임을 져야 한다. 그 도둑을 잡을 경우에는 갑절의 배상을 받을 수 있다. (그런데 도둑으로부터 갑절의 배상을 받는다면 원주인과 그것을 맡은 자 가운데 누구의 소유가 되는가?)[52]

만일 도둑이 잡히지 않는다면 물건을 맡았다가 도둑맞은 사람이 재판장에게 가서 그에 대한 사실을 알림으로써 신고해야 한다. 그러면 재판장은 먼저 그가 맡은 물건에 손을 댄 여부를 조사하게 된다. 즉 그가 횡령이나 유용하고 나서 위장 신고를 하는 것은 아닌지 확인하게 되는 것이다.

또한 누군가가 소유하고 있는 짐승이나 물건이, 어떤 사람이 잃어버린 것과 동일하다는 신고가 있거나 증인이 나타날 경우 재판장은 양 당사자들을 불러 그에 대한 확인과 더불어 심문을 하게 된다. 그 결과 동일한 것이라는 판결이 나면 도둑질한 자가 상대방에게 갑절의 배상을 해야 한다.

그러나 이웃의 부탁을 받고 잠시 짐승을 맡아 지키다가 죽거나 상처를 입게 된다든지 혹은 누군가에 의해 끌려갔다고 해도 그것을 목격한 증인이 없다면, 그 맡은 자는 자기의 무죄에 대해 하나님 앞과 재판장과 원 주인 앞에서 맹세해야 한다(출 22:10,11). 일단 그가 하나님 앞에 맹세를 하게 되면 짐승의 주인은 그 맡은 자의 말을 그대로 믿어야 하며 그에게 책임을 물을 수 없다. 그는 짐승에 대한 아무런 배상책임을 지지 않아도 되는 것이다.

그렇지만 짐승을 맡은 자의 부주의로 말미암아 도둑맞은 것이 확실하다면 그 짐승의 주인에게 배상해야 한다. 이는 그가 신실한 의무를 다하지 않았기 때문인 것으로 보인다. 그러나 만일 짐승이 다른 것에 의해 상하게 되었다면 자기가 그렇게 한 것이 아니라는 사실을 증언해야 한다. 그렇게 하

---

52) 아마도 물건을 맡은 자가 배상을 받을 것으로 보인다. 만일 그 물건을 찾지 못했다면 그가 대신 그 물건을 배상해야 할 위치에 있기 때문이다. 따라서 위험 부담을 안고 물건을 맡고 있던 자가 적법한 배상을 받는 것이 자연스러울 것으로 보인다.

면 그 상한 것에 대한 책임을 지지 않아도 된다.

우리는 여기서 어느 정도 위험부담을 안고서도 서로간 물건을 맡기고 맡아주는 이스라엘 민족의 삶의 양상을 엿볼 수 있다. 상당한 대가를 받지 않는다고 할지라도 부담을 안고 그렇게 해야 하는 것은 저들이 언약 공동체를 이루고 있기 때문이다. 이처럼 우리시대의 교회 역시 성도들간에 상호 책임을 져야하는 공동체적인 관계 속에 놓여 있음을 기억하지 않으면 안 된다.

(4) 차용물借用物에 관한 책임

모든 필요한 것들을 완벽하게 소유하지 못한 인간들은 일상생활 가운데 이웃으로부터 물건을 빌리거나 빌려주면서 살아간다. 이는 짐승이나 물품, 돈에 이르기까지 생활 전반에 해당되는 문제이다. 물론 짐승을 빌려 사용하는 자는 그것이 상하거나 죽지 않도록 최대한의 주의를 기울여 관리해야 할 의무를 가지게 된다.

그럼에도 불구하고 이웃으로부터 빌려온 짐승이 상하거나 죽게 되었다면 반드시 변상해야 한다. 하지만 그 짐승의 주인이 그 자리에 함께 있을 때 상하거나 죽게 되면 그에 대한 배상책임을 지지 않아도 된다. 만일 그가 임자에게 세를 주고 짐승을 빌린 경우라면 세 낸 것으로서 충분하다.

2. 하나님의 백성들이 가져야 할 신앙의 도리에 관한 율례

(1) 혼전婚前 간음에 관한 율례

이기적인 인간들의 마음은 추악한 욕망으로 가득 차있다. 그것들 가운데는 성적인 만족을 채우려는 욕망도 포함되어 있다. 악한 자들은 자신의 욕심을 채우기 위해 온갖 거짓말을 서슴지 않는다.

특히 남녀 관계에 있어서, 혼인하지 않은 자가 감언이설甘言利說로써 처녀를 꾀어 동침하는 행위는 무서운 죄악이다.[53] 자신의 성적인 욕심을 채우기 위해 무책임한 유혹을 시도하는 일은 결코 있어서는 안 된다. 만일 어떤 자가 그와 같은 행위를 했다면 반드시 그에 상응하는 책임을 져야 한다.

만일 어떤 미혼 남성이 처녀를 유혹해 동침했다면 정당한 몸값을 지불하고 그녀를 자신의 아내로 데려와야 한다. 하지만 처녀의 아버지가 딸을 그 남자에게 아내로 주기를 거절한다면 그는 처녀에게 신부의 몸값에 해당하는 돈을 주어야만 한다. 자기가 저지른 행동에 대한 책임을 반드시 져야 하는 것이다.

여기서 우리는 매우 중요한 원리를 보게 된다. 그것은 혼인 여부를 당사자가 단독으로 결정짓는 것이 아니라 저에게 발생한 모든 일들과 더불어 부모의 판단에 연관되어 있다는 사실이다.[54] 이는 물론 하나님의 언약과 신앙을 소유한 부모를 전제하는 것으로 이해하는 것이 바람직하다.

(2) 무당과 우상숭배 및 짐승과 행음한 자

선량한 하나님의 백성들 주변에는 항상 미혹하는 자들이 맴돌기 마련이다. 그 가운데는 인간들의 종교성을 교묘하게 이용하려는 자들이 많이 있다. 언약의 자녀들은 결코 저들의 미혹에 속아 넘어가서는 안 된다. 하나님

---

53) 모세 율법은 혼인을 약속한 처녀가 통간할 경우는 반드시 돌로 쳐 죽여야 한다는 사실을 명기하고 있다: "처녀인 여자가 남자와 약혼한 후에 어떤 남자가 그를 성읍 중에서 만나 통간하면 너희는 그들을 둘 다 성읍 문으로 끌어내고 그들을 돌로 쳐 죽일 것이니 그 처녀는 성읍 중에 있어서도 소리 지르지 아니하였음이요 그 남자는 그 이웃의 아내를 욕보였음이라 너는 이같이 하여 너의 중에 악을 제할지니라"(신 22:23,24).

54) 혼인하지 않은 자들은 자기의 판단이 옳을 것이라 착각하는 경향이 있다. 그러나 당사자는 정확한 판단보다는 감성에 휩쓸릴 가능성이 크다. 오히려 성숙한 부모가 자녀의 혼인에 대해 정확한 사리판단을 하게 된다. 따라서 혼인은 당사자가 결정할 것이 아니라 신앙 있는 부모의 의견을 적극적으로 받아들여야 한다.

께서는 가나안 땅에 들어가는 언약의 백성들에게 그에 대한 강력한 경고
를 하셨다.

인간들의 종교적인 욕망은 진리로부터 끊임없이 이탈하려고 한다. 배도
에 빠진 자들 가운데는 직접 백성을 속이려는 종교인들이 있는가 하면 거
짓 종교행위에 미혹되어 그것을 눈으로 보고 경험하기를 원하는 자들도
있다. 하나님을 따르는 자들은 악한 자들의 미혹에 대한 경계심의 끈을 늦
추어서는 안 된다. 따라서 모세 율법은 언약의 백성들에게 그에 대한 분명
한 교훈을 주고 있다.

> "너희 중에 선지자나 꿈 꾸는 자가 일어나서 이적과 기사를 네게 보이고
> 네게 말하기를 네가 본래 알지 못하던 다른 신들을 우리가 좇아 섬기자 하며
> 이적과 기사가 그 말대로 이룰찌라도 너는 그 선지자나 꿈 꾸는 자의 말을
> 청종하지 말라 이는 너희 하나님 여호와께서 너희가 마음을 다하고 성품을
> 다하여 너희 하나님 여호와를 사랑하는 여부를 알려하사 너희를 시험하심
> 이니라"(신 13:1-3)

이스라엘 백성이 가나안 땅에 들어가게 되면 평화로운 상태가 전개되는
것이 아니다. 거기에는 도리어 저들을 미혹하는 세력이 고개를 쳐들 것이
틀림없다. 이스라엘 민족 내부에서 하나님의 이름을 빙자한 거짓 선지자
와 종교적인 미혹을 하는 자들이 생겨나게 된다. 그들은 평범하지 않은 이
적과 기사들을 사람들 앞에서 행해 보인다.

그런 자들은 다양한 이적을 행함으로써 새로운 신들을 섬기자며 미혹
한다. 하지만 그들은 순전한 이방신을 섬기자고 말하는 것이 아니라 여호
와의 이름을 들먹이며 이방신 사상을 앞세운 혼합된 신앙을 강조하게 된
다. 그러면 어리석은 자들은 저들의 달콤한 말에 속아 넘어가기 십상이다.
그래서 모세는 백성들에게 그런 자들을 경계하라고 요구했다. 백성들은
그 거짓 선지자들이 다양한 이적을 행할지라도 결코 그 말을 들어서는 안

된다.

모세는 하나님께서 이스라엘 민족 가운데 그것을 허용하시는 이유가 저들을 시험하기 위한 것이라 밝히고 있다. 그것들을 통해 백성들이 마음과 성품을 다해 여호와 하나님을 진정으로 사랑하는지 확인하고자 하신다는 것이다. 따라서 오직 하나님 한 분만을 믿고 의지하는 자들은 이스라엘 가운데 활동하는 거짓 선지자들의 말에 동요되지 않는다.

그와 같은 거짓 종교행위와 가르침은 이스라엘 민족 내부에서도 발생하지만 외부로부터 들어올 위험이 존재한다. 그들이 가나안 땅에 들어가면 이방인들의 가증스런 종교행위들을 보게 될 수밖에 없다. 어리석은 자들은 이방인들의 신비한 종교 행태를 보며 마음에 끌리는 것들을 저들 가운데 받아들이고자 한다. 따라서 성숙한 자들은 그 이방종교 사상을 경계하지 않으면 안 된다. 모세는 신명기에서 그에 관한 기록을 남기고 있다.

> "네 하나님 여호와께서 네게 주시는 땅에 들어가거든 너는 그 민족들의 가증한 행위를 본받지 말 것이니 그의 아들이나 딸을 불 가운데로 지나게 하는 자나 점쟁이나 길흉을 말하는 자나 요술하는 자나 무당이나 진언자나 신접자나 박수나 초혼자를 너희 가운데 용납하지 말라 이런 일을 행하는 모든 자를 여호와께서 가증히 여기시나니 이런 가증한 일로 말미암아 네 하나님 여호와께서 그들을 네 앞에서 쫓아내시느니라"(신 18:9-12)

이방신을 믿는 자들 가운데는 자기 자녀들을 불 가운데로 지나가게 하면서 가증한 종교행위를 하는가 하면 점쟁이나 길흉吉凶을 예언하는 자들도 있다. 또한 요술을 행하는 자와 무당이 있으며, 주문을 외는 자, 신접한 자, 남자 박수무당, 초혼자 등 온갖 유형의 종교인들이 다 있다. 신앙이 약한 어리석은 자들의 눈에는 그것이 상당히 매력적으로 비쳐질 수 있을 것이다.

그러나 이방인들이 행하는 종교행위는 하나님께서 가증하게 여기는 것들이다. 따라서 하나님은 그런 행위를 이스라엘 민족으로부터 철저히 분리시키고자 하셨다. 그래서 모세 율법은 저들을 이스라엘 백성들 앞에서 쫓아내야 함을 규정하고 있다. 언약의 백성들은 하나님의 뜻에 따라 저들을 멀리하지 않으면 안 된다. 이처럼 언약의 백성들에게는 하나님 이외에 어떤 존재도 섬김과 사귐의 대상이 될 수 없다.

출애굽기 본문 가운데는 하나님께서 무당을 살려두지 말고 반드시 죽이라는 명령이 기록되어 있다(출 22:18). 하나님께서는 결코 이방 종교의 무당 사상이 이스라엘 민족 안에 스며들어오는 것을 용납지 않는다. 또한 하나님께서 경멸하시는 이방의 방편을 제시하거나 사용해서도 안 된다. 그런 것들은 하나님을 욕되게 하는 행위에 지나지 않기 때문이다.

따라서 여호와 하나님 이외에 다른 신에게 제사 드리는 자는 반드시 죽여야만 한다(출 22:20). 이 말씀은 오늘날 우리에게도 그대로 적용되어야 할 교훈이다. 그런데 우리는 이것을 어떻게 실현해야 하는가? 우리시대의 성숙한 성도들은 과연 주변에서 이방신에 연관된 종교사상을 교회 안으로 끌어들이는 배도자들을 죽여 목숨을 끊어야만 하는가?

물론 그런 의미가 아닌 것은 분명하다. 하지만 영적인 관점에서는 그렇다고 말할 수밖에 없다. 우리시대에도 하나님의 자녀들은 교회 내에서 발생하는 악한 자들을 결코 용납해서는 안 된다. 사도 바울은 고린도 교회에 보내는 편지에서 그에 대한 분명한 명령을 하고 있다.

"이제 내가 너희에게 쓴 것은 만일 어떤 형제라 일컫는 자가 음행하거나 탐람하거나 우상 숭배를 하거나 후욕하거나 술 취하거나 토색하거든 사귀지도 말고 그런 자와는 함께 먹지도 말라 함이라 외인들을 판단하는데 내게 무슨 상관이 있으리요마는 교중 사람들이야 너희가 판단치 아니하랴 외인들은 하나님이 판단하시려니와 이 악한 사람은 너희 중에서 내어 쫓으라" (고전 5:11-13)

바울이 교훈한 것처럼 우리시대 교회에도 이 말씀은 반드시 적용되어야 할 원리이다. 교회는 음행과 탐람하거나 우상숭배를 하며 악을 행하는 자들을 사귀지 말고 바깥으로 쫓아내야 한다. 그런 악한 자들을 교회 안에 용납하지 않음으로써 신앙이 어린 성도들을 보호해야 한다. 그렇게 하는 것이 예수 그리스도의 신부인 교회의 순결을 유지하게 되는 중요한 방편이 되기 때문이다.

그런데 출애굽기 본문 가운데는, 무당을 살려두지 말라는 명령(출 22:18)과 여호와 하나님 이외에 다른 신에게 제사드리는 자를 반드시 죽이라는 말(출 22:20) 사이에, 짐승과 행음하는 자는 반드시 죽이라는 명령이 들어있다(출 22:19). 그런데 왜 이 말씀이 여기에 들어있을까?

짐승과 음란한 짓을 하는 추잡한 악행은 그다지 흔하게 발생하는 일이 아니다. 더러운 인간들 가운데 그런 자들이 간혹 있기는 하겠지만 이는 일반적인 경우로 보기 어렵다. 하나님을 진정으로 경외하는 정상적인 이스라엘 백성 가운데서는 짐승과 행음하는 자를 상상조차 할 수 없다.

우리는 이것이 종교적인 문제에 연관될 수 있음을 기억할 필요가 있다. 하나님을 욕되게 하는 악한 자들은 모든 창조질서를 저버리고 자신의 더러운 욕망을 채우기에 급급하다. 그런 자들에게는 하나님이 존재하지 않으며 오로지 자신의 더러운 욕망에 사로잡혀 있을 따름이다.

인간의 성에 연관된 욕망은 항상 인간성을 파괴하는 첨병역할을 해왔다. 우리시대에도 예외가 아니다. 현대에 들어와 편만하게 퍼지기 시작한 동성애(homosexuality)는 창조질서를 파괴하는 악행으로서 결코 용납될 수 없는 더러운 죄악이다. 그렇지만 지금과 같은 배도의 시대에는 그것을 죄라고 지적하면 '인권'에 대한 왜곡된 사상을 가진 자들에 의해 소위 동성애차별금지법 위반자로 몰릴 수도 있다.

세상 사람들이 아무리 그것이 괜찮다고 해도 우리는 그것이 더러운 죄라는 사실을 인식해야 한다. 자칫 방심하게 되면, 세상의 논리에 영향을 받은 어리석은 교인들은, 그것이 하나님의 창조질서와 순리를 거스르는

악행이라는 사실을 간과할 우려가 있다. 그럴 경우 성에 대한 추잡한 혼
합주의 사상과 더불어 진리에 대한 혼선이 일어나게 된다. 따라서 그것을
용납하는 태도는 하나님을 멸시하는 종교인들의 편에 서는 것과 다를 바
없다.

(3) 약자弱者와 이자利子에 관한 율례

모세율법은 이방 나그네를 압제하거나 학대하지 못하도록 규정하고 있
다. 나그네는 본거지를 떠난 외로운 자이므로 따뜻하게 격려하며 보호해
주어야 할 대상이다. 따라서 이스라엘 백성은 애굽에서의 나그네 생활을
기억해 자신을 되돌아볼 수 있어야 한다. 이는 이제 저들이 하나님께서 약
속하신 가나안 땅 본향에 돌아오게 되었음을 의미하고 있다.

그리고 하나님의 백성들은 능력이 없는 과부나 고아 등 약자에게 어떠
한 해를 끼쳐서도 안 된다. 만일 저들이 압제를 못 이겨 부르짖는다면 하나
님께서 진노하여 그 압제자들을 죽이리라고 말씀하셨다. 그렇게 되면 압
제자들의 아내와 자녀들이 도리어 과부와 고아가 될 수밖에 없다. 따라서
능력 있는 자들은 항상 연약한 자들을 기억하지 않으면 안 된다.

우리는 하나님께서 약자의 편에 서 계신다는 사실을 주의깊게 이해해야
한다. 인간들은 항상 스스로 강자强者가 되기를 원하지만 그것은 하나님의
편으로부터 떠나려는 속성과도 연관될 수 있다. 따라서 압제자를 용납하
시지 않는 하나님의 의도는 약자에 대한 일반적인 자비심에 근거한다고
볼 수 없다. 이는 단순한 자비를 넘어, 약자들 가운데는 세상에 소망을 두
지 않고 오직 하나님을 바라보는 자들이 많다는 사실을 말해 준다.

모세는 또한 백성들 가운데서 가난한 자에게 돈을 꾸어주게 되면 채권
자 같은 고압적인 태도를 버려야 할 뿐 아니라 이자를 받지 말도록 요구했
다. 이는 이스라엘 민족이 하나님과 연관된 언약 공동체를 이루고 있음을
말해주고 있다. 따라서 신명기에는 그에 연관된 중요한 기록이 나타난다.

"네가 형제에게 꾸이거든 이식을 취하지 말지니 곧 돈의 이식, 식물의 이
식, 무릇 이식을 낼만한 것의 이식을 취하지 말 것이라 타국인에게 네가 꾸
이면 이식을 취하여도 가하거니와 너의 형제에게 꾸이거든 이식을 취하지
말라 그리하면 네 하나님 여호와께서 네가 들어가서 얻을 땅에서 네 손으로
하는 범사에 복을 내리시리라"(신 23:19,20)

모세 율법은 이스라엘 민족 공동체 가운데서 돈을 빌려주고 이자를 받
지 못하도록 규정하고 있다. 이는 일반적인 경우를 두고 말하는 것이 아니
다. 따라서 이방인들에 대해서는 그렇지 않다는 사실이 분명히 나타난다.
이는 이스라엘 백성들은 서로간 형제로서 연결된 삶을 살아가야 함을 말
해준다.

하나님의 언약 공동체에 속한 형제인가 아닌가 하는 점은 엄청난 차이
가 난다. 즉 남으로부터는 빌려준 돈의 이자를 받을 수 있지만 한 가족이
된 공동체 내에서는 그렇지 않다. 이 원리는 우리시대에도 그대로 적용되
어야 한다. 성도들이 금융기관에 돈을 맡기고 이자를 받는 것은 자연스러
울 수 있지만 교회에 속한 성도들의 어려운 일상생활 가운데서는 그렇지
않다.

신약성경에도 고아와 과부를 돌아보는 문제에 대한 기록이 나타나고 있
다. 야고보 선생은 정결하고 참된 경건을 말하면서 두 가지 사실을 언급한
다. 그중 하나는 어려움을 당하는 약자를 돌아보는 일이며 다른 하나는 자
신을 세속적인 가치로부터 지키는 일이다.

"하나님 아버지 앞에서 정결하고 더러움이 없는 경건은 곧 고아와 과부를
그 환난 중에 돌아보고 또 자기를 지켜 세속에 물들지 아니하는 이것이니
라"(약 1:27)

하나님의 자녀들은 고아와 과부 같이 어려운 환경에 처한 이웃에 대해

관심을 기울여 돌아볼 수 있어야 한다. 이는 단순히 물질적인 도움을 주는 것에 국한되지 않는다. 그들 앞에서 자긍하는 마음을 버리고 세상에서 외로운 저들의 삶을 기억하며 겸손하게 교제하는 신앙인의 자세가 중요하다.[55] 진정으로 겸손한 자들은 세상의 형편들을 두고 비교함으로써 자랑으로 여기지 않는다. 그것이 곧 세상의 가치에 물들지 않는 것과 연관되어 있다.

그러므로 참된 성도들은 모세의 율법에 기록된 것처럼 의식주에 연관된 옷이나 식량 등을 담보로 하여 어려운 이웃의 삶을 멸시하거나 위협해서는 안 된다. 만일 그렇게 하는 자가 있다면 고통에 빠진 이웃에게 잔혹한 태도를 보이는 것을 넘어 하나님을 멸시하는 것과도 같다. 하나님은 본성상 자신의 모든 자녀들에게 공히 자비로운 분이시기 때문이다.

(4) 종교 지도자와 신앙인의 근본 도리

하나님께서는, 일반 백성이 언약 공동체의 재판장과 지도자를 모독하며 저주하는 것을 엄히 금하셨다. 그러므로 모세는 백성들에게 재판장을 모독하거나 지도자를 저주하지 못하도록 명령했다. 만일 그렇게 하는 자가 있다면 그것은 율법을 어김으로써 하나님께 저항하는 것이 된다.

이는 신약시대에도 그 원리가 그대로 적용되어야 한다. 사도 바울은 디모데에게 편지하면서 치리하는 장로들과 말씀을 가르치는 장로인 목사를 존경하도록 요구하고 있다. 이는 교회 가운데 마땅히 존재해야만 할 질서이자 근본적인 원리이다.

---

55) 예를 들어, 성도들은 부부간에 행복한 가정을 이루는 것을 이웃에게 자랑할 수 없다. 건강한 부모님이 계신 것과 자녀들의 성공이 자랑거리가 되어서는 안 된다. 만일 그렇게 되면 고아와 과부에게 큰 상처를 안겨줄 수도 있기 때문이다. 그럼에도 불구하고 그것을 하나님의 복이라 내세우는 일은 근절되어야 한다.

"잘 다스리는 장로들을 배나 존경할 자로 알되 말씀과 가르침에 수고하는 이들을 더할 것이니라"(딤전 5:17)

우리가 여기서 주의해야 할 점은, 이 교훈이 존경을 받아야 할 목사와 장로들을 위한 것이 아니라 도리어 그렇게 함으로써 참된 복을 누리게 될 일반 성도들을 위한 말씀이라는 사실이다. 즉 바울의 요구가 직분자의 명예나 권세에 우선적으로 연관되어 있지 않다. 이 말씀은 잘 다스리는 장로와 가르치는 목사들의 존경받는 지위를 보장하기 위한 것이 아니라 성도들에게 미치게 될 신앙의 유익에 밀접하게 연관되어 있는 것이다.

만일 일반 교인이 교회의 교사인 목사를 존경하지 않는다면 그보다 더 불행한 일은 없다. 그렇게 되면 하나님을 예배하는 일에 있어서 스스로 엄청난 지장을 초래하게 된다. 목사를 존경하지 않을 경우 그의 입술을 통해 선포되는 설교에 온전히 참여하는 일이 어렵게 될 것이기 때문이다. 따라서 이는 교회의 본질적 기능과 연관된 매우 중요한 교훈이다.

또한 언약의 백성들은 하나님께서 허락하신 수확물을 거두면서 때에 따라 구별해 바칠 줄 알아야 한다. 하나님은 추수한 만물과 짜낸 즙을 적절한 때에 바치도록 명령하셨다. 그리고 장자長子를 구별해 바치라는 요구를 하셨다. 이는 이미 애굽에서 장자를 죽이는 유월절에 연관된 심판을 통해 선포된 바였다. 나아가 소와 양의 초태생도 그 어미와 이레 동안 함께 있다가 여드레 만에 바치도록 명령하셨다.

오늘날 신약시대 교회는 이 말씀을 어떻게 이해하며 적용해야 할까? 우리가 삶의 고백과 더불어 공 예배 시간에 연보를 하는 것은 이와 밀접하게 연관된다. 성도들은 예배를 통해 물질을 내는 행위 자체에 특별한 의미를 두어서는 안 된다. 거기에는 예수 그리스도의 구속사역과 더불어 하나님께서 공급하신 물질로써 생명이 유지되고 있음에 대한 생명의 고백이 담겨 있다.

또한 하나님께서는 짐승에게 찢긴 동물의 고기를 먹지 말고 개에게 던져버리도록 명령하셨다. 이스라엘 민족을 향해 "너희는 내게 거룩한 사람들이 될지라"(출 22:31)고 하신 요구는 오늘날 우리에게도 적용되어야 한다. 이는 인간의 종교적인 행위가 아니라 하나님과의 관계속에서 이루어지게 된다. 이처럼 하나님의 백성은 거룩한 백성과 오염된 세상이 서로 조화될 수 없음을 깨달아 구별된 삶을 유지할 수 있어야만 한다.

제26장

하나님의 규례와 약속의 땅

(출 23:1-33)

1. 공의의 편에 서야 할 언약의 백성

하나님께서는 항상 자기 백성들과 함께 거하신다. 따라서 그의 눈길을 피할 수 있는 자는 아무도 없다. 인간들이 그에 대한 인식을 전혀 못하고 있을 때조차도 하나님은 저들 가운데 계신다. 신앙이 성숙한 성도들은 그 점을 분명히 깨닫고 있다.

이에 반해 어리석은 자들은 하나님이 자신의 일거수일투족—擧手—投足을 그대로 보고 있다는 사실을 모르거나 잊어버린 채 행동한다. 그들은 하나님의 임재와 동행을 단순한 상징적인 것으로만 여긴다. 그 결과 자신과 함께 계시는 하나님을 무시하고 제멋대로 판단하며 거짓으로 행동하는 것이다.

하나님을 진정으로 경외하는 자는 헛소문이나 근거 없는 뜬 말로써 다른 사람을 모함하지 않는다. 그것은 개인의 악행에 머무는 것이 아니라 하나님의 언약 공동체를 어지럽히는 행위가 된다. 성도가 권징이나 교육을 전제로 하지 않는 상태에서 다른 이웃을 모함하는 일은 절대로 허용되지 말아야 한다.

그럼에도 불구하고 어리석은 자의 근거 없는 말을 들어야 할 부득이 한 경우가 생길 수 있다. 만일 그런 경우를 만나게 된다면 상황을 냉철하게 살펴 대처하는 성숙한 자세를 가져야 한다. 잘못된 말에 동조하지 않도록 주의해야 하며, 그와 같은 일을 중단하도록 권면할 수 있어야 하는 것이다.

그런 자로부터 부당한 언설言舌을 지속적으로 듣게 된다면 위험한 자리에 앉는 것과 마찬가지다. 자칫 잘못하면 그에 소극적으로 동의함으로써 위증僞證에 참여하게 될 우려가 있다. 우리는, 하나님이 인간의 입술을 통해 나오는 모든 말을 들으실 뿐 아니라 친히 모든 사실에 대한 증인이 되신다는 사실을 잊어서는 안 된다.

하나님의 자녀들은 특히 옳고 그름을 판단하는 소송에 있어서 무작정 다수의 주장에 따르지는 말아야 한다. 나아가 연약해 보이는 사람이라 해서 그를 두둔하려 해서도 안 된다. 그렇게 되면 균형을 잃은 잘못된 분위기에 휩쓸리거나 주관적인 감정에 의존하게 될 우려가 따른다.

이와 동시에 관계가 나쁜 원수라 할지라도 그에게 부당한 태도를 취해서는 안 된다. 만일 그런 자의 잃어버린 소나 나귀를 발견하게 된다면 붙들어 그에게 돌려주어야 한다. 즉 속으로 고소하게 생각하고 모르는 척 내버려 둠으로써 그가 짐승 때문에 고생하거나 잃어버리도록 내버려 두지 말라는 것이다. 나아가 미워하는 자의 나귀가 짐을 싣고 가다가 엎드려지는 것을 보면 도와주어야 한다. 설령 원수라 할지라도 도움을 주어야 할 경우가 생기면 그 어려움을 외면하지 말아야 하는 것이다.

또한 하나님의 백성은 형편이 어려운 자라고 해서 사사로운 인정에 끌려 그의 잘못을 눈감아 주거나 정의를 굽게 해서는 안 된다(출 23:3). 그렇게 되면 다른 사람이 정신적으로나 물질적으로 억울한 피해를 입을 수 있다. 따라서 무죄한 자를 고통과 죽음에 내몰리게 해서는 안 된다. 하나님은 부자와 가난한 자를 기준으로 삼는 것이 아니라 선과 악을 기준으로 판단하시는 분이시다.

그리고 하나님을 진정으로 경외하는 자라면 뇌물을 받고 굽은 판단을 하는 일이 없어야 한다. 나아가 물질적인 뇌물뿐 아니라 언어적이며 무형적인 뇌물마저도 분별하지 않으면 안 된다. 이는 비굴하게 아부하는 말과 태도에 연관되어 있다. 뇌물을 받게 되면 그것으로 말미암아 눈이 어두워져 객관성 있는 정당한 판단을 할 수 없게 된다.

뿐만 아니라 하나님의 자녀들은 적극적인 압제뿐 아니라 소극적인 압제에 참여해서도 안 된다. 나그네처럼 약자가 되어 살아가는 사람들에게 함부로 대하는 것은 있을 수 없는 악행이다. 이스라엘 백성이 애굽 땅에 거주할 때 애굽 사람들은 저들을 압제했지만 하나님은 저들을 위로하시고 그곳으로부터 구원해 내셨음을 기억해야 한다.

2. 안식년과 안식일에 관한 규례

언약의 자녀들은 개인적인 욕망이 아니라 하나님의 뜻에 온전히 순종하고자 하는 자세를 유지하는 삶을 살아야 한다. 하나님께서는 그것을 위해 여러 가지 구체적인 제도들을 주셨다. 그중에 가장 근본적인 것은 언약에 기초한 안식일과 안식년 제도이다.

이스라엘 백성에게 한 날(a day) 이외에 주어진 가장 빠른 주기는 주간(a week) 곧 한 주일(週日)이다. 그 주기는 하나님의 창조 사역에 직접 연관된 언약적 기간이다. 그 가운데 일곱째 날은 안식일로 지켜야만 한다. 안식일은 매주일 어김없이 돌아온다. 그 날은 다른 여섯 날들과는 달리 언약적 관점에서 분명히 구별되어야 할 날이다.[56]

인간들은 세상에서 정신없이 일하다가 보면 삶의 모든 것이 자신의 역

---

56) 안식일은 창조사역에 연관되어 있다. 하나님께서는 엿새 동안 우주만물과 인간을 창조하신 후 마지막 일곱째 날에 안식하셨다. 처음부터 언약의 백성들은 그 사실을 기억하고 있었던 것으로 보인다. 그것이 모세 시대에 법으로 규정되었다.

량에 달려 있는 양 착각할 수 있다. 그러나 일곱째 날의 안식을 통해 정기적으로 하나님의 언약을 확인하며 일상을 벗어나 자신을 되돌아 볼 수 있게 된다. 그 날은 이스라엘 백성 가운데 땅이나 재산을 소유한 사람들뿐 아니라 집 안에서 일하는 노예와 그 자식들 및 나그네들도 쉬어야 한다. 나아가 소와 나귀 등 동물들까지 쉬게 된다. 따라서 그 날은 하나님께서 허락하신 특별한 은혜의 날이라 할 수 있다.

이스라엘 백성은 매주일 되풀이되는 안식일과 더불어 주기적인 안식년을 지켜야 한다. 육년 동안은 해마다 땅에 파종하여 농사를 지어 농작물을 거두어들인다. 그러나 칠년 째는 땅을 갈지 말고 그대로 묵혀 두어야 한다. 포도원과 감람원도 그와 마찬가지로 기경起耕하지 말아야 한다(출 23:11). 이는 안식년 동안은 주인이 자신의 열매를 추수해 거두어들이지 않고 그냥 두어야 함을 의미하고 있다.

우리가 여기서 유념해야 할 바는 안식년에는 일년 만에 거두게 되는 농작물뿐 아니라 수년 혹은 십 수년 간 되풀이 하여 열매를 맺게 되는 포도나무와 감람나무에 대해서도 동일한 안식년 제도가 적용되어야 한다는 사실이다. 성경은 그것이 가난한 이웃들을 위한 것이라 언급하고 있다(출 23:11). 나아가 그 제도는 야생 짐승들을 위한 것이기도 하다. 이는 현대적인 용어를 빈다면 자연 생태의 보존과 연관되어 있다.

이와 동시에 안식년은 땅의 휴식을 위한 것이다. 그 과정에서 땅도 쉬면서 지력地力을 회복하게 된다. 땅은 인격을 가지고 있는 것이 아니지만 인간의 욕망을 위해 지나치게 혹사하면 생산물이 줄어들 수밖에 없게 된다. 이를 통해 인간들이 하나님과 그의 피조물에 대해 겸허한 자세를 가져야 함을 보여주고 있는 것이다.

3. 무교절, 맥추절, 수장절

이스라엘 백성에게는 출애굽한 후 모세의 율법에 의해 해마다 반드시 지켜야 할 세 번의 절기가 주어졌다. 그것들은 무교절(유월절, 초실절), 맥추절(칠칠절, 오순절), 수장절(장막절, 초막절)이다.[57] 그 절기들이 백성들의 삶에 대한 신앙적 의미를 확인하는 기본적인 골격이 되었다(신 16:1-17 참조). 그 절기들은 구약시대 이스라엘 민족에게 실제적으로 적용되었을 뿐 아니라 장래 오실 메시아와 성령 강림에 연관된 예언적 의미를 지니고 있었다.

이 절기들 외에도 이스라엘 민족을 위한 구속사적 의미를 지닌 더 많은 절기들이 점차 생겨나게 된다. 그 가운데 대표적인 절기는 부림절과 수전절이다. 그것들은 단순한 역사적 산물이라기보다 구속사적 경륜을 통해 하나님께서 허락하신 특별한 절기들이다.

부림절(Purim)은 BC 587년 예루살렘 멸망과 더불어 이스라엘 백성이 바벨론 제국의 포로로 잡혀간 사실에 밀접하게 관련된다. 물론 바벨론이 페르시아 제국에 의해 패망한 후 이스라엘 백성이 본토로 귀환한 후, 페르시아 제국 시대 아하수에로 왕[58]의 왕후 에스더의 사역에 직접 연관되어 있다.

또한 수전절(Hanuka)은 이스라엘 백성이 포로에서 귀환한 후 페르시아

---

57) 유월절은 유대력으로 1월 14일이며, 15일부터 21일까지 무교절이다. 그 가운데 16일을 초실절로 지켰다. 그리고 유월절 다음 오십일 뒤에는 오순절 곧 칠칠절을 지켰다. 또한 7월 1일은 나팔절로서 열흘 후에 있을 대속죄일과 15일부터 21일까지 있게 될 초막절에 대한 선언적 의미를 지니고 있었다. 초막절에는 이스라엘 백성이 광야에서 생활한 것을 기념하기 위해 풀이나 나뭇가지로 임시처소인 초막을 짓고 그곳에서 생활했다: 예수님께서는 유월절날 영원한 어린 양으로서 하나님께 바쳐졌으며 그후 오순절날 성령 하나님께서 지상교회 가운데 강림하셨다.

58) '아하수에로'(BC 486-464)는 '크세르크세스 1세', '아닥사스다'와 동일인으로서 '다리우스 1세'의 뒤를 이어 수산궁에서 페르시아 제국의 황제로 등극했다. 당시 페르시아는 오늘날 파키스탄(인도)에서 에디오피아까지 127개 도(provinces)에 이르는 넓은 영토를 보유하고 있었다(에 1:1,2 참조).

시대에 재건한 예루살렘 성전에 연관된 절기이다. 나중 헬라인들이, 재건
된 예루살렘 성전을 모독하며 더럽혔을 때 이스라엘 민족은 그에 대해 강
력한 저항을 했다. 그로 말미암아 발발한 마카비 전쟁(BC 167-163)을 통해 성
전을 청결케 함으로써 원래의 상태를 회복한 사건이 그에 연관되어 있다.

따라서 출애굽기에는, 초기에 제정된 세 번의 기본 절기에 관한 기록과
더불어 그것을 지키도록 명령한 내용이 명기되었다(출 23:14). 무교절은 유
월절과 연관되어 제정된 절기로서 출애굽에 관한 내용을 기억해야 한다.
백성들은 출애굽 첫 달인 아빕월에 칠일 동안 누룩 없는 무교병을 먹어야
했다. 그때는 하나님을 기억함으로써 빈 손으로 하나님 앞으로 나가서는
안 된다. 이는 이스라엘 백성은 하나님의 특별한 은혜 가운데 존재하고 있
음을 말해주고 있다.

그리고 맥추절은 유월절로부터 오십일 후에 따라오는 절기로서, 하나님
의 은혜를 입은 백성들이 수고하여 밭에 파종한 결과 얻은 보리 수확의 첫
열매를 거두어 바치는 절기이다. 또한 수장절은 그 곡식들을 거두어 저장
하면서 하나님의 은혜를 기억하면서 지켜야 하는 절기이다. 이 세 번의 절
기들은 모든 성인 남자들이 지키게 되는데 이는 물론 전체적인 대표성을
띠고 있다.

그들은 하나님께 제사드리면서 동물의 피를 누룩 있는 유교병과 함께
바쳐서는 안 된다. 그리고 절기 때 잡은 동물의 기름을 아침까지 남겨두지
말아야 한다. 또한 토지에서 거둔 열매 가운데 가장 좋은 것을 하나님의 제
단에 드려야 하며, 염소 새끼를 그 어미의 젖으로 삶아서는 안 된다.[59] 이

---

59) 당시 가나안 땅에 살고 있던 이방 족속들은 소나 양, 염소의 젖 안에 생명의 씨
앗이 들어있는 것으로 생각하여, 풍요를 기원하며 그것을 토지에 뿌리는 풍습
이 있었다. 거기다가 염소의 새끼를 어미의 젖으로 삶아서 그것을 토지에 뿌리
면 그 생명력이 배(倍)가 되어 더욱 풍성한 결실을 얻게 된다고 믿었다(김영철,
『출애굽기』, 서울: 도서출판 깔뱅, 2007. p.378; Gispen, *Exodus*,
Zondrvan, 1982. p.232 참조).

것들은 하나님께서 이스라엘 백성이 지켜야 할 절기와 제사를 위해 주신 특별한 규례들이다.

4. 하나님이 보내실 사자使者

하나님께서는 이스라엘 백성을 가나안 땅으로 인도하시기 위해 자신의 사자를 앞서 보내겠다는 약속을 하셨다. 그가 친히 자기 백성을 보호하시리라는 것이었다. 이는 당시 이스라엘 백성들의 마음속에 상당한 두려움이 존재하고 있었음을 말해주고 있다. 장래 그들이 들어가게 될 가나안 땅에는 이미 깊은 뿌리를 내리고 살아가는 강력한 이방 종족들이 정주하고 있었기 때문이다.

하나님께서는 이스라엘 백성에게 그 약속을 하시면서, 자기가 보내는 사자의 말을 순종하고 그를 노엽게 하지 말도록 명하셨다. 이는 이스라엘 백성이 가나안 땅에 들어가면 불순종하는 자들이 생겨날 것을 시사하고 있다. 만일 저들이 불순종하면 결코 그 허물을 용서하지 않으시겠다는 것이었다. 하나님께서는 이 말씀과 더불어 매우 중요한 말씀을 하셨다. 그가 '자신의 거룩한 이름' 이 그 사자에게 있다고 하신 것은 메시아 언약과 관련된다.

그러므로 이스라엘 민족이 그 말씀을 듣고 그에게 순종하면 하나님께서 저들과 한 편이 되어 그 원수들을 무찌르시게 된다. 그것을 위해 하나님의 사자가 먼저 가서 아모리, 헷, 브리스, 가나안, 히위, 여부스 족속들을 징벌하시게 되는 것이다. 하나님께서는 이에 대한 확증으로서 왕벌[60]을 보내

---

60) NIV는 '왕벌' (the hornet) 단수로 나타난다. 더구나 그 단어 앞에는 정관사가 붙은 '그 왕벌' 로 표현되었다. 이는 KJV, NASB에서 복수인 '왕벌들' (hornets)로 번역된 것과 대비된다. 히브리어 원문에는 정관사가 붙은 단수명사 הערצה(the hornet)로 되어 있다. 따라서 '왕벌' 은 정관사가 붙은 단수로 번역되는 것이 옳다. 이는 '예수 그리스도' 를 지칭하고 있음이 분명하다.

겠다는 말씀을 하셨다. 이에 대해서는 출애굽기뿐 아니라 이스라엘 민족
이 가나안 땅에 들어가기 직전에 선포된 신명기에도 기록되었다.

> "내가 왕벌을 네 앞에 보내리니 그 벌이 히위 족속과 가나안 족속과 헷 족
> 속을 네 앞에서 쫓아내리라"(출 23:28); "네 하나님 여호와께서 또 왕벌을 그
> 들중에 보내어 그들의 남은 자와 너를 피하여 숨은 자를 멸하시리니"(신
> 7:20)

이에 대한 예언은 나중 이스라엘 백성이 가나안 땅에 들어갔을 때 그대
로 성취되었다(수 24:12). 그들이 하나님에 대한 온전한 믿음만 가진다면 조
금도 저들을 두려워할 필요가 없었다. 눈에 보이지 않지만 하나님의 사자
가 저들에 앞서 원수와 싸우실 것이 확실하기 때문이다.

출애굽기에 기록된 사자와 왕벌은 장래 오실 예수 그리스도를 지칭하고
있는 것이 분명하다. 그는 삼위일체 하나님이시며 인간의 몸을 입고 오실
성자 하나님이시다. 따라서 이스라엘 민족을 가나안 땅으로 인도하여 승
리케 하신 분은 예수 그리스도시다. 여호수아는 약속의 땅 첫 성인 여리고
에 가까이 갔을 때 인간의 모습으로 나타나신 그리스도를 만나게 된다.

> "여호수아가 여리고에 가까왔을 때에 눈을 들어본즉 한 사람이 칼을 빼어
> 손에 들고 마주섰는지라 여호수아가 나아가서 그에게 묻되 너는 우리를 위
> 하느냐 우리의 대적을 위하느냐 그가 가로되 아니라 나는 여호와의 군대장
> 관으로 이제 왔느니라 여호수아가 땅에 엎드려 절하고 가로되 나의 주여 종
> 에게 무슨 말씀을 하려 하시나이까 여호와의 군대장관이 여호수아에게 이
> 르되 네 발에서 신을 벗으라 네가 선 곳은 거룩하니라 여호수아가 그대로 행
> 하니라"(수 5:13-15)

여호수아가 이스라엘 백성을 이끌고 약속의 땅 가나안에 들어갔을 때

만난 칼을 빼든 '여호와의 군대장관'은 예수 그리스도였다. 이는 그가 그 앞에 경배(worship, KJV)하면서 자신의 '주'(Lord)로 고백하고 있는 사실에서 분명히 알 수 있다. 그리고 그 군대장관이 여호수아에게 '네가 선 곳은 거룩하니라'고 말한 사실에서도 드러난다.

이 말씀은 호렙산의 떨기나무 불꽃 가운데 나타나신 여호와 하나님께서 모세에게 하신 말씀과 동일하다(출 3:1-5). 모세가 신발을 벗었던 호렙산의 땅과 여호수아가 신발을 벗었던 가나안의 그 땅에서는 더러운 인간의 신을 벗어야만 했다. 이는 땅 자체 때문이 아니라 거룩하신 하나님으로 인해 거룩한 영역이 되었기 때문이다.

5. 순종과 땅에 대한 약속

하나님께서는 이스라엘 백성이 가나안 땅에 들어가게 되면 저들의 고유한 신앙의 정체성을 잃어버리지 않도록 명령하셨다. 그들은 이방신 사상과 우상들을 보게 되겠지만 저들의 신을 가까이 하거나 숭배하려 해서는 안 된다. 도리어 그들이 섬기는 신상을 비롯한 모든 종교적 찌꺼기를 완전히 부숴버리도록 명령하셨다.

이스라엘 자손은 오직 여호와 하나님만 섬겨야 할 선택받은 백성이다. 그들은 하나님의 말씀에 온전히 순종할 때 안전한 삶을 누릴 수 있게 된다. 그래야만 하나님께서 그들에게 먹고 마실 양식과 물을 공급하실 것이며 저들 가운데서 질병을 물리쳐 주실 것이다. 그것이 저들의 삶을 위해 허락된 하나님의 놀라운 복이 된다.

하나님께서는 또한 이스라엘 백성이 율법에 순종하면 여인들 가운데 낙태하는 자가 없고 임신하지 못하는 자가 없으리라는 말씀을 하셨다. 그것은 하나님께서 저들에게 이루어지게 될 상속相續을 보장하리라는 약속이다. 하나님께서 저들이 장수하리라고 말씀하신 것은 그와 연관된 의미이다(출 23:6).

그것을 위해 하나님께서는 자신의 사자使者를 먼저 보내 이방 백성들을 그 지역으로부터 물리쳐 흩으시게 된다. 이스라엘 민족에 대항하는 원수들은 하나님으로 인해 도망하지 않을 수 없다. 하나님께서 앞서 보내시는 왕벌 곧 특별한 사자가 가나안 땅의 모든 백성을 쫓아내게 되는 것이다. 그러나 하나님께서는 일순간 한꺼번에 그렇게 하지 않으시리라고 말씀하셨다.

하나님께서 상당한 기간을 두고 이방 족속을 쫓아내시는 까닭은, 그 땅이 급작스럽게 황폐해져 들짐승이 번성하여 이스라엘 백성을 해할 것을 방지하기 위함이었다. 하나님께서는 일년 안에는 그렇게 하지 않으시리라고 하셨는데 이는 상징적인 기간으로 이해하는 것이 바람직할 것으로 보인다. 그는 이스라엘 민족이 번성하여 그 땅을 기업으로 얻을 때까지 이방 족속들을 점차적으로 조금씩 쫓아내시겠다는 말씀을 하셨던 것이다(출 23:30; 신 7:22). 그것을 완성하기 위해서 실제적으로는 '삼백 년'이란 긴 세월이 소요되었다.

이방인들의 종교 사상을 물리치고 신상을 파괴하는 행위는 우리시대에도 그 의미가 적용되어야 한다. 이는 물리적으로 그것들을 파손하라는 것이 아니라 잘못된 사상들이 교회 안으로 들어온다면 그것들을 철저히 파괴하지 않으면 안 된다는 사실을 말해준다. 그렇게 할 때 하나님께서 우리를 안전하고 영원한 약속의 세계로 인도하신다. 또한 하나님께서는 성도들로 하여금 세상에서의 험난한 과정을 거치게 하셨는데, 이는 궁극적으로 자기 백성들을 위한 것이었다(출 23:30).

하나님께서는 이 약속과 더불어 이스라엘 민족에게 주실 약속의 땅에 대한 경계를 정해 주셨다. 이는 수백 년 전에 아브라함에게 약속하신 땅에 대한 구체적인 내용이다(창 12:1; 행 7:5; 히 11:8). 하나님이 갈대아 우르에 있던 아브라함을 불러내며 땅을 약속하셨을 때 그 땅은 경계를 정해주신 것이

아니라 대략적인 영역이었다. 이제 이스라엘 백성의 가나안 땅 진입을 앞
두고 그 구체적인 경계가 드러나게 되었다. 여호수아서에서는 그에 대해
좀 더 구체적으로 기록되어 있다.

> "내가 너의 지경을 홍해에서부터 블레셋 바다까지, 광야에서부터 하수까
> 지 정하고 그 땅의 거민을 네 손에 붙이리니 네가 그들을 네 앞에서 쫓아낼
> 지라"(출 23:31); "너희 발바닥으로 밟는 곳은 모두 내가 너희에게 주었노니
> 곧 광야와 이 레바논에서부터 큰 강 곧 유브라데 강까지 헷 족속의 온 땅과
> 또 해 지는 쪽 대해까지 너희의 영토가 되리라"(수 1:3,4)

경계가 정해진 이 땅은 나중에 다윗을 통해 세워질 언약의 왕국에 대한
기초가 된다. 그 경계는 홍해에서부터 블레셋 바다까지, 광야에서부터 유
프라테스 강까지의 영역이다. 이스라엘 백성이 불순종하여 이방신들을 가
까이 하면 하나님께서 저들을 그냥 좌시하지 않는다. 이 가운데서 특히 유
프라테스 강은 구약성경뿐 아니라 신약성경에서도 매우 중요한 영적인 의
미를 지니고 있음이 나타난다.

예를 들어, 요한계시록에서는 일곱 나팔 재앙(계9:14)과 일곱 대접 재앙
(계16:12)에서 유프라테스 강에 연관된 메시지가 주어졌다. 홍해바다를 통
해 남방의 애굽으로부터 인도해 내신 언약의 백성이 불순종 할 때, 하나님
께서는 유프라테스 강을 통해 북방 민족을 불러들여 심판의 도구로 사용
하신다는 것이다. 이는 하나님께서 경계로 정해주신 가나안 땅의 지경과
밀접하게 연관된 매우 중요한 의미를 보여주고 있다.

제27장
하나님, 모세, 이스라엘 백성
(출 24:1-18)

1. 열두 기둥 위에 설치된 번제단

하나님께서는 모세에게 아론과 그의 아들 나답과 아비후, 그리고 이스라엘 장로 칠십 명을 데리고 산 중턱으로 올라와 멀리 서서 경배하도록 요구하셨다. 그들은 이스라엘 민족을 대표하는 인물들이었다. 성경에는 아론에게 네 명의 아들이 있었던 것으로 기록되어 있다. 나답, 아비후, 엘르아살, 이다말이 곧 그들이다.[61] 그들 중에 아론의 장남과 차남이 특별히 택정 받아 산으로 가게 되었던 것이다.

레위 지파 중 아론의 자손이 제사장 가문이 되었던 것은 저들의 탁월한 재주나 결단 때문이 아니라 전적으로 하나님께서 맡기신 사역이었다. 나아가 남다른 성실함이나 유능함으로 인해 하나님이 저들에게 특별한 직분을 허락하신 것이 아니었다. 하나님은 자신의 구원 사역의 진행을 위해 섭

---

[61] 나답과 아비후는 후일 하나님께서 명하신 불이 아니라 다른 불을 가지고 바쳤다가 하나님의 심판을 받아 현장에서 즉사하게 된다(레 10:1,2). 따라서 아론의 나머지 아들들인 엘르아살과 이다말이 제사장의 직무를 감당하게 되었다. 그들이 사실상 이스라엘 민족 제사장들의 조상이 되었던 것이다(민 3:4; 대상 24:2).

리와 경륜 가운데 필요한 자들을 들어 세우셨던 것이다.

하나님께서는 특별히 선택된 소수의 지도자를 시내산 중턱으로 부르시면서 일반 백성들이 가까이 다가오는 것을 금하셨다. 하나님은 이를 통해 위엄과 질서를 중시하는 자신의 절대적인 성품을 보여주셨다. 그는 엄격한 제도와 질서 가운데서 자신의 뜻을 백성들에게 선포하며 전달하고자 하셨다. 그렇게 함으로써 모든 백성들은 하나님의 말씀을 흐트러짐이 없이 받아들을 수 있었다.

하나님으로부터 주어진 모든 말씀과 율례를 모세가 전하자 백성들은 한 소리로 응답했다. 하나님의 모든 명령을 그대로 순종하여 지키리라는 것이었다. 모세는 하나님의 모든 말씀을 책[62]에 기록하고 이른 아침에 일어나 산 아래서 제단을 쌓았다(출 24:4). 그는 그것을 위해 먼저 열두 기둥으로 기초석을 세웠다. 이는 이스라엘 민족의 열두 지파를 상징하는 언약적인 의미가 담겨 있었다.

여기서 우리가 반드시 기억해야 할 것은, 모세가 이스라엘 민족의 장로 칠십(70) 명과 더불어 열두(12) 지파를 의미하는 열두 기둥 위에 번제단을 설치했다는 사실이다. 본문에 언급된 칠십 명의 장로는 야곱이 맨 처음 애굽 땅으로 내려올 때 동반한 가족의 숫자였던 칠십 명과 연관된 것으로 이해해야 한다(창 46:27; 출 1:5). 따라서 이스라엘 민족 지도자인 칠십 명의 장로와 열두 지파를 상징하는 열두 기둥은 이스라엘 민족 전체에 대한 대표성을 띠고 있음을 드러내 보여주고 있다.[63]

이 문제에 관해서는 그전에 이스라엘 백성이 출애굽한 직후 당도했던 홍해 바닷가 엘림의 물샘 열둘과 종려나무 칠십 그루를 통해서도 그 언약

---

62) 모세가 살았던 당시에는 오늘날 우리가 생각하는 형식의 책이 아니라, 양피지나 파피루스에 하나님의 말씀을 기록했던 것으로 이해해야 한다.
63) 이에 대해서는 요한계시록 6장에 기록된, 이스라엘 민족 열두 지파의 십사만 사천 명과 더불어 생각해 볼 수 있다.

적인 의미가 드러나고 있었다.[64] 그것은 하나님의 섭리와 경륜이 보편적이며 우주적이라는 사실을 말해주고 있다. 이 모든 것은 나중 신약시대 예수님의 열두 제자와 칠십 문도(눅 10:1,17)와도 밀접하게 연관되어 있는 것으로 이해해야 한다.

2. '언약서 낭독' 과 언약의 피

모세는 이스라엘 민족의 열두 지파를 상징하는 열두 기둥 위에 번제단을 설치하고 나서 이스라엘 자손의 젊은이들을 보내 소를 잡아 여호와 하나님께 번제와 화목제를 드리도록 명했다. 그리고 자신은 희생제물이 되어 바쳐진 동물의 피를 반으로 나누어 여러 그릇에 담았다. 그것들 가운데 반은 제단을 비롯한 성물聖物들에 뿌렸으며, 나머지 반은 모세가 언약서를 낭독한 후 이스라엘 백성들에게 뿌리게 되었다(출 24:6,7).

우리는 여기서 모세와 이스라엘 백성들 사이에 역할이 적절하게 분담되어 있음을 보게 된다. 이는 하나님을 경배하고 섬기는 일을 위해 모든 백성이 참여하고 있음을 말해준다. 동물을 잡아 제사를 지내고 피를 뿌리는 일은 일시적인 종교행위가 아니라 영원한 속죄에 대한 예언적 성격을 지니고 있었다. 이에 대해서는 신약성경의 히브리서 기자가 구체적으로 증언하고 있다.

"이러므로 첫 언약도 피 없이 세운 것이 아니니 모세가 율법대로 모든 계명을 온 백성에게 말한 후에 송아지와 염소의 피와 및 물과 붉은 양털과 우슬초를 취하여 그 책과 온 백성에게 뿌려 이르되 이는 하나님이 너희에게 명

---

64) 이스라엘 백성이 마라를 떠나 엘림에 이르렀을 때, 그곳은 특별한 배경을 지니고 있었다: "그들이 엘림에 이르니 거기 물샘 열둘과 종려 칠십 주가 있는지라 거기서 그들이 그 물 곁에 장막을 치니라"(출 15:27).

하신 언약의 피라 하고 또한 이와 같이 피로써 장막과 섬기는 일에 쓰는 모
든 그릇에 뿌렸느니라 율법을 좇아 거의 모든 물건이 피로써 정결케 되나니
피흘림이 없은즉 사함이 없느니라"(히 9:18-22)

신약의 히브리서에서는 출애굽기의 내용보다 좀 더 구체적으로 기술되
어 있다. 히브리서 기록자는 모세를 통해 하나님의 계명이 전해진 후 잡은
동물의 피를 그 언약의 책과 온 백성에게 뿌려진 사실을 언급했다. 거기에
는 그 피가 언약의 피로써 당시의 장막과 제사에 사용되는 기구들에 뿌려
졌음이 증언되고 있다. 이스라엘 백성과 제사에 사용되는 모든 물건들이
그 피로 말미암아 정결하게 될 수 있었던 것이다.

이는 하나님을 위한 희생제물의 피가 없이는 결코 죄 사함이 있을 수 없
다는 사실을 말해준다. 이 말씀은 십자가 위에서 흘리신 예수 그리스도의
거룩한 피에 밀접하게 연관되어 있다. 즉 하나님께 제물로 바쳐진 동물의
피로써 구약시대 이스라엘 민족과 모든 물건을 정결케 했던 것은, 죄의 용
서를 위해서는 반드시 인간의 몸을 입고 이 땅에 오신 하나님의 어린 양의
피가 요구됨을 의미하고 있는 것이다.

3. 하나님의 모습

모세와 장래 제사장 직무를 감당하게 될 아론의 자식들, 그리고 이스라
엘 민족을 대표하는 칠십 명의 장로들이 시내산 중턱에 올라갔을 때 거룩
한 하나님을 보게 되었다. 물론 그들은 하나님의 얼굴이 아니라 하나님의
영화로운 모습을 보았다. 그들이 본 하나님은 마치 발아래 청옥(sapphire)을
편 듯이 아름답고 하늘 같이 청명한 모습이었다.

죄에 빠져 타락한 인간은 결코 거룩한 하나님을 직접 바라볼 수 없다.
그러므로 하나님께서는 모세에게 '내 얼굴을 보는 날에는 죽으리라'(출

10:28)고 말씀하셨다. 따라서 모세를 비롯한 민족 지도자들은 시내산 중턱에서 하나님의 얼굴이 아니라 그의 영화로운 모습을 보았던 것이다. 나중 신약시대의 사도 요한은 계시록에서 천상의 나라로 이끌림받아 본 하나님을 그와 같이 묘사하고 있다.

> "내가 곧 성령에 감동하였더니 보라 하늘에 보좌를 베풀었고 그 보좌 위에 앉으신 이가 있는데 앉으신 이의 모양이 벽옥과 홍보석 같고 또 무지개가 있어 보좌에 둘렸는데 그 모양이 녹보석 같더라"(계 4:2,3)

요한이 보았던 천상의 보좌에 앉으신 하나님의 모습은 마치 벽옥(jasper)과 홍보석(carnelian)처럼 아름다웠다. 이는 모세를 비롯한 이스라엘 민족의 지도자들이 시내산 중턱에서 보았던 하나님의 모습과 동일하다. 따라서 오늘날 우리가 머릿속에 기억해야 할 하나님은 특별한 형상이 아니라 그와 동일한 영화로운 모습이어야 한다.

출애굽기의 본문에는 이스라엘 민족 지도자들이 거룩한 하나님을 대면하고도 죽지 않았음에 대해 기록하고 있다. 그전에 하나님께서는, 무모한 태도로 자기에게 접근하는 자들은 죽음을 피할 수 없으리라는 사실을 경고하신 적이 있다(출 19:21). 하나님의 영광스런 모습을 직접 본다는 것은 예삿일이 아니다.

그럼에도 불구하고 시내산 중턱에 나아간 이스라엘 민족의 지도자들은 거룩한 하나님의 모습을 보았으나 그로 말미암아 죽임을 당하지 않았다. 하나님께서 저들에게 심판의 손길을 보내지 않으셨던 것이다. 이는 저들이 하나님의 요구에 따라 범주 안에서 순종했기 때문이다. 따라서 그 지도자들은 하나님을 대면해 뵌 후 도리어 함께 먹고 마시며 즐거워할 수 있었다. 그것은 저들에게 임한 특별한 은혜와 감사의 축제였다.

4. 두 돌판에 관한 약속

하나님께서는 그후 모세에게 시내산 정상으로 올라오도록 명령하셨다. 그리고는 그곳에서 한 동안 머물러 있어야 한다는 말씀을 하셨다. 자신이 친히 율법과 계명을 기록한 두 개의 돌판(the stone tablets)을 그에게 주시리라는 것이었다. 모세는 하나님의 말씀을 온전히 믿고 순종했다.

모세는 하나님의 말씀을 듣고 여호수아와 함께 일어났다. 그리고는 시내산 정상으로 올라갔다. 그는 산 위로 올라가면서 장로들에게 자기가 산 위에서 두 돌판을 가지고 내려올 때까지 거기서 기다리도록 요청했다(출 24:14). 그들은 모세가 산 위에서 하나님을 만나 그의 앞에 있는 동안 그 자리를 떠나지 말아야 했다. 만일 저들 가운데 어떤 문제가 생기면 아론과 훌에게 나아가 해결하라는 말을 남기고 그곳을 떠났다.

5. 모세의 시내산 정상 사십(40) 일

모세는 이스라엘 민족의 지도자들을 뒤에 남겨두고 시내산 정상으로 올라갔다. 그전에도 그는 하나님의 부르심을 받아 시내산 산꼭대기에 올라간 적이 있었다(출 19:20). 이번에 모세가 산 위로 올라가자 구름이 가득하게 산 전체를 둘렀다. 산 아래 있는 이스라엘 백성은 구름으로 뒤덮인 영광으로 말미암아 그 위에서 전개되는 구체적인 상황을 눈으로 볼 수 없었다.

모세는 처음 엿새 동안을 하나님의 영광으로 가득한 구름 속에 갇혀 있어야만 했다. 그것은 모세가 스스로 선택한 상황이 아니었다. 여기서 우리는 하나님의 영광과 더불어 모세의 인내를 엿볼 수 있다. 그는 그 기간이 아무리 길다고 할지라도 하나님께서 친히 말씀하실 때까지 원망 없이 기다렸다.

일곱째 날이 되자 비로소 구름 가운데 계신 하나님께서 모세를 부르셨다. 그 날 곧 일곱째 날은 하나님의 창조사역에 밀접하게 연관된 의미를 지니고 있다. 따라서 그 날은 안식일과도 연관되어 있는 것으로 이해하는 것이 바람직하다. 하나님께서 모세와 집적 대면해 말씀하신 날이 일곱째 날이었던 것은 특별한 구속사적인 의미가 담겨있는 것으로 받아들여야 하는 것이다.

하나님께서 직접 모세에게 말씀하실 때 인간의 언어로는 도저히 형언할 수 없는 하나님의 놀라운 영광이 비쳤다. 그러자 산 아래 있는 모든 이스라엘 백성들도 그 영광스런 광경을 멀리서 바라볼 수 있었다. 그들의 눈에는 그 영광스런 모습이 맹렬하게 타오르는 불처럼 보였다. 그러는 사이 모세는 시내산 정상의 구름 가운데 있으면서 밤낮 사십일 동안 머물며 하나님을 대면하고 있었다.

우리는 여기서 왜 모세가 하필이면 사십일 동안 시내산 정상에 머물러 있어야 했는지 생각해 볼 필요가 있다. 단순히 십계명이 새겨진 두 돌판을 받기 위해서라면 하루만 하면 충분하지 않았을까? 앞의 엿새 동안이 모세를 위해 특별히 예비된 사전 기간이었다면 일곱째 날 하루 동안 하나님께서 모든 일을 마무리 지을 수도 있었을 것이다.

그런데 하나님께서는 모세로 하여금 사십일 동안 시내산 정상에 머물러 있도록 요구하셨다. 그 기간은 그에게 결코 짧지 않은 매우 긴 시간일 수 있다. 하지만 그것은 모세가 스스로 작정하거나 결정한 기간이 아니라 전적으로 하나님의 뜻에 달려 있었다. 그 동안 하나님께서는 모세로 하여금 무엇을 하도록 요구하셨을까?

하나님께서는 시내산 정상에서 모세에게 십계명이 기록된 돌판들을 주셨을 뿐 아니라 증거궤와 성막을 비롯한 그에 필요한 모든 성물들을 제작하도록 명령하셨다. 나중 모세는 산 위에서 내려와 이스라엘 민족 가운데 하나님께서 요구하신 그대로 모든 것을 제작해야 했다. 모세는 산 위에 있던 사십일 동안 음식을 먹지 못했으며 물도 마시지 못하는 가운데 하나님의 모든 명령을 들었다.

"그 때에 내가 돌판들 곧 여호와께서 너희와 세우신 언약의 돌판들을 받으려고 산에 올라가서 사십 주야를 산에 거하며 떡도 먹지 아니하고 물도 마시지 아니하였더니 여호와께서 두 돌판을 내게 주셨나니 그 판의 글은 하나님이 친수로 기록하신 것이요 너희 총회 날에 여호와께서 산상 불 가운데서 너희에게 이르신 모든 말씀이니라"(신 9:9,10)

모세는 하나님으로부터 두 돌판에 새겨진 십계명과 더불어 하나님의 특별한 요구를 듣기 위해 식음료食飮料를 비롯한 세상의 모든 것들을 완전히 내려놓아야 했다. 우리가 분명히 깨달아야 할 점은, 모세는 시내산 정상에서 사십일 동안 하나님의 규례를 들었을 뿐 아니라 시험과 훈련을 받게 되었다는 사실이다. 나아가 그 기간은 산 아래 있는 이스라엘 백성에게도 율법 제시와 더불어 시험과 훈련의 기간이 되었다. 모세를 비롯한 모든 이스라엘 백성은 애굽으로부터 저들을 인도해내신 하나님을 신뢰하고 그가 행하시는 모든 일들을 잠잠히 보며 그의 명령에 따라야만 했던 것이다.

그리고 모세가 시내산 정상에서 사십(40)일 동안 머문 것은 그 의미상 노아 홍수 때 밤낮 사십일 동안 하늘에서 비가 쏟아졌던 그 기간과 연관된다(창 7:12,17 참조). 그 동안 노아를 비롯한 그의 가족들이 할 수 있는 일은 아무것도 없었다. 하나님을 알지 못하는 자들에게는 그 기간이 두려움과 공포의 때였을지 모르지만, 하나님의 자녀들에게는 도리어 하나님의 뜻에 따른 섭리와 영광을 볼 수 있는 은혜의 시간이었다.

또한 모세가 시내산 정상에 머물렀던 기간은 예수님께서 사십일 동안 마귀로부터 시험을 받으신 사건과 연관되어 있다(마 4:2; 막 1:13; 눅 4:1). 나아가 십자가 사역을 마치고 부활하신 예수님께서 사십일 동안 지상에 머물러 계신 사실과도 연관된 것으로 이해할 수 있다(행 1:3). 우리는 모세가 장

래 오시게 될 예수 그리스도를 직접 예표하는 인물이었음을 기억해야 한
다. 구약성경과 신약성경은 공히 그에 연관된 분명한 증거를 하고 있다.

> "네 하나님 여호와께서 너의 중 네 형제 중에서 나와 같은 선지자 하나를
> 너를 위하여 일으키시리니 너희는 그를 들을찌니라"(신 18:15); "모세가 말
> 하되 주 하나님이 너희를 위하여 너희 형제 가운데서 나 같은 선지자 하나를
> 세울 것이니 너희가 무엇이든지 그 모든 말씀을 들을 것이라 누구든지 그 선
> 지자의 말을 듣지 아니하는 자는 백성 중에서 멸망 받으리라 하였고 또한 사
> 무엘 때부터 옴으로 말한 모든 선지자도 이때를 가리켜 말하였느니라"(행
> 3:22-24)

예수님께서 십자가를 지셨던 마지막 유월절 후에 뒤따른 오순절날 성령
하나님께서 강림하신 후, 베드로는 이스라엘 백성에게 구약성경을 인용하
며 그에 관한 내용이 성취되었음을 강설했다. 모세가 시내광야에서 하나
님이 나중 '자기와 같은 선지자 하나'를 보내 주리라고 말한 분은 바로 예
수 그리스도라는 것이었다. 구약시대의 모든 선지자들의 예언과 마찬가지
로 모세는 언어적 교훈뿐 아니라 그 자신이 메시아에 대한 예언적 성격을
지니고 있었던 것이다.

이처럼 모세를 통해 주어진 모든 규례와 그의 사역뿐 아니라 그 인물 자
체가 장래 오실 메시아에 직접 연관되어 있었다. 따라서 그가 시내산 정상
에서 사십일 동안 머문 것도 특별한 구속사적인 의미를 지니고 있었음이
분명하다. 따라서 모세가 하나님의 영광 가운데 머물렀던 시내산 정상의
기간은 매우 중요한 구속사적 의미를 지니고 있는 것으로 이해해야 한다.

제7부

성막건립 및 기구제작 및 제사장에 관한 규례 지시
(출 25:1-31:18)

제28장

성막과 증거궤 및
각종 기구들에 대한 제작 요구
(출 25:1-40)

1. 성막 건립을 위한 예물 요구

하나님께서는 모세에게, 백성들로 하여금 성소와 각종 기구들을 만들기 위한 예물을 바치도록 명령을 내리셨다. 그들은 하나님의 요구에 따라 기쁜 마음으로 그것을 바쳐야 했다. 그와 같은 예물이어야만 하나님이 기쁘게 받으시게 된다. 이는 억지로 바치는 사람이 있다면 그것을 받지 말라는 의미를 내포하고 있다. 따라서 하나님께서 건립을 요구하시는 성소와 기구들에는 백성들의 기쁜 마음이 반영되어 있다.

우리는 여기서 이스라엘 백성이 예물을 바치는 것은 순수한 자발적인 행동이 아니라 하나님의 요구에 따른 것이라는 사실을 알게 된다. 이는 구약시대뿐 아니라 신약시대에도 그대로 적용되어야 할 원리이다. 즉 오늘날 우리가 교회를 위한 연보에 참여하는 것도 순수한 자발적 판단이라기보다 하나님의 요구에 대한 순종의 행위로 이해하는 것이 바람직하다. 사도 바울이 "하나님은 즐겨내는 자를 사랑하시느니라"(고후 9:7)고 기록한 말은 그와 더불어 이해해야 한다.

하나님은 성막을 짓기 위해 백성들이 바쳐야 할 물품들을 구체적으로 열거해 지정해주셨다. 그것은 금과 은과 놋과 청색 자색 홍색실과 가는 베실과 염소 털과 붉은 물을 들인 수양의 가죽과 해달(海獺, a sea otter)의 가죽과 조각목과 등유와 관유에 드는 향료와 분향할 향을 만들 향품과 호마노, 그리고 제사장의 예복인 에봇과 가슴에 붙이는 흉패에 박을 보석 등이었다. 그 모든 것들은 이스라엘 백성이 애굽인들로부터 얻은 것들이다. 그들이 그와 같은 물품들을 소유하게 된 것은 하나님의 섭리와 경륜에 의한 것이었다.

그 귀중품들은 백성들의 개인적인 부富나 장식을 위해서가 아니라 하나님의 성막을 비롯한 각종 기구들을 만들기 위해 주어졌다. 하지만 그것들이 인간에게는 보물이지만 하나님께는 그렇지 않다. 하나님께는 결코 진귀한 보물이라는 것이 존재하지 않는다. 즉 인간들에게 값진 것이라 하여 동일한 맥락에서 하나님께 귀중한 것이라 말할 수 없다.

하나님께서는 모세에게 말씀하신 그런 각양 재료들을 사용해 자기가 제시하는 양식대로 거룩한 성막을 짓도록 요구하셨다. 그렇게 함으로써 자신이 이스라엘 민족 가운데 계시리라는 것이었다. 즉 하나님은 언약의 민족과 함께 계시기 위해 저들을 시켜 자신의 성막을 짓도록 하셨던 것이다.

이 모든 것들은 하나님의 요구대로 진행되어야 했으며 인간들의 이성적인 지혜를 요구하지 않는다. 도리어 인간적인 취향이나 경험, 이성은 철저히 배격되어야만 한다. 하나님께서 거하실 거룩한 성전은 하나님의 뜻에 따라 하나님을 위해 지어야 했다(출 25:8).

오늘날 우리 역시 이와 동일한 신앙자세를 견지하지 않으면 안 된다. 하나님을 믿고 섬길 때 인본적인 아이디어가 아니라 하나님께서 정해주신 범주 안에 있어야 한다. 또한 개인이 소유한 유무형의 모든 재산에 대해서도 그런 관점에서 이해해야 한다. 우리가 가진 모든 것들은 하나님으로 말미암아 주어진 것이며, 그것들은 개인 소유자 자신이 아니라 하나님을 위

해 쓰여야 할 것들이다. 즉 성도들은 하나님의 뜻에 맞게 자신이 소유한 모
든 것을 사용해야 할 의무가 있다.

2. 증거궤 제작을 위한 요구

하나님께서는 모세에게 규례에 따라 증거궤를 만들도록 요구하셨다. 그
재료와 규격은 정해져 있었다. 그것을 만드는 자재資材는 조각목(acacia,
shittim wood)[65]이어야 했다. 모세는, 증거궤 제작에 사용될 그 나무의 특성
이나 상징적인 의미 때문이 아니라 하나님께서 명령하셨으므로 그에 순종
해야 할 따름이었다.

나아가 우리로서는 시내광야에서 그 나무를 구하기가 얼마나 용이했는
가 하는 점도 알기 어렵다. 증거궤를 제작하기에 충분한 정도의 조각목을
사막 지역에서 구하기 쉽지 않았을지도 모른다. 주변 종족으로부터 그것
을 쟁취했을 수도 있으며 적절한 대가를 주고 구했을 수도 있다. 다윗 왕국
시대 솔로몬 왕이 레바논 지역에서 백향목을 구해 온 사실을 통해 그와 같
이 추론해 볼 수 있다(왕상 7:1,2 참조).

어쨌든 우리는 여기서 매우 중요한 교훈을 얻게 된다. 그것은 성막 건립
에 사용되는 모든 재료들을 이방지역의 이방인들로부터 구했다는 점이다.
이것은 무엇을 의미하고 있는가? 이는 세상의 모든 것들은 하나님으로 말
미암은 것이라는 사실과, 앞으로 하나님께서 이방 지역으로부터 자기 백
성을 불러 모으리라는 상징적인 의미를 내포하고 있다.

---

65) 한글성경에서 조각목으로 번역된 아카시아 혹은 싯딤 나무는 우리가 일반적으
    로 생각하는 아카시아 나무와는 다소 차이가 나는 것으로 보인다. 따라서 이
    나무의 종류에 대해서는 학자들 사이에서도 의견의 일치를 보지 못하고 있다.
    단지 아름답고 귀한 잘 썩지 않는 나무라는 정도로 생각한다. 그리고 이 나무
    는 팔레스틴 지역에는 없다고 주장하는 학자들도 있다; J. Calvin, Exodus
    25:8. 참조.

하나님께서는 모세에게 나중 조각목을 구해 증거궤를 만들 때 순금으로 안팎을 싸고 위쪽 가장자리에 금테를 두르도록 했다. 그리고 금 고리 네 개를 부어 만들어, 증거궤 양쪽에 있는 네 발에 그것들을 달도록 했다. 또한 금으로 싼 조각목으로 채를 만들어 궤 양쪽 고리에 꿰어서 궤를 멜 수 있도록 하라고 했다. 증거궤는 사람이 메고 옮길 수 있도록 제작되어야 했던 것이다.

하나님은 그와 더불어 항상 채가 꿰어진 상태로 증거궤가 놓여 있어야 한다는 사실을 말씀하셨다. 즉 그 채를 빼지 말아야 했다. 그런데 하나님께서 왜 그런 명령을 내리셨을까? 그것은 예루살렘을 정복해 돌로 된 성전이 건축될 때까지는 늘 이동할 준비를 갖추고 있어야 한다는 사실을 말해 주고 있다.

그리고 증거궤의 크기는 하나님께서 확정해 주셨다. 궤의 길이는 2.5규빗(113cm)이었으며 너비는 1.5규빗(68cm), 높이는 1.5규빗(68cm)이었다.[66] 그보다 더 크거나 작게 만들어서는 안 된다. 증거궤가 만들어지면 하나님께서 주실 십계명이 새겨진 두 돌판을 그 안에 넣어두라고 명령하셨다.

하나님께서는 또한 모세에게 증거궤 위에 두게 될 속죄소를 순금으로 만들도록 했다. 그것은 시은좌施恩座 곧 '자비의 자리'(the mercy seat)이다. 증거궤 위에 둘 속죄소의 크기는 증거궤의 위판과 동일한 규격이었다. 속죄소 위의 양쪽에는 그룹들(cherubim) 곧 천사들을 두어 날개를 펴서 속죄소를 덮고 마치 하나님을 모시듯이 서로 마주보게 만들어야 했다. 그 가운데 하나님이 좌정해 계신다.

---

66) 여기서 미터법으로 환산한 규격은 '현대인의 성경'의 본문과 위클리프 성경주석을 참조했다. 이는 1규빗을 18인치(inch), 즉 45cm로 잡은 것이다. 학자들 가운데는 다소간 차이나는 주장을 하는 것을 볼 수 있다. 하지만 분명한 사실은 대략 그 정도의 크기로 이해할 수 있다는 점이다.

"그룹 사이에 좌정하신 자여 빛을 비춰소서"(시 80:1); "여호와께서 그룹
사이에 좌정하시니 땅이 요동할 것이로다"(시 99:1); "그룹 사이에 계신 이
스라엘 하나님 만군의 여호와여 주는 천하만국의 유일하신 하나님이시라"
(사 37:16)

성경은, 여호와 하나님께서 두 돌판이 들어 있는 증거궤 위 속죄소 곧
두 그룹(cherubim)이 서로 마주보는 사이에 좌정해 계신 것으로 묘사하고
있다. 하나님은 거기서 특별히 택하신 대제사장을 통해 이스라엘 자손을
만나시게 된다. 그곳이 거룩하신 하나님과 언약의 백성이 만나 교제하는
특별한 장소가 되는 것이다. 또한 구약시대 믿음의 선배들은 그 속죄소를
하나님의 발등상으로 묘사하고 있다.

"다윗 왕이 일어서서 가로되 나의 형제들, 나의 백성들아 내 말을 들으라
나는 여호와의 언약궤 곧 우리 하나님의 발등상을 봉안할 전 건축할 마음이
있어서 건축할 재료를 준비하였으나"(대상 28:2); "우리가 그의 성막에 들어
가서 그 발등상 앞에서 경배하리로다"(시 132:7)

성경이 증거궤 위의 속죄소를 하나님의 발등상이라 묘사하는 것은 매우
중요한 의미를 지니고 있다. 그것은 단순한 상징이 아니라 실제적인 현실
이다. 이는 속죄소가 천상의 보좌에 앉아계신 하나님의 발등상임을 말해
준다. 즉 천상에 계신 하나님께서는 모세에게 자신의 발을 얹어두고 은혜
를 베풀 자리를 마련하라고 하셨던 것이다. 이 말씀은 요한계시록 4장에
기록된 천상의 보좌가 언약의 백성들 가운데 존재하는 증거궤의 속죄소에
직접 연결되어 있음을 보여준다.

구약시대 이스라엘 백성은 매년 한 차례 속죄일을 통해 그 시은좌에 속
죄제물의 피를 뿌리게 되었다. 그 거룩한 직무는 대제사장이 맡아서 감당
해아 할 사역이었다. 예수님께서 십자가에 달려 돌아가실 때 성전휘장이

찢어진 것은 그의 피가 지성소의 증거궤 위 속죄소에 뿌려졌음을 증거하고 있다. 하나님께서 완벽한 제물인 어린 양을 받으심으로써 자기 자녀들의 죄를 속하신 것이다.

3. 진설병을 위한 상 제작 요구

하나님께서는 모세에게 조각목으로 떡 즉 빵(bread)인 진설병을 둘 상을 제작하도록 요구하셨다. 여기서 말하는 떡은 일상적인 음식을 의미한다. 즉 기호를 위한 별식이 아닌 날마다 먹는 양식이다. 그것을 놓는 상은 철이나 동은 물론 다른 나무로 만들어서도 안 된다. 성소 안에 놓이게 될 진설병 상은 반드시 조각목으로 만들어야 했다. 그리고 그 규격은 길이 2규빗(90cm), 너비 1규빗(45cm), 높이 1.5규빗(68cm)의 크기로 제작하도록 요구되었다.

그리고 증거궤와 마찬가지로 사람들이 채에 꿰어 메고 이동할 수 있도록 만들어야 했다. 그것은 순금으로 싸고 주위에 금테를 두르게 되어 있었다. 또한 주위에 손바닥 만한 턱을 만들고 그 턱 주위에 금으로 테를 둘러야 했으며, 금 고리 네 개를 만들어 모퉁이의 네 발 위에 있는 턱 곁에 붙여 달아야 했다. 거기에다 떡상을 맬 수 있도록 채를 만들어 꿰도록 했다. 또한 그 채는 조각목으로 만들어 금으로 감싸야만 했다.

하나님께서는 진설병을 둘 상을 만들도록 명령하시면서 그 자리에 함께 놓이게 될 금으로 된 접시와 잔, 그리고 숟가락들(출 25::29, spoons: KJV)을 만들라고 하셨다.[67] 이를 통해 하나님이 자기 백성들과 함께 식탁의 교제를

---

67) 떡상의 떡만 염두에 둔다면 숟가락 같은 것은 필요가 없었을 것이다. 그런데 본문 가운데는 순금 숟가락을 만들어 두도록 명령했다. 이는 하나님과 그의 백성 사이에 식탁에 연관된 교제가 이루어지게 됨을 말해주고 있다; 본문의 '숟가락' 에 해당되는 단어를 '국자' 로 번역할 수도 있다.

나누는 분임을 드러내셨다. 물론 하나님께서 그 음식을 입으로 먹는 것은 아니지만 그 자리에 함께 계신다는 사실을 말해주고 있다. 이로써 언약의 자녀들은 항상 하나님과 더불어 먹고 살아감을 깨닫게 되었던 것이다.

이는 나중 예수님께서 자기 제자들과 함께 음식을 나누시면서 성찬에 관한 요구를 했던 것에 밀접하게 연관되어 있다. 예수님께서는 마지막 유월절을 기념하며 떡을 떼시면서 자신의 몸을 제자들에게 내어놓으셨다. 지상의 교회는 항상 그와 더불어 그가 허락하신 거룩한 떡을 먹게 된다. 따라서 성소 안에 놓이게 될 떡상은 장래 하나님의 자녀들이 소유할 영원한 생명의 성찬상을 예시한 것으로 이해할 수 있다.

4. 등잔대 제작 요구

하나님께서는 또한 모세에게 순금으로 등잔대를 만들도록 요구하셨다. 그런데 거기에는 매우 구체적이며 세세한 명령이 들어 있었다. 등불을 놓을 대를 만들되 그 밑판과 줄기와 잔과 꽃받침과 꽃을 모두 한 덩어리로 연결되도록 해야 했다.

그리고 여섯 개의 가지를 등잔대 줄기에서 나오도록 만들어야 했다. 그것을 중심으로 양쪽으로 각각 세 가지가 나오게 되어 있었다. 한 쪽 가지에 살구꽃(감복숭아 꽃, almond flower) 모양의 잔 셋과 꽃받침과 꽃을 만들게 하고, 다른 한 쪽 가지에도 그와 같이 만들도록 했다. 그래서 등잔대에서 나온 여섯 개의 가지들이 동일하게 되었다.

그리고 등잔대의 줄기에는 살구꽃 모양의 잔 넷과 꽃받침과 꽃이 있도록 만들어야 했다. 또한 등잔대에서 나온 여섯 개의 가지를 위해 꽃받침을 만들고 두 개의 가지 아래 한 꽃 받침이 있어 줄기와 연결되게 만들도록 해야 했다. 이렇게 되면 여섯 개의 가지가 전부 연결된다. 그 모든 것들은 반드시 순금으로 만들어져야만 했다.

그리고는 그 위에 일곱 개의 등잔을 만들어 불을 켬으로서 성소 안을 환하게 비추어야 했다.[68] 또한 불집게와 불똥그릇도 순금으로 만들도록 명령했다. 등잔대와 모든 기구들을 제작하기 위해서는 순금 한 달란트(34kg, 현대인의 성경)가 들어간다. 이 모든 것을 위해서는 인간들의 자발적인 판단이 배제되어야 하며, 하나님께서 시내산에서 모세에게 보여준 양식 그대로 만들어야 한다.

그런데 등잔대 가지의 꽃이 왜 굳이 살구꽃 모양이어야 했는가에 대해서는 구체적인 이유를 알 수 없다. 이는 증거궤를 비롯한 기구들을 만들 때 반드시 조각목을 사용하도록 요구한 것에 대한 이유를 알기 어려운 것과 마찬가지다. 그러나 분명한 사실은 하나님께서 명령하셨기 때문에 그에 온전히 순종해야 한다는 점이다. 우리는 여기서 성소의 기구들을 위해 세세한 부분까지 철저하게 관여하시는 여호와 하나님을 보게 된다.

5. 하나님의 성막과 기구 제작요구에 연관된 영적인 의미

하나님께서 이스라엘 백성에게 성막과 그 안에 둘 기구들을 만들도록 하신 것은 자기가 언약의 백성과 함께 계시리라는 약속을 하는 것과 같다. 하나님께서는 그후부터 애굽에서 인도해 내신 백성들 가운데 존재하는 성막에 거하시면서 저들을 떠나지 않으신다.

이는 약속의 땅 가나안에서 사사시대를 거쳐 나중 예루살렘 성전이 건립된 이후에도 지속된다. 심지어는 바벨론 제국에 의해 예루살렘 성전이 완전히 파괴된 후에도 하나님께서는 그 백성들과 함께 계셨다. 돌로 된 성전은 파괴되어 없어졌으나 하나님의 언약은 파기되지 않았기 때문이다.

하나님은 자신의 발등상인 증거궤 위의 시은좌에 계시게 되었으며, 모

---

68) 일곱 개의 등잔은 요한계시록에서 일곱 교회를 의미하고 있다(계 1:20 참조).

든 언약의 자녀들은 성소 안의 떡상에 놓인 거룩한 음식을 통해 생명을 이어가게 된다. 따라서 백성들이 날마다 먹는 음식은 거기에 연결되어 있어야 한다. 또한 백성들은 성소 안에 있는 등잔대의 불빛을 통해 모든 것을 보게 된다. 인간들의 일상생활 가운데 존재하는 모든 것들은 그 빛을 통해서 보아야 하는 것이다.

예수님께서 인간의 몸을 입고 이 세상에 오셨을 때 그는 임마누엘 하나님으로서 자기 백성과 함께 계셨다(마 1:23; 사 7:14). 부활하신 예수님께서는 승천하시기 전 세상 끝 날까지 항상 제자들과 함께 계시리라는 약속을 하셨다(마 28:20). 따라서 우리시대에도 여전히 하나님은 교회 가운데 임재하여 계신다.

이처럼 하나님께서 이스라엘 백성 가운데 자신을 위한 성막을 건립하게 하신 중요한 의미 가운데는, 앞으로 그가 자기 자녀들과 항상 함께 거하실 것을 약속하는 예언적인 의미가 담겨 있었다. 따라서 우리는 인간의 이성과 경험을 통해 하나님을 섬기려 해서는 안 된다. 성도들은 천상의 나라(Heaven)에 좌정해 계시는 동시에 지상 교회 가운데 살아 계시는 여호와 하나님을 성경의 교훈에 따라 섬겨야 한다.

제29장

성막건립 요구와 그 구조에 연관된 실제적 의미

(출 26:1-37; 27:1-21)

〈 출 26:1-37 〉

1. 성막과 그 구조에 연관된 의미

하나님께서는 시내산 정상의 모세에게 규례에 따라 성막과 그에 연관된 부속 시설물들을 만들도록 명령하셨다. 성막 내부는 지성소와 성소로 구분되어야 했다. 그리고 성막 앞에는 제단을 설치해야 했으며 그 사방으로 경계를 지어 뜰을 만들어야 했다.

그 각각의 영역을 위해서 금 은 놋 등의 특정한 재료를 사용하도록 했으며 그로 말미암아 드러나는 의미도 달랐다. 물론 그에 연관된 모든 자재와 재료들은 하나님께서 직접 정해주셨다. 모세를 비롯한 인간들 가운데 어느 누구도 사사로운 판단에 따라 그것을 마음대로 바꿀 수 없었다.

성막 안쪽에 위치하게 될 지성소는 하나님의 절대적인 영역이다. 그곳은 주로 순금이 사용되었으며 천사들이 사면을 둘러싸고 있도록 해야 했다. 따라서 그 안은 사람들이 함부로 드나들 수 있는 영역이 아니었다. 그리고 지성소 앞쪽에 위치한 성소는 하나님과 인간이 날마다 만나는 영역으로 이해할 수 있다. 거기에는 향단과 떡상과 등잔대가 놓여있는 영역이었다. 성소를 위해서는 전체적으로 금과 은이 동시에 사용되었다.

그리고 성막 바깥 앞쪽에 설치되어야 할 제단은 인간이 하나님의 성소에 들어가기 위해 반드시 거쳐야 할 필수적인 영역이다. 그곳에서 동물을 잡아 하나님께 희생제사를 드림으로써 그에게로 나아갈 수 있었던 것이다. 하나님은 그 과정을 통과하지 않고서는 어느 누구도 자기 앞으로 나아오는 것을 용납하시지 않는다. 제단을 위해서는 놋이 사용되었으며 그것을 위해 사용되는 각종 도구들도 놋으로 제작되었다.

또한 성막 바깥에 있는 뜰은 하나님께 연관된 언약의 백성들이 모이는 영역이다. 뜰의 사방 울타리에 세울 기둥과 그것을 고정시키는 고리와 가름대를 위해서는 은이 사용되어야 했으며, 그 받침대는 놋으로 제작되어야 했다. 뜰의 규격과 모형은 하나님께서 요구하시는 규례대로 만들어야 했다.

우리는 성막과 그에 연관된 모든 시설이 천상의 나라에 연결되는 기능을 하고 있다는 사실을 반드시 기억해야 한다. 이는 단순한 상징이 아니라 실제적인 의미를 지니고 있다. 즉 하나님께서 요구하시는 성막은 지상에 존재하지만 직접 천상에 연결되어 있는 것이다. 그 영역은 거룩하므로 타락한 인간들이 함부로 범접하면 죽음을 면할 수 없게 된다. 이는 또한 천상에 대한 모형과 그림자의 역할을 하고 있다. 신약성경의 히브리서에는 그에 관한 기록이 나타난다.

"그러므로 하늘에 있는 것들의 모형은 이런 것들로써 정결케 할 필요가 있었으나 하늘에 있는 그것들은 이런 것들보다 더 좋은 제물로 할찌니라 그리스도께서는 참 것의 그림자인 손으로 만든 성소에 들어가지 아니하시고 오직 참 하늘에 들어가사 이제 우리를 위하여 하나님 앞에 나타나시고 대제사장이 해마다 다른 것의 피로써 성소에 들어가는 것 같이 자주 자기를 드리려고 아니하실찌니 그리하면 그가 세상을 창조할 때부터 자주 고난을 받았어야 할 것이로되 이제 자기를 단번에 제사로 드려 죄를 없게 하시려고 세상

끝에 나타나셨느니라"(히 9:23-26)

하나님께서는 모세에게 성막을 건립하도록 요구하시면서 언약의 백성들에게 천상의 실체를 보여주고자 하셨다. 그것은 단순한 구조물을 의미하는 것이 아닐 뿐더러 일반적인 의미에서 말하는 종교적인 활동을 위해서 만들도록 한 것이 아니었다. 그것은 천상의 나라에 대한 모형이자 그림자였던 것이다.

이처럼 하나님은 언약의 백성들에게 성막을 통해 천상의 세계에 대한 그림자를 보여주고자 하셨다. 성막에 관한 하나님의 특별한 요구를 듣는 모세는 그에 연관된 어느 정도의 이해가 있었을 것이 틀림없다. 물론 그것은 그림자로서의 성격을 지니고 있었지만 그것을 통해 실체에 대한 관심과 깨달음을 소유할 수 있다. 하나님께서 모세에게 성막 건립을 명령하실 때 그 중심에는 실체가 존재하고 있었음을 깨닫는 것은 매우 중요하다.

또한 우리는 성막의 전체적인 구조가 시내산에 대한 축소판의 성격을 지니고 있다는 사실을 기억할 수 있어야 한다. 즉 시내산 정상 위의 흑암의 영역, 시내산 정상, 모세와 산 중턱의 이스라엘 민족의 장로들, 그리고 산 아래 있는 백성들의 전체적인 모형이 성막을 통해 표현되고 있다. 이는 또한 우리시대에 예수 그리스도를 통해 천상의 하나님을 경배하는 보편 교회와 밀접하게 연관된다.

2. 성막의 휘장과 규격에 관한 요구

하나님께서는 모세에게 성막 내부에 쳐질 휘장 제작에 관한 규례를 주셨다. 거기에는 휘장의 색깔과 장식 및 규격에 관한 구체적인 내용이 포함되어 있었다. 휘장에는 가늘게 꼰 베실을 사용해 청색 자색 홍색실로 고운 색깔을 넣도록 했다. 또한 그룹 즉 천사의 모습들을 아름답게 수놓아 장식해야 했다. 이처럼 거룩한 성소의 모습은 마치 천상의 나라에서 천사들이 보좌에 앉으신 여호와 하나님을 모시고 선 것 같은 장면을 드러내 보이게 된다.

휘장 하나의 크기는 길이 스물여덟 규빗(12.6m), 너비 네 규빗(1.8m)으로 하여 모두 치수를 같게 해야 했다. 동일한 규격의 휘장을 열 개 만들어, 각 각 다섯 개씩 서로 연결해 커다란 막을 만들게 된다. 다섯 개의 휘장을 연결하면 너비가 스무 규빗(9m)이 되며 길이는 그대로 스물여덟 규빗이다. 그렇게 함으로써 동일한 크기의 두 개의 큰 휘장이 된다.

그 두개를 하나로 연결하게 되면 성막 전체를 뒤덮을 수 있게 된다. 그 것들을 연결하기 위해서는 금으로 된 쉰 개의 고리와 걸쇠들을 만들어 달아야 했다. 그 둘을 하나로 연결시킴으로써 커다란 막이 되어 성막 전체를 덮게 되는 것이다.

또한 성막 위를 덮어씌우는 천막은 염소털로 짜서 만들어야 한다. 하나님께서는 모세에게 그것을 위해 전부 열 한 폭을 만들도록 요구했다. 이스라엘 백성은 규례에 따라 길이 서른 규빗(13.5m), 너비 네 규빗(1.8m)의 폭을 만들어야 했다. 그 가운데 다섯 폭을 서로 연결하고, 또 나머지 여섯 폭을 서로 연결하면 되었다. 그렇게 한 후 여섯째 폭의 절반은 성막의 한 편에 접어 드리우도록 했다.

그리고 두 개의 천막 양 끝에 놋으로 된 고리를 만들어 붙여 이어 하나가 될 수 있도록 만들게 했다. 그 가운데 남는 부분은 절반씩 성막 앞뒷면에 늘어뜨릴 것이었다. 즉 양쪽에 한 규빗씩(0.45m) 앞뒤로 늘어뜨려 성막이 완전히 덮이게 해야 했던 것이다. 그리고 붉은 물을 들인 수양 가죽으로 그 위를 덮을 수 있는 덮개를 만들어 씌워야 했으며, 또한 해달의 가죽으로 윗덮개를 만들어 씌워야 했다. 그것은 성막을 보호하는 역할을 하게 된다.

또한 성막을 세우기 위해 조각목으로 여러 개의 널판을 만들도록 했다.

각 널판의 크기는 길이 열 규빗(4.5m), 너비 한 규빗 반(0.675m)으로 제작되어야 했다. 동일한 규격의 널판을 마흔 개 만들어서 성막의 남쪽과 북쪽 즉 왼편과 오른편에 각각 스무 개씩 사용해야 했다. 그렇게 되면 그 전체의 크기는 대략 높이 열 규빗(4.5m), 너비가 열 규빗(4.5m), 길이가 서른 규빗(13.5m) 정도가 되었다.

그것을 조립하기 위해 각 널판 아래 구멍을 내고 고리를 끼워 서로 연결시키도록 했다. 남쪽과 북쪽 즉 좌우편에 세워지는 널판들은 동일하게 제작되어야 했다. 그 외에도 성막의 서편 곧 뒤편을 위한 널판을 만들도록 했다. 그 모든 널판들은 순금으로 둘러싸도록 되어 있었다. 그것들은 또한 금고리를 만들어 띠를 꿰어 서로 연결될 수 있게 만들어야 했다. 이렇게 하여 성막은 전체적으로 금과 은을 재료로 해서 건립되어야 했다.

우리는 또한 여기서 성막의 방향에 연관된 명확한 규례가 있다는 사실을 주의 깊게 기억해야 한다. 성막은 그 제작뿐 아니라 세워둘 위치 역시 중요했다. 그것은 인간들의 편의에 따라 적당히 세워둘 수 있는 것이 아니라 정해진 방향이 있었다. 이는 나중에 돌로 건축될 예루살렘 성전의 방향과 직접 연관되어 있으며 그에 대한 예언적 성격을 지니고 있다. 우리는 이를 통해 자신이 거하실 성막에 대해 빈틈없는 규례를 정하신 하나님의 놀라운 경륜을 보게 된다.

3. 지성소와 성소의 구분

(1) 지성소

하나님께서는 성막의 내부를 두 공간으로 나누어 만들도록 요구하셨다. 안쪽에 위치한 지성소는 가로 세로 높이가 같은 정방형正方形이어야 했으며 내부를 위해서는 그에 필요한 휘장을 따로 만들도록 하셨다. 휘장을 위한 재료는 청색 자색 홍색실과 가늘게 꼰 베실이었다. 그것으로 짜서 휘장을 만들어야 했다. 또한 거기에는 그룹들 곧 천사들을 정교하게 수놓아야 했다.

그리고 조각목으로 휘장을 칠 수 있는 네 개의 기둥을 만들고 금으로 싸야 했다. 거기에는 휘장을 칠 금 갈고리를 만들어 달고 은 받침 네 개를 만들고 그 위에 기둥을 세워야 했다. 휘장을 갈고리에 걸어 늘어뜨리고 그 휘장 안에 증거궤를 들여놓아야 했던 것이다. 그리하여 증거궤는 사면에 천사들이 수놓인 구별된 휘장으로 둘러싸인 공간에 놓여 있게 되었다(출 26:32,33 참조). 그것으로 말미암아 지성소와 성소가 뚜렷이 구별되어야 했다. 그리고 증거궤 위에는 규례에 따라 만들어진 속죄소가 놓이게 될 것이었다.

우리가 여기서 반드시 기억해야 할 바는 정방형의 지성소는 천상에 속하는 영역이라는 사실이다.[69] 지성소의 모습은 천상의 아름다운 영역에 대한 표상의 역할을 하게 되었다. 그런데 지성소는 최상의 아름다움을 간직한 영역임에도 불구하고 인간들의 눈에는 항상 깜깜한 상태로 있게 되었다. 그 안에는 등불이 없었던 것이다. 따라서 타락한 인간들이 감히 그 아름다운 영역을 볼 수 없도록 했다. 이는 모세가 시내산 정상에 있던 당시 하나님이 계신 흑암의 상황을 반영하고 있다. 출애굽기에는 그에 대한 분명한 기록이 나타난다.

　　"백성은 멀리 서 있고 모세는 하나님이 계신 흑암으로 가까이 가니라"(출 20:21)

성경은 하나님이 흑암에 계신 것으로 묘사하고 있다. 이는 죄에 빠진 인간들은 거룩한 하나님의 영역을 보지 못한다는 사실을 말해준다. 성막 안

---

69) 요한계시록 21:16 참조; 요한이 본 종말에 천상으로부터 내려오게 될 새 예루살렘 성은 가로 세로 높이가 같은 정방형이었다.

에 설치된 지성소도 이와 동일한 관점에서 이해되어야 한다. 이에 대해서는 일반 제사장들조차도 지성소 내부를 보지 못하도록 해야 했다.

단지 대제사장만 일 년에 한 차례 엄격한 규례에 따라 그 내부로 들어갈 수 있었다. 하지만 대제사장이라 할지라도 그 아름다움을 자세히 살펴보며 감상할 만한 형편이 되지 못한다. 도리어 증거궤와 속죄소 위에 희생제물의 피가 뿌려짐으로써 두려움과 긴장감이 감돌 따름이었다.

(2) 성소

성소는 지성소와 달리 항상 등잔대의 불빛이 환하게 밝혀지는 영역이 되도록 해야 했다. 금과 놋이 주로 사용되어 설치되는 그곳은 어떤 의미에서 볼 때 하나님과 인간의 공동영역이라 할 수 있다. 따라서 성소의 북쪽 즉 입구에서 보아 오른편에는 떡상을 놓고 남쪽 즉 왼편에는 등잔대를 놓아야 했다. 그것들은 서로 마주보고 있도록 요구되었다.

또한 성막의 입구 문을 막기 위해서 청색 자색 홍색실과 가늘게 꼰 베실로 수를 놓아 휘장을 만들어야 했다. 또한 그 휘장문을 위해 조각목으로 다섯 개의 기둥을 만들어 금으로 싸서 세우도록 했다. 그리고 금으로 된 갈고리를 만들고 놋으로 다섯 개의 받침을 만들어야만 했다.

지성소가 인간들이 범접할 수 없는 여호와 하나님의 절대 영역으로써 천상에 속한 데 반해, 성소는 지상에 속한 하나님의 거룩한 영역이라 말할 수 있다. 성소에는 휘장을 사이에 두고 지성소의 증거궤와 속죄소를 마주 바라보는 곳에 향단이 놓여있도록 해야 했다. 그리고 거기에는 떡상과 등대가 서로 마주보고 놓여 있어야만 했다.

〈 출 27:1-21 〉

4. 제단과 기구들 제작 요구

성막을 전면에서 바라보는 위치에 설치되어야 할 제단이 있는 곳은 우선 제사장과 제물을 바치는 자들의 영역이라 할 수 있다. 하나님께서는 모세에게 조각목으로 제단을 만들도록 명령하셨다. 그것은 가로 세로 각각 다섯 규빗(2.25m)의 정사각형으로 제작되어야 했으며 높이는 삼 규빗(1.35m)이었다. 그리고 그 제단은 놋으로 감싸야만 했다.

그리고 제단의 네 모퉁이 위에는 뿔을 만들되 단과 하나로 연결되도록 해야 했다. 나중 이스라엘 백성 가운데 부지중에 범죄한 후 목숨을 부지하기 위해 성소로 도망쳐 온 사람은 그 제단의 뿔을 잡게 되어 있었다(왕상 1:50,51; 2:28 참조). 그렇게 하고 있으면 아무도 그의 생명을 해칠 수 없었다.

그리고 희생제물이 타고 남은 재를 담을 통과 부삽과 대야와 고기 갈고리와 불 옮기는 그릇 등을 전부 놋으로 만들어야 했다. 또한 제단을 위해 놋으로 그물을 만들고 그 윗부분의 네 모퉁이에는 그것을 걸 수 있는 네 개의 갈고리를 만들도록 했다. 그리고 그물은 제단 주위 가장자리 아래 곧 제단의 절반 높이까지 올라오게 하라는 명령을 했다.

또한 그 제단을 옮길 수 있도록 조각목으로 채를 만들고 놋으로 감싸야 했다. 그리고 제단의 양쪽에 고리를 만들어 그 채를 꿰어 멜 수 있도록 해야 했다. 제단의 중앙부는 널판으로 속이 비게 만들어 그곳에서 희생제물을 태워 바칠 수 있게 만들어야 한다.

제물을 바치게 될 제단은 세상에 속한 하나님의 거룩한 영역인 성소와 천상에 속한 절대 영역인 지성소를 향해 설치되어야 했다. 인간들은 죄로 말미암아 오염된 상태로 거룩한 하나님께 나아갈 수 없다. 따라서 제사장의 고유한 사역을 통해 동물을 죽여 희생제사를 드림으로써 화목의 근서를 마련해야 했다.

이를 통해 언약의 자녀들은 비로소 하나님의 성소를 향해 나아갈 수 있는 길이 열리게 된다. 하나님께서 모세에게 성막 앞에 제단을 만들어 설치하도록 명령하신 것은 그와 같은 이유 때문이다. 즉 하나님은 이스라엘 백성이 자기에게 나아올 수 있는 기틀을 마련해 주시고자 했던 것이다.

5. 성막의 뜰에 관한 명령

하나님께서는 모세에게 성막 바깥에 뜰을 만들도록 명령하셨다. 가는 실로 짠 세마포로 사방에 뜰을 두르는 울타리를 설치해야 했다. 뜰의 남쪽 즉 왼편에는 너비 백 규빗(45m)의 세마포 휘장을 쳐야 했으며 북쪽에도 그렇게 해야 했다. 또한 뜰의 앞 뒤 곧 동쪽과 서쪽에는 너비 쉰 규빗(22.5m)의 포장을 쳐야 했다.

그리고 남북의 뜰의 경계를 위해 놋으로 된 말뚝과 받침을 각각 스무 개씩 만들도록 했다. 그 말뚝에 매달 갈고리와 고리는 모두 은으로 만들어야 했다. 즉 뜰을 위한 주된 재료로는 놋과 은이 사용되어야 했던 것이다.

또한 성막을 둘러싸고 있는 뜰의 문은 동쪽에 내도록 했다. 그 문의 크기는 동쪽 울타리의 전체 길이 가운데 양쪽 15규빗(6.75m)까지 세마포로 치고, 가운데 20규빗(9m)이 출입구가 되도록 해야 했다. 그 출입구 문은 수를 놓아 짠 휘장으로 막아 아무나 함부로 출입하지 못하도록 통제하는 역할을 하게 된다.

성막과 제단을 중심에 두고 둘러싸인 뜰 안은 하나님을 섬기고자 하는 언약의 백성들을 위한 특별한 영역이었다. 즉 성막의 바깥에 있는 뜰은 하나님을 경외하는 백성들을 위해 특별히 예비된 영역이었던 것이다. 따라서 그곳은 거룩한 하나님께 나아갈 수 있는 가장 기본적인 관문의 역할을 하게 되었다.

6. 등불과 기름 준비 요구

하나님께서는 또한 모세에게 이스라엘 백성으로 하여금 등불을 켜기 위해 사용할 순수한 감람유를 가져오도록 요구하셨다. 성소 안의 등불은 꺼지지 말아야 하며 아론의 자손 제사장들이 항상 성소 안에 있는 등불을 보살펴야 했다. 하나님은 성소 안에 등불을 밝히기 위해 순수한 감람유를 가져 오도록 하심으로써 그 성소가 상시적인 기능을 하게 된다는 사실을 알려 주셨다. 사무엘상에는 그에 관한 내용을 보여주는 기록이 나타나고 있다.

> "하나님의 등불은 아직 꺼지지 아니하였으며 사무엘은 하나님의 궤 있는 여호와의 전 안에 누웠더니 여호와께서 사무엘을 부르시는지라"(삼상 3:3,4)

사무엘서에 기록된 이 구절은 성소에 켜진 등불이 '하나님의 불'이었다 는 사실을 증언해 주고 있다. 그 불은 특별한 일이 있을 때만 밝히는 것이 아니었다. 제사장들이 성소의 등불을 상시적으로 보살펴야 했던 것은 그 것이 보통 불과는 성격이 달랐기 때문이다. 따라서 제사장들은 항상 이에 대해 깊이 유념하고 있어야 했으며, 자손 대대로 지켜야 할 규례가 되었 다. 우리는 성소의 등불이, 이스라엘 민족을 장래 오시게 될 메시아께로 인도하는 역할을 했다는 사실을 기억해야 한다.

제30장

제사장의 복식 규례와 직분 문제

(출 28:1-43)

1. 제사장 직분과 복식 규례

이스라엘 백성은 인간적인 염원이나 종교적인 노력을 방편삼아 하나님 앞으로 나아갈 수 없었다. 하나님께서 규례에 따라 정하신 대리자인 제사장을 통해 거룩하신 하나님 앞에 나아가게 되었다. 따라서 하나님은 모세에게 자신이 특별히 지정하신 아론과 그의 자식들 곧 나답과 아비후와 엘르아살과 이다말을 불러 제사장으로 임명하도록 하셨다.

그들에게 제사장 직분을 맡길 때 사람의 신앙 자체로만 모든 것이 충족되는 것이 아니었다. 제사장들은 다른 일반 사람들과는 구별된 복식을 갖추어 입어야만 한다. 따라서 모세는 하나님의 명령에 따라 아론을 위해 거룩한 옷을 지어 입힘으로써 영화롭고 아름답게 해야 했다. 그들은 하나님의 거룩한 성소에 들어가야 할 직분자들이었기 때문에 성소에 조화되는 거룩하고 영화로운 모습을 갖추어야 했던 것이다.

그러므로 아론을 비롯한 제사장들의 의상은 아무나 재단해 만들어서는 안 된다. 즉 예술적인 기교와 솜씨가 좋고 탁월한 재단 기술을 소유한 자라 해서 그 옷을 만들 수 없다. 그 예복을 만들기 위해서는 마음이 지혜로운 자 곧 하나님께서 성령으로 채우신 사람들에게 맡겨야 한다(출 28:3). 그런 기본적인 자격을 갖춘 자가 제사장에게 옷을 지어 입힘으로써 저들이 거룩하게 되는 것이다.

우리는 여기서 매우 중요한 의미를 엿보게 된다. 그것은 아론을 비롯한 제사장들을 거룩하게 하시는 분은 하나님이시지만 그가 일반 백성들 가운데 적절한 인물들을 사용하신다는 사실이다. 모세가 그 중요한 일을 감당하게 되며 동시에 일반적인 시각으로 볼 때는 보잘것없이 여겨질 수도 있는 의상 기술자들 역시 그 중요한 일에 참여하게 된다. 즉 아론을 비롯하여 제사장 직분을 맡게 되는 당사자들이 스스로 자신을 거룩하게 만들지 못한다. 하나님과 그의 택하신 자들을 통해 거룩하게 된 제사장이어야만 비로소 하나님 앞에서 직분을 행할 수 있게 된다.

의상을 만들도록 허락된 자들은 제사장이 입을 에봇과 겉옷과 수놓은 속옷과 머리에 쓸 관과 띠를 만들어야 했다. 그들이 만드는 옷은 제사장들의 일상생활을 위한 의상이 아닌 성소에서 하나님을 섬기기 위한 예복이었다. 이는 제사장이 인간 자체로서 거룩한 것이 아니라 저들이 입게 되는 거룩한 옷으로 말미암아 거룩하게 된다는 사실을 말해주고 있다. 제사장의 신앙됨됨이 자체가 아니라 정하신 규례에 따라 하나님께서 입히시는 예복이 거룩함의 근거가 된다는 사실을 이해하는 것은 매우 중요하다.

제사장의 예복을 만드는 자들은 금실과 청색 자색 홍색실, 그리고 가늘게 꼰 베실로 정교하게 짜서 에봇을 만들어야 한다. 앞에서 이미 언급된 것처럼 성막 안쪽에 위치한 지성소의 휘장과 성막문의 휘장은 모두 고운 베에다 청색 자색 홍색실로 화려한 색상을 넣어서 짜야 했다. 이처럼 제사장들이 입을 그 예복 역시 개인의 아이디어가 깃든 솜씨나 재주가 아니라 지성소와 성소에 조화되는 규례에 따라 만들어져야 한다. 나아가 하나님께서 친히 정해주신 다양한 색깔뿐 아니라 에봇을 짜는 방법, 나아가 옷의 어깨받이와 띠를 만들 때도 정해진 규례를 따라야만 했다.

에봇은 겉옷과 속옷 바깥에 입는 일종의 조끼와 같은 예복이라 할 수 있다. 그 옆면은 붙어 있지 않고 틔어져 있었으며, 앞면과 뒷면이 견대肩帶로 연결된 특별한 복식이었다. 그 에봇에는 허리에 그것을 고정시키는 띠가 달려 있도록 만들어야 했다. 조끼와도 같은 그 에봇의 중요한 기능 가운데 하나는 양쪽 어깨에 보석인 호마노를 달고 앞쪽에 흉패를 부착하도록 하기 위한 것이었다.

2. 제사장 양쪽 어깨에 있는 열두 지파 조상들의 이름

하나님을 섬기는 제사장은 일반 사람들과는 구별되어야 한다. 나아가 제사장으로서 성소에 들어가 하나님을 섬길 때는 더욱 그렇다. 따라서 하나님께서는 제사장들의 의상에 연관된 모든 것들에 대해 규례를 정해주셨다. 제사장들을 위한 특별한 예복은 사람들이 일상적으로 착용할 수 없었다. 그 옷은 거룩함의 상징이 되었으므로 제사장들이 성소에서 하나님을 섬길 때만 입을 수 있었다(출 35:19).

이스라엘 민족의 제사장은 단순한 개인의 자격이 아니라 이스라엘 민족의 열두 지파에 연관되어 있다. 따라서 하나님께서는 그에 관한 분명한 규례를 주셨다. 이스라엘 열두 지파 조상들의 이름을 두 개의 보석 호마노에 각각 여섯 개씩 새겨 넣어 항상 예복에 부착해 두도록 하셨다. 그때 열두 조상들의 이름을 임의로 아무렇게나 나열할 것이 아니라 나이의 순서에 따라 한 보석에 여섯 이름을 차례로 새기고 또 다른 한 보석에는 다른 여섯 이름을 차례로 새겨야 했다.

보석에 열두 지파의 이름을 새기는 기술자는 마치 도장에 이름을 새기듯이 그 두 보석에 새겨 넣고 금테를 물려야 했다. 또한 금으로 테를 만들고 순금으로 노끈처럼 땋은 두 사슬을 거기에 달아야 했다. 그렇게 함으로써 그 두 보석을 양쪽 어깨받이에 붙이게 되어 있었다. 아론과 그의 후손

제사장들은 여호와 하나님 앞에서 항상 야곱의 열두 아들들의 이름을 두 어깨에 두어 기념이 되도록 해야 했으며 언약의 자손들은 그것을 기념 보석으로 삼아야 했던 것이다.

제사장들이 성소에서 입을 예복은 누구에게나 허락된 것이 아니었다. 돈과 능력 혹은 세력이 있다고 해서 제사장이 아닌 자들이 그와 같은 복장을 해서는 안 된다. 그 의상은 결코 인간들의 치장이나 장식을 위한 용도로 만들어진 것이 아니기 때문이다. 그럼에도 불구하고 그렇게 하는 자가 있다면 그것은 하나님을 모독하는 행위가 된다.

3. '판결흉패' 제작에 관한 규례

하나님께서는 모세에게 에봇을 짜는 방식으로 판결흉패를 짜서 만들도록 했다. 그것은 금실과 청색 자색 홍색실과 가늘게 꼰 베실로 정교하게 짜야 한다. 이 역시 지성소와 성소의 아름다운 색상과 조화된다. 그 크기는 길이와 너비가 한 뼘 곧 반 규빗(22.5cm) 정도 된다. 또한 그것은 두 겹으로 네모반듯하게 제작해야 했다. 그 사이에 우림(Urim)과 둠밈(Thummim)을 넣어 고정시키기 위해서이다.

거기에는 또한 네 줄로 보석을 박되 각 줄에 서로 다른 보석 세 개씩을 박아 전체 열두 개의 보석을 박도록 했다. 그것을 위해 사용되는 보석은 홍보석 황옥 녹주옥, 석류석 남보석 홍마노, 호박 백마노 자수정, 녹보석 호마노 벽옥이다. 그것들은 전부 금테에 물리도록 해야 했다. 그 보석들은 이스라엘 열두 지파 조상들의 수에 따라 열두 개의 보석이 사용되었다. 그리고 각 보석들 위에는 열두 지파 조상의 이름을 하나씩 도장을 새기는 방법으로 새겨 넣어야 했다.

그리고 판결흉패를 만들게 되면 순금으로 된 사슬과 고리를 만들어 제사장이 입는 에봇 앞부분에 붙여 고정시키도록 했다. 아름다운 보석으로 장식된 판결흉패에 연관된 모든 것들은 순금으로 제작되어야 했다. 그리고 우림과 둠밈을 판결흉패 안에 넣어 둠으로써 아론을 비롯한 제사장들이 성소에 계시는 여호와 하나님 앞으로 들어갈 때 '이스라엘 자손의 판결'을 마음에 두어야 했다(출 28:30). 우림은 '빛'이라는 뜻을 지니고 있으며 둠밈은 '어두움'이라는 의미를 지니고 있는 것으로 추정된다.[70] 제사장들은 그것들을 통해 하나님의 뜻에 따라 판결하며 모든 것을 결정하게 되었다.

이처럼 아론을 비롯한 제사장들은 성소에 들어갈 때 항상 이스라엘 열두 지파 조상들의 이름이 새겨진 판결흉패를 가슴에 붙이고 있어야 했다. 즉 제사장은 여호와 앞에서 이스라엘 백성의 모든 것들을 판결할 때 항상 그것을 가슴에 붙이고 있지 않으면 안 되었다. 그것을 통해 제사장의 판결이 여호와 하나님으로 말미암는다는 사실을 확인하게 되며, 하나님과 이스라엘 자손들의 언약적 관계가 드러나게 된다. 즉 제사장은 백성들에게 하나님의 뜻을 전달하는 중재자 역할을 했던 것이다.

우리는 여기서 제사장의 재판기능에 대해 주의깊은 생각을 해보게 된다. 즉 제사장은 하나님을 섬기며 제사를 드리는 직분뿐 아니라 하나님의 뜻에 따라 백성들을 판결하는 기능을 가지고 있었다. 이는 성소에서 하나님을 경배하는 제사장을 통해 이스라엘 민족의 옳고 그름뿐 아니라 모든 가치 판단이 이루어져야 함을 의미한다. 이에 대한 구체적이며 실제적인 의미는 문둥병을 진단하고 판결하는 사역에서 분명히 드러나고 있다.

---

70) '우림과 둠밈'의 어원에 대해서는 정확하게 밝혀진 바가 없다. 일반적으로, '우림은 빛' '둠밈은 어두움'이란 의미를 지닌 것으로 추정한다. 학자들에 따라서는 '둠밈'을 '완전함'이란 의미를 지니고 있는 것으로 이해하는 자들도 있다(김영철, 『출애굽기』, 서울: 도서출판 깔뱅, 2007, p.417 참조). 또한 '우림과 둠밈'을 히브리어 알파벳의 첫 번째 글자(א)와 마지막 글자(ת)를 가리키는 것으로 이해하는 학자들도 있다. 이는 '알파와 오메가', '처음과 나중'이란 의미와 동일하다.

"여호와께서 모세와 아론에게 일러 가라사대 사람의 피부에 무엇이 돋거나 딱지가 앉거나 색점이 생겨서 그 피부에 문둥병 같이 되거든 곧 제사장 아론에게나 그 자손중 한 제사장에게로 데리고 갈 것이요" (레 13:1,2)

이스라엘 민족 가운데 문둥병이 발생하게 되면 그에 대한 진단과 판결을 제사장에게 맡겨야 했다. 즉 병자의 질병을 진단하고 치료하는 의사가 그 문제를 담당한 것이 아니라 성소에서 하나님을 섬기는 제사장이 그것을 맡아 해결하게 되었다. 우리가 여기서 알 수 있는 분명한 사실은, 제사장에게 주어진 직분에는 제사를 감당하는 일뿐 아니라 판결하고 판단하는 사역이 포함되어 있었다는 점이다.

나아가 우리는 이와 더불어 구약성경 기록계시에 대한 확증 주체로서 제사장들의 사역을 생각해 보아야 한다. 그들은 모든 규례를 갖춘 자들로서 하나님의 계시에 대한 진위 여부를 판결한다. 즉 어떤 사람이 하나님의 말씀을 계시 받았다고 주장할 때 그것이 과연 그런지에 대해 판결흉패를 가슴에 단 제사장들이 무흠하게 판단했을 것으로 보인다.

4. 제사장 예복의 외부 장식과 몸에 부착하는 장식에 관한 규례

제사장의 에봇을 만들기 위해서는 다양한 규례가 있었다. 에봇을 위한 겉옷은 청색으로 해야 했다. 그리고 옷 가장자리로 돌아가며 청색 자색 홍색실로 석류를 수놓도록 했다. 이 색깔들 역시 지성소와 성소의 휘장 색깔과 조화되는 것들이다. 그리고 일정하게 정해진 간격을 두고 금방울을 달아야 했다.

거기에는 금방울 하나와 석류 모양의 장식 하나를 서로 번갈아 가며 부착해 두어야 했다. 옷에 달린 금방울은 제사장이 움직일 때마다 흔들려 소리가 났다. 아론을 비롯한 제사장들이 에봇을 입고 여호와 하나님을 섬기기 위해 성소에 들어가고 나올 때 방울 소리가 들려야 했다. 그 소리는 주변의 모든 사람들이 들을 수 있었다. 그렇게 해야만 제사장이 죽지 않고 생명을 보존할 수 있게 되었다.

또한 모세는 가는 베실로 속옷과 띠를 수놓아 머리에 쓰는 관을 만들어야 했다. 아론과 그의 가문에 속한 제사장들을 위해 속옷과 관을 만들어 영화롭고 아름답게 해야 했던 것이다. 그리고 모세는 그들에게 예복을 비롯한 모든 격식을 갖추게 하고 그들에게 기름을 부어 제사장 직분을 위임해야 한다. 그렇게 함으로써 거룩하게 되어 하나님을 섬기는 제사장 직분을 감당하도록 해야 했다.

또한 겉옷 안에 입을 속바지를 베로 만들어 허리에서부터 넓적다리까지 이르게 하도록 했다. 그렇게 해서 하체가 드러나지 않도록 해야 한다. 아론을 비롯한 제사장들이 성소 안으로 들어갈 때나 제단 부근의 거룩한 영역에서 하나님을 섬길 때 그 속옷을 입어야만 생명을 유지할 수 있게 된다. 그렇게 하지 않으면 하나님 앞에서 죄를 짓는 것이 되어 죽음을 피할 수 없다. 이는 이스라엘 민족의 제사장과 그 후손들이 영원토록 기억해 지켜야 할 규례이다.

우리가 또한 여기서 분명히 알아야 할 점은 하나님의 사람 모세가 맨 처음 제사장들을 직접 기름부어 임명하게 된다는 사실이다. 즉 제사장 직분은 시내산 정상에서 내려온 모세의 사역에 근거하고 있다. 따라서 이스라엘 민족 가운데 존재하는 거룩한 성소에서 하나님을 섬기는 모든 제사장은 모세에게 예속되어 있어야 했던 것이다.

그리고 하나님의 성소에 들어가는 제사장은 머리에 특별한 관을 써야만 한다. 그냥 맨 머리로 거룩한 하나님 앞에 나아가서는 안 된다. 그 관은 인간들의 눈에 만족스러운 모양으로 만들 것이 아니라 하나님께서 명령하시는 규례에 따라 만들어야 한다. 제사장들을 위해 그 관을 만드는 사람도 에봇을 짜는 사람과 마찬가지로 하나님을 진정으로 경외하는 경건한 인물이어야 했을 것이 틀림없다.

관을 만들게 되면 그 앞쪽에 순금으로 된 패를 만들어 달아야 한다. 그 패에는 도장을 새기듯이 '여호와께 성결'(HOLY TO THE LORD)이라는 글귀를 새겨 넣어야 했다. 그리고는 그 패를 청색 끈으로 관 위에 매어 앞면으로 나오도록 해야 한다. 그렇게 함으로써 제사장의 머리 전면에는 항상 여호와 하나님에 대한 성결이 선포되고 있어야 했던 것이다.

제사장의 머리에 쓰는 관 앞에 부착된 패는 하나님의 거룩성과 더불어 인간들의 죄 문제를 해결하는 의미와 연관된다. 즉 그 패를 제사장의 이마에 둠으로써 이스라엘 자손이 거룩하게 드리는 성물과 관련해 죄책을 담당해야 했던 것이다(출 28:38). 즉 머리에 단 그 패는 죄책을 사면하는 것과 연관되는 것이었다. 이는 거룩하신 하나님 앞에 나아가는 제사장과 그에 속한 백성들은 거룩해야 함을 시사해주고 있다.

5. 신약시대 교회가 얻어야 할 교훈

거룩한 성소에는 제사장들만 들어갈 수 있으며 지성소에는 일 년 한 차례 대제사장만 규례에 따라 들어갈 수 있는 영역이다. 그렇다고 해서 그 거룩한 곳은 제사장들이 향유하는 공간이 아니다. 우리는 제사장들이 개인의 자격을 넘어 이스라엘 열두 지파의 언약 백성을 대표하며 중재하는 성격을 지니고 있다는 사실을 기억해야 한다.

제사장들의 머리에 쓰는 관 전면에는 '여호와께 성결'이라 기록된 패가 붙어 있으므로 인해 항상 거룩하신 하나님이 선포되고 있다. 또한 양 어깨에는 두 개의 호마노 보석에 새겨진 이스라엘 열두 지파의 이름이 달려 있어야 했다. 뿐만 아니라 가슴의 판결흉패에는 열두 보석에 동일한 열두 조상들의 이름이 새겨져 있었다.

그러므로 제사장은 성소에 들어갈 때 열두 지파 조상들의 이름과 더불어 이스라엘 민족 전체와 함께 들어가는 상징적인 의미를 지니게 된다. 일반 백성들은 지성소는 물론 성소 안으로 들어갈 수 없다. 만일 그런 자가 있다면 죽임을 면치 못한다. 그럼에도 불구하고 이스라엘 백성은 날마다 성소 안으로 들어가는 의미를 지니고 있다. 이는 제사장이 하나님과 이스라엘 민족 사이에서 대표성을 띤 중재자 역할을 하고 있음을 말해 준다.

이에 연관된 의미는 신약시대의 성도들에게 그대로 드러나고 있다. 따라서 오늘날 우리도 영원한 대제사장이신 예수 그리스도께 속해 있다. 그가 천상에 있는 하나님의 성소에 들어가심으로써 우리도 그에게 속해 항상 그곳으로 들어가고 있는 것이다. 이는 단순한 상징적인 의미가 아니라 실제적인 현실이란 사실을 기억하는 것은 매우 중요하다.

그러므로 모든 성도들은 거룩한 하나님 앞에 나아갈 때 성결한 모습을 띠고 있어야 한다. 그렇게 하지 않으면 죽을 수밖에 없게 된다. 물론 인간들의 종교적인 노력이나 윤리적인 선행을 통해 성결하게 될 수 있는 것은 아니다. 오직 십자가에 달려 돌아가신 예수 그리스도의 피로 말미암아 그렇게 될 수 있을 따름이다.

구약시대의 제사장들은 장래 오시게 될 예수 그리스도에 대한 표상이다. 따라서 경건한 이스라엘 자손들은 항상 제사장의 사역을 통해 장래 죄의 문제를 해결해 주실 메시아를 기다렸다. 이제 하나님의 아들 예수님이 이 세상에 오셔서 모든 사역을 완성하신 우리시대에는, 구약성경에 기록된 모든 내용들을 구원의 성취와 더불어 현실적인 의미로 받아들여야 한다. 참된 성도들은 이로써 하나님의 은혜와 그의 놀라운 경륜을 깨닫게 되는 것이다.

제31장

제사장의 위임식 규례와 직무

(출 29:1-46)

1. 레위 지파 아론 가문의 제사장 위임식 규례

하나님께서는 모세로 하여금 아론과 그의 아들들을 불러 제사장 직분을 위임하도록 지시하셨다. 그것을 위해서는 먼저 저들을 거룩하게 하는 성결의식이 요구되었다. 물론 모세가 직접 주례를 맡아 그 의식을 거행해야 했다.

하나님은 맨 처음 제사장 위임식을 위해 모세에게 어린 수소 한 마리와 흠 없는 수양 두 마리를 택하도록 하셨다. 또한 누룩이 들어가지 않은 고운 밀가루로 떡과 과자와 얇게 구운 과자를 만들라고 명하셨다. 그리고 난 후 그것들을 한 광주리에 담고 수송아지와 두 마리 수양을 끌어오게 하셨다.

그와 더불어 제사장 직분을 받게 될 아론과 그의 아들들을 회막문 앞으로 데려와 물로 씻기도록 하셨다. 모세는 준비된 에봇을 비롯한 예복을 아론에게 입히고 가슴 부위에 판결흉패를 달고 띠를 매어주고 머리에는 거룩한 패가 부착된 관을 씌워주어야 했다. 그리고 거룩하게 구별하는 관유(anointing oil)를 머리에 부어 발라야 한다. 그후 그의 아들들에게도 제사장 예복을 입히고 관을 씌워 규례에 따른 의식을 행해야 했다.

그렇게 함으로써 하나님을 섬기는 제사장 직분이 저들에게 맡겨지게 된다. 그 절차를 통해 아론과 그의 아들들이 성막에서 제사를 지내는 직분자가 되는 것이다. 이는 저들뿐 아니라 이스라엘 민족 가운데 세워질 모든 제사장들을 위한 영원한 규례가 되었다.

우리가 여기서 기억해야 할 바는 그 모든 과정들이 하나님의 사람 모세 (신 33:1)의 주도하에 진행된다는 사실이다. 즉 모세가 제사장 직분을 감당하게 될 그 사람들을 씻기고 저들에게 직접 예복을 입혀주어야 했다. 그리고 그들의 머리에 관을 씌워주는 것도 모세가 감당할 몫이었다. 나아가 저들의 머리에 관유를 부어 바르는 일도 모세가 직접 시행해야만 한다.

이는 신약시대의 직분 역시 구약의 율법에 뿌리를 두고 있으며, 교회의 직분을 받는 성도들 스스로 그것을 쟁취하는 것이 아님을 시사해주고 있다. 원리상 모든 직분은, 예수 그리스도께서 자신의 몸된 교회의 질서를 통해 각 성도들에게 부여하시게 된다. 즉 개인이 자발적으로 특정 직분을 획득하는 것이 아니다. 우리는 이에 대해 분명한 이해를 하지 않으면 안 된다.

2. 아론과 그의 아들들을 위한 특별 제사 규례

이스라엘의 율법시대의 첫 제사장은 아론이 아니라 모세였다. 그는 아론 가문의 제사장들을 세우기 전에 자신이 먼저 제사장으로서의 직무를 수행해야 했다. 하나님께서는 그에게 첫 성막 제사장들의 직분을 위임하기 위해 회막 앞으로 수송아지를 끌고 오도록 명하셨다. 모세는 아론과 그의 아들로 하여금 그 송아지 머리에 손을 얹어 안수하도록 했다.

그후 모세는 회막문 곧 여호와 하나님 앞에서 그 송아지를 잡아야 한다. 그리고 송아지의 피를 손가락에 적셔 번제단의 네 뿔에 바르고 나머지 피 전부를 제단 밑에 쏟아부어야 한다. 또한 내장에 덮인 모든 기름과 간 위를 덮고 있는 꺼풀과 두 콩팥과 그 위의 기름을 가져다가 제단 위에서 불살라야 한다. 그리고 나서 그 송아지의 고기와 가죽과 똥을 진 밖에서 불태우면 된다. 그것이 하나님께서 자신을 섬기게 될 제사장들을 위해 요구하시는 속죄제이다.

그런데 여기서 우리의 관심을 끄는 대목은 희생제물의 내장들이 중요시되고 있는 반면 살코기가 도리어 동물의 가죽이나 똥과 동일한 취급을 받고 있다는 사실이다(출 29:14). 그것이 무슨 의미를 지니고 있는 것일까? 우리는 그에 대한 명확한 해석을 하기 어렵다 할지라도 인간의 이성과 경험에 따라 가치판단을 해서는 안 된다는 교훈을 배우게 된다.

또한 모세는 그에 이어 수양 한 마리를 끌고 와 아론과 그의 아들들에게 그 양의 머리에 안수하도록 했다. 모세는 그 수양을 잡고 피를 가져다가 제단 주위에 뿌려야 한다. 그리고 나서 잡은 양의 내장과 각을 뜬 고기와 그 머리를 전부 제단 위에 불살라야 한다(출 29:18). 이것이 하나님께서 기쁘게 받으실 만한 번제가 된다.

그후 모세는 아론과 그의 아들들에게 또 다른 한 마리 수양의 머리 위에 안수하도록 해야 한다. 그리고 나서 그 수양을 잡고 모세는 피를 가져다가 아론과 그의 아들들의 오른쪽 귓부리와 오른편 손과 발의 엄지가락에 바르고 피를 제단 주위에 뿌려야 한다. 그리고 제단 위의 피와 관유를 가져다가 아론과 그의 예복과 그의 아들들과 그의 아들들의 예복에 뿌려야 한다.

이처럼 모세는 제사장들을 위임하는 과정에서 아론과 그의 아들들로 하여금 수송아지 한 마리와 수양 두 마리의 머리에 안수하게 한 후 잡아야 했다. 하나님께서는 그와 같은 제물들을 받기 원하셨던 것이다. 제물이 될 동물의 머리에 안수한다는 의미는 그 동물에 인격이 있기 때문이 아니었음이 분명하다. 그것은 저들의 죄를 동물에게 뒤집어씌움으로써 저들이 거룩해진다는 사실에 연관되어 있다. 레위기에는 동물에게 안수함으로써 언약의 자손들의 모든 불의와 죄가 그 동물에게 전가된다는 사실에 관한 기록이 나타난다.

"아론은 두 손으로 산 염소의 머리에 안수하여 이스라엘 자손의 모든 불의와 그 범한 모든 죄를 고하고 그 죄를 염소의 머리에 두어 미리 정한 사람에게 맡겨 광야로 보낼찌니 염소가 그들의 모든 불의를 지고 무인지경에 이르거든 그는 그 염소를 광야에 놓을찌니라"(레 16:21,22)

이처럼 제사장들이 동물에게 안수한다는 것은 저들의 모든 죄와 허물을 동물에게 뒤집어씌움으로써 거룩하게 된다는 사실을 말해준다. 모세가 아론과 그의 아들들에게 수송아지와 수양에게 안수하게 한 것도 그와 연관되어 있다. 그렇게 하면 아론과 그의 아들들이 거룩하게 된다. 나아가 그 동물의 피는 직분을 맡게 될 사람들뿐 아니라 저들이 입는 예복까지 거룩하게 한다. 이는 생명의 근거가 되는 피가 모든 것을 거룩하게 한다는 사실을 증언해 주고 있다.

또한 모세는 그때 수양의 기름과 기름진 꼬리, 내장에 덮인 기름, 간 위의 꺼풀, 두 콩팥과 그 위의 기름과 오른쪽 넓적다리를 따로 구분해 두어야 한다. 그리고는 여호와 하나님 앞에 놓여있는 떡 광주리에서 무교병 한 개와 기름섞은 떡 한 개와 전병 한 개를 가져다가 그것을 내장의 기름과 동물의 우편 뒷다리 위에 올려놓고 아론과 그의 아들들의 손에 주어 여호와 앞에서 흔들어 요제를 드리게 해야 한다(레 8:25-29 참조). 모세는 그것을 취해 제단 위에서 불살라 번제물로 바쳐야 했다. 이것이 여호와께서 기쁘게 받으실 만한 화제火祭가 된다.

이 가운데서 우리가 알아야 할 중요한 내용은 생명을 상징하는 동물의 피가 성막 제사의 중심에 놓여있다는 사실이다. 모세의 율법에서는 그 점이 확인되고 있다. 구약시대의 제물의 피와 고기는 십자가에 달리신 예수 그리스도의 몸과 피에 대한 예언적 기능을 했다. 히브리서 기자는 그에 대한 분명한 교훈을 주고 있다.

> "율법을 좇아 거의 모든 물건이 피로써 정결케 되나니 피 흘림이 없은즉 사함이 없느니라"(히 9:22); "이는 죄를 위한 짐승의 피는 대제사장이 가지고 성소에 들어가고 그 육체는 영문 밖에서 불사름이니라 그러므로 예수도 자기 피로써 백성을 거룩케 하려고 성문 밖에서 고난을 받으셨느니라 그런즉 우리는 그 능욕을 지고 영문 밖으로 그에게 나아가자"(히 13:11-13)

히브리서에 기록된 이 말씀은 제사장의 사역에 연관된 내용이다. 구약시대 희생제물의 피와 고기가 규례에 따라 하나님께 바쳐지고 처리되었듯이 영원한 속죄 제물이신 예수님도 그러했다. 즉 예수님께서도 예루살렘 성 밖에서 십자가에 달려 고난을 당하시고 그의 피는 거룩한 성소 안에 뿌려졌다. 따라서 오늘날 우리도 영원한 생명을 위해 영문(營門, camp) 밖에서 고난당하시는 예수 그리스도에게로 나아가지 않으면 안 된다.

3. 이레 동안의 제사장 위임식

아론과 그의 아들들에게 제사장 직분을 위임한 후, 모세는 하나님께 특별한 제사를 드려야만 한다. 하나님께서 모세에게 그 제사를 요구하셨다. 그것은 일반적인 성막 제사와는 구별되는 매우 중요한 구속사적인 의미를 지니는 것으로 이해하는 것이 바람직하다.

모세는 아론의 위임식에 사용된 수양의 가슴을 가져다가 여호와 하나님 앞에 흔들어 요제를 드려야 한다. 그리고 그 고기는 나중 자신의 몫으로 가져갈 수 있었다. 또한 그는 하나님 앞에서 흔들어 요제물로 삼은 수양의 가슴과 넓적다리를 거룩하게 해야 한다.

그 제물은 이스라엘 자손이 아론과 그의 자손 제사장들에게 돌릴 영원한 몫으로서 위로 쳐들어 올림으로써 바쳐야 할 거제물擧祭物이었다. 그것은 곧 화목제물 중에 취한 거제물로서 먼저 여호와 하나님께 바쳐져야만 한다. 그후 하나님을 섬기는 제사장들에게 주어질 고기가 된다.

아론이 입어야 할 맨처음의 거룩한 예복은 나중 그의 아들들에게 전해줄 것이었다. 그러면 그들이 아론이 착용했던 그 옷을 입고 기름부음을 받아 제사장으로 위임받게 된다. 아론의 제사장직을 상속받아 제사장이 될 아들들은 회막에 들어가 여호와 하나님을 섬길 때 이레 동안 그 예복을 입어야만 한다.

그리고 모세는 위임식 수양의 고기를 거룩한 곳에서 삶고, 아론과 그의 아들들은 회막문에서 그 고기와 광주리에 담긴 누룩 없는 떡을 먹게 된다. 그 음식은 일반 백성들은 먹을 수 없다. 그것은 제사장 위임식에 사용된 속죄물로서 거룩한 음식이기 때문이다. 따라서 그에 대해서는 엄격한 규례가 적용되어야 한다. 위임식 고기나 음식이 이튿날까지 남게 되면 반드시 불살라 태워야 한다.

하나님께서는 모세에게 이 규례를 주시면서 이레 동안 위임식을 거행하도록 명령하셨다. 그 기간 동안은 날마다 수송아지 한 마리로 속죄제를 드려야 하며, 제단을 위해서도 속죄하여 정결케 하고 기름을 부어 거룩하게 해야만 한다. 그런 방식으로 이레 동안 제단을 위해 속죄함으로써 거룩하게 되면 거기에 접촉하는 모든 것들은 거룩하게 된다(출 29:37).

4. 상번제常燔祭에 관한 규례

하나님께서는 모세에게 날마다 일 년 된 어린 양 두 마리를 잡아 제단 위에 바치도록 명령하셨다. 한 마리는 아침에 드리고 다른 한 마리는 저녁에 드려야 한다. 그때는 항상 고운 밀가루 십분의 일 에바(약2.2리터, '현대인의 성경')와 찧은 기름 사분의 일 힌(약1리터), 그리고 전제奠祭로 포도주 사분의 일 힌(약1리터)을 더해야 한다. 이는 날마다 아침저녁으로 두 차례씩 곡식과 기름으로 드리는 소제와 포도주로 드리는 전제를 어린 양과 함께 화제火祭로 드려야 한다는 사실을 말해주고 있다.

이와 같은 제사는 이스라엘 민족의 제사장들이 자손대대로 회막문 여호와 하나님 앞에서 드려야 할 상번제이다. 하나님께서는 그것으로써 이스라엘 백성을 만나 친히 말씀하시게 된다. 그렇게 하여 하나님의 영광이 드러나 회막이 거룩하게 된다. 즉 제사를 통해 허락되는 하나님의 영광으로 말미암아 회막과 제단이 거룩하게 되고 아론과 그의 아들들도 성결하게 되어 제사장 직분을 수행할 수 있게 되는 것이다.

하나님께서는 희생제물이 바쳐지는 제사가 지속되는 성막을 통해 이스라엘 민족 가운데 상주常住하시고자 했다. 전지전능하신 여호와께서 이스라엘 민족의 하나님이 되고자 하셨던 것이다. 언약의 백성들은 그 모든 것을 직접 체험하며 여호와 하나님께서 저들을 애굽 땅으로부터 인도해 내신 목적이 거기에 있다는 사실을 깨달아 알게 된다.

5. 오늘날 우리는 이를 어떻게 적용해야 하는가?

우리는 출애굽기의 성경본문을 통해, 이스라엘 민족의 제사장들은 원천적으로 시내산 정상에서 여호와 하나님을 만났던 모세에게 속해 있다는 사실을 알게 된다. 이와 마찬가지로 오늘날 우리시대의 성도들은 모세의 율법이 가지는 본질적 의미와 더불어 예수 그리스도께 속해 있다. 지상의 성도들이 성결하게 된 것은 하나님의 섭리 가운데 행해진 영원한 제사를 통한 구속사역으로 말미암는다.

그러므로 하나님께서 정해주신 규례에 따라 성결하게 된 자가 아니라면 하나님 앞으로 나아갈 수 없다. 거룩한 제사장이 되어야만 정해진 규례에 따라 하나님을 만족시기는 제사를 지낼 수 있게 된다. 물론 구약시대의 참된 제사장들과 저들의 모든 제사는 장래 인간의 몸을 입고 이 땅에 오실 하나님의 아들 예수 그리스도와 그의 사역에 대한 그림자 역할을 했다.

우리가 여기서 반드시 기억해야 할 내용은 제사장들이 하나님의 회막 앞에서 날마다 드려야 할 상번제常燔祭이다. 이스라엘 백성은 아침저녁으로 매일 규례에 따라 정해진 제사를 지냄으로써 하나님과의 지속적인 관계를 형성해 갈 수 있었던 것이다.

오늘날 우리 역시 모든 것을 이와 더불어 생각하지 않으면 안 된다. 우리가 일용日用할 양식을 먹는 것은 하나님의 은혜와 밀접하게 연관되어 있다. 따라서 하나님께서 공급하시는 생명의 양식에는 육적인 것뿐 아니라 영적인 의미가 반영되어 있어야 한다. 이는 하나님의 말씀이 성도들을 위한 생명의 떡이라는 사실에 연관되어 있다.

이를 통해 우리 가운데 하나님의 영광이 드러나게 되며 그로 말미암아 교회에 속한 백성들이 거룩하게 된다. 지상의 참된 교회 가운데는 결코 하나님의 영광이 떠나지 않는다. 우리가 이 놀라운 사실을 깨달아 기억한다면, 날마다 하나님을 경배하는 자리에 서 있다는 현실을 심중에 두지 않을 수 없다.

제32장

제사를 위한 성물과 향품 및 성막 제작자

(출 30:1-38; 31:1-18)

〈 출 30:1-38 〉

1. 향단에 관한 규례

하나님께서는 모세에게 조각목을 사용해 분향단을 만들도록 명령하셨다. 길이와 너비가 각각 한 규빗(45cm)이 되게 하고 높이는 두 규빗(90cm)의 크기로 만들어야 했다. 그리고 네 모퉁이에는 뿔이 솟아나오도록 만들고 전체를 순금으로 싸야 했다. 또한 금고리와 함께 향단을 옮기는 데 필요한 채를 금으로 싼 조각목으로 만들도록 했다.

분향단은 성소 안 지성소 휘장 앞에 놓이게 될 것이었다. 즉 향단은 하나님께서 임재하시는 지성소 안의 증거궤 맞은편에 있어야 했다. 그 위에서 사르게 될 향이 하나님과 그의 자녀들 사이에 이루어지게 될 교제의 방편이 된다.

아론을 비롯한 제사장들은 매일 아침저녁 등대의 불을 손질할 때 향단 위에 향기로운 향을 불살라야 한다. 이는 그후 제사장들이 자손 대대로 지속해야 할 사역이었다. 그 위에는 지정된 향 이외에 다른 어떤 종류의 향도

사를 수 없으며 그 위에서 번제나 소제를 드려서도 안 된다. 또한 전제奠祭
의 술을 붓는 행위도 금지된다. 거기에는 오직 규례에 따라 정해진 향만 사
르게 되어 있었다.

또한 아론과 그 뒤를 잇게 되는 제사장들은 일 년에 한 차례씩 그 향단
뿔을 위해 속죄제를 드려야 한다. 그것은 대대로 이어져야 할 규례이다. 즉
매년 정해진 때에 속죄제물의 피를 향단의 네 뿔에 바름으로써 정결케 해
야만 했다. 하나님께 바쳐지는 향을 피우는 단은 지극히 거룩한 상태로 유
지되어야 했기 때문이다.

2. 성전세 제정

하나님께서는 향단에 연관된 규례를 주시면서 모세에게 인구조사를 실
시하도록 하셨다. 이는 이스라엘 민족의 정확한 수를 알아야 할 필요성과
더불어 성전세를 거두는 문제와 연관되어 있었다. 모든 이스라엘 백성은
각자 자신의 생명을 보전하기 위해 성소에 바치는 속전贖錢을 내야 한다.
즉 이십 세 이상 되는 백성들은 반 세겔(shekel) 곧 십 게라(gerah)를 하나님
께 드리는 제사가 이루어지는 성소를 위해 바쳐야 한다. 그렇게 하면 하나
님께서 저들 가운데 발생하는 질병을 막아 보호해 주신다. 이는 이스라엘
백성의 생명과 몸이 성소 즉 성전에 직접 연결되어 있음을 말해주고 있다.

우리가 여기서 알게 되는 사실은 모든 언약의 백성들이 동일하게 반 세
겔씩 그 세금을 내야 한다는 점이다. 부자라고 해서 더 많은 액수를 내도
안 되며 가난하다고 해서 덜 내도 안 된다. 모세와 제사장들은 모든 이스라
엘 자손이 함께 참여한 그 속전을 받아 회막의 봉사를 위해 사용하게 된다.
그것이 여호와 하나님 앞에서 이스라엘 자손의 기념이 됨으로써 저들의
생명을 속하게 되는 것이다.

이는 예수님께서 이 땅에 오셔서 십자가 사역을 완성하실 때까지 지속

되었다. 이스라엘 민족 가운데 존재하는 성전은 몇몇 개인이나 특정 집단이 아니라 온 민족이 함께 공동으로 참여해 유지 보존했다. 즉 하나님의 성소에 직접 출입하는 일부 사람들만 성전세를 냈던 것이 아니라 그로부터 멀리 떨어진 지역에 살고 있는 사람들도 그 세금을 내야 했던 것이다. 신약성경에는 그에 연관된 기록이 나온다. 그것은 예수님께서 갈릴리의 가버나움에서 성전세를 낸 사실에 관한 내용이다.

"가버나움에 이르니 반 세겔 받는 자들이 베드로에게 나아와 가로되 너의 선생이 반 세겔을 내지 아니하느냐 가로되 내신다 하고 집에 들어가니 예수께서 먼저 가라사대 시몬아 네 생각은 어떠하뇨 세상 임금들이 뉘게 관세와 정세를 받느냐 자기 아들에게냐 타인에게냐 베드로가 가로되 타인에게니이다 예수께서 가라사대 그러하면 아들들은 세를 면하리라 그러나 우리가 저희로 오해케 하지 않기 위하여 네가 바다에 가서 낚시를 던져 먼저 오르는 고기를 가져 입을 열면 돈 한 세겔을 얻을 것이니 가져다가 나와 너를 위하여 주라 하시니라"(마 17:24-27)

예수님 당시에도 모든 백성들은 의무적으로 반 세겔의 성전세를 냈다. 그것은 예루살렘에 살거나 성전에 출입하는 자들뿐 아니라 모든 사람들을 위한 율법이었다. 따라서 예루살렘에서 멀리 떨어진 갈릴리 지역에서도 그 세금을 내야 했던 것이다.

예수님께서는 예루살렘 성전의 실제적인 주인으로서 세금을 낼 필요가 없는 분이었다. 오히려 그가 성전세를 받아야 했다. 하지만 당시 하나님의 아들이신 예수님을 알아보지 못하던 자들은 그에게도 성전세를 내도록 요구했다.

그러자 예수님께서는 특별한 방법으로 성전세를 내셨다. 베드로로 하여금 물고기 입을 열어 나온 동전으로 세금을 내도록 하셨던 것이다. 이 특별한 이적을 통해 그는 성전을 위한 세를 내면서 동시에 자기가 곧 성전의 주

인이라는 사실을 선포하셨다. 즉 예수님께서는 직접 성전세를 내신 것이
아니라 자신이 창조한 피조세계로 하여금 대신 내도록 하셨던 것이다.

　구약시대 성전세에 연관된 정신은 오늘날까지 그대로 유지되고 있다.
우리시대에도, 부자들이 지상 교회를 유지하는 중심세력이 되는 것이 아
니다. 하나님께 속한 모든 언약의 백성들은 교회의 유지를 위해 공동으로
참여하게 된다. 따라서 교회 안에서는 특별히 많은 액수를 연보하는 것으
로 인해 기득권을 가질 자는 아무도 없다.

3. 물두멍에 관한 규례

　하나님께서는 모세에게 놋으로써 성물聖物로 사용할 물두멍을 만들도록
명령하셨다. 그리고 놋으로 된 밑받침을 만들어 그 위에 올려두어야 했다.
그것은 회막과 제단 사이에 놓아두어야 할 것이었다. 물론 그 물두멍에는
물을 가득 담아두어야 한다.

　아론과 그의 자손 제사장들은 제단에서 희생제물을 바친 후 성막으로
들어가기 전 그 물두멍의 물로 손과 발을 씻어 정결하게 해야 했다. 그리고
희생제물을 태워 바칠 때도 그 물로 씻어야 한다. 즉 제사장들이 물두멍의
물로써 씻어 정결하게 하는 행위는 반드시 거쳐야 할 통과의례이다. 만일
그 물로 씻지 않고 회막 안으로 들어가는 자가 있다면 누구든지 죽음을 면
치 못한다.

　물두멍에 연관된 규례는 언약의 자손들이 영원히 기억해야 할 내용이
다. 그것은 언약적 의미를 지니고 있는 것이다. 이는 신약시대의 세례와 밀
접하게 연관되어 있으며, 예수님께서 잡히시던 날 밤에 제자들의 발을 씻
기신 사건에서도 물두멍에 관한 본질적인 의미가 드러나고 있다. 예수님
께서는 대야에 물을 담고 제자들의 발을 씻기신 사건은 그 의미와 연관되
어 있었던 것이다.

"이에 대야에 물을 담아 제자들의 발을 씻기시고 그 두르신 수건으로 씻기기를 시작하여 시몬 베드로에게 이르시니 가로되 주여 주께서 내 발을 씻기시나이까 예수께서 대답하여 가라사대 나의 하는 것을 네가 이제는 알지 못하나 이 후에는 알리라 베드로가 가로되 내 발을 절대로 씻기지 못하시리이다 예수께서 대답하시되 내가 너를 씻기지 아니하면 네가 나와 상관이 없느니라 시몬 베드로가 가로되 주여 내 발 뿐아니라 손과 머리도 씻겨 주옵소서 예수께서 가라사대 이미 목욕한 자는 발 밖에 씻을 필요가 없느니라 온 몸이 깨끗하니라"(요 13:5-10)

예수님께서 제자들의 발을 씻기신 사건은 구속사적 의미를 지니고 있다. 즉 그것은 단순히 서로 섬기라는 일반 윤리적인 교훈에 머무는 것이 아니다. 따라서 누구든지 예수님으로부터 자신의 발을 씻김받지 않으면 안 된다. 그런 자라면 예수님과 아무런 상관이 없는 사람이다.

우리는 이 사건이 영원한 대제사장의 자격을 갖추신 예수님께서 제자들의 생명을 위해 행하신 사역이라는 사실을 기억하지 않으면 안 된다. 그에 관한 의미는 역사적 교회 가운데 줄곧 상속되어 내려오고 있다. 이는 성도들이 물로 세례를 받을 때 그 의미가 동시에 드러나고 있는 것으로 보아야 한다.

4. 향기름과 향에 관한 규례

하나님께서는 모세에게 거룩하게 성별하는 관유(anointing oil)와 향기름을 만들도록 명령하셨다. 액체 몰약(myrrh)과 향기로운 육계(cinnamon), 창포(calamus), 계피(cassia), 감람유(olive) 등을 규례에 따른 무게대로 배합해 향기름을 제조하도록 요구하셨다. 모세는 하나님의 명령에 따라 그것을 회막과 증거궤, 떡상, 등잔대, 분향단, 번제단, 물두멍과 모든 기구들에 발라야 했다. 그렇게 함으로써 그것들이 비로소 지극히 거룩한 것으로 구별된다.

따라서 그 성물들에 접촉하는 모든 것들은 거룩하게 된다.

또한 하나님께서는 모세로 하여금 그 기름을 아론과 그의 아들 제사장들에게도 바르도록 하셨다. 그들도 하나님 앞에서 구별되어 거룩한 사역자가 되어야 했기 때문이다. 그렇게 함으로써 그 사람들은 하나님 앞에서 제사장 직분을 수행할 수 있게 된다.

그후 하나님께서는 모세에게, 이스라엘 자손으로 하여금 그에 연관된 특별한 주의를 기울이도록 하라는 명령을 하셨다. 그것은 그 거룩한 관유를 일반 사람들에게 함부로 붓거나 바르지 말라는 것이었다. 그리고 그와 동일한 방법으로 관유를 만들어 사용하는 것을 금지하도록 했다. 그 관유는 거룩하게 된 것이므로 이스라엘 백성들은 그것을 거룩하게 여기지 않으면 안 되었다. 그러므로 그와 동일한 방식으로 향기름을 만들거나 다른 사람들에게 붓는 자들은 누구나 저주를 받게 된다.

또한 하나님께서는 모세에게 규례에 따라 향을 만들도록 명령하셨다. 소합향(stacte, 몰약), 나감향(onycha), 풍자향(galbanum)의 향품을 가져다가 그것을 유향(frankincense)에 섞어 동일한 분량으로 규례에 따라 향을 만들어야 했다. 그리고 그것에 소금을 쳐서 성결하게 하는 의례를 행해야 한다. 그 소금은 불변하는 언약의 소금이다. 제사장들은 그 향 가운데 얼마를 곱게 찧어 하나님을 대면하게 되는 회막 안의 증거궤 앞에 두어야 했다.

그 향은 오직 여호와 하나님께 바쳐 사르기 위해 만들어야 한다. 즉 사람을 위하거나 다른 목적으로 그와 동일한 향을 만드는 것이 허락되지 않았다. 만일 인간들이 향기로운 냄새를 맡기 위해 그와 같은 방법으로 향을 만들게 되면 반드시 죽임을 당해 백성들 가운데서 끊어지게 된다. 이는 모든 영광은 하나님께서 제정하신 규례에 따라 오직 하나님께만 돌려야 한다는 사실을 보여주고 있다.

〈 출 31:1-18 〉

5. 성막과 성물을 만들 인물 지명

하나님께서는 회막과 그 안에 놓이게 될 모든 기구들을 만들 사람들을 친히 지명하셨다. 그는 모세에게 유다지파 훌의 손자이자 우리(Uri)의 아들인 브살렐(Bezaleel)을 부르도록 하셨다. 그가 하나님으로부터 성령이 충만하게 되어 자신이 소유한 지혜와 총명과 지식과 재주를 동원해 연구하며 작업하게 되었다. 그에게는 주로 금은놋 등에 연관된 성물들의 제작과 보석을 깎아 물리는 일과 새겨 만드는 작업이 맡겨졌다.

또한 단 지파 아히사막의 아들 오홀리압(Aholiab)이 지명받았다. 그는 지혜로운 많은 기술자들의 작업 책임자가 되어 회막의 지성소와 성소, 그리고 그 안에 놓이게 될 증거궤와 속죄소, 떡상, 등대, 분향단, 번제단, 물두멍과 각종 기구들을 만들어야 했다. 또한 제사장들의 예복과 관유와 향을 만드는 것도 그의 소관이 되었다.

하나님께서는 그 일을 위해 친히 자격을 갖춘 인물들을 지명하셨으며 인간들이 선출하도록 허락지 않으셨다. 따라서 그 일은 단순히 일반적인 기대나 추천에 의존하지 않았다. 우리가 여기서 알 수 있는 사실은, 하나님께서 이스라엘 모든 백성의 이름과 삶을 하나하나 다 기억하고 계셨다는 점이다.

하지만 모세는 백성들 개개인의 상태를 속속들이 알 수 없었을 뿐더러 저들의 이름조차 다 기억할 수 없었다. 그에 반해 하나님께서는 모든 것을 알고 계셔서 자신의 일을 맡길 만한 온전한 인물들을 친히 지명해 주셨다. 전지전능하신 하나님은 지금도 우리 각 사람의 이름은 물론 삶의 모든 내용을 샅샅이 알고 계신다.

6. 안식일에 관한 규례

하나님께서는 또한 모세에게 안식일을 확실하게 지키도록 명령하셨다. 그 날은 여호와 하나님과 언약의 백성 사이에 대대로 존속되어야 표징의 역할을 하게 된다. 그것을 통해 하나님이 언약의 자녀들로 하여금 저들을 거룩하게 하시는 분이라는 사실을 알도록 해 주신다.

그러므로 이스라엘 백성은 안식일을 거룩하게 지키지 않으면 안 된다. 그 날을 더럽히는 자는 모두 죽여야 하며, 그 날에 일하는 자는 누구든지 백성들로부터 생명이 끊어질 수밖에 없다. 따라서 엿새 동안은 성실하게 일해야 하지만 일곱째 날은 거룩한 안식일로 지켜 일하지 말아야 한다.

우리가 여기서 분명히 깨달아야 할 점은 그 날이 하나님의 '은혜의 날' 이라는 사실이다. 언약의 백성들은 매주 한 번씩 어김없이 돌아오는 그 날을 통해 거룩하신 하나님을 기억하게 된다. 만일 그 은혜의 날이 주어지지 않았다면 인간들은 하나님을 제대로 기억하기 어려웠을 것이다.

그러므로 이스라엘 자손은 대대로 그 일곱째 날을 영원한 안식일로 기억해야 한다. 이에 대해서는 신약시대에 안식 후 첫날을 주일로 지키는 것과도 밀접하게 연관되어 있다. 그 언약의 날을 통해, 하나님께서 엿새 동안 인간을 포함한 우주만물을 창조하신 의도와 마지막 날 안식하며 영광을 받으신 사실을 기억하게 된다. 범죄한 인간들은 그 특별한 날을 기억하여 지킴으로써 하나님의 영원한 뜻을 알아가게 되는 것이다.

따라서 하나님께서는 본문 가운데서 거룩한 회막과 그에 연관된 모든 기구들을 제작할 때도 안식일을 기억하여 지키도록 요구하셨다. 즉 안식일에는, 성막과 성물을 제작하는 일마저 하지 못하도록 하셨다. 하나님께서 요구하신 거룩한 일이라 할지라도 그 날을 어기며 작업을 진행해서는 안 된다.

이는 성막에 연관된 모든 언약적인 내용조차도 하나님의 창조질서에 포함된 것임을 말해주고 있다. 즉 하나님께서는 율법시대에 요구한 모든 내용을 창조질서와 십계명에 바탕을 두고 있음을 의미하고 있는 것이다. 모든 것이 하나님의 창조질서에 포함되어 있다는 사실을 기억하는 것보다 중요한 것은 없다.

7. 십계명이 새겨진 두 돌판

하나님께서는 시내산 정상으로 불러올리신 모세에게 모든 말씀을 마치신 후 양면에 십계명이 새겨진 증거판 두 개를 주셨다. 그것은 하나님께서 친히 돌판에 새겨 쓰신 것이었다. 이는 십계명이 인간들의 손에 의탁해 기록된 것이 아니라는 사실을 말해주고 있다.

그 십계명은 하나님과 이스라엘 백성 사이에 계약문서가 되어 영원토록 존재하게 된다. 그 계약을 파기하는 자는 누구든지 하나님께 범죄하는 자리에 앉게 될 수밖에 없다. 하지만 언약의 자손들이 계약문서의 내용을 깨달아 알고 그에 온전히 순종함으로써 메시아를 기다린다면 그것이 한없는 은혜의 방편으로 작용할 것이 분명하다.

제8부

백성들의 이방 습성과 하나님의 말씀

(출 32:1-34:35)

제33장

시내산 아래 축제와 산 위 하나님의 진노

(출 32:1-14)

1. 이스라엘 백성들의 잘못된 염려와 금송아지

하나님께서 모세를 시내산 정상으로 불러 올리셨을 때, 산 아래서 그를 기다리던 백성들은 기대에 부풀어 있었을 것이 틀림없다. 그러나 모세는 자기가 산 위에 얼마나 머물게 될지 정확한 기간을 알지 못했을 것으로 보인다. 따라서 그는 하나님에 의해 산 위로 불려 올라가면서 며칠간 머물다 오겠다는 말을 남기지 않았다.

모세가 시내산 정상에서 하나님의 계시를 받는 동안 산 아래 있던 이스라엘 백성들은 서서히 조급증을 느끼기 시작했다. 백성들은 저들의 지도자가 산 위에 올라간 후 나름대로 날짜를 계산했을지도 모른다. 성질이 급한 사람들은 하루이틀 후에 되돌아올 것이라 생각했을 것이다. 그보다 좀 느긋한 성품을 지닌 사람들은 한 주간이나 열흘 정도 있으면 내려올 것이라 짐작했을지 모를 일이다.

그런데 모세는 시내산 정상에 올라간 지 십 일이 되고 이십 일이 지나도 내려오지 않았다. 그렇게 되자 백성들 가운데는 조급증을 느끼는 사람들이 점차 많아지기 시작했을 것으로 보인다. 모세가 산에서 내려오는 것이 너무 늦다는 판단을 하자 백성들 가운데 원성을 쏟아내는 자들이 많아지기 시작했다.

모세가 산에서 내려오는 것이 더딤을 본 백성들은 급기야 모세 다음의 두 번째 서열의 영도자라 할 수 있는 아론에게 몰려갔다. 그들은 그토록 오랜 기간 동안 산 정상에 머물고 있는 모세를 도저히 이해할 수 없다며 하나님을 섬기기 위한 다른 방편을 강구할 것을 촉구했다. 저들의 앞길을 인도하게 될 신을 만들어 좀 더 적극적으로 경배하며 섬길 수 있도록 해 달라는 것이었다.

하나님을 경배하기 위해 애걸하는 듯한 백성들의 요구를 들은 아론은 신앙을 위한 저들의 주장에 일리가 있다는 판단을 하게 되었다. 그래서 그는 저들의 아내와 자녀들이 몸에 지니고 있던 금붙이로 된 반지나 귀고리 등을 빼서 가져오도록 했다. 어쩌면 아론은 백성들에게, 애굽에서 하나님으로 말미암아 공짜로 얻은 금붙이들이 그때를 위해 주신 것이 아니겠느냐며 감동적인 설득을 했을지도 모를 일이다.

아론의 요구를 들은 많은 백성들은 금 고리들을 빼어 아론의 앞으로 가져왔다. 그러자 그는 저들의 손에서 금붙이들을 받아 부어 녹여서 조각칼로 새겨 금송아지 형상을 만들었다. 금송아지는 아론을 비롯한 지도자들의 아이디어였을 수도 있으며 백성들의 요청에 의해 만들어졌을 수도 있다. 하여튼 아론은 백성들로부터 거두어들인 금을 가지고 송아지 형상을 제작했다.

아론과 이스라엘 백성이 금송아지를 만들었던 것은 애굽에서의 종교적인 경험에 연관되었을 것으로 보인다.[71] 물론 그것은 간접적인 경험이었

---

71) 이스라엘 민족이 애굽 땅에서 400여 년 머무는 동안, 애굽 사람들은 다양한 우상들을 만들어 섬겼다. 그것은 토템(totem) 사상으로 인한 것이었다. 고대 애굽인들이 섬기던 우상들 가운데는 아피스(Apis)가 있었는데, 그것은 송아지 형상을 지니고 있었다. 풍요와 다산을 원하는 사람들은 송아지 형상의 아피스를 만들어 섬기기를 좋아했다. 그것은 특히 이스라엘 민족이 주로 거주했던 고센 지역 부근에 살던 애굽인들이 섬긴 신이었던 것으로 알려져 있다. 따라서 아론과 이스라엘 백성이 시내산 아래서 하나님을 구태여 금송아지로 형상화한 것은 그와 밀접하게 연관되어 있었던 것으로 보인다.

겠지만 이방 신앙에 대한 상당한 인식을 하고 있었을 것이 틀림없다. 금송아지 형상의 우상 제작을 완성한 아론은 이스라엘 자손들에게 그것이 저들을 애굽 땅에서 인도해낸 신이라고 공언했다. 그후 아론은 그 금송아지 앞에 제물을 바치는 제단을 쌓았다. 그리고 그 다음 날을 '여호와의 절일'로 선포하기에 이르렀다(출 32:5).

여호와 하나님을 섬기기로 선포된 그 특별한 날 이스라엘 백성들은 금송아지와 제단이 놓여있는 곳으로 모여들었다. 그들은 아침 일찍이 일어나 금송아지 앞에 번제를 드리고 화목제를 드렸다. 그리고 먹고 마시는 가운데 거창한 종교적인 축제를 벌였다. 그제서야 그들은 눈앞에 가시적으로 드러난 하나님을 마음껏 섬길 수 있다는 생각에 마음이 흡족했을 것이 틀림없다. 어리석은 백성들은 저들이 원하는 종교적인 방편으로 인해 즐거움에 취하여 만족스러워했던 것이다.

하지만 우리는, 당시 이스라엘 백성들이 여호와 하나님을 경배한 것이 아니라 금송아지를 만들어 우상숭배를 했다는 사실을 분명히 알고 있다. 그렇지만 거기에 모였던 사람들 가운데 어느 누구도 우상숭배를 하기 위해 금송아지를 만들었다고 생각하는 사람은 없었을 것이 분명하다. 그들은 금송아지를 만들기 위해 가장 귀중히 여기는 금붙이들을 아낌없이 바치면서 그것이 저들을 애굽 땅에서 인도해 내신 하나님을 위한 신앙과 충성심 때문이라 여기고 종교적인 자부심을 가졌을 것이다.

우리는, 그때 금붙이를 내는 것과 내지 않는 것 가운데 어느 편이 옳은 판단과 행동이었는지에 대한 명확한 이해를 하지 않으면 안 된다. 당시 금붙이를 아낌없이 낸 사람들은 하나님을 사랑하는 자로 인정받았을 것이며 그렇지 않은 사람들은 신앙이 없는 자로 낙인찍혔을 것이다. 그런 상태에서 금을 내는 사람은 떳떳했을 것이지만 그렇게 하지 않은 사람은 여간 불편한 마음이 아니었을 것이 틀림없다. 중요한 점은, 아무리 마음이 불편하고 힘들이도 아론의 요구를 강력하게 기부함으로써 그의 말을 듣지 않는 자가 도리어 올바른 신앙을 가진 자들이었다는 사실이다.

우리는 여기서, 왜곡된 신앙으로 말미암아 형성된 종교적인 충성심이 얼마나 어처구니없는 결과를 가져오는가 하는 점을 생각해 보게 된다. 오늘날 우리는 성경 말씀에 근거하지 않는 종교적인 행동을 표출함으로써 우상 만들기에 열중하지는 않는지 자신을 냉철하게 되돌아 볼 수 있어야 한다. 현대에도 성숙한 신앙인들이라면 부당하게 강요하는 교회 지도자들의 요구를 거부할 수 있어야 한다.

사도 바울은 고린도 교회에 편지하면서 이스라엘 백성들이 시내산 아래서 금송아지를 만들어 섬기던 상황에 대한 내용을 기록하고 있다. 고린도전서 10장 전반부에 기록된 내용은 그 사건에 연관된 것이다. 바울은 구약시대의 조상들이 행했던 그 어리석음이 신약시대 성도들의 거울이 되어야 함을 말해주고 있다.

"그런 일은 우리의 거울이 되어 우리로 하여금 저희가 악을 즐겨한 것 같이 즐겨하는 자가 되지 않게 하려 함이니 저희 중에 어떤 이들과 같이 너희는 우상 숭배하는 자가 되지 말라 기록된바 백성이 앉아서 먹고 마시며 일어나서 뛰논다 함과 같으니라"(고전 10:6,7)

사도 바울은 아론과 이스라엘 자손이 시내산 아래서 만들었던 금송아지 사건이, 신약시대에 살아가는 하나님의 백성들에게 거울이 되어 교훈을 주고 있는 것으로 말했다. 이는 형태는 다르다 할지라도 그와 유사한 우상을 제작하며 그것을 숭배하려는 환경에 지상교회가 노출되어 있음을 시사하고 있다. 따라서 여간 정신을 바짝 차리지 않으면 그와 같은 심각한 범죄를 저지르게 될 우려가 따른다.

그렇다면 오늘날 우리는 과연 어떤가? 예수님의 재림을 소망하며 손꼽아 기다리는 성도들로서 그의 재림이 생각보다 더디다고 해서 엉뚱한 우상제작 행위를 하지는 않는가? 하나님의 말씀과 성령의 음성을 듣지 않은 모든 종교행위는 하나님을 진노케 한다. 우리는 이에 대한 분명한 깨달음을 가지지 않으면 안 된다.

신앙이 없거나 어리석은 교인들은 종교적으로 즐겁고 기쁜 마음이 들면 그것이 곧 하나님께 영광이 될 것으로 착각하게 된다. 그러나 아무리 만족스런 종교행위라 할지라도 하나님 보시기에는 전혀 그렇지 않을 수 있다는 사실을 기억해야 한다. 그런 자의적인 것이 도리어 하나님을 진노하게 만들 수 있기 때문이다. 그래서 바울은 그 사건을 우리의 거울이 된다는 표현을 했던 것이다.

2. 하나님의 무서운 진노

타락한 인간들은 자신의 종교적인 열정만으로 하나님을 경배할 수 없다. 즉 하나님의 뜻에 따른 성령의 은혜가 임할 때 비로소 하나님을 올바르게 섬길 수 있다. 그러나 어리석은 자들은 자신의 조급함으로 인해 항상 종교적인 욕망에 끌려 하나님을 섬기고자 한다. 이처럼 이스라엘 백성들도 모세가 시내산에서 늦게 내려온다는 이유 때문에 저들 스스로 하나님을 섬기는 방법을 결정하기에 이르렀다.

하나님의 뜻과 음성으로부터 귀를 막은 시내산 아래 있던 백성들은 스스로 만들어낸 종교적인 방편으로 인해 즐거움에 가득 찼다. 그들의 마음과 행동은 결코 가식적인 것이 아니라 진심이었을 것이 틀림없다. 그러나 백성들의 왜곡된 종교적인 열정을 보며 하나님이 기뻐하시기는커녕 도리어 무섭게 진노하셨다.

어리석은 백성들은, 산 위에 계신 하나님께서 저들의 판단과 행위로 인해 매우 진노하고 계신다는 사실을 전혀 인식하지 못했다. 그 사람들은 눈앞에 펼쳐지는 땅 위의 종교적인 현상과 분위기에 몰입해 있었을 따름이다. 따라서 저들의 종교행위를 하나님이 기뻐하시리라는 어처구니없는 착각과 기대를 하고 있었을 것이 분명하다.

그러나 시내산 위의 양상은 전혀 그렇지 않았다. 하나님께서는 모세에게 당장 백성들에게 내려가 자신의 뜻을 전하라고 명령하셨다. 산 아래 있던 백성들은 애굽 땅에서 저들을 인도해내신 하나님의 뜻을 저버린 상태에서 인간적인 종교성을 표출함으로써 철저하게 부패해 버렸다. 그들은 하나님께서 명령하신 길을 속히 떠나 자기들을 위한 종교를 창조해 내기에 이르렀던 것이다.

이스라엘 백성은 하나님을 핑계대어 금송아지를 만들어 두고 그 앞에서 경배하며 제물을 바치면서 하나님의 이름을 불러댔다. 그 금송아지가 이스라엘 민족을 애굽에서 구출해 낸 하나님의 형상이라고 외쳐댔던 것이다. "이스라엘아, 이는 너희를 애굽 땅에서 인도하여 낸 너희 신이라"(출 32:8). 백성들은 저들이 외치는 구호 속에 대단한 신앙이 담겨 있는 것으로 착각하고 있었다. 그런 자들에게 다른 사람의 말을 겸손하게 경청할 자세는 전혀 남아 있지 않았다.

그러므로 여호와 하나님께서는 모세에게, 이스라엘 백성이 목이 뻣뻣하게 굳은 상태가 되어 버렸다고 말씀하셨다. 이는 참된 신앙을 가진 사람들이 저들의 악행을 지적하며 돌이키도록 촉구한다고 해도 듣지 않을 것이라는 사실과 연관된다. 따라서 그런 자들에게는 하나님의 심판을 보여주는 수밖에 달리 도리가 없었다.

하나님은 모세에게 그에 심히 진노하여 이스라엘 백성들을 진멸하겠다는 말씀을 하셨다. 또한 하나님께서 저들을 완전히 멸망시킨다고 해도 원래의 언약을 포기하시지 않는다는 사실도 밝히셨다. 그것은 애굽에서 이스라엘 백성을 인도해 냄으로써 이룩하시고자 하는 자신의 뜻을 '모세 한 사람'을 통해 이룩하실 수도 있음을 의미한다. 즉 이스라엘 민족을 통해 자신의 특별한 나라를 세우고자 하셨는데 배도에 빠진 자들을 전부 진멸한 후 모세 한 사람을 통해 그 일을 진행해 가실 수 있다는 것이었다(출 32:10).

하나님께서 시내산 정상에서 진노하시는 모습을 보이며 저들을 진멸하시겠다는 뜻을 밝히시는 순간에도, 어리석은 이스라엘 백성들은 그에 대해 전혀 감지하지 못하고 있었다. 도리어 금송아지를 만들어 두고 종교적 축제를 벌이는 것이 마치 하나님께 큰 영광이라도 되는 양 믿고 있었다. 그러므로 우상 앞에서 그것을 신이라 여기며 제물을 바치고 경배하면서도 종교적인 즐거움을 충만하게 누릴 수 있었던 것이다.

오늘날 우리는 이에 대해 여간 깊은 주의를 기울이지 않으면 안 된다. 인간들 스스로 만들어낸 종교적인 활동은 우상숭배와 연관될 수 있음을 항상 기억해야 한다. 신앙을 핑계댄 개인적인 만족과 즐거움 자체가 하나님의 영광에 도달하는 것이 아니다. 우리는 시내산 위에서 발했던 하나님의 진노와 같은 진노가 지금 천상에서 발하지 않는지 겸허한 자세로 귀를 기울여야만 한다.

3. 모세의 간청과 하나님의 자비하심

하나님께서 부패한 이스라엘 백성을 즉시 진멸하겠다는 말씀을 하시자 모세는 하나님께 간절히 구했다. 그들은 하나님의 큰 권능과 강한 손의 능력에 의해 구출된 특별한 민족이었다. 하나님께서 자신의 구원 목적을 이룩하시기 위해 친히 언약의 백성을 애굽 땅에서 조성하시고 그곳으로부터 인도해내신 백성을 멸망시키지 말아달라는 것이었다. 이는 저들의 과오를 용서해 달라는 의미를 지니고 있다.

모세가 저들을 진멸하지 말도록 간청한 것은 궁극적으로 하나님의 영광 때문이었던 것으로 이해해야 한다. 즉 그가 가졌던 우선적인 마음은 불쌍한 이스라엘 민족이라기보다 하나님을 향해 있었다. 하나님께서 친히 애

굽 땅으로부터 인도해 낸 이스라엘 민족을, 그가 광야에서 진멸하게 되면
악한 애굽인들이 엉뚱한 주장을 펼치게 될지 모른다. 그들은, 하나님이 이
스라엘 백성을 광야로 이끌어 낸 것은 그곳에서 죽이기 위한 의도를 가졌
기 때문인 것으로 선전하게 되리라는 것이었다.

모세가 우선 염려하는 것은 바로 그점이라는 사실을 하나님께 말씀드렸
다. 그러니 이스라엘 민족에 대한 하나님의 맹렬한 진노를 거두시고 저들
을 진멸하고자 하는 뜻을 돌이켜 화를 내리지 말아 달라고 간청했다. 하나
님께서 그전에 아브라함과 이삭과 야곱에게 주셨던 언약을 기억해 주시도
록 간구했던 것이다.

하나님께서는 오래전 이스라엘 민족의 조상들에게 장래 특별한 나라를
세우리라는 약속을 하신 바 있다. 그것은 메시아 왕국을 향한 것이었다. 그
러므로 갈대아 우르에서 아브라함을 불러내실 때 그로 하여금 복의 근원
이 되게 하실 것이며 큰 민족을 이루시겠다는 약속을 하셨다. 그의 몸에서
태어나게 될 자손들을 하늘의 별과 바닷가의 모래같이 많게 하시겠다는
말씀을 주셨던 것이다.

"여호와께서 아브람에게 이르시되 너는 너의 본토 친척 아비 집을 떠나
내가 네게 지시할 땅으로 가라 내가 너로 큰 민족을 이루고 네게 복을 주어
네 이름을 창대케 하리니 너는 복의 근원이 될지라"(창 12:1,2); "내가 네게
큰 복을 주고 네 씨로 크게 성하여 하늘의 별과 같고 바닷가의 모래와 같게
하리니 네 씨가 그 대적의 문을 얻으리라 또 네 씨로 말미암아 천하 만민이
복을 얻으리니 이는 네가 나의 말을 준행하였음이니라"(창 22:17,18)

하나님께서는 이 말씀을 통해, 인간 역사 가운데 자신의 놀라운 뜻을 이
루어가시겠다는 의도를 드러내셨다. 모세는 하나님의 이 약속과 그것이
시사하고 있는 바 궁극적인 의미에 대해 잘 알고 있었을 것이 분명하다. 따
라서 모세가 하나님께 그에 연관된 말씀과 더불어 간청했을 때 그는 저들

을 진멸하고자 하는 뜻을 돌이키셨다.[72]

이로써 하나님은 이스라엘 백성에게 무서운 진멸의 벌을 내리시지 않게 되었다. 우리는 여기서 자신의 언약을 이룩하시기 위해 인내하시는 하나님의 성품을 보게 된다. 또한 우리는 그 모든 과정들을 통해 지상의 모든 교회에 주시고자 하신 하나님의 심오한 뜻을 기억해야 한다. 성경에 기록된 모든 역사적인 사건들 가운데는 인간들을 구원하시기 위한 하나님의 놀라운 경륜이 드러나고 있기 때문이다.

---

72) 만일 당시 모세가 하나님께 그와 같은 간구를 하지 않았었다면, 하나님은 이스라엘 민족 전부를 죽여버리셨을까? 이는 모세의 간구 자체로 인해 이스라엘 백성이 죽지 않고 저들의 생명이 보존된 것으로 받아들여야 하는가 하는 문제에 결부되어 있다. 우리는 하나님의 이 말씀을 '교육적인 측면'에서 이해해야 한다. 즉 하나님께서는 이를 통해 이스라엘 민족에게 강력한 자신의 뜻을 보여주시는 동시에 모세가 자신의 온전한 종이라는 사실을 확인해 보여주셨다. 따라서 우리는 이에 관한 문제가, 하나님의 놀라운 섭리와 경륜 가운데서 이해되고 해석되어야 한다는 사실을 기억해야 한다.

제34장

모세를 통한 하나님의 심판과 사죄

(출 32:15-35)

1. 모세의 '증거판' 심판

하나님께서는 이스라엘 백성이 저들의 종교적인 취향에 따라 금송아지를 만들어 섬기는 것을 결코 용납하지 않으셨다. 그것은 여호와 하나님의 이름을 핑계대어 우상을 섬기는 무서운 죄악이었다. 나아가 그것은 살아계신 하나님을 능멸하는 교활한 종교행위에 지나지 않았다.

모세가 시내산 정상에서 내려올 때, 그의 손에는 앞뒷면에 글이 새겨진 십계명의 두 돌판이 들려져 있었다.[73] 그것은 하나님께서 친히 새겨 만드신 것이었다. 거기에 이스라엘 백성의 신앙적인 근본 원리가 담겨 있었다

---

73) "모세가 돌이켜 산에서 내려오는데 증거의 두 판이 그 손에 있고 그 판의 양면 이편 저편에 글자가 있으니 그 판은 하나님이 만드신 것이요 글자는 하나님이 쓰셔서 판에 새기신 것이더라"(출 32:15,16): 이 본문은 십계명이 하나님과 자기 백성 사이에 맺으신 일종의 계약문서의 기능을 하고 있음을 말해주고 있다. 이는 동일한 내용의 글이 두 개의 돌 판에 각기 새겨졌음을 의미한다. 즉 두 개의 돌판 가운데 하나는 하나님께 속한 것이고 다른 하나는 하나님께서 이스라엘 백성에게 맡겨두신 것으로 이해해야 하는 것이다. 그 두 개의 돌 판이 나중 지성소에 놓이게 될 언약궤 안에 예수 그리스도께서 강림하실 때까지 보관되어야 한다. 물론 그 계약의 내용은 오늘날 우리에게도 유효한 의미를 지니고 있다.

고 해도 과언이 아니다. 그러나 배도에 빠진 어리석은 백성들은 그에 아랑곳하지 않고 인본적인 취향에 따른 종교행위를 하며 즐거움에 듬뿍 취해 있었다.

산중턱에서 모세를 기다리고 있던 여호수아는, 그가 내려오는 것을 보자 산 아래 진중에서 나는 요란한 소리를 언급하며 전쟁으로 인한 소동 같다고 말했다. 아마도 여호수아를 비롯해 산 중턱에서 기다리던 지도자들은 산 아래서 일어나고 있던 상황에 대해 정확한 파악을 하지 못하고 있던 것으로 보인다.

그러나 모세는 시내산 아래서 일어나는 정황에 대해 명확히 알고 있었다. 물론 하나님께서 저에게 산 밑에서 벌어진 배도행위를 말씀해 주셨기 때문이다. 그러므로 모세는 여호수아에게, 그 소리는 전쟁의 결과로 인한 승전가나 패전으로 인한 탄식 소리가 아니라 배도에 빠진 백성들이 하나님을 핑계대어 노래부르는 소리라고 말했다.

산 아래서는 백성들이 금송아지 형상의 우상을 가운데 두고 여호와의 이름을 외치면서 춤추며 노래부르고 있었다. 그들은 그렇게 하는 것이 여호와 하나님을 경배하며 찬양하는 방편이라 믿고 있었던 것이다. 그러나 하나님은 저들의 행동에 분노해 모세로 하여금 저들의 악행을 당장 중단시키도록 명령하셨다.

그러므로 분노한 모세는 자신의 손에 들고 있던 십계명이 기록된 두 돌판을 금송아지를 향해 던져 부숴버렸다. 또한 금으로 만들어진 금송아지를 불사르도록 명령했다. 그리고는 그 가루를 이스라엘 자손으로 하여금 마시게 했다. 그것은 하나님을 배반한 대가로서 마셔야 할 저주의 음료가 될 수밖에 없었다.

그런데 우리는 여기서 상고해 보아야 할 문제를 만나게 된다. 그것은 하나님의 거룩한 돌판을 금송아지를 향해 던진 모세가 잘못한 것이 아닌가 하는 점 때문이다. 그러나 하나님께서는 배도사들을 향한 모세의 의분을 인정하셨다. 하나님께서 한쪽 계약 당사자라 할 수 있는 배도에 빠진 백성들에 대한 모세의 행동을 잘못한 것이라 책망하시지 않았던 것이다.

2. 아론에 대한 책망

아론은 일반 백성들과 달리 평범한 인물이 아니었다. 그는 출애굽하기 전 모세와 함께 바로 왕의 궁전을 드나들며 하나님께서 허락하신 다양한 이적을 행하던 인물이었다. 그는 하나님의 심판을 대행한 사람이었다. 또한 그는 장래 이스라엘 민족 가운데서 하나님을 섬길 모든 제사장들의 조상이 되기 위해 특별히 구별된 상태에 놓여있었다. 그런 지위에 있던 아론이 이스라엘 백성들의 전면에 서서 저들과 함께 금송아지를 만들어 섬기는 어리석음에 빠지게 되었던 것이다.

그리하여 모세는 배도행위에 앞장선 아론을 심하게 책망했다. 그가 백성들로 하여금 큰 죄에 빠지도록 했다는 것이었다. 그것은 개인적인 범죄를 벗어나 이스라엘 민족 공동체의 범죄와 직접 연관된 문제였다. 따라서 모세는 이스라엘 백성을 죄에 빠지게 한 책임이 아론에게 있다는 사실을 분명하게 지적하고 있다.

그런데 아론은 모세의 책망을 그대로 받아들이기보다는 그에 대해 변명을 늘어놓기에 급급했다. 자신의 잘못에 대해 땅을 치며 통곡해도 부족할 판에 아론은 사정이 그렇게 된 이유가 백성들의 완악함 때문이라고 둘러댔던 것이다. 모세는 그와 같은 배도행위가 벌어진 것이 아론 때문이라고 지적하고 있지만 아론은 그것이 자기가 아니라 악한 백성들 때문이라고 핑계댔던 것이다.

나아가 아론은 이스라엘 백성이 금송아지를 만들어 섬기게 된 데는 모세에게도 일정부분 책임이 있다는 듯이 은근히 밀어붙였다. 그리고 자신은 적극적으로 금송아지를 만들려고 했던 것이 아니라 불평하는 백성들의 요구를 들어주지 않을 수 없었을 따름이라고 변명했다. 백성들이 가시적인 하나님의 형상을 통해 그를 적극적으로 섬기고 싶어 안달하는 마당에 어쩔 도리가 없었다는 것이다. 따라서 백성들이 내는 금붙이를 거두어 용광로 불 가운데 던졌더니 금송아지가 되어 나왔다는 주장을 했다.

우리는 여기서 어처구니없는 아론의 핑계와 주장을 보게 된다. 그는 하나님 앞에서 저지른 자신의 죄를 무조건 회개해야만 했다. 그러나 아론에게는 진정으로 회개하는 마음 자세가 보이지 않았다. 나아가 아론은 애당초 백성들이 우상에 연관된 가시적인 신을 요구할 때 그것을 완강하게 거부할 수 있어야만 했다.

이는 오늘날 우리에게 매우 중요한 교훈을 주고 있다. 특히 교회의 교사를 비롯한 지도자들은 깊이 명심하지 않으면 안 된다. 즉 이는 하나님의 말씀에 온전히 순종할 것인가, 아니면 일반 교인들의 종교적인 요구에 응해야 할까 하는 문제와 밀접하게 연관되어 있다. 아론은 자기가 그렇게 한 것이 백성들의 안타까운 형편을 배려했기 때문이라 했지만, 그것은 결국 백성들로 하여금 무서운 죄에 빠지게 하는 결과를 낳게 되었다. 교회의 지도자들은 교인들의 인본적인 심정을 배려하고 저들의 요구를 들어주는 것이 능사가 될 수 없음을 말해주고 있다.

우리는 여기서 아론의 어처구니없는 태도를 보며 인간의 나약함을 깨닫게 된다. 하나님의 모든 이적을 직접 경험한 아론이 그 정도로 판단하고 행동했다면 오늘날 우리야 두말할 나위 없이 연약하다. 하나님께서 아론을 특별히 선택하셨던 것은 그의 신앙적인 성숙함 때문이 아니라 하나님의 고유한 의도와 판단에 근거하고 있었다. 즉 아론이 유능하고 신앙적으로 완벽했기 때문에 하나님의 특별한 직분을 맡을 수 있었던 것이 아니었다. 우리는 우리시대 교회의 지도자들 역시 이와 마찬가지라는 사실을 기억하지 않으면 안 된다.

3. 모세와 '아론 지파'

모세가 시내산 정상에서 내려와 백성들의 태도를 봤을 때 오만방자하기 그지없었다. 이는 저들이 금송아지를 만들어 우상을 섬기면서도 그렇게 당당해 보일 수 없었음을 말해주고 있다. 즉 그 사람들은 더러운 금송아지를 앞에 두고 실질적인 우상숭배를 하면서도 하나님을 위해 최선을 다하고 있는 양 생각하고 있었다.

당시 이스라엘 백성은 우상을 만들어 숭배하면서도 그것이 무엇을 의미하는지 인식조차 하지 못했다. 그로 말미암아 하나님의 심판을 받게 된다면 이방에 속한 원수들의 조롱거리가 될 수밖에 없었다. 금송아지를 제작해 섬길 바엔 애굽 땅에서 그것을 섬길 것이지 굳이 광야로 나갈 이유가 없다고 애굽인들이 비아냥댈 것이었기 때문이다. 그 모든 광경을 지켜보며 상황을 파악한 모세는 심히 진노하지 않을 수 없었던 것이다.

그러므로 모세는 여호와 하나님의 편에 서 있는 자와 하나님의 이름을 핑계대고 있지만 실상은 사탄의 편에 선 자를 구별하고자 했다. 모세의 편에 서게 되는 자들은 하나님께 속한 자들이었다. 하지만 모세를 거부하는 자들은 사탄에게 속한 자들이다. 그래서 모세는 진중의 문 앞에 서서 여호와 하나님의 편에 있는 자들은 자기에게 나아오라고 말했다.

> "모세가 진 문에 서서 이르되 누구든지 여호와의 편에 있는 자는 내게로 나아오라 하매 레위 자손이 다 모여 그에게로 가는지라"(출 32:26)

이스라엘 백성들 가운데 모세 앞으로 나오는 자들은 많지 않았다. 여러 지파들 가운데 오직 레위 족속이 모세에게 나아왔다. 모세는 그들에게 배도자들을 심판하여 살해하라는 명령을 내렸다. 즉 여호와 하나님과 그의 사자인 자신을 부인하고 거부하는 자들을 죽이라는 여호와의 말씀을 전했던 것이다. 그들로 하여금 허리에 칼을 차고 진 전체를 두루다니며 하나님을 거부하는 배도자들을 진멸하라는 것이었다. 이로 말미암아 그들은 자기의 동족인 형제와 친구와 이웃들을 삼천 명 가량 죽이게 되었다.

그런데 우리는 여기서 상식적으로 보아 쉽게 이해하기 어려운 장면을 보게 된다. 그것은 레위 족속이 허리에 칼을 차고 배도자들을 찾아 죽일 때 저들의 저항하는 모습이 전혀 보이지 않기 때문이다. 일반적인 경우라면 배도자들의 편에서 그냥 가만히 앉아 당하고 있을리 만무하다. 더군다나 배도자들의 수가 훨씬 더 많은 상황이었다. 그럼에도 불구하고 레위 족속이 악한 배도자들을 죽일 수 있었던 것은 하나님의 섭리와 경륜에 따른 것으로 이해해야 한다.

레위 족속이 하나님께서 부여하신 그 임무를 다 완수했을 때 모세는 저들을 칭찬했다. 형제와 친구와 이웃, 심지어는 배도한 자식까지 죽인 저들을 칭찬하며 그것이 '여호와에 대한 헌신'이라고 말했다(출 32:29). 그러므로 하나님께서 저들에게 복을 내려주시리라는 약속을 선언했다. 성경은 여기서 하나님보다 더 소중하게 여길 만한 것은 이 세상에 아무것도 없다는 사실을 말해주고 있다.

또한 우리는, 본문에서 언급된 레위 족속이 배도자들을 살해한 일과 저들이 받게 될 복의 관계에 대한 올바른 이해를 하지 않으면 안 된다. 십계명을 통해 '살인하지 말라'고 명령하신 하나님께서 배도에 빠진 친족과 형제와 이웃을 죽이는 행위를 허용하실 뿐 아니라 저들의 그 순종행위로 인해 복을 약속하셨기 때문이다. 이는 살인하지 말라는 것이 단순한 윤리적 교훈이 아니라 하나님의 형상에 연관된다는 사실을 보여준다. 그리고 언약 공동체의 순결을 위해서는 저들의 생명에 대해 조금도 자비를 베풀 필요가 없다는 사실을 동시에 말해주고 있다.

인간들은 항상 거룩한 하나님과 타락한 세상 가운데서 머뭇거리는 성향을 지니고 있다. 입술과 생각으로는 하나님을 섬긴다고 내세우면서 실상

은 이 세상에 더 큰 미련을 두고 살아가기 때문이다. 나중 이스라엘 왕국의
아합왕과 엘리야 시대에 일어난 사건에서도 그와 같은 형편을 그대로 보
여주고 있다.

> "엘리야가 모든 백성에게 가까이 나아가 이르되 너희가 어느때까지 두 사
> 이에서 머뭇머뭇 하려느냐 여호와가 만일 하나님이면 그를 좇고 바알이 만
> 일 하나님이면 그를 좇을찌니라 하니 백성이 한 말도 대답지 아니하는지라
> 엘리야가 백성에게 이르되 여호와의 선지자는 나만 홀로 남았으나 바알의
> 선지자는 사백 오십인이로다"(왕상 18:21,22)

선지자 엘리야는 이스라엘 백성에게 여호와 하나님을 섬기든지 바알신
을 섬기든지 둘 중 하나를 선택하라고 촉구했다. 여호와 하나님은 영원한
생명을 보장하시지만 타락한 이 세상에서 누리게 될 복을 내리시는 분이
아니다. 따라서 풍요와 다산多産의 신으로 가장된 바알을 섬기는 자들은 세
상의 욕망을 뿌리치지 못하고 그를 섬기고자 한다.

위의 본문 가운데 언급된 백성이란 일반 백성들을 가리키고 있지만 엘
리야 앞에 있던 어리석은 거짓 선지자들을 포함하고 있다. 엘리야는 저들
에게 여호와 하나님과 이방신 바알 가운데 한편을 선택해 그 앞에 서라고
했던 것이다. 엘리야도 모세처럼 이스라엘 민족 가운데 배도에 빠진 자들
과 어리석은 백성들을 거짓 신으로 호도하는 자들을 죽이라는 하나님의
명령을 받았다.

그들을 반드시 죽이고 살려두어서는 안 되는 이유는 과연 무엇인가? 그
런 배도에 빠진 자들은 하나님의 언약 공동체를 더럽힐 뿐 아니라 결국은
순진하고 어리석은 자들을 미혹하는 역할을 하게 된다. 그들의 목숨을 살
려두게 되면 하나님의 영광을 가리면서 언약 공동체 가운데 어지러운 인
본주의 사상이 만연하게 만든다.

이와 같은 교훈은 신약시대에도 동일하게 적용되어야 한다. 타락한 세상에 살아가는 인간들은 항상 그와 같은 유혹에 노출되어 있기 때문이다. 그러므로 예수님께서는 산상수훈 가운데서, 자신을 따르는 제자들에게 두 주인을 섬기는 것은 원천적으로 불가능하다는 사실을 말씀하셨다.

> "한 사람이 두 주인을 섬기지 못할 것이니 혹 이를 미워하고 저를 사랑하거나 혹 이를 중히 여기고 저를 경히 여김이라 너희가 하나님과 재물을 겸하여 섬기지 못하느니라" (마 6:24; 눅 16:13)

한 사람이 두 주인을 섬기는 것은 사실상 불가능하다. 서로 다른 두 주인이 정반대의 상치되는 명령을 내렸을 때 하인이 양쪽 모두에게 복종할 수는 없다. 따라서 하나님의 자녀라면 오직 하나님만 섬겨야 한다. 이처럼 진정으로 하나님을 믿고 섬기는 자라면 하나님의 원수가 된 타락한 세상을 동시에 섬길 수 없다.

여기서 세상을 섬긴다고 하는 의미는 세상을 향해 경배하거나 머리를 조아려 절을 하는 행위 따위를 의미하지 않는다. 이는 타락한 세상의 가치관을 심중에 받아들이는 것과 연관되어 있다. 그렇게 되면 인간적인 욕망에 따라 세상의 것들을 움켜잡기 위해 세상의 방법들을 동원할 수밖에 없게 된다. 따라서 예수님께서는 세상의 것을 버리고 오직 하나님 한 분만 섬기라는 말씀을 하셨다.

이와 같은 삶의 자세는 나중의 모든 사도들이 소유하게 되었다. 사도들뿐 아니라 경건한 믿음의 선배들은 예외 없이 그 자세를 가졌다. 그러므로 야고보는 세상의 벗이 되는 것은 간음하는 것과 마찬가지라고 강조해 말했다. 이는 타락한 세상과 친근하게 지내기 위해 노력을 아끼지 않는 태도와 밀접하게 연관되어 있다.

"간음하는 여자들이여 세상과 벗된 것이 하나님의 원수임을 알지 못하느
뇨 그런즉 누구든지 세상과 벗이 되고자 하는 자는 스스로 하나님과 원수되
게 하는 것이니라"(약 4:4)

이 말씀은 단순히 여성들에게 준 교훈이 아니다. 즉 본문 가운데 나타나
는 '간음하는 여자'란 교회에 속한 모든 교인들을 일컫는 것으로 이해하
는 것이 자연스럽다. 세상과 친화적인 자세를 가지는 것은 단순히 간음을
행하는 것을 넘어 하나님과 원수가 되는 것이다. 따라서 세상을 사랑하며
그에 속한 가치관을 친근하게 받아들인다는 것은 배도에 빠진 것과 마찬
가지이다.

오늘날 우리의 모습은 과연 어떤가? 당연히 하나님께만 속해 있어야 할
성도들이 마치 하나님과 세상의 중간에서 선택의 기로에 서 있는 것처럼
눈치를 살피고 있지는 않은가? 거룩한 하나님의 교회와 타락한 세상 사이
에서 사상적으로 양다리를 걸치고 있는 것은 배도행위라는 점을 잊어서는
안 된다.

우리는 예수님을 십자가에 못박아 죽인 세상을 심판하여 이기기 위해,
교회가 용납하지 말아야 할 것이 무엇인지 정신을 바짝 차려 살펴보아야
한다. 물론 우리시대에는 사람을 직접 죽이는 것을 용납하지 않는다. 하지
만 지상교회는 세상의 잘못된 사상과 가치관이 하나님의 몸된 교회 안으
로 들어와 정착하는 일이 발생하지 못하도록 방어하는 자세를 늦추어서는
안 된다.

4. 모세의 대신 사죄謝罪

모세는 백성들에게 저들이 여호와 하나님께 큰 죄를 범했음을 지적해
이야기했다. 규례를 벗어나 하나님을 적극적으로 섬기고자 한 결과가 하

나님을 진노케 했음을 알렸던 것이다. 설령 백성들의 마음이 진심이었다 할지라도 타락한 인간의 본성에서 나온 종교적인 판단은 하나님께 아무런 영광이 될 수 없었다.

그 말을 마친 후 모세는 다시금 시내산 정상으로 올라갔다. 그것은 하나님의 부르심에 따른 응답으로 말미암은 것이었다. 모세는 산 위로 올라가면서 저들 대신 하나님께 용서를 구할 마음이 있다는 말을 백성들에게 남겼다. 이는 모세의 사역이 그리스도의 대속사역에 대한 그림자로서의 성격을 지니고 있음을 말해주고 있다.

산 정상에 당도한 모세는 먼저 하나님께 범죄한 이스라엘 민족의 죄를 대신 사죄했다. 그는 어리석은 백성이 자기들을 위해 금송아지를 만들어 두고 배도행위를 한 것을 탄식하며 용서를 구했다. 저들은 스스로 저지른 종교적인 행위가 얼마나 사악한 것인지 인식조차 하지 못하고 있었다는 것이다.

그러면서 모세는 하나님께 저들의 죄를 용서해 달라는 간청을 하며 만일 그렇게 하시지 않는다면 자기의 이름을 생명책에서 지워버려 달라고 요구했다(출 32:32). 이것이 무슨 의미인가? 그런데 하나님께서는 모세의 말을 듣고 누구든지 자신에게 범죄하면 그 책에서 이름을 지워버리겠노라는 말씀을 하셨다(출 32:33).

성경은 인간의 구원이 창세전에 작정된 것임을 증거하고 있다. 즉 하나님의 구원을 받을 자들은 이미 예정되어 있다는 것이다. 하나님께서는 전적인 자신의 뜻에 따라 창세전에 자기 자녀들을 선택하셨으며 그들을 영원한 나라로 부르시게 된다. 사도 바울과 요한은 계시 가운데서 그에 대한 분명한 기록을 남기고 있다.

"창세전에 그리스도 안에서 우리를 택하사 우리로 사랑 안에서 그 앞에 거룩하고 흠이 없게 하시려고 그 기쁘신 뜻대로 우리를 예정하사 예수 그리스도로 말미암아 자기의 아들들이 되게 하셨으니"(엡 1:4,5); "누구든지 생명책에 기록되지 못한 자는 불 못에 던지우더라"(계 20:15)

그런데 시내산 정상에서 이루어진 하나님과 모세 사이의 대화 가운데는 마치 생명책의 이름이 경우에 따라서는 지워질 수도 있는 듯이 기록되어 있다. 우리는 여기서 여간 주의를 기울이지 않으면 상당한 난관에 부딪히게 된다. 그것은 하나님의 창세전 선택과 예정이 마치 절대적이지 않은 것처럼 비쳐질 수 있기 때문이다. 고린도 교회에 보내는 사도 바울의 편지에서도 그와 유사한 내용이 나타나고 있다.

"그러므로 내가 달음질하기를 향방 없는 것 같이 아니하고 싸우기를 허공을 치는 것 같이 아니하여 내가 내 몸을 쳐 복종하게 함은 내가 남에게 전파한 후에 자기가 도리어 버림이 될까 두려워함이로라"(고전 9:26,27)

바울의 이 교훈 가운데는, 선택받은 자라 할지라도 구원을 상실하여 영원한 멸망에 빠지게 될 가능성이 있는 것처럼 비쳐질 수도 있다. 그러나 바울은 그런 의도로 말한 것이 아니다. 그는 이 말씀을 통해 인간적인 욕망을 포기함으로써 자신을 하나님께 온전히 복종시키는 것이 얼마나 중요한가 하는 점을 강조하고 있다.

우리는 이 말씀이 창세전에 자기 자녀를 선택하신 하나님의 영원한 예정을 의심하는 근거가 될 수 없음을 기억해야 한다. 교회는 이와 연관하여 시내산 정상에서 이루어진 모세와 하나님의 대화를 간절함과 경고의 말씀으로 받아들여야 한다. 죄에 대해서는 죽고 의에 대해서는 살게 된 우리의 삶의 자세는 분명해야 한다(벧전 2:24). 모세와 바울은 그에 대한 점을 강조하고 있는 것이다. 따라서 오늘날 우리도 그와 같은 신앙정신 가운데 이 세상을 살아가야 한다는 사실을 잊어서는 안 된다.

하나님께서는 금송아지를 만들어 섬기며 배도에 빠진 이스라엘 백성을 엄격하게 징벌하셨다. 그러나 하나님의 궁극적인 뜻과 계획은 변하지 않고 그대로 진행되었다. 그러므로 모세와 그에 연관된 대화를 나누신 후 하나님께서는 언약의 자손들을 약속의 땅 가나안으로 인도하라는 명령을 내리셨다.

그리고는 자신의 사자使者를 저들 앞서 보내시겠다는 약속을 하셨다. 하나님은 결코 언약의 자녀들을 원수들이 장악하고 있는 그 땅에 홀로 들여보내시지 않는다. 이에 대해서는 나중 이스라엘 백성이 여호수아와 더불어 가나안 땅에 들어갈 때 구체적으로 실행되어 나타나게 된다.

제35장

하나님의 약속과 영광의 증거

(출 33:1-23)

1. '약속의 땅'에 대한 확인

하나님께서는 모세에게, 자신이 이스라엘 민족을 애굽에서 인도해 낸 이유를 다시금 분명히 말씀하셨다. 그 사람들은 시내광야에 터를 잡고 영원히 살 것이 아니라 약속의 땅 가나안으로 들어가야 한다. 그 사실은 이미 오래전에 하나님께서 저들의 조상들에게 약속하신 내용이었다.

하나님께서는 갈대아 우르에 살고 있던 아브라함을 부르신 후, 그의 몸에서 출생하는 자손들에게 특별한 땅을 주시겠다는 약속을 하셨다. 야곱과 열두 지파의 조상이 될 그의 아들들을 비롯한 가손家孫 칠십여 명이 애굽 땅으로 이주해 간 사실과, 그들이 출애굽한 것도 그와 밀접하게 연관되어 있다. 모세가 계시받은 율법서에는 그에 관한 내용이 되풀이하여 기록되어 있다.

> "요셉이 그 형제에게 이르되 나는 죽으나 하나님이 너희를 권고하시고 너희를 이 땅에서 인도하여 내사 아브라함과 이삭과 야곱에게 맹세하신 땅에 이르게 하시리라 하고"(창 50:24); "내가 아브라함과 이삭과 야곱에게 주기로 맹세한 땅으로 너희를 인도하고 그 땅을 너희에게 주어 기업을 삼게 하리

라 나는 여호와로라 하셨다 하라"(출 6:8); "여호와께서 너희의 열조 아브라
함과 이삭과 야곱에게 맹세하사 그들과 그 후손에게 주리라 하신 땅이 너희
앞에 있으니 들어가서 얻을찌니라"(신 1:8)

이와 같이 모세는 아브라함과 이삭과 야곱의 자손에게 '땅'을 주겠다고
약속하신 하나님의 말씀을 여러 차례 계시받아 기록하고 있다. '금송아지
사건'이 있은 후에도 하나님께서는 그 사실을 다시금 언급하셨다. 이는 이
스라엘 자손이 하나님께서 세우실 왕국의 백성이 되리라는 사실을 확인하
는 의미를 지니고 있다.

그러므로 하나님께서는 모세에게 이스라엘 백성을 인도하여 광야를 떠
나 가나안 땅으로 올라가라는 명령을 내리셨다. 그것은 인간들의 역사적
인 상황에 따른 판단이 아니라 하나님의 계획에 속하는 것이었다. 우리는
이를 통해 하나님의 영원한 구원 계획이 점차적으로 이루어져 가고 있음
을 보게 된다.

따라서 그 모든 진행과정은 전적으로 하나님의 뜻에 따라 성취되어 간
다. 즉 이스라엘 백성들의 군사적인 훈련과 전투력이 가나안 땅을 지배하
고 있던 이방 족속들을 쫓아낼 수는 없었다. 나아가 저들의 의로움과 정직
한 성품으로 인해 가나안 땅을 정복할 수 있는 것도 아니었다. 하나님은 모
세에게 그에 관한 사실을 분명히 언급하셨다.

"네가 가서 그 땅을 얻음은 너의 의로움을 인함도 아니며 네 마음이 정직
함을 인함도 아니요 이 민족들의 악함을 인하여 네 하나님 여호와께서 그들
을 네 앞에서 쫓아내심이라 여호와께서 이같이 하심은 네 열조 아브라함과
이삭과 야곱에게 하신 맹세를 이루려 하심이니라"(신 9:5)

하나님께서는 아브라함과 그의 자손들을 통해 특별한 왕국을 세우고자
하셨다. 그 왕국을 통해 이 땅에 왕을 세워 자신을 배신한 악한 세상을 심

판하시기 위해서였다. 이는 나중에 세워지게 될 영원한 메시아 왕국과 예수 그리스도를 통한 궁극적인 심판에 연관되어 있다. 하나님께서 모세로 하여금 언약의 백성들을 약속의 땅으로 인도하도록 명한 것은 그 뜻을 이루기 위한 것이었다.

2. '하나님 사자'에 연관된 약속

하나님께서는 모세에게 자신의 특별한 사자使者를 이스라엘 민족에 앞서 보내어 약속의 땅을 지배하고 있는 가나안과 아모리와 헷과 브리스와 히위와 여부스 족속을 쫓아내시겠다는 말씀을 하셨다. 그렇게 함으로써 이스라엘 자손들로 하여금 '젖과 꿀이 흐르는 땅'[74]을 얻게 해 주시겠다는 것이었다. 이는 그 땅이 이스라엘 민족의 소유가 되는 것에 대한 당위성을 보여주고 있다.

그런데 하나님께서는 그 말씀과 더불어 자신이 저들과 함께 그 땅으로 들어가시지 않겠노라는 의외의 말씀을 하셨다. 이는 하나님께서 실제로 저들과 함께 약속의 땅으로 들어가시지 않겠다고 하는 확증적인 표현이라 할 수 없다. 이 말씀은 금송아지 우상을 만들어 섬겼던 백성들에게 하나님의 강력한 의사를 전달하는 것으로 이해하는 것이 바람직하다.

그러므로 하나님께서는 곧이어 자기가 그 백성들과 함께 가나안 땅에 들어가다가 또다시 저들이 자기를 떠나 배도하게 되면 그때는 진멸하리라는 경고의 말씀을 하셨다. 즉 그런 일이 다시금 발생한다면 저들의 배도와 반역을 결코 용서치 않으시겠다는 의미를 지니고 있다. 그 말씀 가운데는

---

74) 이스라엘 백성이 들어가게 될 그 땅에서는 사람들이 일반적으로 기대하는 젖과 꿀이 제공되지 않는다. 도리어 약속의 땅 가나안은 전쟁으로 말미암아 엄청난 양의 피와 눈물을 흘려야 할 지역이었다. 그럼에도 불구하고 그 땅에는 하늘로부터 내려오는 신령한 젖과 꿀이 약속되어 있었다.

이스라엘 백성들의 생명을 보존하기 위해 저들과 함께 가지 않겠다는 하나님의 사랑에 대한 역설적인 의미가 드러나고 있다.

그 준엄한 경고의 말씀을 들은 모든 백성들은 슬픔과 좌절에 빠지지 않을 수 없었다. 하나님의 도우심이 없이는 그 땅을 정복할 재간이 없다는 사실을 저들이 잘 알고 있었기 때문이다. 그들의 겸허한 반응을 보신 하나님께서는, 모세를 통해 이스라엘 백성들이 지닌 모든 장신구를 저들의 몸에서 떼어내도록 요구하셨다. 그렇게 하면 하나님이 저들에게 구체적인 뜻을 보여주시리라는 것이었다.

이스라엘 백성들은 순순히 모세의 명령에 따랐다. 그후부터 이스라엘 민족은 장신구로 화려하게 몸을 단장하는 것을 주의했다. 인간의 외모를 지나치게 꾸며 장식한다는 것은 하나님을 멀리하는 것과 다르지 않다. 저들에게 진정으로 중요한 것은 자신을 돋보이게 하는 몸치장이 아니라 하나님의 뜻과 그의 말씀이었다. 신약시대의 베드로와 바울도 그와 동일한 교훈을 주고 있다.

> "너희 단장은 머리를 꾸미고 금을 차고 아름다운 옷을 입는 외모로 하지 말고 오직 마음에 숨은 사람을 온유하고 안정한 심령의 썩지 아니할 것으로 하라 이는 하나님 앞에 값진 것이니라"(벧전 3:3,4); "또 이와 같이 여자들도 단정하게 옷을 입으며 소박함과 정절로써 자기를 단장하고 땋은 머리와 금이나 진주나 값진 옷으로 하지 말고 오직 선행으로 하기를 원하노라 이것이 하나님을 경외한다 하는 자들에게 마땅한 것이니라"(딤전 2:9,10)

성경이 교회에 속한 성도들로써 외모를 사치스럽게 꾸미고 단장하는 것을 금지하는 것은 확실하다. 하지만 어리석은 자들은 금이나 보석을 비롯한 화려한 장식 정도가 마치 인생의 의미를 드러내는 것인 양 착각한다. 결국 그것들 때문에 자신의 모든 것을 잃게 되리라는 것을 전혀 인식하지 못하고 있기 때문이다. 우리는 이에 대한 분명한 이해를 하지 않으면 안 된다. 다행히 하나님으로부터 경고의 말씀을 들은 이스라엘 백성은 그에 대한 깨달음을 가지게 되었다.

　원수들을 물리치고 약속의 땅을 정복하기 위해서는 하나님의 능력이 절대적으로 요구된다. 그리하여 하나님께서는 이스라엘 민족이 가나안 땅에 들어갈 때 직접 선봉에 서시게 된다. 이스라엘 백성들은 스스로의 힘으로 그 땅을 쟁취할 수 없다. 따라서 하나님은 가나안 정복을 시작하면서 그에 대한 분명한 증거를 직접 보여주셨다. 여호수아서에는 그에 관한 기록이 나타나고 있다.

> "여호수아가 여리고에 가까왔을 때에 눈을 들어본즉 한 사람이 칼을 빼어 손에 들고 마주섰는지라 여호수아가 나아가서 그에게 묻되 너는 우리를 위하느냐 우리의 대적을 위하느냐 그가 가로되 아니라 나는 여호와의 군대장관으로 이제 왔느니라 여호수아가 땅에 엎드려 절하고 가로되 나의 주여 종에게 무슨 말씀을 하려 하시나이까 여호와의 군대장관이 여호수아에게 이르되 네 발에서 신을 벗으라 네가 선 곳은 거룩하니라 여호수아가 그대로 행하니라"(수 5:13-15)

　이처럼 하나님께서는 자신의 사자를 이스라엘 민족에 앞서 가나안 땅에 먼저 들여보내시게 된다. 이는 하나님께서 친히 전쟁에 앞장서게 됨을 의미하고 있다. 모세가 죽은 후 여호수아가 이스라엘 백성을 이끌고 요단강 건너 여리고성 가까이 도착했을 때 손에 칼을 빼든 장군 한 사람을 만나게 되었다. 그를 본 여호수아는 그에게 아군인지 적군인지 물었다. 그러자 그는 자기가 여호와 하나님의 군대장관이라는 사실을 밝혔다.

　여호수아가 만났던 그 군대장관은 삼위일체 하나님의 한 위(person)이신 그리스도였다. 여호수아가 그의 앞에 경배를 한 사실과 여호수아에게 거룩한 장소에서 신을 벗도록 명령한 것은 그에 대한 중대한 증거가 된다. 그것은 하나님 한 분 이외에는 명령할 수 없는 내용이기 때문이다. 여기서 이스라엘 백성을 가나안 땅으로 인도하는 대장인 여호수아가 그에게 예속된 인물이라는 사실이 입증되고 있다.

여호수아가 만났던 그 군대장관이 이스라엘 백성들보다 앞서 나가 가나안 땅을 점령하고 있던 이방 족속들에 맞서 싸우시게 된다. 그는 사람들의 일반적인 시각으로 볼 수 없는 분이었지만 실제적으로 싸우시는 분이었다. 따라서 모든 이스라엘 백성은 그의 말을 듣고 순종해야 한다. 이스라엘 민족의 수많은 지도자들은 세상에 태어났다가 죽기를 되풀이하게 되지만 예수 그리스도는 항상 저들 앞서 행하신다. 언약의 자손들은 그에 대한 분명한 깨달음을 유지하지 않으면 안 된다.

3. 진의 회막과 하나님의 영광

당시 모세는 진 밖에 따로 장막을 쳐두고 있었다. 그것을 회막이라고 칭했는데 하나님을 섬기려는 자들은 그곳으로 나아가야만 했다. 그러나 그 회막은 아직 임시적인 것으로서 하나님이 규례에 따라 건립하도록 명령하신 성막이 건립되기 전의 것이었다. 이는 하나님께서 모세에게 말씀하신 그 장구한 성막이 건립되기 전에도 백성들이 규모 없이 아무렇게나 하나님을 섬길 수 있었던 것이 아님을 보여주고 있다.

모세가 그 회막으로 들어갈 때 이스라엘 백성들은 다 일어나 자신의 장막 문 앞에 서서 그 광경을 지켜보았다. 그들은 모세가 하나님의 사람이라는 사실을 잘 알고 있었으며 그를 통해 하나님을 만나게 된다는 사실도 깨닫고 있었다. 이는 모세가 회막에서 하나님을 섬기는 행위가 사적이 아닌 공적인 사역이었음을 말해준다.

모세가 회막문 안으로 들어갈 때는 구름기둥이 회막문에 서게 되었으며, 하나님께서 친히 모세에게 말씀하셨다. 그 위엄 있는 광경은 모든 사람들이 눈으로 직접 목격할 수 있었다. 따라서 백성들은 회막문에 구름기

둥이 서 있는 것을 보며 함께 일어나 각각 자신의 장막 문 앞에 서서 하나
님을 경배하는 일에 참여했다.

그때 하나님께서는 마치 사람들이 자기 친구와 대화하듯이 모세와 말씀
하셨다. 이와 같은 일은 결코 일반적으로 일어날 수 있는 사건이라 말할 수
없다. 그러므로 우리는 이 사건을 통해 모세가 장래 인간의 몸을 입고 이
땅에 오실 예수 그리스도의 예표가 된다는 사실을 깨닫게 된다.

모세는 하나님을 섬기는 모든 직무를 마친 후 진으로 돌아왔지만 그의
수종자인 눈의 아들 여호수아는 회막을 떠나지 않았다. 아론 지파 제사장
들이 아직 정식으로 사역을 시작하기 전에는 모세와 여호수아가 회막에
있으면서 그 역할을 감당했다. 여호수아는 레위 지파가 아니라 에브라임
지파에 속한 인물이었다(민13:8,16). 그렇지만 처음에는 그가 회막에서 수종
드는 사역의 일부를 감당했던 것이다. 이는 나중 레위 지파에 속한 아론의
자손들이 제사장 직무를 담당하게 되지만 그것이 경직된 절대 의미를 지
니는 것이 아니라는 사실을 보여주고 있다.[75]

4. 친히 원수들과 싸우시겠다고 약속하신 하나님

모세는 하나님께, 연약한 인간에 지나지 않는 자기가 홀로 여러 이방 족
속이 점령하고 있는 가나안 땅으로 이스라엘 백성을 인도하는 것은 가능
하지 않다는 말씀을 드렸다. 그래서 자기와 함께 갈 만한 절대 능력을 가진
자를 붙여달라고 간청했다. 이는 하나님의 동행을 간절히 요구하는 의미
를 지니고 있다.

그전에 하나님께서는 모세를 자신의 은총을 입은 자라고 말씀하신 적이

---

75) 이에 관한 이해를 위해서 유다 지파에 속한 다윗과 솔로몬의 제사(삼하
24:18-25; 대하 1:6-13)를 기억할 필요가 있다. 이는 제사장 '멜기세덱'과 영
원한 대제사장이신 예수 그리스도와 연관되는 의미를 지니고 있다.

있었다. 모세는 그 사실을 기억하며 정녕 그렇다면 이스라엘 백성이 약속
의 땅에 들어갈 수 있도록 특별한 은총을 베풀어 달라는 간구를 했다(출
33:12,13). 이 가운데는 배도에 빠졌던 이스라엘 자손이지만 주의 백성으로
인정해 달라는 의미가 내포되어 있다.

모세의 간청을 들은 하나님께서는 자기가 친히 그 백성과 함께 가나안
땅으로 들어가리라고 말씀하셨다. 그렇게 함으로써 하나님이 직접 원수들
과 싸울 것이며 이스라엘 백성으로 하여금 가나안 땅에서 편히 쉬게(rest)
해주겠다는 것이었다. 가나안 땅은 피를 흘리는 전쟁터가 될 터인데 그 가
운데서 백성들이 편안한 안식을 취할 수 있도록 해주시리라는 표현은 예
사롭지 않은 말씀이다.

> "My Presence will go with you, and I will give you rest" (Exo. 33:14); "내
> 가 친히 가리라 내가 너로 편케 하리라" (출 33:14)

우리는 이 가운데 매우 중요한 의미가 담겨 있다는 사실을 깨달아야 한
다. 전쟁터에서 쉼安息을 얻게 된다는 말은 여간 중요하지 않다. 이는 물론
역사적인 의미를 내포하고 있지만, 저들이 처절한 삶의 형편에 처할지라
도 하나님의 영광 곧 영원한 안식 가운데 존재한다는 사실을 시사해주고
있다. 따라서 이스라엘 백성이 약속의 땅 가나안을 정복하게 되는 것은 인
간들의 지략과 전투력이 아니라 전적으로 하나님의 말씀에 순종함으로써
그 땅을 얻게 된다.

하나님의 말씀을 들은 모세는 다시금 하나님께서 친히 이스라엘 백성과
함께 가시지 않는다면 그 땅으로 올려 보내지 말아달라는 간구를 했다. 이
말을 통해 우리는 하나님에 대한 모세의 진정한 믿음을 보게 된다. 하나님
께서 친히 도와주시지 않는다면 결코 승리할 수 없다는 사실을 그가 잘 알
고 있었던 것이다.

하나님께서 저들과 함께 가나안 땅에 들어갈 때, 모든 이방인들은 이스라엘 민족이 하나님의 사역을 위해 특별히 구별된 자들이라는 사실을 알게 된다. 인간들이 아니라 전능하신 하나님이 가나안 땅을 정복하는 주체자임이 선포되기 때문이다. 그것이 이스라엘 민족이 하나님의 특별한 은총을 입은 사실을 만방에 증거하는 역할을 하게 된다.

5. 약속에 대한 하나님의 증거

하나님께서는 모세가 자신의 놀라운 은총을 입은 자라는 사실을 확인해 주셨다. 그리고 하나님과 모세 사이에 특별한 언약의 관계가 존재함으로 인해 저의 이름을 잘 기억하고 있음을 말씀하셨다(출 33:17). 따라서 하나님께서 친히 그 모든 일을 진행해 가시겠다고 하셨다. 하나님의 말씀을 들은 모세는 이제 '하나님의 영광'을 보여달라고 했다. 이는 그 약속에 대한 분명한 증거를 보고 싶다는 말과도 같다.

모세의 요구를 들은 하나님께서는 자신의 모든 선(goodness)이 그의 앞으로 지나가도록 할 것이며, 여호와 하나님의 거룩한 이름을 그의 앞에 선포하리라는 말씀을 하셨다(출 33:19). 이는 하나님의 구원에 연관된 것으로서 하나님은 모든 인간들을 차별 없이 동등하게 보시지 않는다는 사실을 말해준다. 즉 하나님께서는 은혜와 긍휼을 베풀 자에게 그렇게 하시지만, 죄 가운데 존재하는 자들에 대해서는 무서운 심판을 내리시게 된다. 사도 바울은 로마 교회에 편지하면서 출애굽기의 말씀을 인용하며 그에 관한 언급을 하고 있다.

"모세에게 이르시되 내가 긍휼히 여길 자를 긍휼히 여기고 불쌍히 여길 자를 불쌍히 여기리라 하셨으니 그런즉 원하는 자로 말미암음도 아니요 달음박질하는 자로 말미암음도 아니요 오직 긍휼히 여기시는 하나님으로 말

미암음이니라"(롬 9:15,16)

　하나님께서는 출애굽기 본문에서 구원에 연관된 그 말씀을 하신 후, 모세가 자신의 얼굴을 보지는 못하리라고 말씀하셨다. 거룩하신 하나님의 얼굴을 보고서도 살아남을 자는 이 세상에 아무도 없을 것이기 때문이다. 죄에 빠져 타락한 인간이 거룩한 하나님의 얼굴을 직접 보지 못한다. 이는 제한적인 인간으로서 하나님께 속한 모든 것을 알고자 하거나 눈으로 확인해 보고자 하는 어리석음을 범치 못하도록 하는 경고의 의미를 지니고 있다.

　하나님은 그후 모세에게 곁에 있는 반석 위에 서라고 명령하셨다. 그러면 자신의 '영광의 광채'가 지나갈 때 모세를 반석 가운데 틈에 두시겠다고 했다. 그리고 하나님께서 그곳을 다 지나갈 때까지 자신의 손으로 모세를 덮었다가 나중에 거두시겠다는 말씀을 하셨다(출 33:22). 그렇게 되면 모세는 하나님의 등을 볼 수 있겠지만 얼굴을 보지는 못한다는 것이다.

　모세는 그것으로 말미암아 하나님의 존재와 사역에 대한 분명한 증거를 소유하게 된다. 그것은 비록 모세 개인뿐 아니라 모든 언약의 자손들에게 베푸시는 하나님의 특별한 은혜로 받아들여야 한다. 하나님으로부터 주어진 그 실제적은 증거는 이스라엘 민족 가운데 항상 남아 존재하게 될 것이었기 때문이다.

제36장

십계명의 새 돌판과 모세 얼굴의 광채

(출 34:1-35)

1. '두 번째 돌판' 을 허락하신 하나님의 은혜

하나님으로부터 받은 첫 번째 돌판은 모세가 아론과 이스라엘 백성들이 만들어 섬기던 금송아지에게 던짐으로써 깨어져 버렸다. 그것은 하나님과 이스라엘 백성 사이의 계약이 파기된 것과 동일한 성격을 지니게 되었다. 실제로 계약이 완전히 무효화된 것은 아니라 할지라도 계약문서 없는 구두계약과 같아져 버린다. 그렇게 되면 세월이 흘러감에 따라 계약의 증거가 남지 않아 인간들로서는 희미한 기억에 의존할 수밖에 없는 상황에 이르게 된다.

그러므로 하나님께서는 다시금 처음의 것과 동일한 내용이 담긴 계약문서를 작성해 주시고자 하셨다.[76) 그것을 위해서는 모세가 다시 시내산 정상으로 올라가야만 한다. 그는 또다시 사십일 밤낮을 식음을 전폐한 채 산 위에 머물러 있으면서 십계명이 기록된 두 돌판을 받아야만 한다. 돌판에 기록된 계약문서가 있어야만 나중에 제작될 지성소 안의 증거궤에 그것이 들어갈 수 있게 된다.

---

76) 신명기 10:1-5 참조.

이번에도 하나님은 모세를 시내산 정상으로 불러올리시면서 첫 번째와 마찬가지로 산 주변을 철저히 경계해 지키도록 요구하셨다. 그리고 아무도 대동하지 말고 모세 혼자서 산의 정상으로 올라오도록 했으며 산 주변의 경계 안에서는 사람들은 물론 양과 소도 풀을 뜯어 먹어서는 안 되었다. 모세와 이스라엘 백성은 그 명령을 엄격하게 준행해야만 했다. 하나님의 말씀을 들은 모세는 두 개의 돌판을 처음과 같이 깎아 만들어 손에 들고 아침 일찍 시내산 위로 올라갔다.

모세가 시내산 정상에 올라서자 하나님께서 구름가운데 내려와 그와 함께 서서 자기의 이름이 '여호와' 라는 사실을 선포하셨다. 그리고 여호와는 자비롭고 은혜로우며 노하기를 더디하며 인자와 진실이 풍성한 분이라는 사실을 언급하셨다. 또한 그는 죄를 용서하여 천 대까지 인자를 베풀게 되지만, 범죄한 자를 벌하지 않은 채 그냥 두지 않을 것이며 그 죄를 자손 삼사 대까지 보응할 것이라고 하셨다(출 34:6,7).

이에 연관된 교훈은 그후에 따라오는 모든 세대에 지속적으로 적용되어야 할 내용이다. 그러므로 이스라엘 백성이 가나안 땅에 들어가기 직전에도 그 사실이 모세를 통해 다시금 확인되었다. 하나님께서는 자기가 명한 규례 이외에 이방인들의 종교사상을 저들에게 끌어 들어오는 것을 결코 용납지 않으신다는 것이었다.

"나 여호와 너의 하나님은 질투하는 하나님인즉 나를 미워하는 자의 죄를 갚되 아비로부터 아들에게로 삼 사대까지 이르게 하거니와 나를 사랑하고 내 계명을 지키는 자에게는 천대까지 은혜를 베푸느니라"(신 5:9,10)

십계명의 두 돌판을 새로 받기 위해 두 번째 시내산 정상으로 올라간 모세는 위엄에 찬 하나님의 음성을 듣게 되었다. 그에게 하나님의 말씀이 임하게 되자 황급히 땅에 엎드려 하나님께 경배했다. 그리고는 자기가 진정

하나님의 은총을 입었다면 이스라엘 민족과 동행해 주시기를 간청했다. 그는 이스라엘 백성들이 목이 뻣뻣해 교만하다는 사실과 금송아지 우상을 만들어 하나님께 범죄했던 점을 회개하면서 저들을 하나님의 기업으로 삼아주시도록 간구했던 것이다(출 34:9).

2. 언약의 재확인

하나님께서는 다시금 이스라엘 민족과 더불어 언약을 세움과 동시에 저들 앞에서 그 전에 볼 수 없었던 기적을 행하시리라고 말씀하셨다. 그 기적은 저들이 들어가게 될 가나안 땅에 있는 모든 이방 족속들도 직접 보며 경험하게 된다. 하나님은 자신이 행하시게 될 그 일들이 매우 두려울 것이라는 사실을 언급하셨다.

그러므로 모세는 하나님께서 명령하는 모든 규례들을 삼가 지켜야만 한다. 그렇게 하면 하나님이 가나안 땅의 모든 이방 족속들 즉 아모리, 가나안, 헷, 브리스, 히위, 여부스 사람들을 쫓아내시게 된다. 그 일은 이스라엘 자손의 능력과 지혜가 아니라 하나님에 대한 저들의 순종으로 말미암는 것이다.

이스라엘 백성은 가나안 땅에 들어가 그곳에 살고 있는 이방 족속들과 절대로 언약을 세우지 말아야 한다. 하나님과 언약을 맺은 이스라엘 백성은 이제 다른 종족들과 언약을 맺어서는 안 된다. 그것은 곧 하나님과 맺은 계약을 위반하는 성격을 지니게 되기 때문이다. 또한 그들은 진멸당하는 이방 종족들을 긍휼히 여겨서도 안 된다. 나아가 저들과의 혼인은 철저히 금지되어야 한다. 나중에 주어지는 신명기의 교훈에서도 그에 대한 분명한 기록이 남겨져 있다.

"네 하나님 여호와께서 그들을 네게 붙여 너로 치게 하시리니 그 때에 너는 그들을 진멸할 것이라 그들과 무슨 언약도 말 것이요 그들을 불쌍히 여기지도 말 것이며 또 그들과 혼인하지 말찌니 네 딸을 그 아들에게 주지 말 것이요 그 딸로 네 며느리를 삼지 말 것은 그가 네 아들을 유혹하여 그로 여호와를 떠나고 다른 신들을 섬기게 하므로 여호와께서 너희에게 진노하사 갑자기 너희를 멸하실 것임이니라"(신 7:2-4)

이스라엘 민족은 가나안 땅에 들어가서도 여호와 하나님에 대한 신앙의 순결을 유지해야 한다. 만일 그들이 이방 족속과 언약을 맺게 되면 그것이 저들을 괴롭히는 올무가 된다. 그들은 일시적으로 좀 더 편하고 나은 조건을 확보하기 위해 이방인들과 언약을 맺게 되겠지만 그것은 도리어 하나님의 진노를 자초하는 역할을 하게 된다. 그렇게 되면 하나님의 뜻에 순종해야할 언약의 백성들이 이방인들의 가치관을 받아들여 모든 것을 혼합해 뒤섞어 버릴 것이 분명하다.

그러므로 하나님께서는 도리어 이스라엘 백성으로 하여금 그곳에 있는 제단들을 헐고 그들의 우상을 깨뜨리고 그들이 섬기는 아세라 상을 찍어 파괴하도록 명령하셨다. '질투하시는 하나님' 은 이방인들이 만들어낸 다른 신령들을 함께 섬기는 것을 결코 용납하지 않으시기 때문이다. 이스라엘 백성은 여호와 하나님 이외에 그 어느 것도 가까이 두어 섬기려 해서는 안 된다.

이와 같은 원리는 오늘날 우리시대에도 그대로 적용되어야 한다. 사도 바울은 고린도 교회에 보내는 두 번째 편지에서 그점을 명확히 말하고 있다. 하나님의 자녀가 이방신을 섬기는 자와 더불어 서로 어울려 조화를 꾀하려 해서는 안 된다. 그것은 하나님에 대한 배도행위가 되기 때문이다.

"너희는 믿지 않는 자와 멍에를 같이 하지 말라 의와 불법이 어찌 함께하며 빛과 어두움이 어찌 사귀며 그리스도와 벨리알이 어찌 조화되며 믿는 자와 믿지 않는 자가 어찌 상관하며 하나님의 성전과 우상이 어찌 일치가 되리

요 우리는 살아 계신 하나님의 성전이라 이와 같이 하나님께서 가라사대 내
가 저희 가운데 거하며 두루 행하여 나는 저희 하나님이 되고 저희는 나의
백성이 되리라 하셨느니라"(고후 6:14-16)

이처럼 오늘날 우리도 하나님을 멸시하는 불신 세계의 가치와는 분명한
경계선을 그어야 할 필요가 있다. 나아가 모세의 율법에서 교훈하고 있는
것처럼 여호와 하나님을 믿는 성도들은 건전한 파괴자가 되어야 한다. 우
리시대의 성도들은 타락한 세상과 배도에 빠진 무리들에 대해 말씀에 따
라 건전하게 저항하는 자세를 취하지 않으면 안 된다. 이는 단순한 기물파
괴를 의미하는 것이 아니라 오직 여호와 하나님 한 분 이외에는 궁극적인
가치를 지닌 것이 결코 존재할 수 없다는 사실을 말해주고 있다.

하나님의 자녀들이 이방 족속을 받아들여 저들의 사상을 용납하게 되면
결국 하나님을 멀리하고 이방 종교에 음란하게 참여하려는 유혹에 빠지게
된다. 이는 순결해야 할 하나님의 백성이 이방신들에 대해 관대하게 됨을
의미한다. 그렇게 되면 이방 종교에 관용을 베풀며 저들의 제물을 먹으면
서도 아무런 문제의식을 느끼지 못한다.

그것은 결국 이방 종족의 딸들을 집안의 며느리로 맞아들여, 그 아들들
은 저들이 섬기는 거짓 신을 따라 섬기게 될 우려가 따른다. 즉 이방인과의
육체적이며 영적인 통혼通婚을 추구하게 된다. 이는 결국 언약 공동체 가운
데 종교적인 혼합주의를 야기하는 결과를 가져올 수밖에 없다.

그러므로 언약의 자녀들은 어떤 경우에도 이방 종교와 그 사상을 받아
들이는 배도 행위를 해서는 안 된다. 그것은 결국 하나님의 무서운 진노를
불러일으키는 원인이 될 수밖에 없다. 창세기에는 노아 홍수 이전에 살았
던 언약의 백성들이 세상 사람들을 탐한 사건이 나타난다. 즉 하나님의 아
들들이 사람의 딸들에게 미혹되었던 것이다.

"사람이 땅위에 번성하기 시작할 때에 그들에게서 딸들이 나니 하나님의 아들들이 사람의 딸들의 아름다움을 보고 자기들의 좋아하는 모든 자로 아내를 삼는지라 … 여호와께서 사람의 죄악이 세상에 관영함과 그 마음의 생각의 모든 계획이 항상 악할 뿐임을 보시고 땅위에 사람 지으셨음을 한탄하사 마음에 근심하시고 가라사대 나의 창조한 사람을 내가 지면에서 쓸어 버리되 사람으로부터 육축과 기는 것과 공중의 새까지 그리하리니 이는 내가 그것을 지었음을 한탄함이니라 하시니라"(창 6:1-7)

언약에 속한 백성들이 가지는 세상에 대한 탐욕과 탐심은 결국 하나님의 무서운 진노를 불러일으키게 된다. 하나님께서는 이로 말미암아 노아 홍수를 보내 배도에 빠진 죄악 세상을 심판하셨다. 따라서 모세는 이스라엘 백성들에게 그점을 주의시켰다. 오늘날 우리 역시 그 역사적 사실을 신앙의 거울로 삼아 자신을 되돌아 볼 수 있어야 한다.

또한 하나님께서는 모세에게 무교절을 지키도록 명령하셨다. 애굽에서 탈출해 나온 첫 번째 달인 아빕월 그 절기에는 백성들이 칠일 동안 누룩이 들어가지 않은 무교병을 먹어야 한다. 그것을 통해 여호와 하나님께서 저들을 애굽 땅에서 인도해내신 영원한 구원 계획의 의미를 기억하게 되는 것이다.

무교절은 유월절과 직접 연관되는 절기로서 애굽에서 있었던 첫 유월절 어린양과 밀접한 연관성을 지니고 있다. 그때 애굽 땅에서는 여호와 하나님을 알지 못하는 모든 집안에서 사람과 동물의 초태생이 다 죽임을 당하게 되었다. 그것을 통해 소와 양 등 모든 가축들의 초태생은 전부 하나님의 것이라는 사실이 선포되었다.

이와 더불어, 출애굽기의 앞부분에서도 언급한 바 있듯이 본문에서는 나귀의 첫 새끼는 어린 양으로 대속해야만 한다는 사실이 강조되고 있다. 그렇게 하지 않으면 나귀 새끼의 목을 꺾어 죽여야만 한다(출 13:13). 수많은 동물들 가운데 유독 나귀에 대해서는 그 첫 새끼가 태어날 때 어린 양으로 하여금 대신 죽게 해야만 했던 것이다.

만일 나귀의 첫 새끼를 위해 어린 양으로 대속하지 않는다면 그 새끼 나귀의 목을 꺾어 죽여야만 한다. 이는 양을 죽이든지 나귀 새끼를 죽이든지 둘 중 하나는 반드시 죽여야 한다는 사실을 말해 주고 있다.

성경에는 나귀에 관한 특별한 기록들이 많이 나타난다. 우리는 구약성경에서 나귀가 종종 범상치 않은 동물로 간주되는 사실을 알 수 있다. 민수기 22장에는 범죄한 발람이, 자기가 타고 있던 나귀로부터 심한 책망을 듣게 된 내용이 나온다(벧후2:16 참조). 그리고 사사기에는 하나님의 말씀을 선포하는 자들이 흰 나귀를 타고 진리를 선포한 내용이 기록되어 있다(삿 5:10).

또한 스가랴 선지자는 나귀 새끼에 연관된 중요한 메시아 예언을 하고 있다(슥9:9). 이 예언의 말씀에 따라 예수님께서는 십자가를 지시기 전 나귀 새끼를 타고 예루살렘에 왕으로 입성하셨다. 이처럼 나귀는 다른 짐승들과 구별되는 매우 특별한 동물이다. 따라서 출애굽기에서 나귀의 첫 새끼를 위해 어린양을 대속물로 바치도록 요구한 것은 구속사적인 의미와 밀접하게 연관된 것으로 보인다.

성경은 나귀 새끼를 위해 어린 양을 죽이는 규례가 장자長子의 대속과 연관된다는 사실을 증거하고 있다. 이처럼 사람의 맏아들의 생명을 위해서도 특별한 대속물을 바쳐야 한다. 출애굽이 있기 전 애굽의 모든 장자들이 심판의 죽음을 당했듯이 이스라엘 백성의 모든 장자들도 하나님의 공의에 의해 죽어야 할 대상들이었다. 따라서 저들의 생명을 위해서는 그 몸값을 대신해 다른 동물 즉 어린 양을 죽여서 제물로 삼아야 했다.

이 규례는 애굽의 장자와 가축의 초태생을 죽이는 행위 자체뿐 아니라 그것으로 인한 이스라엘 자손의 장자에 대한 대속의 의미를 포함하고 있었다. 이스라엘 민족의 모든 장자는 반드시 대속해야 하며 대속물 없이 빈손으로 하나님 앞으로 나아갈 수 없다(출 32:20). 이는 유월절 어린 양이 하나님의 공의로 말미암아 마땅히 죽어야 할 장자들을 대신해 죽게 됨을 의미한다. 이것은 물론 참 장자가 되시는 예수 그리스도의 죽음으로 인해 그의 택한 자녀들이 영원한 생명을 얻게 되는 사실과 밀접하게 연관되어 있다.

그리고 이스라엘 백성은 엿새 동안 일하고 일곱째 날에는 안식일로 지켜야 한다. 밭을 갈아 씨를 뿌리고 추수하는 아무리 바쁜 계절이라 할지라도 그날에는 반드시 쉬어야 한다. 또한 하나님께서는 칠칠절 곧 맥추麥秋의 초실절을 지키도록 요구했으며 한 해가 끝나갈 때인 가을에는 수장절을 지킬 것을 명령하셨다.

이스라엘 자손의 모든 남자는 기본적으로 매년 세 차례씩 여호와 하나님 앞에서 무교절, 칠칠절, 초막절을 지켜야만 한다. 가나안 땅에 들어가는 이스라엘 백성은 반드시 그 규례를 지키지 않으면 안 된다. 모세는 시내 광야를 떠나 가나안 땅으로 진입해 들어가는 백성들에게 그점을 강조해 말하고 있다.

"너희 중 모든 남자는 일년 삼차 곧 무교절과 칠칠절과 초막절에 네 하나님 여호와의 택하신 곳에서 여호와께 보이되 공수로 여호와께 보이지 말고 각 사람이 네 하나님 여호와의 주신 복을 따라 그 힘대로 물건을 드릴찌니라"(신 16:16,17)

하나님께서는 이스라엘 백성들로 하여금 택한 장소에서 그 절기를 지킬 때 하나님의 은혜를 기억하도록 하셨다. 그때 각 사람은 하나님의 주신 복에 따라 빈손으로 하나님께 나오지 말아야 했다. 그 절기들을 지켜야 하는 중요한 이유는 하나님께서 이방 족속들을 가나안에서 쫓아내고 이스라엘 백성의 지경地境을 넓힌 사실에 대한 것과 밀접하게 연관되어 있었다. 따라서 모든 백성들은 그 절기들을 통해 그 역사적인 사실을 기억하게 되었으며, 어느 누구도 하나님께서 약속에 따라 직접 취해 주신 그 땅에 대해 이기적인 탐심을 가질 수 없었다(출 34:24).

하나님께서는 또한 그 절기들을 지키는 규례에 관해 말씀하셨다. 그것은 제물의 피를 유교병과 함께 드리지 말라는 것과 유월절 제물을 아침까지 남겨두지 말라는 것이었다. 그리고 토지의 소산所産 가운데 처음 익은 열매를 하나님의 성전에 갖다 바쳐야 하며, 염소새끼를 그 어미의 젖으로 삶아서는 안 된다(출 34:26; 신14:21).

염소새끼를 그 어미의 젖으로 삶는 행위는 이방 종족의 악한 풍습이다. 고대 가나안 지역에 살던 종족들 가운데는 염소새끼를 어미의 젖으로 삶아 토지에 뿌리는 의례를 행하는 예가 있었다. 그들은 동물의 젖 안에 씨가 들어있는 것으로 여겨 풍요를 기원하며 어미의 젖으로 새끼를 삶은 물을 토지에 뿌렸다. 그렇게 하면 풍년을 이룰 것이라 믿었다. 하지만 이스라엘 민족은 그런 이방 풍습을 본받지 말아야 한다.

하나님께서는 모세에게 이 모든 말씀들을 기록하도록 하셨다. 하나님은 그 내용에 따라 모세를 통해 이스라엘 민족과 언약을 맺으셨다. 모세는 이를 위해 밤낮 사십일 간 식음을 전폐한 채 시내산 정상에서 하나님 앞에 머물러 있었다. 그 동안 하나님께서는 십계명을 두 돌판에 새겨서 기록하셨다.

3. 모세의 얼굴 광채

모세는 십계명이 새겨진 두 번째 증거판들을 하나님으로부터 받아들고 산 위에서 내려왔다. 그때 모세의 얼굴에는 놀라운 광채가 났다. 그 광채는 하나님의 영광에 연관되는 것으로서 예사로운 것이 아니었다. 이는 그 전에도 후에도 없었던 특별한 광채였으므로 우리의 상상을 초월하는 성격을 지니고 있는 것으로 이해해야 한다. 그러나 모세 자신은 자기 얼굴에 광채가 난다는 사실을 인식하지 못하고 있었다.

아론을 비롯한 이스라엘 백성은 모세의 얼굴에서 나는 광채를 보고 그에게 가까이 나아가기를 두려워했다. 모세가 자신의 얼굴을 피하는 사람들을 오라고 부르자 비로소 아론과 모든 회중이 그의 앞으로 나아왔다. 그러자 모세는 여호와 하나님이 시내산 정상에서 자기에게 이르신 모든 말씀을 백성들에게 전하고 명령을 내렸다.

모세는 하나님의 모든 말씀을 저들에게 전달할 때 수건으로 자기의 얼굴을 가렸다.[77] 그는 수건으로 얼굴을 가린 채 여호와 하나님 앞으로 나아갔으며 성소에서는 수건을 벗고 있었다. 그가 밖으로 나와서 백성들에게 하나님의 말씀을 전할 때는 다시금 수건으로 얼굴을 가렸다. 그가 그렇게 한 것은 백성들이 하나님의 영광을 반영하는 자신의 얼굴 광채를 보지 못하도록 하기 위해서였다.

그런데 하나님께서는 무엇 때문에 모세의 얼굴에 광채를 나게 하셨으며, 모세는 왜 자신의 얼굴을 수건으로 가렸는가? 모세의 얼굴 광채는 과연 무엇을 의미하는가? 하나님께서는 모세의 얼굴을 통해 이스라엘 백성에게 자신의 영광을 드러내 보여주셨다. 그러므로 악한 인간들이 그 광채를 보게 되면 죽음을 면하지 못한다. 사도 바울은 고린도 교회에 보내는 편지 가운데 그에 연관된 기록을 남기고 있다.

"우리는 모세가 이스라엘 자손들로 장차 없어질 것의 결국을 주목치 못하게 하려고 수건을 그 얼굴에 쓴것 같이 아니하노라 그러나 저희 마음이 완고

---

77) 출애굽기 34:33에 대한 성경 번역들 가운데 일부는, 모세가 백성들 앞에서 말씀을 전할 때 수건을 쓴 것이 아니라 말씀을 마치고 나서 수건을 쓴 것으로 기록하고 있다(한글개역, 표준새번역, NIV, NASB 등). 그러나 모세가 백성들에게 말할 때 수건을 쓴 것으로 이해하는 것이 자연스럽다. "모세는 그들에게 말을 마칠 때까지 수건을 쓰고 있었습니다"(출 34:33, 우리말성경); "And till Moses had done speaking with them, he put a vail on his face"(Exe. 34:33, KJV).

하여 오늘까지라도 구약을 읽을 때에 그 수건이 오히려 벗어지지 아니하고 있으니 그 수건은 그리스도 안에서 없어질 것이라 오늘까지 모세의 글을 읽을 때에 수건이 오히려 그 마음을 덮었도다 그러나 언제든지 주께로 돌아가면 그 수건이 벗어지리라 주는 영이시니 주의 영이 계신 곳에는 자유함이 있느니라 우리가 다 수건을 벗은 얼굴로 거울을 보는 것 같이 주의 영광을 보매 저와 같은 형상으로 화하여 영광으로 영광에 이르니 곧 주의 영으로 말미암음이니라"(고후 3:13-18)

모세의 얼굴에 나타난 광채는 그가 이스라엘 백성 앞에서 하나님의 영광을 드러내는 계시적 사역자라는 사실을 입증해 주고 있다. 이는 나중 이 땅에 오시게 될 예수 그리스도를 예표하는 것으로 보아야 한다. 장래 인간의 몸을 입고 오실 예수 그리스도는 그 자신이 직접 하나님의 영광을 반영하게 된다.

사도 바울은 고린도 교회에 보내는 두 번째 편지에서, 신약시대에는 더 이상 모세 시대에 그랬던 것처럼 영광의 광채를 가리는 수건이 필요하지 않음을 언급하고 있다. 그는 이 내용을, 계시되어 기록된 말씀과 성령 하나님께 직접 연관되는 것으로 말하고 있다. 따라서 우리는 성령의 도우심을 통해 예수 그리스도 안에서 수건을 벗은 채 하나님의 거룩한 말씀을 대해야 한다.

이는 예수 그리스도의 영광이 반영되는 사도들의 터 위에 세워진 교회 가운데 하나님의 영광이 항상 존재하고 있다는 사실을 입증해 준다. 이 영광은 예수 그리스도의 십자가 사역을 통해 확정된 것이다. 따라서 하나님의 자녀들은 예수 그리스도를 통해 항상 그의 영광을 누리며 살아가게 된다.

그렇지만 구약시대의 죄에 빠진 이스라엘 백성들은 광채가 나는 모세의 얼굴을 똑바로 쳐다볼 수 없었다. 이는 아직 그리스도를 통한 하나님의 영광이 실체적으로 드러나지 않았기 때문이다. 더러운 죄에 물든 인간들이 그에 적합한 은혜의 장치 없이 모세의 얼굴에 나타난 하나님의 광채를 직접 보게 되면 죽음을 면치 못한다. 따라서 그들은 하나님의 영광 앞에서 두려운 마음을 가질 수밖에 없었던 것이다.

제9부

성막건립과 성물제작

(출 35:1-40:38)

제37장
성막기구를 위한 예비작업
(출 35:1-35)

1. 안식일에 관한 규례

모세는 하나님께서 시내산 정상에서 명령하신 성막과 그에 연관된 부속기구들을 만들기 전에 백성들을 불러 모았다. 그는 그 중요한 작업을 시작하기에 앞서 안식일을 준수하도록 엄중하게 명령했다. 이는 안식일이 성소와 성물들뿐 아니라 그 제작에 직접 관련되어 있음을 보여주고 있다. 나아가 안식일을 지키는 것은 개개인을 넘어 이스라엘 민족 공동체로서 반드시 준수해야 할 법령이었다.

안식일에는 일반적인 노동뿐 아니라 성물을 제작하는 일마저 허용되지 않았다. 이는 성소와 지성소를 비롯한 모든 성물들이 안식일에 예속되었다는 중요한 사실을 보여주는 의미를 지니고 있다. 이 의미는 구속사적인 관점에서 볼 때 실제적으로 매우 중요하다. 나중 하나님을 대적하는 세력들에 의해 성소와 성전이 완전히 파괴되고 성물들이 훼손되거나 이방 왕국에 의해 그 모든 것들을 빼앗겼을 때 조차도 안식일 자체는 존재했다. 즉 성전과 성물들이 존재하지 않던 시기에도 안식일을 통해 그 의미가 드러나게 되었던 것이다.

따라서 안식일은 여호와 하나님께 엄숙한 날이었다. 그러므로 백성들은 그 거룩한 날 아무 노동도 하지 말아야 한다. 이는 상시적인 노동뿐 아니라 성소 건립과 성물을 제작하는 모든 일들을 포함하고 있다. 나아가 성물 제작은 무조건 빨리 만들어 완성하는 것이 주된 목적이 될 수 없었다. 하나님의 말씀에 온전히 순종하여 따르는 것이 최선이었다.

그러므로 언약의 백성들은 매주 정기적으로 돌아오는 안식일을 엄숙하게 지키지 않으면 안 된다. 그 날에는 이스라엘 민족의 각 처소에서 불도 피우지 말아야 했다. 만일 그 날을 범하는 자가 있다면 그를 죽여야 한다. 어떤 사람이 하나님의 거룩한 성물들을 제작하기 위해 개인적인 판단에 따라 안식일날 열심히 일한다면 그는 칭찬은커녕 이유여하를 막론하고 죽임을 당할 수밖에 없다. 우리는 안식일과 성소 혹은 성물 제작의 관계를 주의깊게 이해하지 않으면 안 된다.

따라서 오늘날 우리시대의 교회와 성도들은 안식일의 주인이 과연 누구인가 하는 점과 그 본질적인 의미를 분명히 깨달아야 할 필요가 있다. 예수님께서는 유대인들과 제자들이 함께 있는 자리에서 자기가 안식일의 주인이라는 사실을 명백히 밝히셨다. 그 가운데서 우리가 각별히 주의를 기울여야 할 부분은 그때 예수님께서 안식일을 성전과 직접 연관짓고 계셨다는 사실이다.

"내가 너희에게 이르노니 성전보다 더 큰 이가 여기 있느니라 나는 자비를 원하고 제사를 원치 아니하노라 하신 뜻을 너희가 알았더면 무죄한 자를 죄로 정치 아니하였으리라 인자는 안식일의 주인이니라 하시니라"(마 12:6-8)

우리는 이 말씀을 통해 하나님께서 이스라엘 백성의 성막과 성물 제작에 앞서 안식일 준수를 강조하신 이유를 깨닫게 된다. 출애굽기에서 성막과 성물을 제작하기 전에 안식일 준수에 관해 언급된 것은 위의 예수님의 교훈에서 그 의미를 발견할 수 있다. 이처럼 구약시대의 성전을 비롯한 율법의 중심에는 안식일이 자리잡고 있었다. 즉 안식일은 하나님의 언약을 담고 있는 소중한 그릇인 것이다.

2. 하나님의 성소와 기구 제작을 위한 헌물 요구

모세는 이스라엘 백성들에게 성막을 비롯한 각종 성물들을 제작하기 위해 필요한 재료들을 가져오도록 요구했다. 그것은 출애굽기 앞부분에 이미 기록되어 있는 것처럼 하나님께서 백성들에게 명령하신 내용이었다(출 25:1-9). 따라서 그 요구는 아론이 그전에 백성의 장로들과 함께 금송아지를 만들 때 저들이 고안해낸 생각과는 근본적으로 달랐다.

모세는 백성들에게 자원하는 마음으로 여호와 하나님께 성물 제작에 필요한 물품들을 바치도록 요구했다. 즉 마음에 없이 억지로 귀중품을 가져오거나 주변의 눈치를 살피면서 내는 것은 아무런 의미가 없다는 것이었다. 이는 또한 모세가 강제적으로 그 재료들을 끌어모으려 하지 않았음을 보여준다. 이와 같은 요구는 하나님께서 베푸신 은혜에 반응하는 성도들의 마음이 거기에 내포되어 있어야 함을 말해주고 있다.

> "너희의 소유 중에서 너희는 여호와께 드릴 것을 택하되 마음에 원하는 자는 누구든지 그것을 가져다가 여호와께 드릴지니"(출 35:5)

하나님의 언약 가운데서 살아가는 이스라엘 백성이 자원하는 마음으로 성물 제작에 필요한 물품들을 바치는 것은 지극히 당연하다. 그 가운데는 정해진 색깔의 실들과 동물의 가죽, 나무, 기름과 향품, 그리고 각종 보석들이 포함되어 있다. 따라서 백성들은 그 물품들을 아무 것이나 임의로 골라 바쳐서는 안 된다.

만일 어떤 사람이 자기가 가장 아끼는 물건이라 해서 정해진 규례를 벗어나 주관적으로 귀중품을 선택해 하나님께 바친다면 그것은 도리어 하나님에 대한 욕이 된다. 하나님의 규례를 떠난 상태에서는 인간들의 그 어떠한 것도 진정한 순종행위가 되지 못한다. 자신의 종교적인 행위 자체가 하나님 앞에서 의가 되리라고 믿는 것은 도리어 하나님에 대한 불신의 표현일 따름이다.

모세는 또한 이스라엘 백성들 중에서 마음이 지혜로운 자들이 나아와 여호와 하나님께서 명하신 모든 성물들을 제작하도록 요구했다. 여기서 말하는 마음이 지혜로운 자란 인간들의 판단 기준에서 볼 때 두뇌가 뛰어난 사람들을 지칭하지 않는다. 나아가 단순히 손재주가 탁월한 사람을 일컫는 것도 아니다.

이는 하나님으로부터 특별한 지혜를 부여받은 신실한 성도들을 의미한다(출 35:30,34 참조). 그들이 제작해야 할 성물들 가운데는 성막과 그 안팎의 구조물 그리고 그 안에 들어가야 할 모든 성물들이 포함되어 있다. 또한 성막, 증거궤, 지성소와 성소를 구분할 휘장, 향단, 떡상, 등대, 번제단과 그 부속시설, 바깥뜰을 위한 제반 작업에 요구되는 것들, 제사장들의 직분사역을 위한 의상과 그에 부착할 성물들을 만들기 위한 모든 물품들을 포함하고 있었다.

3. 자원해 바쳐진 백성들의 예물

모세의 말을 들은 이스라엘 백성들은 각각 자신의 장막으로 돌아갔다. 그들은 모세가 요구한 대로 성물 제작에 필요한 물품들을 찾아 여호와 하나님 앞에 가져왔다. 그것은 억지로 드리는 것이 아니라 마음에 감동을 받아 자원하여 드리는 예물이었다. 이는 그들 가운데 성령께서 임하셨음을 말해주고 있다.

그들은 제각기 마음에 감동을 받은 대로 팔찌, 귀고리, 가락지, 목걸이와 같은 금품과 은과 놋을 가져왔으며, 청색 자색 홍색실과 가는 베실, 염소털, 붉게 물들인 수양과 해달의 가죽을 가져오기도 했다. 또한 조각목을 가져오는 자들도 있었으며 마음에 감동을 받은 지혜로운 여인들 가운데는 염소털로 실을 뽑아 가져오기도 했다.

그리고 백성의 지도자인 족장들은 호마노를 비롯해 에봇과 흉패에 물릴 다양한 보석들을 가져왔다. 또한 성소 안에 필요한 등불과 관유와 하나님 앞에 분향할 향을 만드는 데 필요한 기름과 향품을 가져오는 자들도 있었다. 하나님께 예물을 바치는 이 모든 일들은 억지로 진행된 것이 아니라 모세를 통해 하나님의 말씀을 들은 백성들이 성령에 감동하여 자원하는 마음으로 이루어졌다.

이와 같은 자세는 오늘날 우리시대 교회에 속한 성도들 역시 가지고 있어야만 한다. 성경을 기록한 믿음의 선배들은 그점을 매우 강조했다. 어떤 경우에도 하나님 앞에서 마음에 없는 억지 행동을 해서는 안 된다. 그러나 그 자원하는 마음은 인간들의 윤리와 자의적인 결단에서 나오는 것이 아니라 하나님의 은혜로 말미암는다는 사실을 기억하는 것은 매우 중요하다. 역대기歷代記에는 그에 연관된 다윗의 고백이 기록되어 있다.

> "나와 나의 백성이 무엇이관대 이처럼 즐거운 마음으로 드릴 힘이 있었나이까 모든 것이 주께로 말미암았사오니 우리가 주의 손에서 받은 것으로 주께 드렸을 뿐이니이다"(대상 29:14)

다윗의 이 아름다운 고백은 오늘날 우리의 것이 되어야 한다. 이처럼 인간들이 하나님 앞에 기쁘고 감사한 마음으로 자원하여 무엇을 드린다고 해도 그것이 인간의 공로가 되지 않는다. 이는 그 선한 마음이 전적으로 하나님으로부터 온 것이기 때문이다. 우리는 여기서 여호와 하나님께 자원하여 드린 예물에 대한, 백성들의 종교정서에 따른 개인적인 마음 자체가 의미 있는 것이 아니라는 사실을 깨닫지 않으면 안 된다.

우리는 앞서 어리석은 이스라엘 백성들이 시내산 아래서 금송아지 우상을 만들기 위해 아론에게 금으로 된 물건들을 가져갔던 사실에 대한 의미를 잘 기억하고 있다. 당시 백성들이 금송아지를 만들면서 금 장식품들을 가져와 바칠 때도 자원하는 마음이었을 것이 틀림없다. 그것은 하나님에 대한 배도행위였음에도 불구하고 그에 참여한 백성들이 그것을 통해 얻는 기쁨과 자기만족은 매우 컸을 것이 분명하다.

그러므로 인간들의 자원하는 마음 자체가 의미 있는 것이 아니다. 또한 그것을 통해 얻게 되는 기쁨과 만족감의 정도를 보아, 참된 신앙의 여부를 논할 수 없다. 중요한 것은 그것이 과연 성령 하나님의 감동에 의한 것이냐 하는 점이다. 이에 대해서는 오늘날 우리도 이에 대한 교훈을 마음속 깊이 새겨두지 않으면 안 된다.

4. 기술자와 일꾼들을 모집

이스라엘 자손들은 하나님께 예물을 바치는 일에 있어서 개인의 역량에 따라 즐거움으로 순종했다. 그들은 억지로 하지 않고 하나님의 뜻을 기억하는 가운데 성령의 도우심을 힘입어 자원하는 마음으로 그렇게 했다. 그것은 강제적인 것이 아니었을 뿐더러 주변의 눈치를 살펴서 행동한 것이 아니었다.

그런데 물품을 바치는 것과는 달리 성막을 건립하고 성물을 제작하는 일은 보다 더 까다로웠다. 즉 그 일은 자원하는 자들이 모여 시행할 수 있는 성격이 아니었다. 그것이 단순한 개인적인 능력에 의존해서 할 수 있는 일이 아니었음을 말해준다. 그러므로 하나님께서는 유다 지파 훌의 손자

이자 우리(Uri)의 아들인 브살렐을 특별히 지명해 부르셨다.

우리가 여기서 반드시 기억해야 할 점은 그를 부른 이는 모세가 아니라 여호와 하나님이었다는 사실이다. 그는 하나님 보시기에 기본적인 능력을 갖추고 있었으며, 하나님께서는 그 위에 자신의 성령으로 충만하게 부어 주셨다. 따라서 그가 행하는 내면적인 능력인 지혜와 총명과 지식은 하나님으로부터 주어진 것이었다.

이와 같은 부르심의 원리는 구약시대뿐 아니라 신약시대에도 그대로 존속되어 적용된다. 하나님의 부르심은 크게 보아 두 가지로 나뉘는데 그것은 '구원에로의 부르심'과 '사역에로의 부르심'이다. 이중 사역에로의 부르심은 신약시대 교회의 직분과 직접 연관된다. 지금 우리가 출애굽기에 기록된 본문을 통해 보게 되는 부르심은 하나님께서 위임하신 사역에 연관된 내용이다. 사도 바울과 베드로는 각기 저들의 서신을 통해 그에 연관된 기술을 하고 있다.

"너희는 값으로 사신 것이니 사람들의 종이 되지 말라 형제들아 각각 부르심을 받은 그대로 하나님과 함께 거하라"(고전 7:23,24); "각각 은사를 받은대로 하나님의 각양 은혜를 맡은 선한 청지기 같이 서로 봉사하라"(벧전 4:10)

하나님은 자신의 사역을 위해 필요한 자들을 불러 일을 맡기신다. 이처럼 모세 시대에도 하나님의 부르심을 입은 브살렐은 금 은 놋으로 제작하는 기술을 동원해 하나님의 명령을 수행했으며 보석과 나무를 깎아 다양한 성물들을 만들었다. 그때 하나님께서는 그에게 금과 은과 놋으로 제작하는 기술을 고안하도록 요구하셨다(출 35:32).

브살렐은 거룩한 규례에 따라 성물들을 제작했다. 하지만 그 사역은 기계적이 아니라 유연성 있게 진행되었다. 이는 나중 솔로몬이 건축한 예루살렘 성전과 바벨론에 의해 파괴된 후 페르시아 시대에 재건된 성전, 그리고 하나님의 아들이신 예수님께서 이 세상에 오셨을 때 있었던 헤롯 성전에서 그에 관한 전반적인 의미를 엿볼 수 있다.

그리고 하나님께서는 단 지파 아히사막의 아들 오홀리압을 특별히 부르셨다. 그를 성령으로 감동시키셔서 조각과 세공기술에 대해 가르치는 능력을 허락하시고, 그가 조각하고 세공하는 일을 여러 사람들에게 맡기도록 하셨다. 하나님께서는 그에게도 브살렐과 마찬가지로 그 모든 일들의 내용을 고안하도록 요구하셨다. 그리하여 다양한 색깔의 실들로 수를 놓고 짜는 일을 비롯해 정교한 일들을 완수하도록 하셨다.

이를 통해 우리가 분명히 알 수 있는 점은 하나님께서 성막과 성물 제작을 위해 친히 간섭하시며 일하신다는 사실이다. 이는 단순히 성물 제작에 관해서 뿐 아니라 모든 면에서 그렇다. 따라서 인간들이 하나님의 뜻을 벗어나 자의적으로 시행할 수 있는 일은 아무 것도 없다. 만일 인간적인 판단과 능력만으로 어떤 종교적인 일을 시행한다면 그것은 하나님을 욕되게 하는 행위에 지나지 않는다.

이에 대해서는 오늘날 우리에게도 동일하게 적용되어야 한다. 지금 이 시간에도 하나님께서는 자신의 거룩한 사역을 완성하기 위해 교회 가운데서 친히 일하고 계신다. 이는 구약시대부터 약속되어 온 바였다. 이스라엘 백성이 바벨론 제국의 포로가 되어 사로 잡혀갔을 때 저들은 낙심하지 않을 수 없었다. 그때 에스겔 선지자는 하나님께서 친히 자기 백성의 목자가 되어 사역하시리라는 예언을 했다.

> "나 주 여호와가 말하노라 내가 친히 내 양의 목자가 되어 그것들로 누워 있게 할찌라 그 잃어버린 자를 내가 찾으며 쫓긴 자를 내가 돌아 오게 하며 상한 자를 내가 싸매어 주며 병든 자를 내가 강하게 하려니와 살찐 자와 강한 자는 내가 멸하고 공의대로 그것들을 먹이리라"(겔 34:15,16)

선지자 에스겔의 입술을 통해 계시된 이 예언은 포로로 잡혀간 이스라엘 백성들의 진정한 소망이자 인간들이 살아가는 전체 기간에 해당되는 내용이다. 이처럼 하나님께서는 우리시대에도 자신의 교회를 위해 직분자를 세워 직접 관여하며 일하고 계신다. 하나님의 자녀들은 이 사실을 결코 가볍게 여기거나 그 약속을 잊어버려서는 안 된다. 인간들이 그에 관한 사실을 확실히 기억하지 않으면 자신의 노력을 통해 인간의 종교적인 욕망을 드러내는 일에 매진할 우려가 있기 때문이다.

제38장

성막제작 시행
(출 36:1-38)

1. 브살렐과 오홀리압

　모세는 하나님께서 지명하신 브살렐과 오홀리압을 비롯한 참 지혜로운
자들을 불렀다. 하나님은 인간들의 육안으로 볼 수 없는 영적인 존재이므
로 모세를 자신의 대리자로 세우셨던 것이다. 그들을 특별히 선택하여 지
명하신 분은 여호와 하나님이시며 모세는 그의 사자使者로서 저들에게 하
나님의 뜻을 전했을 따름이다.

　그들은 하나님이 자기를 부르시리라는 기대를 전혀 하지 않았을 것이
분명하다. 즉 저들의 간절한 염원에 따라 하나님께서 지명해 주신 것이 아
니었다. 그렇지만 하나님께서 저들을 부르셨을 때 그대로 순종했다.

　브살렐과 오홀리압 그리고 저들과 함께 부르심을 받은 자들은 하나님께
서 특별한 사역을 맡기신다면 그것을 피할 수 없다는 사실을 잘 알고 있었
다. 이와 같은 겸손한 신앙 자세는 세상의 모든 성도들에게 요구되는 정신
이었다. 우리는 원하시는 자를 지명해 부르심에 관한 이사야서에 기록된
하나님의 말씀을 기억한다.

　　"야곱아 너를 창조하신 여호와께서 이제 말씀하시느니라 이스라엘아 너

를 조성하신 자가 이제 말씀하시느니라 너는 두려워 말라 내가 너를 구속하였고 내가 너를 지명하여 불렀나니 너는 내 것이라"(사 43:1)

하나님께서는 자신의 특별한 사역을 맡기시기 위해 직접 합당한 자들을 지명해 부르신다. 그런데 우리는 이사야서 본문에서 '두려워 말라'고 하신 말씀을 관심 있게 보게 된다. 이는 하나님의 부르심을 받는 자들이 기쁘고 즐거운 것이 아니라 도리어 두려운 마음을 가지게 된다는 사실을 보여주기 때문이다.

이는 두 가지 측면에서 생각해 볼 수 있다. 첫째는 부족한 인간으로서 하나님의 사역에 직접 참여하는 점에 대한 부담이다. 타락한 인간이 거룩한 사역에 참여할 경우 자칫하면 죄악으로 인한 죽음을 당할 수도 있기 때문이다. 둘째는 배도에 빠진 자들의 공격에 연관되어 있다. 하나님을 올바르게 알지 못하는 이기적인 배도자들은 하나님의 사자들을 심하게 박해할 우려가 있다.

그러므로 하나님께서는 자신의 거룩한 사역을 맡기기 위해 사람을 부르시면서 두려워하지 않아도 된다는 사실을 말씀하셨다. 이는 그가 저들을 죄악 세상에서 구출해 내셨을 뿐 아니라 특별한 사역을 위해 직접 지명하여 부르셨기 때문이다. 따라서 '너는 내 것이라'고 하는 은혜의 말씀을 주셨던 것이다.

이와 같은 내용은 구약시대뿐 아니라 신약시대에도 그대로 유효하게 적용된다. 즉 그리스도의 피로써 구속받은 우리도 하나님의 부르심에 대해 민감해야 하며 그에 온전히 순종해야 한다. 즉 하나님의 부르심을 염두에 두지 않고 스스로 종교적인 열성을 내는 것은 결코 바람직하지 않다.

이와 연관하여 교회의 성도들 가운데 특별히 허락된 것을 우리는 '하나님의 은사'라 말한다. 이는 일반적인 재능과는 분명히 구별되어야 할 개념이다. 재능은 인간들이 제각각 나름대로 소유한 능력 있는 재주로서 불신

자들도 얼마든지 가질 수 있다. 그렇지만 성경에서 언급하는 은사는 하나님께서 교회와 자신의 사역을 위해 특별히 허락하신 것으로서 불신자들은 결코 가질 수 없는 성질의 것이다.

2. 모세가 백성들로부터 예물을 받음

이스라엘 백성은 하나님께서 요구하신 각종 다양한 예물들을 모세 앞으로 가져왔다. 그는 백성들로부터 받은 예물들을 성소와 성물 제작자로 지명된 브살렐과 오홀리압을 비롯한 지혜로운 자들에게 내어주었다. 그렇게 함으로써 성막과 성물 및 주변의 부속 시설물들을 위한 구체적인 작업이 이루어지게 되었다.

우리는 본문에 기록된 말씀 가운데서 매우 중요한 절차적 과정을 보게 된다(출 36:3). 그것은 백성들이 하나님께서 요구하신 예물을 모세에게 가져다 주고, 모세는 그것들을 모아 브살렐과 오홀리압과 성물 제작자들에게 전달해 주었다는 사실 때문이다. 이는 저들의 모든 사역이 모세에게 예속되어 있음을 말해주고 있다. 그것은 물론 궁극적으로 하나님께 속한 일이었다.

이에 관해서는 작업을 시작하던 초기 단계에 이루어진 것이지만 그 원리는 나중에까지 이어지는 것으로 이해해야 한다. 즉 그후 백성들이 예물을 가져왔을 때 다른 책임자들이 그것을 관리했을지라도 그 원래의 원리는 남아 있었다. 성소에 관련된 일들은 모든 이스라엘 민족이 관심을 기울여야 할 중차대한 일이었다.

성소와 성물들이 제작되기를 원하는 이스라엘 자손들은 매일 아침 지속적으로 예물을 가지고 왔다. 그 사역에 직접 참여하지 않는 일반 백성들이 끊임없이 물품들을 가져왔던 것이다. 물론 예물을 계속해서 가져오는 백성들의 마음 자세가 잘못된 것이라 말할 수는 없다. 그러나 성소와 그에 연

관된 부속시설과 성물 제작을 위해서는 예물이 무한정으로 요구되지 않았
다. 적절하게 필요한 양만 있으면 되었다. 설령 엄청나게 많은 양이 거두어
진다고 해도 전부를 다 사용할 수는 없었던 것이다.

3. 예물 헌납에 대한 중단선언

백성들이 성실하게 예물들을 가져오게 되자 하나님의 사역을 위해 넉넉
한 정도에 이르게 되었다. 그럼에도 불구하고 충성을 다하고자 하는 백성
들은 계속해서 예물을 가져오기를 멈추지 않았다. 그렇게 되자 성소와 성
물 제작 사역을 하는 지혜로운 자들은 결국 하던 일을 멈추고 모세에게 나
아왔다.

필요 이상의 예물을 지속적으로 가져오게 되면 인력에 손실을 가져올
수밖에 없다. 성물 제작에 힘써야 할 사람들이 예물을 수납하는 일을 계속
해야 하기 때문이다. 그런 상황 가운데서 그들은 모세에게 백성들로부터
거두어진 예물이 너무 많아 하나님께서 명하신 일을 하기에 넉넉하여 남
는다는 사실을 보고했다. 그래서 백성들에게 더 이상 예물을 가져오지 않
도록 말해달라는 요구를 했던 것이다.

저들의 요구를 들은 모세는 모든 백성들에게 그에 대한 명령을 내리도
록 했으며 사역자들은 백성들에게 그것을 공포하게 되었다. 성소를 위해
필요한 예물들이 충분하므로 이제 더 이상 가정에서 실을 짜서 물품들을
만들거나 예물들을 가져오지 않아도 된다는 것이었다. 그러자 백성들은
그 명령에 따라 예물을 가져오기를 그쳤다.

우리는 여기서 매우 중요한 교훈을 얻게 된다. 예물이 너무 많아서 헌납
을 중단시키도록 요구한 일꾼들과 모세가 저들의 요구에 따라 그렇게 하
도록 명령한 것은 지혜로운 처사였다. 물론 그 당시 물품이 남아돌아가는
줄 모르고 예물을 가져왔던 백성들에게 잘못이 있었던 것은 아니다.

우리시대의 교회와 교회에 속한 성도들은 이 말씀에서 매우 소중한 교훈을 배울 필요가 있다. 즉 성도들이 교회에 내는 연보 역시 이와 동일한 관점에서 이해되어야 한다. 교회와 지도자들은 때로 교회에 모여지는 연보 액수가 지나치게 많은 것으로 판단되면 적절히 조절할 수 있어야 한다.

교회에는 필요 경비만 있으면 된다. 물론 그 가운데는 교육비, 선교비, 구제비 등 다양한 항목들이 들어있을 수 있다. 하지만 그것이 무조건 많이 모이는 자체가 좋은 것이 아니다. 제정이 부족하면 온 성도들이 힘을 다해 더 많은 액수의 연보를 할 수 있어야 하며, 과다한 것으로 판단되면 그 액수를 지혜롭게 줄일 수 있어야 한다.

그 대신 세상을 살아가는 성도들은 항상 주변의 어려운 이웃들을 돌아보지 않으면 안 된다. 즉 집단으로서 교회가 아니라 교회에 속한 성도들이 어려운 이웃 사람들을 위해 베푸는 삶을 살 수 있어야 하는 것이다. 즉 성숙한 자들은 교회의 손이 미치지 않는 곳에 물질을 적절하게 잘 사용할 수 있도록 애써야 한다. 모든 성도들은 이에 대한 신실한 신앙 자세를 유지 보존하지 않으면 안 된다.

지상에 존재하는 교회에는 항상 필요한 만큼의 물질이 있으면 족하다. 교회의 지도자들이 지나치게 욕심을 부리게 되면 인본화되어 부패하기 십상이다. 따라서 신앙이 성숙한 성도들은, 물질이 과다하게 많으면 세속화되어 교회의 본질을 상실할 우려가 있다는 사실을 마음속 깊이 새기지 않으면 안 된다.

4. 성막제작

하나님으로부터 지명되어 사명을 받은 성도들에 의해 성막이 제작되었다. 이를 위해서는 인위적인 세련된 기교가 요구되지 않았다. 도리어 그와 같은 것들은 철저하게 배제되어야만 했다. 왜냐하면 그 성막은 거룩한 하나님의 집으로서 인간의 취향에 맞춰져 있지 않았기 때문이다.

성막 제작은 그 전 시내산에서 하나님으로부터 모세에게 주어진 도면과 도식에 따라 진행되었다. 이는 마치 우리시대에 일반 건축을 할 때 설계도 면에 따라 작업이 시행되는 것과 유사하다. 건축하는 자들이 그것을 벗어나 임의로 작업한다면 나중 준공검사에서 허가가 나지 않아 그 건축물을 사용할 수 없게 되는 것과 마찬가지다.

그러므로 하나님으로부터 특별히 지명받은 사역자들은 모세가 전해준 규례에 따라 성막을 만들기 시작했다(출 26:1-37). 그 사역을 맡은 일꾼들은 정해진 규례에 따라 휘장을 규격에 맞게 열 개를 제작해 다섯 개씩 이어 두 개의 큰 휘장 막을 만들었다. 휘장은 청색 자색 홍색실과 가늘게 꼰 베실로 짰으며 그 위에는 그룹(Cherub) 곧 천사의 모습들을 정교하게 수놓았다(출 26:1 참조).

그리고 쉰 개의 고리와 걸쇠를 만들어 서로 연결했다. 그렇게 함으로써 널따란 하나의 막이 만들어졌다(출 26:5 참조). 그것으로써 성막이 제작되었으며 성막의 윗부분에는 붉은 물을 들인 수양 가죽으로 덮개를 만들어 얹었다. 또한 그 위에는 해달의 가죽으로 된 윗덮개를 만들어 덮었다(출 26:14 참조).

또한 하나님의 거룩한 사역을 맡은 자들은 규격대로 조각목을 다듬어 널판을 세워 성막의 벽면을 만들었다. 남북 편에 각각 스무 개 씩의 널판과 성막 뒤편인 서쪽에는 여섯 개의 널판을 만들어 세웠다. 그 성막을 지탱하게 되는 널판의 아래는 땅에 닿지 않도록 받침대를 놓았는데 그것은 은으로 제작되었다(출 36:26,30).

또한 성막의 앞쪽인 동편에는 제사장들이 출입할 수 있는 문을 만들면서 다섯 개의 기둥을 세워 휘장을 설치했다. 그리고 그 받침대는 놋으로 만들었다(출 36:38). 받침대들 가운데 어떤 것들은 은으로 제작하고 또 다른 어떤 것들은 놋으로 제작했는데 그에 대한 구체적인 의미를 부여하기란 쉽지 않다. 분명한 사실은 그것이 하나님께서 정하신 절대적인 규례라는 점이다.

성막은 그 내부에 있는 지성소와 성소에 대한 보호막 역할을 하게 된다. 지성소 안에는 법궤가 놓이게 되었으며 성소 안에는 향단과 떡상과 등대가 놓이게 된다. 따라서 그것은 인간들의 안목에 따라 더 크고 더 비싸고 더 화려하게 만들거나 꾸미려 해서는 안 된다. 단지 하나님의 뜻에 순종해야할 따름이었다.

5. 성막 안의 지성소와 성소 : 하나님의 절대영역

성경은 성막이 '하나님의 집' 이라는 사실을 말해주고 있다. 법궤 곧 언약궤가 놓여 있는 지성소는 아무도 범접할 수 없는 절대적인 하나님의 영역이다. 그리고 향단과 떡상, 등대가 놓여있는 성소는 거룩하신 하나님과 그로 말미암아 거룩하게 된 제사장들의 공동의 영역이라 할 수 있다.

지성소 안에 놓여 있는 언약궤 위의 '시은좌' 는 하나님의 발등상이다. 이는 하나님께서 그곳에 현존現存해 계신다는 사실을 말해준다. 역대상에는 다윗 왕이 그에 연관된 구체적인 언급을 한 내용이 기록되어 있다. 그리고 시편에서도 성막의 지성소에 하나님께서 계신다는 사실이 선포되고 있다.

"이에 다윗 왕이 일어서서 가로되 나의 형제들, 나의 백성들아 내 말을 들으라 나는 여호와의 언약궤 곧 우리 하나님의 발등상을 봉안할 전 건축할 마음이 있어서 건축할 재료를 준비하였으나"(대상 28:2); "우리가 그의 성막에 들어가서 그 발등상 앞에서 경배하리로다"(시 132:7)

이 기록들은 지성소 안에 놓인 언약궤가 천상의 나라에 계신 하나님의 발등상이 됨으로써 성막이 하늘에 직접 연결되어 있다는 사실을 말해주고 있다. 즉 지성소는 이 땅에 존재하고 있었지만 하늘에 직접 연결되어 있었다. 다시 말해 타락한 세상 가운데 거룩한 집이 건축됨으로써 천상에 연결된 그곳에 하나님께서 거하시게 되었던 것이다.

이는 우리에게 신약시대의 지상 교회와 연관하여 매우 중요한 의미를 전해주고 있다. 지상의 참된 교회는 비록 이 땅에 존재하지만 천상의 나라에 곧 바로 연결되어 있다. 그러므로 교회에 속한 성도들이 천상에 계시는 하나님을 경배할 때 상징적인 의미를 지니는 것이 아니라 시공을 초월한 현실적인 의미를 가지게 된다. 이는 지상의 교회가 실제적으로 천상의 나라에 속해 있음을 증언해 준다.

제39장

성막 안에 들어가게 될 성물들

(출 37:1-29)

1. 언약궤

하나님의 지명을 받아 부르심을 입은 브살렐은 조각목을 사용해 언약궤를 만들었다. 그 크기와 방식은 하나님께서 정해주신 규례에 따랐다. 궤의 전체면의 안팎은 순금으로 쌌으며 위쪽 가장자리는 돌아가면서 순금 테를 둘렀다.

궤의 네 모퉁이 아랫부분에는 금 고리 넷을 만들어 두 개의 채를 꿸 수 있도록 했다. 그리고 두 개의 채를 만들어 겉은 순금으로 감싸고 그것을 언약궤에 부착된 양쪽 고리에 꿰어 앞뒤로 네 사람이 맬 수 있도록 제작했다. 그렇게 함으로써 백성들이 이동할 때 그 궤를 매고 옮길 수 있었다.

이는 이스라엘 민족이 가나안 땅에 들어가서 삼백여 년 동안 겪어야 할 사사시대를 어느 정도 예고하고 있다. 그때가 되면 성막이 여러 곳으로 옮겨 다녀야 할 뿐 아니라 그 가운데 놓이게 될 언약궤도 사람들이 매어 옮겨야 한다. 따라서 사람들이 그 궤를 매고 이동할 수 있도록 제작되었던 것이다.

그리고 언약궤 위에는 순금으로 된 속죄소 곧 시은좌를 만들어 두었다.

그곳은 하나님께서 인간들의 죄를 용서하시는 특별한 은혜의 자리였다. 이는 물론 아담으로 인해 생겨난 원죄를 비롯한 인간들의 모든 형태의 죄를 포함한다. 또한 속죄소의 양 끝에는 그룹(Cherub) 곧 천사들을 만들어 서로 마주보도록 했다. 그것들은 속죄소에 붙어 있어서 전체가 한 덩어리를 이루고 있었다.

속죄소 위의 그룹들은 날개를 펴서 그 날개로 속죄소 위를 덮게 했다. 그리고 얼굴을 속죄소를 향해 서로 마주 보고 있도록 만들었다. 이는 하나님의 천사들이 그곳을 지켜보는 가운데 수종드는 의미를 드러내 보여주고 있다.

히브리서 기자는 구약시대의 성소에 관한 중요한 내용을 기록하고 있다. 그는 첫 언약 가운데도, 이 세상에 살아간 언약의 백성들이 하나님을 섬기는 규례를 가지고 있었음을 언급했다. 그 중심에는 하나님의 언약궤가 자리잡고 있었다. 히브리서에서는 또한 그 안에 있는 여러 가지 성물들에 관한 내용을 언급하고 있다.

> "또 둘째 휘장 뒤에 있는 장막을 지성소라 일컫나니 금향로와 사면을 금으로 싼 언약궤가 있고 그 안에 만나를 담은 금항아리와 아론의 싹난 지팡이와 언약의 비석들이 있고"(히 9:3,4)

위의 히브리서 본문에는 지성소 안에 금향로(golden altar)가 놓여있는 것으로 묘사하고 있다. 하지만 그것은 필사과정에서 발생한 문제로 보인다. 왜냐하면 금향로는 지성소 안이 아니라 성소의 맨 앞부분에 놓여 있었기 때문이다. 즉 그것은 지성소에 있는 언약궤를 향해 거의 맞닿게 놓여 있었기 때문이다(출 40:3-5 참조).

특히 그 궤 안에 들어있는 거룩한 물품들은 하나님의 언약에 연관된 매우 중요한 의미를 지니고 있다. 그 안에는 만나를 담은 금 항아리와 아론의 싹난 지팡이, 그리고 모세가 시내산에서 하나님으로부터 받은 언약의 두 돌판이 들어 있었다. 브살렐이 만드는 언약궤 안에는 그런 것들이 들어가게 된다.

지성소 내부에 놓여있어야 할 언약궤는 메시아를 기다리는 이스라엘 민족 역사의 가장 핵심부에 자리잡고 있었다. 그 안에 들어있는 세 가지 성물들은 전부 이스라엘 백성들이 시내광야에 있을 때와 연관되어 있다. 만나, 아론의 싹난 지팡이, 언약의 비석들은 전부 그 당시에 존재했던 물건들이다. 이는 이스라엘 민족의 역사 가운데는 시내광야 사십 년의 의미가 끊어지지 않고 지속적으로 흘러내리고 있었음을 말해주고 있다.

2. 떡상

브살렐은 또한 하나님께서 제정하신 규례에 따라 성소 안에 들여놓게 될 떡상을 만들었다(출 25:23-30). 이 떡상 위에는 과연 누구를 위한 떡이 놓여지게 되는가? 여기서 말하는 떡상이란 식탁과 동일한 의미를 지니고 있다. 또한 그 위에는 상시적으로 진설병이 놓이게 된다. 여기서 말하는 진설병 혹은 떡은 사람들이 날마다 먹는 일상적인 음식에 연관되어 있다.

성전에서 하나님을 섬기는 직분을 감당하는 제사장들이 날마다 떡을 갈아야 하는 것은 일용할 양식과 연관되어 있음을 말해준다. 그리고 그 상에는 순금으로 된 대접과 숟가락과 병이 놓여 있었다(출 37:16). 이는 성소 안의 하나님 앞에서 제사장들의 영적인 식탁 교제가 이루어진다는 사실을 의미하고 있다.

물론 하나님께서는 직접 그 음식을 입으로 먹는 것이 아니지만 제사장들은 그 음식을 먹었다. 사도 바울은 고린도 교회에 보내는 편지에서 그에 대한 증언을 하고 있다(고전 9:13 참조). 제사장들은 모든 하나님의 자녀들에 대한 대표성을 띠고 있었다. 예수님께서 그와 연관된 말씀을 하신 것이 복음서에 기록되어 나타난다.

> "예수께서 대답하여 가라사대 다윗이 자기와 및 함께한 자들이 시장할 때
> 에 한 일을 읽지 못하였느냐 그가 하나님의 전에 들어가서 다만 제사장 외에
> 는 먹지 못하는 진설병을 집어 먹고 함께한 자들에게도 주지 아니하였느냐"
> (눅 6:3,4; 막 2:25,26; 마 12:3,4)

우리는 예수님께서 하신 이 말씀 가운데서, 성소 안의 떡상에 진설된 떡
은 원칙적으로 제사장들이 먹는 음식이었음을 알게 된다. 그럼에도 불구
하고 아론 지파에 속한 제사장이 아닌 다윗이 배가 매우 고팠을 때 자기와
함께 있던 자들과 함께 그 음식을 나누어 먹었던 적이 있었다.

그러나 예수님께서는 다윗의 그와 같은 판단과 행동이 비난받을 일이
아니라고 말씀하셨다. 이는 성소 안에서 하나님 앞에 진설된 떡을 제사장
들이 먹었던 것은 저들의 종교적인 특권 때문이 아니었음을 말해준다. 그
것은 도리어 언약의 백성들에 대한 대표성을 따고 있음을 보여주고 있다.

우리가 여기서 분명히 기억해야 할 바는 그것은 하나님에 연관된 거룩
한 떡이라는 사실이다. 제사장들이 그 떡을 먹었지만 그것은 죄에 빠진 인
간들에게 속한 음식이 아니었다. 따라서 그 떡은 의미상 당시 날마다 하늘
에서 내리던 만나와도 연관성을 지닌다. 이는 그 떡과 상관이 없는 자라면
진정한 생명을 소유할 수 없다는 사실을 말해준다.

이 내용은 신약시대의 성찬과도 밀접하게 연관되어 있다. 우리가 공 예
배 시간에 나누는 성찬인 떡과 포도주는 천상으로부터 내려오는 의미를
지닌다. 그것은 곧 십자가에 달려 돌아가셨다가 사흘 만에 부활하여 승천
하심으로써 지금은 천상에 계시는 예수 그리스도의 몸에 직접 연관되어
있기 때문이다.

이 세상에 살아가는 인간들 가운데 그 성찬과 관련이 없는 자들은 진정

한 생명을 보장받을 수 없다. 그 거룩한 음식에 영원한 생명이 달려 있으며 그것을 먹지 않으면 하나님의 심판과 사망을 면치 못한다. 구약시대의 성전 제사장들에게도 그에 관한 개념이 어느 정도 있었을 것이 틀림없다. 즉 제사장들은, 날마다 그 떡상 위에 진설병을 차리면서 장래 오실 메시아를 소망하게 되었으며, 그 떡이 생명의 근원이 되는 메시아와 연관되어 있다는 사실을 깨닫고 있었을 것이다.

3. 등대

브살렐은 하나님께서 모세에게 보여주신 식양에 따라 순금으로 등잔대를 만들었다(출 25:31-40). 그것은 밑판으로부터 줄기와 살구꽃 형상의 잔과 꽃받침과 꽃이 전부 한 덩어리로 연결되어 있었다. 거기에는 하나로 연결된 일곱 개의 등잔이 제작되어야 했다.

그 등잔 위에 놓이게 되는 거룩한 불은 성소 내부를 환하게 비쳐준다. 휘장 너머에 있는 지성소가 인간들의 접근을 허락지 않는 깜깜한 영역이었던데 반해 성소는 항상 밝고 환한 상태를 유지하도록 되어 있었다. 이는 성소에 놓인 등잔의 불이 의미상 지성소를 향해 설치되는 것이라는 사실을 말해주고 있다.

우리가 여기서 생각해 보아야 할 점은 그 등대가 과연 누구를 위한 것인가 하는 문제이다. 외형상 그 등대는 제사장들을 위한 것이었다. 그 등불의 빛으로 말미암아 성소 내부는 항상 환하게 밝혀져 있었다. 그 등불은 지성소를 향해 나아가는 길을 밝혔다. 그 불은 하나님으로 말미암은 거룩한 불이었으며 그 불빛이 없으면 지성소로 나아갈 수 없었다. 제사장들은 그것을 통해 날마다 하나님을 온전히 섬길 수 있었던 것이다.

우리는 또한 이 등대와 등불이 나중 예수 그리스도를 통해 세워지게 될 하나님의 몸된 교회를 예표하는 것으로 이해할 수 있다. 이는 예수님께서

'나는 세상의 빛이라'(요 8:12)고 하신 말씀과 '너희는 세상의 빛이라'(마 5:14)고 하신 말씀과 연관되어 있다.

그리고 요한계시록에는 일곱 금 촛대에 관한 기록이 나온다. 요한이 계시록에서 본 일곱 촛대는 교회를 의미한다(계 1:20; 4:5 참조). 이 말은 성소가 곧 하나님의 몸된 교회라는 사실을 말해주고 있다. 우리시대의 참된 교회가 곧 하나님의 거룩한 성소인 것이다.

우리가 또한 놓치지 말아야 할 사실은, 등잔불을 위한 부대시설물들이라 할 수 있는 불집게와 불똥 그릇을 순금으로 만들었다는 점이다. 일반적으로 생각할 때 그런 것들은 순금이 아니라 철로 만드는 것이 더 합리적일지 모른다. 순금은 불에 쉽게 녹아버릴 수 있는 물질이기 때문이다.

나아가 불똥이나 불에 탄 재를 되풀이해 묻히게 되면 깨끗한 상태를 유지하기 어렵다. 그럼에도 불구하고 모든 부속 기구들을 순금으로 만들어야 했던 이유는 그것들이 순수해야 한다는 사실과 연관된다. 이는 우리시대 교회에 속한 모든 내용들이 순수해야 함을 시사해주고 있는 것으로 이해된다.

4. 향단

브살렐은 또한 하나님께 분향할 향단을 만들었다(출 30:1-5). 그에 연관되어 필요한 모든 것들은 순금으로 제작되었다. 이는 그것의 순수성을 말해주고 있다. 향단은 제사장들이 하나님을 섬기기 위해 마련된 것이다. 그것은 하나님과 그의 자녀들을 잇는 연결고리 역할을 하게 된다. 향단에 향을 피우는 제사장들의 사역을 통해, 하나님과 그의 택한 백성들 사이에 교제가 이루어지는 것이다.

그런데 앞에서 언급한 것처럼 히브리서에는 향단이 지성소 안에 놓여있는 것으로 묘사되어 있다(히9:3). 이는 싱경사본의 필사과정에서 발생한 전

달 오류가 아닌가 싶다(출 40:3-5 참조).[78] 출애굽기 본문에는, 성소의 전면 중
앙에 놓여 있는 향단이 휘장을 사이로 지성소 안의 언약궤를 마주 향하고
있는 것으로 기록하고 있다.

중요한 사실은 지금도 하나님의 자녀들이 향단의 기능과 성격을 통해
하나님과의 교제를 지속하고 있다는 점이다. 그것은 하나님께서 신약시대
의 교회에 허락하신 특별한 은혜의 방편이다. 즉 구약시대 제사장들이 향
단에 향을 피움으로써 하나님 앞으로 나아가 교제했듯이 오늘날 우리는
향과 연관된 기도의 방편을 통해 하나님과의 교제를 지속하게 된다. 요한
계시록에는 그에 연관된 내용이 기록되어 있다.

"또 다른 천사가 와서 제단 곁에 서서 금향로를 가지고 많은 향을 받았으
니 이는 모든 성도의 기도들과 합하여 보좌 앞 금단에 드리고자 함이라 향연
이 성도의 기도와 함께 천사의 손으로부터 하나님 앞으로 올라가는지라"(계
8:3,4)

이 말씀은 성도들의 참된 기도가 천상에 계시는 하나님을 향하고 있으

---

78) 믿음의 선배들은 성경을 필사하는 과정에서 매우 신중한 자세를 취했다. 구약
과 신약성경은 모두 양피지나 파피루스에 옮겨 적어 전수되었다. 그것들은 두
루마리로 보관되었기 때문에 시간이 흐르면 글자의 획이 지워지거나 떨어져
나가기 쉬웠다. 설령 그로 말미암아 의미가 바뀌었다고 할지라도 성경 필사를
담당한 사역자들은 다른 양피지나 파피루스에 앞서 기록된 그대로 옮겨 적었
다. 인간의 눈으로 보아 그것이 명백하게 잘못 필사된 것으로 판단될지라도 필
사자들은 그대로 옮겼을 따름이다. 만일 잘못으로 보일 경우, 그것을 적절히
고쳐 필사하는 것이 허용되었다면 성경 전체가 무책임하게 고쳐지게 되었을지
도 모를 일이었다. 정통한 믿음의 선배들은 필사과정에서 나타난 오류처럼 보
이는 부분이 있다고 할지라도 그것을 고쳐 필사하지 않고 그대로 둔 상태에서
그에 대한 해석을 덧붙였다. 그러므로 우리는 우리가 보통 가지고 있는 성경에
서 모순처럼 보이는 내용들을 보게 되면 도리어 성경의 진정성을 확신하게 된
다. 이는 고등비평(high criticism)을 하는 자유주의자들의 주장과는 정반대적
인 입장이다.

며 그것을 통해 하나님과 교제가 이루어진다는 사실을 말해준다. 기도는 마치 인간의 호흡과 같아서 잠시도 중단할 수 없다. 이는 우리가 일반적으로 생각하는 '간구' 이상의 의미를 지니고 있다.

사도 바울이 데살로니가 교회를 향해 '쉬지 말고 기도하라'(살전 5:17)고 한 내용은 그와 연관된다. 우리는 향단과 그 모든 부속물들이 순금으로 만들어진 것처럼 우리의 기도에 관한 의미도 그와 동일하다. 즉 성전 제사장들이 거룩한 관유와 향품으로 정결한 향을 만들었듯이 우리의 기도 내용도 그러해야 한다.

5. "길이요 진리요 생명이신 예수 그리스도"(요 14:6)

인간의 몸을 입고 이 땅에 오신 하나님의 아들 예수 그리스도께서는 성전에서 매매하는 자들의 상을 뒤엎으셨다. 요한복음에 기록된 내용은 그의 공 사역 초기에 일어났던 사건이다. 성전 종사자들은 저들의 종교적인 목적을 달성하기 위해 소와 양과 비둘기를 팔았으며 환전換錢하는 일도 했다. 그들은 그렇게 하는 것이 멀리 이방 지역에서 오는 유대인들에게 편의를 봐주는 것일 뿐 아니라 성전을 거룩하게 보호하는 일이라 여겼다. 즉 그렇게 함으로써 흠 있는 동물이나 부정한 돈이 성전을 더럽히는 것을 방지할 수 있다고 생각했다.

우리가 기억해야 할 바는 성전에서 매매하는 행위가 잡상인들의 상행위였던 것이 아니라 유대인들의 공적인 사업에 해당되는 일이었다는 점이다. 그들은 그렇게 함으로써 상당한 수익을 올릴 수 있었다. 당시는 예루살렘 성전의 보강공사가 한창 진행되던 시기였으므로 상당한 재정확충이 필요했다. 따라서 성전에서 제물이 될 동물을 팔고 성전에 바칠 히브리인들의 거룩한 돈을 환전해 줌으로써 상당한 수익을 올리게 되었던 것이다.

그러나 예수님께서는 그것이 도리어 거룩한 성전을 더럽히는 악한 행동이라고 말씀하셨다. 당시 유대인들이 그렇게 하는 것은 하나님의 일이 아 니라 인간들의 종교행위에 집착하기 때문이라는 것이었다. 따라서 예수님 은 분노하여 성전에서 매매하는 저들의 상들을 뒤엎으셨다. 그러면서 그 는 '내 아버지 집으로 장사하는 집을 만들지 말라'(요2:16)고 하셨다. 제자 들은 그의 말씀이 메시아 선언이라는 사실을 깨달았다.

하지만 그것을 전혀 깨닫지 못한 유대인들은 그것을 그냥 지켜보고만 있지 않았다. 그들은 오히려 예수님이 성전 종사자들의 공적인 사역을 방 해하는 것으로 판단했다. 따라서 그들은 무슨 권세로 그렇게 하는지 예수 님께 따지면서 그것이 하나님 앞에서 정당한 행동이라는 표적을 보여 달 라고 했다. 저들의 요구를 들은 예수님께서는 제자들과 적대적인 유대인 들이 있는 자리에서, 저들이 성전을 헐게 되면 자신이 사흘 만에 일으켜 세우시리라는 말씀을 하셨다.

"예수께서 대답하여 가라사대 너희가 이 성전을 헐라 내가 사흘 동안에 일으키리라 유대인들이 가로되 이 성전은 사십 륙년 동안에 지었거늘 네가 삼 일 동안에 일으키겠느뇨 하더라 그러나 예수는 성전된 자기 육체를 가리 켜 말씀하신 것이라"(요 2:19-21)

유대인들의 귀에는 이 말씀이 하나님을 모독하는 언사로 들렸다. 나아 가 헤롯왕이 예루살렘 성전 보강공사를 시작한 지 사십육 년 동안이나 걸 린 것을 일시에 헐고 단 사흘 만에 다시 짓는다는 것은 결코 있을 수 없는 일이라 판단했다. 그러나 예수님의 말씀 가운데는 나중 십자가에 달려 돌 아가셨다가 사흘 만에 부활하게 될 자신의 몸에 관한 예언적 의미가 담겨 있다.

우리는 여기서 예수님의 몸과 거룩한 성전이 동일한 의미를 소유하고 있다는 사실을 알게 된다. 예수님께서는 나중 제자들에게 자신의 몸을 통

한 기능적인 의미에 관한 말씀을 하셨다. 자기의 몸이 곧 길과 진리와 생명
이라는 것이다.

> "예수께서 가라사대 내가 곧 길이요 진리요 생명이니 나로 말미암지 않고
> 는 아버지께로 올 자가 없느니라"(요 14:6)

예수님께서 자기를 길(the way), 진리(the truth), 생명(the life)이라고 말씀하
신 것은 절대 배타적인 의미를 지니고 있다. 즉 그가 유일한 길이자 유일한
진리이며 유일한 생명일 따름이며 그 이외에는 참된 길과 진리와 생명이
없다는 것이다. 따라서 우리는 그의 몸 자체를 절대적 의미의 길과 진리와
생명이라는 사실을 알게 된다.

이 말은 십자가에 달리신 예수 그리스도의 몸이 영원한 진리이자 생명
이며 하나님을 향한 유일한 길이라는 사실을 교훈해준다. 이는 예수님께
서 자신을 예루살렘 성전과 동일시하여 말씀하신 것처럼, 모세시대의 성
막과 밀접하게 연관되어 있다. 언약궤가 놓인 지성소 안에 현존하시는 하
나님을 향한 거룩한 길목이 되는 성소에 등불과 향과 떡이 있었듯이, 예수
님 자신의 거룩한 몸이 하나님을 향한 길과 진리와 생명이 되셨다. 히브리
서 기자는 그에 연관된 기록을 하고 있다.

> "그러므로 형제들아 우리가 예수의 피를 힘입어 성소에 들어갈 담력을 얻
> 었나니 그 길은 우리를 위하여 휘장 가운데로 열어 놓으신 새롭고 산 길이요
> 휘장은 곧 저의 육체니라"(히 10:19,20)

이 말씀의 전제적인 의미는 십자가에 달리신 예수 그리스도의 몸과 거
룩한 성소에 직접 연관되어 있다. 즉 구약시대의 제사장들이 등불과 진설
병과 향단을 거쳐 지성소 안의 하나님께 나아갔듯이, 예수님은 스스로 대

제사장이 되셨을 뿐 아니라 그의 몸 자체가 곧 거룩한 성전이 되었다. 따라서 그의 몸은 등불로서 밝히는 길이 되고 거룩한 떡을 통해 생명을 공급하게 된다. 그리고 진리를 향한 향단의 향으로써 거룩한 하나님께 나아가게 된다.

모든 약속의 자녀들은 그것들을 통해 하나님의 언약궤로 나아가 그의 발등상인 속죄소 즉 시은좌로부터 용서의 은혜를 입게 된다. 이는 예수님께서 십자가에 달려 돌아가신 즉시 성소의 휘장이 찢어진 사건과 직접 연관되어 있다. 그가 친히 영원한 대제사장이 되어 자신의 몸을 의미하는 성소를 지나 지성소에 들어가셨던 것이다. 그것은 곧 천상의 영원한 지성소에 들어가는 것과 동일한 의미를 지니고 있다.

제40장

성막 밖의 시설물들
(출 38:1-31)

1. 번제단

성물 제작 사역을 맡은 일꾼들은 규례에 따라 번제단을 만들었다. 하나님께서 거하시는 성막을 향한 외부 기구들 중에 제사에 연관된 가장 중요한 것은 놋으로 감싼 번제단이다. 그것은 속이 빈 채 정사각형으로 네모반듯하게 만들어졌으며 네 모퉁이 위에는 뿔이 달려 있었다. 제단 주변 가장자리 중간 위치에는 놋 그물이 둘러쳐졌다. 이는 번제물이 타면서 주변에 흘러내리지 않도록 하기 위함이다.

그 놋 그물 네 모퉁이에 조각목으로 채를 만들어 놋으로 쌌으며 그것을 펠 수 있는 고리 넷을 부어 만들었다. 이는 편리하게 이동할 수 있도록 만든 것이다. 그리고 놋으로 통과 부삽과 대야와 고기 갈고리와 불 옮기는 그릇을 제작했다. 이는 언약궤와 그에 연관된 모든 성물들을 순금으로 만든 사실과 대비된다.

성전에서 봉사하는 제사장들은 규례에 따라 잡은 동물의 피를 뿌리고 고기를 태워 하나님께 번제로 바쳤다. 그것은 죄에 빠진 인간들이 하나님과 화목하기 위한 가장 기본적인 방편이었다. 따라서 번제단에서는 항상 고기가 타는 냄새가 진동했으며 주변은 피로 물들어 있었다.

이 가운데 우리의 관심을 끄는 것은 번제단의 네 모퉁이에 뿔을 만든 것이었다. 제사장은 희생제물의 피를 번제단 네 귀퉁이에 있는 뿔에 바르게 된다. 우리는 구약성경의 교훈을 통해 제단 뿔에 연관된 특별한 의미를 알 수 있다. 사람이 손으로 제단 뿔을 잡는 것은 그의 생명을 보장받는 것과 관련되어 있음을 시사하고 있기 때문이다.

사람이 번제단의 뿔을 잡고 있으면 아무나 함부로 그의 생명을 해치지 못한다. 아마도 거룩한 제물이 바쳐져야 할 곳에 더러운 인간의 피를 흘려 제단을 더럽히는 것이 금지되었을 것으로 보인다. 이스라엘 민족의 역사 가운데는 그와 연관된 몇 차례의 중요한 사건이 발생한 적이 있다.

다윗 왕이 나이가 많아 더 이상 국정수행을 계속하지 못할 지경에 이르자 아도니아가 스스로 자신을 왕으로 선포했다. 그러나 다윗은 솔로몬을 자신의 후계자로 지명하여 왕위를 승계하게 되었다. 그렇게 되자 아도니아의 행동은 절차를 무시한 정변을 일으킨 것으로 되어버렸다. 그것은 사형에 해당되는 범죄였다. 그러므로 솔로몬이 새로운 왕이 되었다는 사실을 전해들은 아도니아는 성소로 피해 제단 뿔을 붙잡았다.

> "아도니야도 솔로몬을 두려워하여 일어나 가서 제단 뿔을 잡으니 혹이 솔로몬에게 고하여 가로되 아도니야가 솔로몬왕을 두려워하여 지금 제단 뿔을 잡고 말하기를 솔로몬왕이 오늘날 칼로 자기 종을 죽이지 않겠다고 내게 맹세하기를 원한다 하나이다"(왕상 1:50,51)

이 사건 가운데는 제단 뿔을 잡고 있는 사람은 함부로 죽일 수 없다는 사실을 보여주고 있다. 따라서 그에 관한 사실을 전해들은 솔로몬은 그 일로 인해서는 저를 죽이지 않고 풀어주었다. 나중 요압도 반란에 가담하여 들키게 되자 장막으로 도망하여 제단의 뿔을 잡았던 적이 있었다(왕상 2:28

참조).

이와 같은 일련의 사건들을 보면서 우리가 깨닫게 되는 것은 제단 뿔이 인간의 생명과도 연관되어 있었다는 점이다. 그것이 긍정적이든 부정적이든 간에 그곳에서는 사람을 죽여 피를 흘릴 수 없었다. 따라서 당시 많은 사람들은 제단의 뿔을 잡고 있는 한 죽음을 면한다는 사실을 인식하고 있었던 것으로 보인다.

2. 물두멍

하나님으로부터 작업명령을 받은 일꾼들은 물두멍을 만들었다. 그 재료는 놋이었으며 그 받침도 놋으로 제작되었다. 그것은 회막문 앞에서 봉사하는 여인들이 바친 놋이었다. 그 물두멍이 놓이는 위치는 번제단을 지나 성소로 들어가는 문 앞이었다.

제사장 사역을 위해 결코 없어서는 안 될 물두멍은 매우 중요한 의미를 지니고 있다. 비록 그다지 크지 않은 물두멍이었지만 거기에는 엄청나게 큰 의미가 담겨 있다. 구약시대에는 물에 연관된 두 번의 큰 사건이 있었다. 그것은 노아홍수 사건과 이스라엘 민족이 출애굽할 때 홍해를 건넜던 사건이다. 그때의 물들은 성분상 다른 것과 다르지 않았지만 삶과 죽음을 갈라놓는 역할을 했다.

성막 앞에 놓여있는 물은 죽음의 바다를 건너는 기능을 하게 되었다. 그리고 제사장들을 성결케 하여 죄의 영역과 분리시키는 역할을 감당했다. 따라서 성소에 들어가는 제사장들은 항상 그 물을 거치지 않을 수 없었다. 즉 성소에 들어가는 제사장들은 반드시 그 물에 씻어 정결케 해야만 한다. 이 물을 거치지 않고는 어느 누구도 감히 거룩한 하나님 앞으로 나아갈 수 없었던 것이다.

이스라엘 민족의 제사장들은 대표성을 띠고 있었다. 따라서 언약의 자녀들은 제사장의 사역에 의존해 그 의미를 함께 누리게 되었다. 이는 노아 홍수 사건에서 살아남은 노아의 가족들과 홍해바다를 건넌 이스라엘 민족 역시 그와 마찬가지다. 그들은 모든 언약의 자녀들을 대표하는 성격을 지니고 있었다.

그것은 또한 신약시대의 세례와 깊은 연관성을 지니고 있었다. 세례요한은 요단강에서 세례를 베풀면서, "회개하라 천국이 가까웠느니라"(마 3:2)고 외쳤다. 요단강에서 베풀어진 세례는 이스라엘 백성이 시내광야에서 요단강을 건넜던 사실을 기억하는 언약적인 의미가 담겨 있는 것으로 보아야 한다. 즉 갈릴리 호수나 사해, 혹은 서쪽의 지중해가 아니라 구태여 요단강에서 세례를 베푼 데는 그만한 이유가 있었던 것으로 볼 수 있는 것이다.

성경에는 물과 세례에 관해 특별히 언급된 기록이 많이 나타난다. 그것들은 인간의 생명과 밀접하게 연관되어 있다. 신약성경에는 앞에 언급한 노아홍수와 홍해바다 사건을 세례와 연관지어 설명하고 있다. 베드로는 노아홍수를 세례와 연관지어 설명하면서 노아와 그의 자녀들은 홍수 물을 거쳐 생명을 유지하게 되었음을 말했다(벧전 3:20,21). 하나님의 은혜를 입은 자들은 홍수로 말미암아 생명을 보장받았지만 나머지 인간들은 그 물로 인해 죽음을 당하게 되었다.

그리고 사도 바울은 홍해바다를 세례와 연관지어 설명했다(고전 10:1,2). 이스라엘 백성들은 홍해를 가른 하나님의 권능으로 말미암아 생명을 건지게 되었지만, 애굽의 군인들은 그 동일한 물로 인해 멸망당하게 되었다. 이는 오늘날 우리시대 세례를 받는 모든 성도들에게도 동일하게 적용되어야 할 내용이다. 하나님께 나아가는 자들은 물로써 세례를 받지 않으면 안 되는 것이다.

이처럼 성막 안으로 들어가는 길목에 자리잡은 물두멍은 그와 동일한 의미를 지니고 있다. 그것은 과거에 있었던 구속사적 사건인 노아홍수와 홍해바다 사건의 의미를 반영하는 동시에, 앞으로 메시아가 오심으로써 선포하게 될 회개에 연관된 요단강 세례와 보편교회에 허락될 세례에 관한 예언적 성격을 지니고 있었다.

3. 뜰(마당)과 울타리

성막과 번제단, 물두멍이 자리잡고 있는 주변의 사방에는 규례에 따라 놋으로 된 기둥을 만들어 연이어 박았다. 기둥의 갈고리와 가름대는 은으로 제작했다. 그렇게 하여 성막과 뜰 바깥에는 전체적으로 둘러가며 세마포 천으로 된 울타리가 쳐졌다. 그리고 뜰의 휘장 문은 청색 자색 홍색실과 가늘게 꼰 베실로 수놓아 짜서 만들었다. 그렇게 함으로써 성막을 둘러싼 울타리 내부에 자연스럽게 뜰이 조성되었다.

하나님께 제사를 드리려는 자들은 다양한 동물들을 성막으로 몰고 왔으며 그들과 제사장들은 성막의 뜰에서 준비해 온 희생제물을 잡았다. 그러다 보니 성막 바깥의 뜰은 고요한 침묵이 흐르는 곳이 아니었다. 그곳은 도리어 항상 사람들과 동물들로 말미암아 시끄러운 영역이 되었다.

그곳에서는 하나님께 제물을 바치며 제사를 드리고자 하여 나아오는 사람들이 끊어지지 않았다. 저들이 동물을 죽여 각을 떠 분류하는 동안에는 손에 날카로운 칼이 들려져 있었을 것이다. 또한 그 과정에서 보조하는 사람들의 손과 옷에는 붉은 피로 얼룩져 있었을 것이 틀림없다.

언약궤가 놓인 지성소 안은 빛이 없는 깜깜한 영역으로서 경이로운 침묵이 흘렀다. 그에 반해 향단과 떡상과 등대가 놓여있는 성소 안에서는 날마다 경건한 제사장들의 일상 사역이 이루어졌다. 제사장들은 성소 안에서 향을 피우고 떡상을 갈고 등대위의 불이 꺼지지 않도록 하기 위해 저들의 사역을 게을리 해서는 안 된다. 하지만 일반 백성들에게는 그 성스러운 광경을 볼 수 있는 기회와 방법이 없었다.

그에 반해 성막 앞의 뜰에서는 항상 시끄럽고 분주한 모습을 보이고 있었다. 그것은 사람들의 일상적인 활동을 의미하는 것이 아니다. 하나님께 희생제물을 바치는 자들과 제사장들이 동물을 잡을 때 죽음 앞에 놓인 동물들이 꿱꿱거리는 모습와 비둘기가 퍼덕거리는 소리가 사람들의 눈과 귀를 떠나지 않았다. 그리고 그 뜰에는 칼을 비롯한 각종 도구들을 손에 든 사람들의 결연한 움직임이 있었으며, 많은 사람들이 피가 튀기며 죽어가는 동물들의 광경을 지켜보았다.

나중 솔로몬에 의해 성전이 건립된 후에는 기본 골격은 동일했지만 한층 진척된 구조가 형성되었다. 성전의 내부는 성막과 동일했다. 성전 뜰에는 제물을 바치는 자들과 제사장들의 사역이 지속적으로 진행되었다. 그에 반해 성전 울타리 밖에는 예루살렘 성 안에 사는 사람들이 일상적인 신앙생활을 영위했을 것이다.

그리고 모든 이스라엘 백성들은 일상생활과 더불어 주변의 이방 족속들과 구별되는 삶의 의미를 확인하는 가운데 장래 오실 메시아를 기다리는 긴장된 삶을 이어가야 했다. 또한 이스라엘 지경 밖에는 여러 이방 족속들이 각기 나라를 이루고 있었으며, 더 멀리 떨어진 지역에는 여호와 하나님에 대한 인식이 전혀 없는 채 다양한 형태로 살아가는 무수한 사람들이 있었다.

우리는 성막 주변에 쳐진 울타리가 내부와 외부를 구분 짓는 경계의 역할을 한다는 사실을 기억해야 한다. 그 울타리에는 규례에 따라 정해진 곳에 사람들이 출입할 수 있는 문들이 있었다. 누구든지 모세의 율법을 어기고 함부로 울타리 안으로 들어온다면 하나님께 범죄하는 것이 된다.

그때 쳐진 울타리는 외부의 상태를 차단하는 기능을 함과 동시에 내부를 보호하는 역할을 하게 되었다. 그러므로 울타리의 전면에는 문이 나 있어서 그것을 통해 내부로 들어갈 수 있게 된다(요 10:1 참조). 그 안으로 들어가려는 자들의 목적은 하나님을 경배하는 행위와 연관되어 있다. 그 울타리 안에 하나님께서 현존하시는 거룩한 집이 있으며 하나님을 섬기는 자들이 함께 모여 있었기 때문이다.

그러므로 울타리에 난 문을 지나 그 안으로 들어가는 자들은 정해진 규례에 온전히 순종하는 자세를 유지해야만 한다. 거기에서는 사람들이 마음에 내키는 대로 행동하지 못했다. 일반 백성들은 뜰 안에서 자기에게 허락된 역할을 감당할 수 있었을 따름이다. 즉 성막 내부에는 아론 지파의 제사장들만 날마다 들어가 사역을 감당할 수 있었으며 일반 백성들은 그 안으로 들어갈 수 없었다.

성막의 울타리는 매우 중요한 의미를 지니고 있다. 울타리가 없다는 말은 안과 바깥을 구별하는 경계가 없다는 뜻이며 이는 정체성을 갖춘 내용이 없다는 말과도 같다. 그런데 우리시대에 들어와 교회와 세상 사이의 담을 허물어 버리려고 하는 자들이 기승을 부리고 있다. 구약시대의 성막과 성전이 명확한 울타리를 가졌듯이 지상 교회는 세상과 구별되는 분명한 담을 가지고 있어야만 한다.

그렇다면 신약시대 교회의 안과 밖을 구분하는 경계기준은 과연 무엇인가? 내적으로는 예수 그리스도에 대한 신앙고백이며, 외적으로 나타나는 양상으로는 그 고백을 배경으로 한 교회의 세례이다. 교회 공동체에 속한 회원이 되기 위해서는 올바른 신앙고백과 더불어 교육 및 문답을 통해 세례를 받아야만 한다.

만일 교회에서 베풀어지는 세례를 소홀히 하거나 멸시한다면 그것은 교회의 담을 허무는 위험한 행위를 하는 것과 다르지 않다. 그것은 어리석은 자들이 거룩해야 할 교회 안으로 세상의 타락한 양상들을 끌어들이는 악행을 저지르는 것과 마찬가지이기 때문이다. 하나님의 교회와 부정한 세상 사이에 존재하는 경계가 약화되어서는 결코 안 된다.

따라서 우리시대에도 교회 안에서 발생하는 일들은 바깥으로부터 분명히 구별되어야 한다. 구약시대 성막 주변에서 일어나던 상황과 동일한 의미가 오늘날의 교회 가운데서도 그대로 전개되고 있다. 우리는 매주일 천상의 지성소에 계시는 하나님을 공적으로 경배하며, 영적인 성막인 교회 가운데서 하나님을 경배하고 있다. 나아가 세상을 살아가는 성도들의 신앙생활은 분주한 가운데서도 주변으로부터 몰려 들어오는 부정한 것들에 대해 끊임없는 감시를 하지 않으면 안 된다.

현대 기독교 주변에는 하나님의 뜻을 멸시하거나 소홀히 여기는 자들이 성도들의 신앙을 혼잡스럽게 만들기 위해 애쓰는 것을 쉽게 볼 수 있다. 그들은 오염된 세상의 가치관을 통해 성도들을 미혹하고자 한다. 우리는 그 가운데 살고 있으면서 규례에 따라 하나님을 경배하며 참된 신앙을 지키기 위해 부단한 노력을 기울이지 않으면 안 된다.

4. 예물과 건축비용 목록

성막과 성물을 제작하는 일꾼들은 저들에게 맡겨진 소임을 다했으며 백성들은 즐거운 마음으로 모세 앞으로 예물을 가져왔다. 하나님의 명령에 의해 성막 건립과 성물 제작, 그리고 각종 부대시설들이 만들어지면서 매우 체계적으로 일이 진행되었다. 즉 주먹구구식으로 된 것이 아니었다. 그것은 책임있는 감독자에 의해 철저히 관리되는 가운데 진행되어야 할 일이었다.

그러므로 모세는 성막과 성물, 그리고 여러 가지 부대시설을 위해 백성들이 바친 예물들을 세밀하게 정리해 기록하도록 했다. 그 일을 위해 아론의 아들 이다말(Ithamar)이 특별히 임명되었다. 그는 그 직무를 수행하기 위해 스스로 자원한 것이 아니라 모세가 그를 임명해 세웠다. 즉 개인의 취향에 의한 자의적 판단이나 주변 사람들의 추천을 받지 않고 하나님의 뜻에 의해 임무가 주어졌던 것이다.

당시 이스라엘 민족 가운데 거의 모든 사람들이 예물을 바쳤다. 성경에는 육십만 삼천오백오십 명이 기쁜 마음으로 그에 참여한 것으로 기록되어 있다(출 38:26 참조). 이는 이스라엘 백성들이 출애굽할 때의 수와 거의 일치한다. 이를 보아 모든 백성들이 골고루 예물을 바치는 일에 참여했던 것이 확실하다.

그때 각 사람들이 성막과 성물을 제작하기 위해 바친 액수는 한 베가(bekah) 곧 반 세겔(shekel) 정도[79]가 된다(출 38:26). 이는 출애굽기 30장 13절 이하에 요구된 것으로서 성전세의 기준이 되었다. 예수님께서도 갈릴리에 계실 때 유대인들의 억지 요구를 듣고 나서 물고기를 통한 특별한 방법으로 베드로와 함께 반 세겔씩의 성전세를 내신 적이 있다(마 17:24-27).

모세의 특별한 명을 받은 이다말은 백성들이 낸 예물의 종류와 양, 그리고 무엇을 만드는 데 사용되었는지 세밀하게 기록했다. 그 기록된 문서는 물론 모세에게 보고되었을 것이 틀림없다. 나아가 이스라엘의 장로들이 그에 대한 확인을 했을 것이다. 그렇게 함으로써 거룩한 성막과 성물들을 제작하는 일에 있어서 추호도 미심쩍은 부분이 남아 있지 않게 되었다. 그것은 이스라엘 민족의 지도자들과 백성들 사이에 두터운 신뢰감이 드러나도록 했다.

이처럼 오늘날 우리시대의 교회도 모든 것이 투명해야 하며 철저해야한다. 그 다음에 성도들이 가진 여유로움이 따라 오는 것이다. 교회가 명확하지 않게 여러 가지 일들을 추진하거나 처리하는 것은 매우 잘못된 것이라 하지 않을 수 없다. 그것은 교회의 재산 문제뿐 아니라 일반적인 내용들을 포함한다. 그렇게 함으로써 불필요한 낭비를 줄일 수 있으며 성도들간에 신뢰를 더할 수 있다.

그리고 지상 교회에 속한 모든 성도들은 항상 교회 공동체에 깊은 관심을 가지고 살아가는 가운데 주님의 지상사역에 참여해야 한다. 그것은 비

---

79) 일반적으로 당시의 한 세겔(shekel)은 장정의 나흘간 노동한 대가로 받는 노임과 비슷하다고 본다. 따라서 반 세겔은 이틀분의 노임과 비슷한 셈이 된다.

단 물질적인 측면에서 뿐 아니라 모든 면에서 그렇다. 즉 모든 성도들은 하나님의 말씀에 적극적으로 순종함으로써 지상 교회를 세워가며 역사 가운데 상속해 가야 하는 것이다.

제41장

제사장들의 예복과 부착물들

(출 39:1-31)

1. 제사장들의 복식

제사장들의 공식 의상은 일반 이스라엘 백성들이 입는 옷과 달랐다. 그것은 하나님께서 직접 디자인하고 색상과 문양을 정하셨다. 제사장의 그 예복은 성막 안에 있는 휘장을 비롯한 성물들의 색상과 조화되게 만들어졌다. 청색 자색 홍색실로 정교하게 만든 거룩한 옷이었던 것이다.

그리고 겉옷 에봇은 금실과 앞의 다양한 색깔의 실과 가늘게 꼰 실로 정교하게 짜서 만들게 되어 있었다. 또한 하나님께서 제정하신 규례에 따라 어깨받이와 에봇을 매는 띠를 위에 언급된 것과 마찬가지로 청색 자색 홍색실로 짜서 만들었다.

어깨받이에는 호마노 보석을 깎아 금테에 물려 도장을 새기는 것과 같은 방법으로 이스라엘 열두 지파의 이름을 새겨넣었다. 그렇게 함으로써 성막 언약과 연관된 저들의 이름을 지속적으로 기념했다.

제사장들의 의상은 인간들의 손을 통해 만들어졌지만 실상은 하나님께서 특별히 선택하신 자들에게 친히 입혀주시는 의미를 지니고 있었다. 즉 그 옷은 인간들의 아이디어와 손재주 자체와는 직접적인 상관이 없었다.

제사장들이 갖추어 입어야 할 예복을 인간들의 기호나 취향에 따라 만들 수는 없었던 것이다.

이에 대해서는 오늘날 우리도 구약시대 제사장들의 의상을 통해 그 언약적인 교훈을 교회 가운데 받아들여야 한다. 따라서 성숙한 성도들은 마음의 옷을 입을 때나 실제 의복을 입을 때 유행에 따라 자기를 돋보이고자 하는 마음은 포기해야 한다. 하나님께서 입혀주시는 제사장 의상의 의미를 항상 염두에 두지 않으면 안 된다.

신약시대의 사도들은 성도들이 입어야 할 옷에 관한 기록을 남기고 있다. 바울은 그리스도와 함께 참된 세례를 받은 자들은 이미 그리스도로 옷을 입고 있는 것으로 말했다. 그것은 선택의 문제가 아니라 성도에게 당연히 따라오게 되는 결과이다. 그것은 세상과 구별된 모습을 분명히 보여주고 있다.

"누구든지 그리스도와 합하여 세례를 받은 자는 그리스도로 옷 입었느니라"(갈 3:27); "밤이 깊고 낮이 가까웠으니 그러므로 우리가 어두움의 일을 벗고 빛의 갑옷을 입자 낮에와 같이 단정히 행하고 방탕과 술취하지 말며 음란과 호색하지 말며 쟁투와 시기하지 말고 오직 주 예수 그리스도로 옷 입고 정욕을 위하여 육신의 일을 도모하지 말라"(롬 13:12-14)

바울은 그리스도와 합하여 세례를 받은 자들은 그리스도로 옷 입은 자들로서 빛의 갑옷을 입어야 한다는 사실을 말하고 있다. 이는 세상의 방탕과 음란과 시기와 정욕을 방어하고 저항하는 기능을 하고 있다. 그것은 구약의 제사장들이 번제와 물두멍을 통해 거룩하게 되었듯이 신약시대 교회에 속한 성도들도 예수 그리스도의 사역을 통해 그렇게 된 사실을 말해주고 있다.

2. '판결흉패'

하나님의 특별한 명령을 받은 성물 제작 사역자들은 또한 제사장들의
가슴에 부착하는 흉패를 만들었다. 그것은 정사각형 형태를 띠고 있는 것
으로서 금실과 청색 자색 홍색실, 그리고 가늘게 꼰 베실로 만들어졌다.
그 흉패는 성막과 그 내부에 있는 색상 및 제사장의 예복과 조화되는 색상
을 띠게 제작되었다. 제사장들의 판결흉패는 지성소와 성소의 모형 및 색
상과 온전히 조화되었으며 그 크기는 길이와 너비가 어른 손으로 한 뼘 곧
반 규빗(22.5cm) 정도 되었다. 그것은 두 겹으로 된 네모반듯한 모양이었다.
그 사이에 우림(Urim)과 둠밈(Thummim)을 넣어 고정시킬 수 있게 되어 있었
다. 이는 출애굽기 앞 부분에 이미 기록되어 요구된 바였다.

> "아론이 성소에 들어갈 때에는 이스라엘 아들들의 이름을 기록한 이 판결
> 흉패를 가슴에 붙여 여호와 앞에 영원한 기념을 삼을 것이니라 너는 우림과
> 둠밈을 판결흉패 안에 넣어 아론으로 여호와 앞에 들어 갈 때에 그 가슴 위
> 에 있게 하라 아론이 여호와 앞에서 이스라엘 자손의 판결을 항상 그 가슴
> 위에 둘찌니라"(출 28:29,30)

판결흉패는 제사장들이 감당해야 할 판정사역에 연관된 매우 중요한 점
을 시사해주고 있다. 그 안에 들어가게 되는 우림과 둠밈은 '빛과 어두움'
이라는 의미를 지니고 있었다.[80] 그 두 단어의 머리문자는 히브리어 알파

---

80) '우림과 둠밈'의 어원에 대해서는 정확하게 밝혀진 바 없다. 일반적으로, '우
림은 빛' '둠밈은 어두움'이란 의미를 지닌 것으로 추정한다. 학자들에 따라서
는 '둠밈'을 '완전함'이란 의미를 지니고 있는 것으로 이해하는 자들도 있다
(김영철, 『출애굽기』, 서울: 도서출판 깔뱅, 2007, p.417 참조). 또한 '우림과
둠밈'을 히브리어 알파벳의 첫 번째 글자(א)와 마지막 글자(ת)를 가리키는
것으로서 그 자체의 의미를 중요시하는 학자들도 있다. 이는 '알파와 오메가',
'처음과 나중'이란 의미와 동일하다.

벳의 첫 번째 글자(א)와 마지막 글자(ת)로서 특별한 의미를 지니고 있는 것으로 이해할 수 있다.

이는 성경에서 말하는 '알파와 오메가', '처음과 나중'이란 의미와 동일하다. 그것을 담고 있는 판결흉패는 제사장들에게 하나님께 제사하는 사역과 더불어 백성들 가운데서 판결하는 일이 맡겨졌음을 말해준다. 나아가 영원한 진리에 대한 분별을 할 수 있는 특수한 사명이 저들에게 주어졌음을 의미한다.

예수님께서는 자신을 가리켜 '알파와 오메가'이자 '처음과 나중'이라고 선포하셨다. 사도요한은 계시록에서 그에 관한 증거를 하고 있다. 따라서 판결흉패를 가슴에 찬 성전 제사장들은 장래 오실 예수 그리스도에 대한 예표적인 의미를 지니고 있는 것이다.

"또 내게 말씀하시되 이루었도다 나는 알파와 오메가요 처음과 나중이라 내가 생명수 샘물로 목 마른 자에게 값 없이 주리니 이기는 자는 이것들을 유업으로 얻으리라 나는 저의 하나님이 되고 그는 내 아들이 되리라"(계 21:6,7), "나는 알파와 오메가요 처음과 나중이요 시작과 끝이라"(계 22:13)

제사장의 가슴에 부착된 판결흉패는 이와 밀접하게 연관되어 있음이 분명하다. 그 흉패에는 네 줄로 나란히 보석들을 박았는데 각 줄에 서로 다른 세 개씩 전체 열두 개의 보석을 박았다. 그것을 위해 사용되는 보석은 홍보석 황옥 녹주옥, 석류석 남보석 홍마노, 호박 백마노 자수정, 녹보석 호마노 벽옥이다.

각각의 보석들은 전부 금테에 물려 고정시켰다. 그 열두 개의 보석들은 이스라엘 열두 지파 조상들의 수에 직접 관련되어 있었다. 그러므로 각 보석들 위에는 열두 지파 조상의 이름을 하나씩 도장을 파는 것과 같은 방법

으로 새겨 넣었다.[81]

그리고 순금으로 된 정교한 사슬과 금 고리를 사용해 제사장이 입는 에봇 가슴 앞부분에 판결흉패를 달아 고정시켰다. 각종 보석으로 장식된 판결흉패에 연관된 모든 것들은 순금으로 제작되었다. 그리고 우림과 둠밈을 판결흉패 안에 넣어 둠으로써 제사장들이 성소에 들어갈 때마다 '이스라엘 자손의 판결'을 마음에 두어야 했다(출 28:30). 제사장들은 우림과 둠밈 즉 빛과 어두움을 통해 하나님의 구체적인 뜻에 따라 진위眞僞를 분별하며 모든 것을 판결하게 되었다.

이처럼 아론을 비롯한 제사장들은 성소에 들어갈 때 항상 이스라엘 열두 지파 조상들의 이름이 새겨진 판결흉패를 가슴에 달고 있었다. 즉 제사장은 여호와 앞에서 이스라엘 백성의 모든 것들을 분별하고 판결할 때 항상 그것을 가슴에 두고 있어야만 했다. 그것을 통해 제사장들의 공적인 판단이 여호와 하나님으로 말미암는다는 사실을 확인하게 되었으며, 하나님과 이스라엘 자손들 사이에 맺어진 언약이 드러나게 되었다.

우리는 여기서 제사장들에게 맡겨진 매우 중요한 특별한 기능에 관한 의미를 생각해보지 않으면 안 된다. 즉 제사장들은 하나님을 섬기며 제사

---

81) 이는 나중 종말론적인 의미와 연관지어지게 된다. 요한은 계시록 마지막 부분에서 이와 연관된 내용을 기록하고 있다: "또 내가 보매 거룩한 성 새 예루살렘이 하나님께로부터 하늘에서 내려오니 그 예비한 것이 신부가 남편을 위하여 단장한 것 같더라 … 크고 높은 성곽이 있고 열두 문이 있는데 문에 열두 천사가 있고 그 문들 위에 이름을 썼으니 이스라엘 자손 열두 지파의 이름들이라 동편에 세 문, 북편에 세 문, 남편에 세 문, 서편에 세 문이니 그 성에 성곽은 열 두 기초석이 있고 그 위에 어린 양의 십이 사도의 열두 이름이 있더라 … 그 성의 성곽의 기초석은 각색 보석으로 꾸몄는데 첫째 기초석은 벽옥이요 둘째는 남보석이요 세째는 옥수요 네째는 녹보석이요 다섯째는 홍마노요 여섯째는 홍보석이요 일곱째는 황옥이요 여덟째는 녹옥이요 아홉째는 담황옥이요 열째는 비취옥이요 열한째는 청옥이요 열둘째는 자정이라 그 열두 문은 열두 진주니 문마다 한 진주요 성의 길은 맑은 유리 같은 정금이더라"(계 21:2,12-14,19-21).

를 드리는 직분 사역뿐 아니라 하나님의 뜻에 따라 백성들 가운데서 정확하게 분별하는 사역을 감당하고 있었다. 이는 성소에서 하나님을 경배하는 제사장을 통해 이스라엘 민족의 옳고 그름뿐 아니라 하나님의 진리에 대한 궁극적인 판단이 이루어져야 함을 의미한다.

우리가 여기서 기억해야 할 중요한 사실은, 제사장들의 분별과 판단기능에서 구약성경 기록계시에 대한 확증 기관으로서 저들에게 맡겨진 사역을 기억해야 한다는 점이다. 그들은 하나님의 계시에 대한 진위 여부를 판결해야 했다. 즉 어떤 사람이 하나님의 말씀을 계시받았다고 주장할 때 그것이 과연 그런지에 대해 판결흉패를 가슴에 단 제사장들이 판단했을 것이 틀림없다.[82]

또한 신약시대의 사도들 역시 그 의미상 가슴에 판결흉패를 차고 있었던 것으로 이해해야 한다. 그것은 하나님의 심판과 진리의 계시에 연관된다. 신약시대에는 사도들과 예루살렘 공의회가 그 직무를 감당했다. 특히 신약성경이 정경인지 아닌지에 대한 여부는 예루살렘 공의회에 맡겨진 특별한 임무였다.[83] 그 기구는 구약시대의 제사장 모임과 동일한 성격을 지니고 있었다.

이에 대한 폭넓은 의미로는 오늘날 우리시대 교회에도 연관되어 있다. 교회와 성도들은 항상 가슴에 영적인 판결흉패를 달고 있다. 우리는 하나

---

82) 구약시대 이스라엘 민족 가운데도 훌륭한 문필가들이 많이 있었을 것이 틀림없다. 그들 가운데는 좋은 신앙인들도 상당수 있었을 것이다. 하지만 아무리 신앙이 훌륭한 성도의 좋은 글이라 할지라도 그것 자체로서 성경이 될 수 없다. 성경이 성경이 될 수 있는 근본적인 조건은 그것이 하나님으로부터 계시된 말씀이어야 하기 때문이다.

83) 갈라디아 지역에 '율법 문제'가 대두되었을 때 바울과 바나바는 예루살렘 공의회에 찾아가 그에 대한 답변을 들었다. 그리고 바울이 다른 성도들과 함께 성전에서 결례를 행할 때도 예루살렘 공의회의 지도를 받았다. 이에 대해서는 베드로도 그와 동일한 자세를 견지하고 있었다. 이와 같은 사실들은 예루살렘 공의회는 진리에 관한 최종적인 판단을 하는 사도적인 기구였음을 입증해 주고 있다.

님의 백성들이 그리스도와 함께 왕 노릇한다는 사실을 잘 알고 있다. 이는 인간의 몸을 입고 이 땅에 오셔서 모든 사역을 완성한 참 왕이신 예수 그리스도의 사역에 참여하게 됨을 의미한다. 사도 바울과 요한은 그에 관한 분명한 증거를 하고 있다.

"저가 모든 원수를 그 발아래 둘 때까지 불가불 왕노릇 하시리니"(고전 15:25); "이 첫째 부활에 참예하는 자들은 복이 있고 거룩하도다 둘째 사망이 그들을 다스리는 권세가 없고 도리어 그들이 하나님과 그리스도의 제사장이 되어 천년 동안 그리스도로 더불어 왕노릇 하리라"(계 20:6)

하나님의 아들이신 예수님은 만물을 심판하는 심판주로서 이 땅에 강림하셨다. 그는 선악의 분별 즉 옳고 그름을 판단하는 일에 대해 추호의 오차도 없이 정확하게 판결하시는 분이다. 이처럼 신약시대의 교회에 속한 성도들도 보편교회 시대에 그와 더불어 왕처럼 세상을 심판하는 일에 참여하게 된다. 세례요한은 예수 그리스도의 궁극적인 사역에 관한 내용을 비유로 설명하고 있다.

"손에 키를 들고 자기의 타작마당을 정하게 하사 알곡은 모아 곡간에 들이고 쭉정이는 꺼지지 않는 불에 태우시리라"(마 3:12)

예수 그리스도의 사역은 구원과 심판에 연관되어 있다. 하나님의 자녀들은 그리스도의 사역을 통해 영원한 구원을 받게 되지만 나머지 사람들은 궁극적인 심판을 면할 수 없다. 예수님께서는 세상의 마지막이 될 때 알곡과 쭉정이를 완전히 가려내는 사역을 감당하시게 된다. 그 심판에 대해서는 추호의 착오나 실수도 존재하지 않는다.

이는 구약시대의 성전 제사장들이 가슴에 판결흉패를 붙이고 백성들을 판단한 것과 동일한 맥락에서 이해해야 한다. 이와 같이 예수 그리스도께서는 선악간 심판을 하기 위한 사역을 지속하신다. 이와 같이 오늘날 우리도 대제사장이신 그리스도께 속해 가슴에 영적인 판결흉패를 달고 세상을 향해 심판을 선언하고 있다. 이는 물론 세상을 향해 구원과 심판을 선언하시는 주님의 사역에 동참하는 의미를 지니게 된다.

3. 제사장의 겉옷 의상과 부착물

제사장의 겉옷 에봇의 색깔은 성막 내의 휘장을 비롯해 다른 모든 성물들과 조화롭게 만들어졌다. 그 의상은 하나님께서 명령하신 규례에 따른 것이었다. 분명한 사실은 그것이 세상의 모든 것들로부터 완전히 구별됨과 동시에 천상의 나라에 조화되는 의미를 지니고 있었다는 점이다.

그리고 제사장들이 입는 예복의 주변 가장자리에는 둘러가며 순금으로 된 방울들(bells)을 만들어 석류모형과 더불어 사이사이에 매달았다. 그 방울은 성소에 들어가는 제사장들의 움직임을 알려준다. 그것은 성소에 들어가기 전부터 소리를 내는 선언적 의미를 지니고 있다. 그리고 성소 안에서 사역하는 제사장의 일거수일투족을 다 알려준다. 그가 움직일 때마다 방울소리가 울렸기 때문이다.

우리시대에도 모든 성도들은 몸에 방울을 달고 있는 듯이 살아가야 한다. 특히 교회의 교사인 목사나 지도자들의 경우에는 더욱 그렇다. 직분자들의 사역은 교회 내에서 은밀하게 이루어지는 것이 아니라 구약시대 제사장들이 예복에 방울들을 달고 투명하게 사역을 한 것과 마찬가지여야 한다. 따라서 그들은 모든 사람들이 다 알도록 투명하게 생활해야 하는 것이 바람직하다. 나아가 교회의 사역자들의 직분행위와 연관된 모든 내용은 그와 같지 않으면 안 된다.

또한 성물을 제작하는 일꾼들은 제사장들의 속옷도 정해진 규례에 따라 만들어야 했다. 즉 그들의 속옷마저 일상생활의 편의를 위해서가 아니라 율법에 따라 만들어졌다. 속옷은 일반적으로 겉으로 드러나지 않는 감추어진 옷이다. 속에 무슨 색깔과 형태의 옷을 입었는지 다른 사람들은 알지 못한다. 청결하고 깨끗한 속옷이라면 어떤 것이라도 별 문제가 될 것이 없다.

그러나 제사장들의 속옷은 사정이 달랐다. 하나님께서는 제사장들의 속옷을 규례에 맞게 만들도록 요구하셨다. 인간들의 편의나 취향을 우선적으로 고려한 것이 아니었다. 이는 하나부터 열까지 하나님께서 만들어 입히시는 옷 이외에 다른 어떤 것도 입지 말아야 함을 의미한다. 즉 아무리 곱고 아름다운 속옷이라 할지라도 하나님의 규례에 벗어난 것이라면 입지 말아야 하는 것이다.

이에 대해서는 오늘날 우리도 그와 동일한 교훈을 받아들여야 한다. 영적인 측면에서 볼 때 모든 성도들은 남들의 눈에 보이지 않는 속옷이라 할지라도 하나님께서 만들어 주어서 입게 하신 옷을 입어야 한다. 다른 사람들의 눈에 보이지 않는다고 해서 아무것이나 입어서는 안 되는 것이다.

또한 사역을 맡은 일꾼들은 규례에 따라 세마포로 머리에 쓰는 두건을 만들었다. 그리고 세마포로 된 빛나는 관을 제작했다. 그와 더불어 관 전면에 부착해야 할 "여호와께 성결"이라는 패를 제작했다. 그것은 청색 끈으로 관 전면에 매어 달도록 되어 있었다. 그것은 모든 사람들이 볼 수 있는 위치에 부착되었다.

이 패는 영적인 차원에서 볼 때 오늘날 교회에 속한 모든 성도들에게도 그 의미가 존재하고 있는 것으로 이해해야 한다. 사도 바울은 고린도 교회에 보내는 두 번째 편지에서 어느 정도 그에 연관된 교훈을 하고 있다. 사도들이 저들의 마음에 썼고 많은 사람들이 읽게 된다는 것이었다.

"너희가 우리의 편지라 우리 마음에 썼고 뭇사람이 알고 읽는 바라 너희는 우리로 말미암아 나타난 그리스도의 편지니 이는 먹으로 쓴 것이 아니요

오직 살아 계신 하나님의 영으로 한 것이며 또 돌비에 쓴 것이 아니요 오직
육의 심비에 한 것이라"(고후 3:2,3)

이는 고린도 교회에 주어진 편지이지만 그들에게 뿐 아니라 당시 흩어
진 전체 교회들과 그후에 따라오는 역사상의 모든 성도들에게 적용되어야
할 말이다. 즉 하나님의 백성들은 사도들의 마음에 쓴 내용이자 성도들의
마음에 새겨진 내용으로서 많은 사람들이 보고 읽게 된다. 그것은 먹이 아
니라 하나님의 영으로 쓴 것이며 돌비에 쓴 것이 아니라 육의 심비에 쓴 것
이다.

구약시대의 제사장들에게 주어진 그 의미가 신약시대의 교회에서는 이
마나 모자에 부착되는 것이 아니라 성도의 몸과 삶 전체로 확대되었다. 이
처럼 오늘날 우리도 여호와 하나님의 계명을 심비에 새겨두고 살아가고
있다. 그것은 사도들의 보증을 받은 것이며 결코 변개할 수 없는 성질의 것
이다. 나아가 그 내용은 수많은 사람들에 의해 끊임없이 읽혀지고 있는 바
다. 그러므로 하나님의 백성들은 항상 타인으로부터 읽혀지는 존재라는
사실을 깨닫지 않으면 안 된다.

제42장

성막과 성물 제작 완성 및
성막 위 하나님의 영광

(출 39:32-40:38)

1. 출애굽기의 완성

출애굽기에 기록된 긴 내용의 말씀이 39장 후반부를 이어 40장에 이르러 완성이 된다. 출애굽기 맨 앞부분은 야곱과 그의 가족家族 곧 이스라엘 열두 지파의 조상 70여 명이 가나안 땅으로부터 애굽에 내려온 사건으로부터 시작되고 있다. 하나님께서 저들을 애굽 땅으로 불러 내리신 까닭은 그곳에서 언약의 민족民族을 조성하시기 위해서였다.

하나님께서는 요셉을 미리 애굽으로 보내심으로써 아브라함과 이삭의 씨를 통해 특별히 택하신 야곱의 가족을 그 땅으로 옮기셨다. 그러나 이스라엘 족속과 애굽 사람들 사이에는 삶을 공유할 수 없는 태생적인 차이점이 존재했다. 그들은 결코 조화될 수 없는 관계에 놓여 있었던 것이다.

그러므로 이방 신을 중심에 둔 종교적 지배를 받는 애굽 사람들이 참 하나님의 언약을 소유한 백성들을 좋아할리 없었다. 그들은 도리어 이스라엘 민족을 핍박하며 저들의 번성을 적극적으로 방해하기에 이르렀다. 그럼에도 불구하고 자그마한 한 가족에 불과했던 야곱의 집안이 사백여 년의 세월과 더불어 점차 수가 불어나 수백만 명에 달하는 큰 민족으로 자라

나게 되었다.

하나님께서는 때가 되자 자신의 놀라운 경륜에 따라 이스라엘 민족을 약속의 땅 가나안으로 인도해 들이고자 하셨다. 그 백성들 가운데서 모세가 저들을 인도해 낼 특별한 인물로 지목되었다. 자기 백성을 약속의 땅 가나안으로 인도하시기 위한 하나님의 구체적인 사역이 시작되었던 것이다.

결국 하나님은 애굽 왕실 공주의 아들이 되어 있던 모세를 불러 이스라엘 민족을 홍해바다 건너 시내광야로 인도해 내도록 하셨다. 하나님께서는 이스라엘 백성이 가나안 땅에 들어가기 전 저들 가운데 예비해 두어야 할 일들이 있었다. 그것은 하나님으로부터 주어지는 율법과 더불어 성막을 건립하는 것이었다.

즉 하나님께서는 영원한 구원사역을 이룩하시기 위해 그 백성들 가운데 자신의 뜻에 따른 거처居處를 두고자 하셨다. 그것을 위해 하나님은 율법을 허락하셨으며 거룩한 장막인 성막을 건립하도록 하셨던 것이다. 그것은 결코 하나님이 천상의 나라에 거할 곳이 없었기 때문이 아니었다. 그는 오래전 아브라함에게 허락하신 언약을 완성하기 위해 특별한 왕국을 세워 타락한 세상을 심판하는 일을 하고자 하셨던 것이다.

이제 출애굽한 이스라엘 백성들 가운데서 그에 관한 일차적인 일들이 성막건립과 더불어 완성되었다. 십계명이 주어졌으며 레위기를 통해 백성들의 신앙적인 규준이 되는 규례들이 주어졌다. 그리고 하나님께서 현존하시게 될 거룩한 성막 안의 모든 성물들이 제자리를 잡게 되었다. 이로 말미암아 '하나님의 영광'이 이스라엘 민족 가운데 구체적으로 드러나게 된 것이다.

2. 성막과 성물의 제작 완성

이스라엘 백성이 출애굽한 지 만 일 년이 되어갈 때 성막에 관련된 모든 사역이 완성을 앞두고 있었다. 하나님께서 모세를 불러 지명하신 일꾼들을 통해 모든 성물들이 제작되었다. 그 가운데는 성막을 건립할 다양한 구조물들이 포함되어 있었다. 그리고 지성소 안에 들어갈 언약궤와 성소 안에 들어갈 향단과 떡상과 등대도 완성되었다. 사역자들은 거기에 필요한 모든 부속 물품들을 규례대로 다 만들었던 것이다.

뿐만 아니라 성막 앞쪽에 설치해 두게 될 번제단과 물두멍과 그 부속품들도 전부 제작되었다. 성막 바깥쪽에 둘러가며 치게 될 말뚝과 천으로 된 포장布帳들도 규례에 따라 만들어졌다. 또한 제사장들이 입게 될 거룩한 예복들과 관이 만들어졌으며 거기에 부착될 판결흉패를 비롯한 모든 성물들도 완성되었다.

하지만 아직 그런 것들이 제 위치에 자리잡혀 놓여있지 않았다. 따라서 그 사역을 감당했던 일꾼들은 저들이 만든 모든 물품들을 하나님의 사람 모세 앞으로 가져왔다. 우리가 여기서 관심을 기울여 보아야 할 점은 저들이 제작한 모든 것들이 모세로부터 시작해 모세에게서 완료된다는 사실이다. 그 모든 것들을 본 모세는 하나님의 거처가 되는 성막에 관련된 성물들을 온전히 만들어낸 저들에게 축복했다.

3. 성막을 세우도록 요구하시는 하나님

하나님께서는 이제 모세에게 명령을 내리셨다. 특별히 지명한 사역자들이 규례에 따라 제작한 모든 물품들을 한 곳에 모아 성막을 세우도록 요구하셨던 것이다. 그러나 하나님은 그 거룩한 자신의 성막을 아무 때나 임의로 정한 시기에 세우는 것을 허락지 않으셨다. 그 대신 이스라엘 민족의 달력으로 두 번째 해 첫째 달 초하루에 그 중요한 일을 시행하도록 명령하셨다(출 40:17).

그 날은 이스라엘 민족이 애굽으로부터 탈출해 나오기 시작한 지 만 일

년이 되는 날로서 출애굽과 직접 연관된 특별한 날이었다(출 12:2 참조). 만일 년 만에 하나님의 거룩한 집을 위한 모든 역사가 이룩된 것이다. 이를 통해 우리가 알 수 있는 점은 성막에 관련된 모든 것들이 역사적인 하나님의 언약과 밀접하게 연관되어 있었다는 사실이다. 즉 모든 사역들이 하나님의 경륜에 의해 진행되었던 것이다.

하나님께서 이스라엘 민족을 애굽 땅에서 인도해 내신 일차적인 목적은 이스라엘 민족을 위하는 것을 넘어 하나님 자신을 위해서였다. 그 가운데 존재하는 궁극적인 목적은 장차 임하게 될 메시아와 그의 구속 사역을 향하고 있었다. 하나님의 아들이 인간의 몸을 입고 이 땅에 오시게 되면 사탄이 훼방한 모든 것들을 회복하게 된다. 따라서 하나님께서는 그 놀라운 목적을 이룩하시기 위해 자신의 성막을 건립하고 친히 조성하신 이스라엘 민족 거운데 거하시고자 했다.

하나님께서는 이스라엘 백성에게 직접 성막건립에 대한 모든 규례들을 정하셨으며 제사하는 방법들을 구체적으로 가르치셨다. 그에 관련된 내용들은 레위기에 소상하게 기록되어 있다. 하나님은 그 방편들을 통해 온전한 제사를 받으시고, 죄에 빠져 있으나 창세전에 택하신 자기 자녀들과 화목하고자 하셨던 것이다. 그것은 창세전에 택하신 자기 자녀들에 대한 하나님의 적극적인 사랑에 기인한다.

4. 성막건립과 성물의 위치 정착

하나님으로부터 부르심을 받아 그 특별한 사역을 담당한 일꾼들은 모세의 명령에 따라 그가 보는 앞에서 성막을 세웠다. 성막이 건립되는 기본 방향에 연관된 규례는 이미 정해져 있었다. 성막은 땅 바닥의 지형에 따라 안전하게 세우면 되는 것이 아니라 정해진 방향을 벗어나지 말아야 한다. 그 성막의 앞은 동쪽을 향하고 있어야 했다. 즉 성막의 전면은 동쪽이었으며 후면은 서쪽에 놓이도록 설치되었다. 그리고 전면에서 보아 오른편이 북쪽이 되고 왼편이 남쪽이 되어야 했다.

성막이 세워지는 방향은 인간들의 판단에 따라 임의로 정할 수 있는 사항이 아니었다. 거기에는 하나님께서 규례에 따라 정해주신 분명한 원칙이 존재했다. 그것은 물론 역사적인 하나님의 언약에 밀접하게 연관되어 있었다. 즉 그 가운데는 나중 이스라엘 백성이 예루살렘을 정복한 후 그곳에 세워지게 될 돌로 된 성전(the Temple)의 방향에 대한 예시가 되었던 것이다.

사역자들은 준비된 설치물들을 통해 성막을 세우고 그 내부를 지성소와 성소로 구분지었다. 그것을 위해 거룩한 휘장이 사용되었다. 지성소에는 규례에 따라 하나님의 언약궤를 들여놓게 되었으며 성소에는 분향단과 떡상과 등대를 갖춰 놓았다. 그리고는 분향단 위에 거룩한 향을 피우게 되었으며 떡상 위에는 규례에 따라 진설병을 올려놓고 등대에는 불을 켜게 되었다. 맨 처음 시행되는 이 모든 일들은 하나님의 사람 모세가 직접 주도하고 감당해야 할 사역이었다.

또한 성막문 앞에는 제물을 바쳐 태우게 될 번제단을 설치했으며 성막과 번제단 사이에는 제사장들이 손발을 씻게 될 물두멍을 갖다 놓았다. 그리고 뜰 주변 사면에는 돌아가며 규례에 따라 말뚝을 박고 천으로 된 포장布帳을 쳐서 외부와의 경계를 분명히 했다. 그렇게 함으로써 성막은 바깥 영역과 완전히 차단되었으며 자연스럽게 널따란 성막 뜰이 생겨나게 되었다.

모세는 그후 준비한 관유를 가지고 성막과 그 안에 있는 모든 성물들의 안팎에 발랐다. 그렇게 함으로써 그 물건들이 거룩하게 되었다. 뿐만 아니라 그는 번제단과 물두멍과 그 밑받침에도 관유를 발라 거룩하게 했다. 그와 같은 과정을 통해 그것들이 하나님 보시기에 거룩하게 되었던 것이다.

또한 모세는 제사장 아론과 그 아들들을 데리고 성막문 앞에 놓여 있는

물두멍에서 저들을 물로 씻겼다. 그리고는 아론에게 제사장이 입는 거룩
한 예복을 입혔다. 그후 그에게 기름을 부어 거룩하게 했다. 그 모든 일들
은 제사장을 세우기 위해 모세에게 주어진 특별한 사역이었다. 그러한 절
차를 통해 아론은 하나님 앞에서 제사장 직분을 맡아 사역을 감당할 수 있
게 되었다.

모세는 아론의 아들들에게도 그와 동일한 절차를 밟아 행했다. 그들은
모세로부터 거룩한 기름부음을 받았으므로 자손 대대로 제사장 역할을 감
당하게 될 것이었다(출 40:15). 이는 아론과 그의 아들들이 그후 이스라엘 민
족 가운데 거룩한 직분을 계승하게 될 모든 제사장들에 대한 대표성을 띠
고 있음을 말해 주고 있다.

하나님의 성막이 완성되었다는 사실은 레위기에 기록된 제사에 관한 모
든 기초가 확립되었음을 의미한다. 그러므로 성막을 건립하고 그 내부의
지성소와 성소에 모든 성물들을 두게 된 다음에는 여호와 하나님께서 명
하신 대로 그 앞에 설치된 번제단 위에서 맨 처음 행해지는 번제와 소제를
드렸다. 그리고 나서는 모세와 아론과 그 아들들은 물두멍에서 다시금 손
과 발을 씻었다. 그들은 성막 안으로 들어가기 전에 자신을 정결케 해야 했
던 것이다.

우리가 여기서 주의깊게 이해해야 할 점은 제사장 아론이 아니라 모세
가 맨 처음 그 제사를 주도하고 성막 안으로 들어갔다는 사실이다. 이렇게
함으로써 하나님께서 명하신 성막에 관한 모든 사역이 완성되었으며 곧바
로 첫 번째 제사가 여호와 하나님께 드려지게 되었던 것이다. 이처럼 모세
가 맨 처음 그 모든 것을 주도했다는 사실은 그가 제사장들보다 우위에 있
었다는 사실을 입증해주고 있다.

우리가 또한 기억하고 있어야 할 바는 그 성막과 그 안에 놓여있는 다양
한 성물들과 주변의 모든 기구들이 완전히 고정된 상태가 아니라 언제든
지 다른 곳으로 옮길 수 있도록 설치되었다는 점이다. 이는 하나님의 구체

적인 인도하심에 따라 항상 이동할 태세를 갖추고 있어야 했음을 의미한
다. 그 일을 위한 모든 구체적인 직무는 전적으로 레위인들에게 맡겨진 사
역이었다. 그들이 성막의 관리와 이동을 비롯해 그와 관련된 모든 일들을
책임지고 이행하게 되었던 것이다.

> "그들로 증거막과 그 모든 기구와 그 모든 부속품을 관리하게 하라 그들
> 은 그 장막과 그 모든 기구를 운반하며 거기서 봉사하며 장막 사면에 진을
> 칠찌며 장막을 운반할 때에는 레위인이 그것을 걷고 장막을 세울 때에는 레
> 위인이 그것을 세울 것이요 외인이 가까이 오면 죽일찌며"(민 1:50:51)

민수기에 기록되어 있는 것처럼 레위인이 아닌 다른 지파 사람들은 성
막에 관련된 일을 할 수 없었다. 그것은 하나님께서 모세를 통해 주신 규례
였다. 따라서 조건을 갖추지 못한 자들이 성막에 관련된 그 일을 하게 되면
죽음을 면하지 못한다. 아무리 손재주가 뛰어나며 유능하다고 해도 레위
인이 아니면 그 일에 참여해서는 안 되었던 것이다.

그러므로 레위인들은 항상 규례에 따라 성막을 해체하고 조립하는 사역
을 해야 했다. 또한 하나님의 인도하심에 따라 모든 성물들을 다른 지역으
로 이동하는 일을 감당해야만 했다. 그것은 나중 솔로몬 왕에 의해 아브라
함이 이삭을 제물로 바친 모리아 산 위에 예루살렘 성전이 세워지기까지
이어졌다.

5. 거룩한 성막 위에 임한 '하나님의 영광'

성막이 온전히 세워지고 모세와 아론과 그의 아들들이 하나님께 제사를
드리게 되자 구름이 성막 위를 뒤덮었다. 그와 더불어 성막 안에는 하나님
의 영광으로 가득차게 되었다. 그렇게 되자 모세는 그 거룩한 영광의 광채

로 말미암아 감히 성막 안으로 들어가지 못했다.

그때부터 구름기둥과 불기둥은 성소로부터 올라오게 되었다. 하늘의 구름과 불이 여호와 하나님이 현존하시는 성소로부터 올라가게 되었던 것이다. 따라서 모든 이스라엘 백성이 그 광경을 바라볼 수 있었다.

> "낮에는 여호와의 구름이 성막 위에 있고 밤에는 불이 그 구름 가운데 있음을 이스라엘의 온 족속이 그 모든 행하는 길에서 친히 보았더라"(출 40:38)

구름기둥과 불기둥이 멈추면 백성들은 그 자리에 머물고 떠나지 않았다. 그러나 성막 위의 구름기둥과 불기둥이 앞으로 움직이게 되면 그 인도하는 대로 이스라엘 백성은 따라 진행하게 되었다. 하나님께서는 그것들을 통해 언약의 백성들을 구체적으로 인도해 가셨던 것이다.

이스라엘 민족이 시내광야에 머물던 사십 년 동안에는 항상 저들 위에 구름기둥과 불기둥이 있었다. 그들을 보호하며 인도하는 그 기둥은 하나님의 현존을 증거하는 중요한 역할을 했다. 즉 모든 백성들은 그 광경을 지켜보는 가운데 직접 하나님의 존재를 체험하며 확인할 수 있었다.

이는 그 의미상 광야생활이 끝난 후에도 지속되었다. 요단강을 건너 가나안 땅에 들어간 후로 더 이상 구름기둥과 불기둥이 눈에 보이지 않는다 할지라도 하나님께서는 항상 저들 가운데 계셨다. 이에 대해서는 오늘날 우리시대에도 그 의미는 전혀 손상되지 않고 그대로 존속하고 있다. 지금은 오히려 구약성경에 예언된 실체이신 예수 그리스도로 말미암아 더욱 뚜렷하게 되었다. 이 모든 것들은 약속의 자녀들을 위한 하나님의 놀라운 은혜였던 것이다. 할렐루야!